認認真真講歷史

【全陸卷·六】

# 南北朝风云

孙峰 孙艺真·著

中国文史出版社

图书在版编目（CIP）数据

南北朝风云. 第六卷 / 孙峰, 孙艺真著. -- 北京：中国文史出版社, 2017.12
（认认真真讲历史）
ISBN 978-7-5034-9535-9

Ⅰ. ①南… Ⅱ. ①孙… ②孙… Ⅲ. ①中国历史—南北朝时代—通俗读物 Ⅳ. ①K239.09

中国版本图书馆CIP数据核字(2017)第228885号

**责任编辑：**刘　夏
**封面设计：**陈欣欣

**出版发行：中国文史出版社**
**网　　址：**www.wenshipress.com
**社　　址：**北京市西城区太平桥大街 23 号　**邮编：**100811
**电　　话：**010-66173572 66168268 66192736（发行部）
**传　　真：**010-66192703
**印　　装：**廊坊市海涛印刷有限公司
**经　　销：**全国新华书店
**开　　本：**1/16
**印　　张：**23.25　字数：372 千字
**版　　次：**2018 年 3 月北京第 1 版
**印　　次：**2018 年 3 月第 1 次印刷
**定　　价：**62.00 元

# 目录

# 四五三 黑獭之死

对于陈霸先非常顺利的一年，对宇文泰和高洋而言却不尽然。

南梁饱受侯景之乱的这几年里，西魏的宇文泰可谓是顺风顺水，年年都要上一个新台阶：大统十七年（南梁简文帝大宝二年、公元551年）二月，西魏杨忠攻陷汝南，杀邵陵王萧纶；三月，西魏文帝元宝炬驾崩，废帝元钦继位；十月，宇文泰派王雄、达奚武入侵汉中。西魏废帝元年（南梁元帝承圣元年、公元552年）一月，王雄占领魏兴等地，设置东梁州；五月，达奚武占领汉中；八月，东梁州发动叛乱，宇文泰派遣王雄前去镇压。废帝二年（南梁元帝承圣二年、公元553年）二月，东梁州被平定；三月，宇文泰就派遣尉迟迥大举伐蜀；四月，宇文泰率领三万铁骑西上姑臧（今甘肃省武威市），威服吐谷浑王夸吕；七月，宇文泰回到长安；八月，尉迟迥即攻克了成都；十一月，诛杀尚书元烈。废帝三年（南梁元帝承圣三年、公元554年）一月，进行大规模的官制改革，比照西周官制创制了“九命之典”，将官职分为九个等级，最高级为九命，次之八命，依次递减；又改变地方郡县的名称，改东雍为华州，北雍为宜州，南雍为蔡州，华州为同州，北华为鄜州，东秦为陇州，南秦为成州，北秦为交州，东荆为淮州，南荆为昌州，东夏为延州，南夏为长州，东梁为金州，南梁为隆州，北梁为静州，阳都为汾州，南汾为勋州，汾州为丹州，南豳为宁州，南岐为凤州，南洛为上州，南广为淯州，南襄为湖州，西凉为甘州，西郢为鸿州，西益为利州，东巴为集州，北应为辅州，恒州为均州，沙州为深州，宁州为麓州，义州为岩州，新州为温州，江州为沔州，西安为盐州，安州为始州，并州为随州，肆州为塘州，冀州为顺州，淮州为纯州，扬州为颍州，司州为宪州，南平为升州，南郢为归州，青州为眉州。又废黜了废帝元钦，另立元钦的弟弟拓跋廓，因此，本年又被称为西魏恭帝元年。五月，柔然乙旃达官骚扰西魏广武（今甘肃省永登县），柱国李弼率军将其击破（《周书·文帝下》称，领兵主将为赵贵）；十月，宇文泰派遣于谨等人大举进攻江陵，十一月攻克江陵，杀南梁元帝萧绎，以萧詧为梁主，占领雍州之地。西魏恭帝二年（南梁敬帝绍泰元年、公元555年）十一月，西魏豆卢宁率军与南梁湘州刺史王琳交战。西魏恭帝三年（南梁敬帝太平元年、公元556年）一月一日，西魏政府又一次改组政府，创设六官，以宇文泰为太师、大冢宰（总理），柱国李弼为太傅、大司徒（内政部长），赵贵为太保、大宗伯（教育部长），独孤信为大司马（国防部长），于谨为大司寇（司法部长），侯莫陈崇为大司空（建筑部长）。大冢宰并不必然地比其他五位重臣地位要高，只有在皇帝下达诏书中称："百官总己以听于冢宰"或者"五府总于天官"这种特别指示，才能统率群臣。四月，宇文泰北巡，当南梁的陈霸先取得幕府山大捷后，到了七月，南梁湘州刺史王琳向西魏投降，西魏任命其为大将军、长沙郡公。王琳的归降，让西魏不仅拥有江陵后梁这一附属国，又有了湘州王琳这一附属割据集团，这令数年前宇文泰制订的统一中国的大计划变得更为现实，处于长江下游，陈霸先主导的南梁政权已经再无长江天堑这一地理优势，反倒是西魏占据了顺流而下、直指建康的有利态势。

然而，恰恰在这时，北巡中的宇文泰突然得了重病！九月，宇文泰已经感到不适，开始折返长安，行至牵屯山（今宁夏回族自治区固原市境）已一病不起，以快马召唤侄儿中山公宇文护来见。宇文泰见到宇文护后，说道："我的几个儿子都非常年幼，外敌还十分强大，我把天下大事交付给你，你要努力工作，以完成我的遗愿！"十月四日，宇文泰死于云阳宫（今陕西省泾阳县北三十里），终年五十二岁。非常巧合的是，他与他的死对头高欢享年相同，只是比高欢晚死了九年。十月五日，宇文泰世子宇文觉继承宇文泰的爵位，担任太师、柱国、大冢宰，坐镇同州（今陕西省大荔县），宇文觉时年十五岁。

宇文泰的突然死亡让西魏统治者内顾不暇，也让南朝得以继续苟延残喘下来。年仅十五岁的宇文觉是数月之前宇文泰北巡前才被立为世子的，统治基础并不牢固。

宇文泰共有十三个儿子，分别为宇文毓（后来的北周第二任皇帝明帝）、宋献公宇文震、宇文觉（后来的北周第一任皇帝孝闵帝）、宇文邕（后来的北周第三任皇帝武帝）、卫剌王宇文直、齐炀王宇文宪、赵僭王宇文招、谯孝王宇文俭、陈惑王宇文纯、越野王宇文盛、代纮王宇文达、冀康公宇文通、滕闻王宇文逌。在这十三个儿子当中，宇文毓与宇文觉的地位比较特殊。宇文毓是长子，时年已二十三岁，其岳父为帝国第三权臣、大司马独孤信，而宇文觉则是宇文泰的正妻——西魏孝武帝元修的妹妹冯立羽公主所生。是册立宇文毓还是宇文觉为世子？这让宇文泰颇为为难。

独孤信与宇文泰之间的关系十分微妙。他们两人既是同乡，又是旧相识，关系过去就不错，但独孤信并非宇文泰的旧部，他是追随孝武帝才来到西魏的，孝武帝死后，独孤信一度处境尴尬，但很快，他就凭借自己的能力确立了在西魏朝廷上的地位。独孤信在西魏初年屡立战功，并长期在陇右担任秦州刺史，深得民心，独孤信原名独孤如愿，因流民仰慕他讲信义，宇文泰特意将其改名为独孤信。侯景背叛东魏时，东魏魏收曾写了一篇檄文，文中曾谎称独孤信盘踞陇右，不服从宇文氏云云，这引起了宇文泰的疑心，再加上独孤信在秦州地区威望很高，更让宇文泰深感不安，到西魏文帝大统十六年，宇文泰就将其调回了中央，而以侄儿宇文导为秦州刺史。独孤信在西魏朝廷中势力很大，他自己不仅是西魏八大柱国、六官之一，他容貌俊美的儿女们也都很争气，他的长子独孤罗因他追随孝武帝到西魏而滞留在东魏不提，独孤信来到西魏后，又娶了两个妻子，其中，郭氏生子六人：独孤善、独孤穆、独孤藏、独孤顺、独孤陀、独孤整；崔氏生女一人即他的第七女独孤伽罗。独孤善被封为魏宁县公，独孤穆被封为必要县侯，独孤藏被封为义宁县侯，食邑各一千户；独孤顺被封为武成县侯，独孤陀被封为建忠县伯，食邑各五百户。西魏废帝元年，独孤善又被晋封为骠骑大将军、开府仪同三司，加侍中。独孤信的女儿们也不同凡响：长女就是嫁给宇文毓的那位；第四女嫁给了八柱国之一的李虎之子李昺，生下了李渊，即后来的唐高祖；第七女独孤伽罗则嫁给了猛将杨忠的儿子杨坚，即后来的隋文帝，生下了杨勇、杨广（隋炀帝）。当然，宇文泰不可能预测未来，但即便是在当时，独孤信在西魏朝中的地位也是举足轻重的，如果立宇文毓为世子，宇文毓登基称帝后，身为国丈的独孤信必将把持朝廷大权，外戚干政的局面在所难免，因此，在权衡再三后，宇文泰终于设计出一套册立宇文觉、并依靠侄儿宇文护辅佐的方案，这一方案的好处显而易见，那就是，至少大权还在宇文氏家族的手中，不至于旁落到外姓之手。

于是，宇文泰与李远二人就上演了一出双簧。在宇文泰去世前几个月，他召集众人商议册立世子之事，他对大家说：“我将立嫡子宇文觉为世子，但唯恐大司马会不安，该如何是好？”众人听了都沉默不语。尚书左仆射李远说道：“立继承人的规矩是立嫡子，不立长子，略阳公宇文觉是嫡子，立为世子，理所应当，这有什么可犹豫的？假如担心独孤信会说三道四，我请求你允许我先杀了他！”当即拔出佩刀，从座位上站起身来，就要杀掉独孤信。宇文泰见状，急忙站起身来，劝阻道：“哪能到这步田地！”独孤信也上前解释，李远这才作罢，于是，大家都同意李远的意见，这件事才算是定了下来。李远出门后，向独孤信谢罪说：“只因事关重大，才不得不如此。”独孤信也向李远道谢说：“今天全靠大人才定下大计。”二人上演的这出戏就是要逼迫独孤信从命，警告他如果胆敢心存异议，将立遭杀身之祸！宇文毓与世子之位失之交臂，独孤信心里肯定不是滋味，刚刚登上世子之位的宇文觉以及刚刚被晋升为柱国的宇文护对此心知肚明，因此，在担任大冢宰后，宇文觉不敢待在长安，而是去了同州遥控朝政。宇文护曾较长时期地镇守河东，同州正是他的老巢。

# 四五四 建立北周

宇文泰的父亲宇文肱生了四个儿子，长子宇文颢，次子宇文连，三子宇文洛生，幼子即宇文泰。宇文护是宇文泰长兄宇文颢的儿子。

破六韩拔陵起义时，宇文肱与破六韩拔陵的部将卫可孤作战，宇文颢为救父而战死沙场。宇文颢有三个儿子，分别是宇文什肥、宇文导和宇文护。东西魏分裂后，宇文什肥为高欢所杀，其子宇文胄因年幼被处以宫刑；宇文导一直随叔父宇文泰征伐，屡立战功，深受宇文泰的器重，可惜的是，他已于魏恭帝元年（公元554年）死于上邽（今甘肃省天水市）了。宇文导又有五个儿子：宇文广、宇文亮、宇文翼、宇文椿、宇文众。宇文护有子宇文训、宇文会、宇文静、宇文乾嘉、宇文乾基、宇文乾光、宇文乾蔚、宇文乾祖、宇文乾威等人，这些人史书无传，生平不详。

宇文泰二哥宇文连在破六韩拔陵起义中战死，有子宇文元宝为高欢所杀，以宇文导的次子宇文亮作为他的后代。

宇文泰三哥宇文洛生，在父兄死后接管父亲的部众，骁勇善战，名闻天下，被称为洛生王；尔朱荣消灭葛荣后，俘获了宇文洛生，因忌惮宇文洛生的威名，遂将其杀害。其子宇文菩提后为高欢所杀，以宇文护的儿子宇文至作为他的后嗣。

由此可见，虽然宇文泰有三位兄长，但只有宇文导和宇文护这两个侄儿可以依靠，等到他去世的时候，也仅剩下宇文护一人能指望了。据《周书·晋荡公护传》称：宇文护“普泰初（公元531年），自晋阳至平凉，时年十七”。可知，宇文护当生于公元515年，至今也已四十二岁了，可以说政治上已经非常成熟，但他与八大柱国这些从北魏末年一直就拼杀到现在、与宇文泰并驾齐驱的元老重臣们相比，显然资格又低了许多。

宇文泰死后，这些叔伯辈的重臣们相互之间争权夺利，都想着能主导朝政，没一个听宇文护的。无奈之下，宇文护只好向大司寇于谨问计，于谨说："于谨我很早就蒙受先公（指宇文泰）的知遇之恩，恩同骨肉，情同手足，今日之事，我将以死来争取。如果当众决定下来，你千万不要推让。"第二天，西魏群臣召开会议，于谨说："从前，国家倾覆，人人心怀问鼎之念。如果没有安定公（指宇文泰），我们不会有今日，现在，丞相刚刚去世，嗣子年幼，中山公是丞相的亲侄儿，并受到托孤重任，军国大事理应由他领导！"于谨神色凝重，言辞十分严厉，众人顿时受到震动。于谨话音刚落，宇文护接着说道："这是我家的家事，我虽然平庸笨拙，但岂敢推辞！"于谨与宇文泰辈分相同，因此，过去宇文护经常对于谨行子侄礼，此时，于谨却站起身来，说道："大人如果能主导军国大事，我等都有了依靠。"说完，他率先跪下向宇文护叩头行礼。众人迫于于谨的压力，也都倒身下拜，于是，这件事才算决定了下来。宇文护性格宽和，他统领内外，安抚百官，西魏的人心慢慢稳定了下来。

虽然西魏群臣暂时表示服从了宇文护，但在宇文护看来，宇文觉年纪尚幼，自己的名望素来低微，大家如果继续同朝为官，要想长久地维持宇文氏家族的特殊地位，压服那些位高权重的老臣，是非常困难的。只有废黜西魏皇室，拥立宇文觉为皇帝，才能巩固宇文氏家族的利益，自己也能够名正言顺地把持朝政，于是，在宇文护的主导下，一场禅让闹剧又一次紧锣密鼓地排练起来了。

十二月十四日，西魏政府安葬了宇文泰。十七日，将岐阳（今陕西省扶风县）封给安定公宇文觉，改封为周公。三十日——除夕之夜，西魏恭帝拓跋廓下诏将皇位禅让给周公宇文觉，拓跋廓命令大宗伯赵贵手持皇帝符节以及禅让诏书，济北公拓跋迪拿着皇帝玉玺，西魏恭帝拓跋廓则离开皇宫，住到了大司马府里。至此，一个历经一百七十一年的北魏王朝彻底落幕了。

第二年，即公元557年一月一日，周公宇文觉登基即位，不称皇帝，而称天王，正式建立了北周政权。宇文觉在神坛上焚烧木柴，向上天禀报，而后，在皇宫正门接受百官的朝贺；他追尊宇文泰为文王，母亲元氏为文后，大赦天下，封西魏恭帝拓跋廓为宋公。服饰以黑色为最尊贵。以大司徒、赵郡公李弼为太师，大宗伯、南阳公赵贵为太傅、大冢宰，大司马、河内公独孤信为太保、大宗伯，柱国、中山公宇文护为大司马；以大将军宁都公宇文毓、高阳公达奚武、武阳公豆卢宁、小司寇阳平公李远、小司马博陵公贺兰祥、小宗伯魏安公尉迟迥等人为柱国大将军。当初的八大柱国大将军，宇文泰、元欣、李虎三人已死，剩下的李弼、赵贵、独孤信、于谨、侯莫陈崇，北周建立后不久就追封李虎为唐国公；晋封李弼为赵国公、赵贵为楚国公、独孤信为卫国公、于谨为燕国公、侯莫陈崇为梁国公、宇文护为晋国公，食邑均为一万户。一月十三日，北周朝廷册立宇文觉之妻元胡摩为天王后，元胡摩为西魏文帝元宝炬的第五女晋安公主。

这几位元老重臣性格各异。李弼老谋深算，性格沉稳；于谨文武双全，老谋深算；赵贵和独孤信二人在百姓中间的口碑都很好；侯莫陈崇则恭谨少言，也没太大的野心。掌握大权的宇文护采取了拉一打一的办法，分化瓦解了过去的元老集团。首先，他给这些元老们加官晋爵。晋升大司徒李弼为太师，晋升大宗伯赵贵为太傅、大冢宰，晋升大司马独孤信为太保。虽然赵贵被晋升为大冢宰，但并没有都督中外诸军事之权，也等于丢掉了军权，其实，这不过是明升暗降之法，其目的是把独孤信的大司马一职夺到自己手里。其次，孤立赵贵和独孤信二人。于谨对宇文护掌权起到举足轻重的作用，虽然宇文护并没有晋升于谨和侯莫陈崇的官职，但同样给他们提高了爵位，据《周书·李弼传》记载称："及晋公护执政，朝之大事，皆与于谨及弼等参议。"说明，宇文护掌权后，采取了拉拢于谨、李弼等人，排挤打击赵贵、独孤信的策略。最后，宇文护晋升了与自己同辈的六个人为柱国大将军，他们分别是宇文毓、达奚武、豆卢宁、李远、贺兰祥和尉迟迥。宇文毓是宇文泰的庶长子；达奚武与宇文护交情不错，为宇文泰的亲信；豆卢宁曾与李弼一起投降宇文泰；李远也是宇文泰的亲信；贺兰祥与尉迟迥都是宇文泰的外甥。宇文护又晋升了六位柱国大将军，无形中就削弱了赵贵等原柱国大将军的影响力。为了拉拢侯莫陈崇，到了四月，宇文护又晋封侯莫陈崇的哥哥侯莫陈顺为柱国大将军。

宇文护的做法引起了赵贵、独孤信的不满。二人自认为佐命元勋，原本与宇文泰地位相同，等到宇文护辅政后，却被排挤于权力核心之外，都是怏怏不乐，脸上常挂着不平之色，遂密谋诛杀宇文护。到了二人约定的日期，赵贵将要发动，独孤信却认为准备不足制止了他，政变计划压根就没发动，不久，就被开府仪同三司宇文盛告发了。二月十八日，赵贵入朝，宇文护突然下令逮捕了他，并予以诛杀，同时被杀的还有赵贵的同谋万俟几通、叱奴兴、王龙仁、长孙僧衍等人；独孤信也因为参与政变阴谋而被罢免。

二月二十五日，北周朝廷任命于谨为太傅，大宗伯侯莫陈崇为太保，晋公宇文护为大冢宰，柱国贺兰祥为大司马，高阳公达奚武为大司寇。贺兰祥是宇文泰的外甥，与宇文护是表兄弟，两人从小关系就非常亲密，军国大事，宇文护都与贺兰祥商量，诛杀赵贵一事，贺兰祥出了很大的力。同月，宇文护命人诛杀了时年二十一岁的西魏恭帝拓跋廓。

独孤信不死，让宇文护寝食难安，但是，独孤信名望很高，宇文护不敢光明正大地杀死他，三月十日，他派人到独孤信的家中，逼迫他自杀，独孤信死时五十五岁。

在赵贵被杀后，北周孝闵帝宇文觉下了一道诏书，具体说明了案件的经过，在诏书中，宇文护借孝闵帝之口说："而朕不明，不能辑睦，致使楚公贵不悦于朕，与万俟几通、叱奴兴、王龙仁、长孙僧衍等阴相假署，图危社稷，事不克行，为开府宇文盛等所告。"整个过程说得含糊其词，这也不能不令人感到赵贵和独孤信被杀，极有可能是宇文护一手制造的一起冤案。

# 四五五 废杀闵帝

宇文护的专权不仅引起了功臣勋贵们的不满，而且也让刚刚登上天王之位的宇文觉感到不满。

宇文护诛杀赵贵之后，北周各个权臣家族都非常不安。司仓下大夫侯植的堂兄侯龙恩是宇文护的亲信，侯植对侯龙恩说："如今主上年轻，国家的安危全在朝廷几位大人身上，几位大人之间即便是同心同德，尚担心难以共渡难关，何况仅仅因为一点隔阂就相互诛杀呢！我担心天下因此会土崩瓦解，哥哥受到大人的信任，岂能知而不言？"但侯龙恩没有听从。侯植又借机对宇文护说："君臣之间，情同父子，理应休戚与共，有始有终。大人与主上有骨肉之亲，又肩负着社稷重托，是存是亡，全在今天。希望大人能够像伊尹、周公那样，尽忠王室，让国家如泰山一般安定，家族也永远富贵昌盛，则万民无不欣喜。"宇文护说："我蒙受太祖的厚恩，我与他老人家的儿子没什么两样，发誓以身报国，你的哥哥应该知道我的真心，可是，听了你今日之言，难道说我会有异心吗？"后来，宇文护又听到了侯植先前给侯龙恩说的话，内心对侯植很是不满，侯植担心将大祸临头，不久就忧愁而死了。仪同三司齐轨对民部中大夫薛善说："军国大政，应当归天子决断，岂能由权臣（指宇文护）把持！"薛善向宇文护报告，宇文护将齐轨杀死，并晋升薛善为中外府司马。

司会（财政部司长）李植是柱国大将军李远的儿子，高平李氏家族在关陇集团中很有实力，应是宇文觉一党，李植之父李远在宇文泰册立宇文觉为世子一事上的表现，就说明了这一点。李植在宇文泰时代担任相府司录（机要室主任），就参与朝政，军司马孙恒也是长期在重要位置上任职，等到宇文护辅政后，二人担心受到排挤，遂与宫伯（宫廷司长）乙弗凤、贺拔提等人一起在周王宇文觉面前说宇文护的坏话。李植、孙恒说："自从宇文护诛杀赵贵后，威望和权势越来越大，朝中群臣、往日老将争相巴结他，国家大小事务全由他一人决断。依我们看来，此人肯定不会保持臣节，请陛下趁早结果了他。”乙弗凤和贺拔提对宇文觉说：“像先王那样英明尚且把朝政交给李植、孙恒处理，如今把国家大事仍然交给他们二人，还担心办不成？宇文护经常自比为周公，我们听说周公摄政了七年，陛下岂能就这样委屈七年之久？”宇文觉虽然年仅十六岁，但是他性格果断刚强，早已对宇文护专权不满了，听了这四个人的话，宇文觉更加坚定了清除宇文护的决心。

谋定而动。

孝闵帝宇文觉多次召来武士们在后花园内操练，练习擒拿之术，与此同时，李植等人又邀另一名宫伯张光洛参与，可是，让李植没有想到的是，这个张光洛将他们的计划暗中向宇文护告密了。宇文护得知这一消息后，不禁吃了一惊。杀掉李植等人应该没有太大困难，要处理李植背后的人却十分棘手，毕竟这次面对的不是臣子，而是刚刚即位的天王！老谋深算的宇文护一开始并没有打草惊蛇，而是不动声色地让张光洛继续探听宫中的消息，并把李植外调为梁州刺史，孙恒为潼州刺史，瓦解宇文觉的亲信集团，也许在他看来，失去了左膀右臂的宇文觉可能会知难而退、放弃计划吧。李植和孙恒被调离后，宇文觉总想将二人再调回来，宇文护却哭着劝阻说：“天下最亲近的莫过于骨肉兄弟了，如果兄弟之间尚且心存隔阂，那么还能相信谁呢！太祖因为陛下年纪尚轻，才把大事托付给我，从感情上说，对于我而言，国事又是家事，我真心实意地想要尽心竭力，把事情办好。如果陛下亲自处理国家事务，威震四方，那么，臣即使死了，也与活着一样欢欣。但是，我只恐杀掉臣以后，那些奸佞小人就会得志，不仅对陛下不利，而且还会让江山社稷面临不测之危，让臣在九泉之下无脸再见到太祖。臣之所以勤勤恳恳，冒犯了天威，只不过是为了不辜负太祖的托付，维护江山社稷罢了，可是，陛下看不到臣的愚忠，突然之间竟然生出猜忌。况且，臣不仅是天子的哥哥，又已经身居宰相高位，我还有什么不满足的？希望陛下不要相信奸臣的谗言，疏远骨肉兄弟。”宇文护说得情真意切，宇文觉只好作罢，但他对宇文护仍然心存猜疑。

乙弗凤等人更加恐惧，又劝说宇文觉选定日期征召群臣入宫饮宴，在宴会上将宇文护拿下，杀掉。张光洛再次将乙弗凤等人的阴谋告诉给了宇文护。见宇文觉已无法与自己和解，宇文护遂与心腹柱国大将军贺兰祥，小司马、领军将军尉迟纲等人商量对策，贺兰祥等人劝他废黜宇文觉，另立新皇帝。尉迟纲是尉迟迥的弟弟，也是宇文护、宇文觉的表兄弟，尉迟纲从西魏废帝二年（公元553年）就担任领军将军，掌管禁卫军，宇文泰废黜西魏废帝，尉迟纲起了很大作用。宇文护遂命令尉迟纲入宫请乙弗凤等人议事，等到乙弗凤等人到后，尉迟纲下令将他们全部逮捕，押送到了宇文护的府邸，并随即解散了宿卫部队。这时，孝闵帝才发觉情况有变，独自坐在内殿之上，命令宫中宦官手持武器守卫。宇文护派贺兰祥逼迫孝闵帝退位，而后将他囚禁在略阳公（宇文觉过去的封号）的旧宅里。然后，宇文护这才将北周群臣召集起来开会，他流着眼泪对大家说："先王以一介平民崛起，亲临战阵，三十余年一直勤勤恳恳，外患未平，就离开了人世。论血缘关系，我如同他的儿子一般，在他老人家临终之时亲自受到托孤之命。因略阳公是嫡子，遂与诸位大人们一起拥立他，革了大魏的命，建立了我们大周，可是，他自从即位以来，荒淫无度，信任奸佞小人，疏远骨肉兄弟，想把朝廷重臣大将都杀掉。他的计划一旦得逞，国家必然灭亡。我如果死了，将有什么脸去见先王？今天我宁愿对不起略阳公，也不能对不起江山社稷。宁都公宇文毓年龄最大，德行最好，仁义、孝顺、圣明、慈爱，四海归心，我今日将废黜昏庸之主，拥立贤明之君，不知大家有什么看法？"大家都异口同声地说："这是大人的家务事，谁敢插嘴？"于是，宇文护下令杀掉了乙弗凤、孙恒等人，并派人前往岐州（今陕西省凤翔县），迎接宇文毓。

当时，李植的父亲李远镇守在弘农（今河南省灵宝市），宇文护征召李远、李植还朝。李远接到诏书后，担心朝中出现了变故，他沉思了很久，才说："大丈夫宁可当一个忠义之鬼，也不能去做叛臣！"遂毅然整装回京。回到长安后，宇文护因李远素有威名，本想保全他，对他说："你的儿子心存不轨，不仅仅是想杀死我本人，更重要的是想危害国家。对于乱臣贼子，你我理应同样痛恨，请大人早早把他处理掉。"遂把李植交给了他。李远一直疼爱李植，并且李植又是能言善辩，回到家中，李植在父亲面前说得头头是道，自称绝无此事，说得不能不让李远相信。等到第二天清晨，李远就带上李植去拜见宇文护，想把事情说明白。宇文护还以为李远已经杀了李植，就问身边的人："阳平公（指李远）自己来是啥意思啊？"身边的人回答："李植也在门外。"宇文护一听，不禁勃然大怒，脱口说道："阳平公是不相信我啊！"于是，将他们父子二人召入府内。宇文护让李远与自己一起坐了下来，令已退位的宇文觉与李植当面对质，李植无话可说，对宇文觉说："本来定下此计，就是为了安定社稷，帮助陛下。事已至此，还啰唆什么！”李远听了，当即倒在座位上，说道：“果真如此，真该死一万次啊！”宇文护遂杀死了李植，并逼迫李远自杀，李远死时五十一岁。李植的弟弟李叔诣、李叔谦、李叔让也同时被杀，李远余下的儿子们因年幼得以免死。当初，李远的弟弟、开府仪同三司李穆知道李植不是一个能保家的人，曾劝哥哥除掉他，但李远不从，等到李远临死时，他哭着对李穆说：“我没有听从你的话，如今竟然落到这步田地！”李穆也应当受到牵连，因曾说过这话，被宇文护赦免，他和他的儿子们均被削职为民。李植的另一个弟弟李基，是宇文泰的女婿，娶了义归公主，过去曾任武卫将军，现任淅州刺史，也应当被连坐，李穆请求以自己两个儿子的性命替李基一死，宇文护对两家都赦免了。

九月二十七日，宁都公宇文毓来到长安，二十八日，时年二十四岁的他登上了天王之位，大赦天下，他就是北周的第二任天王，史称北周明帝。一个月左右，宇文护又杀死了孝闵帝宇文觉。宇文觉作为一个开国皇帝，在即位九个多月就被废黜，这在中国历史上也是非常罕见的。

# 四五六 高洋疯了（一）

南梁太平元年宇文泰死后，西魏很快就灭亡了，继而刚刚建立的北周统治集团内讧不断，根本无暇顾及南方即将对决的各个集团，同样地，屡遭惨败后的北齐也再没心思继续与陈霸先死掐了——这是因为，他们的皇帝、北齐开国皇帝文宣帝高洋疯了！

对比刚刚即位时的高洋，我们只能这样表述。曾几何时，高洋是何等英武，又是何等勤勉。如前所述，高洋建立北齐是在南梁简文帝大宝元年（公元550年），迄今已过去七年，在北齐建立之初，高洋励精图治，留心政务，兴利除弊，整顿吏治，巩固国防，北齐帝国在很短的时间里就呈现蒸蒸日上的景象。在他登基的当年就吓退了西魏宇文泰的进攻，收复洛阳等地；第三年（天保三年、公元552年）一月，讨伐库莫奚，大获全胜，十月，下令在并州北部修筑长城；天保四年（公元553年）一月，又大破山胡，九月，北伐契丹，十二月又大破突厥；天保五年（公元554年）一月，彻底消灭了山胡，三月、五月，讨伐柔然，十月，发兵解救江陵的梁元帝萧绎；天保六年（公元555年）三月，斩杀南梁将领裴之横，立萧渊明为梁主，六月，高洋又亲自率军讨伐柔然，大破柔然，八月，高洋想统一国内的宗教，下令道教领袖和佛教领袖在一起辩论，结果，佛教获胜，高洋遂命令道士们全部剃去头发当和尚，杀了四个人后，道士们才从命了，从此，北齐国内再无道士，十月，陈霸先袭杀王僧辩，十一月，北齐军队渡江南下，与陈霸先作战，这一年，高洋又征发一百八十万人在幽州北部修筑长城，与并州的长城相连，史称："先是，自西河总秦戍筑长城东至于海，前后所筑东西凡三千余里，率十里一戍，其要害置州镇，凡二十五所"；天保七年（公元556年）三月，北齐大都督萧轨率军南下，与陈霸先作战，五月，战败，同月，高洋不再吃肉，十月，征发山东二千六百名寡妇配给士兵们，十一月，合并国内州郡。据颜之推《观我生赋》自注上称："侯景之乱，齐氏深斥梁家土宇，江北、淮北唯余庐江、晋熙、高唐、新蔡、西阳、齐昌数郡，至孝元之败，于是尽矣，以江为界也。"可知，北齐趁侯景之乱已占领了淮河南北，与南梁以长江为界了。

史书记载，高洋显示出暴虐、嗜血始于天保五年（公元554年）那次彻底消灭山胡的战斗。石楼山胡一直是困扰北朝的一个顽疾，在这次大规模的消灭山胡的战斗中，高洋下令将十三岁的男子全部斩杀，妇女和儿童全部赏赐给将士们。一个都督在作战中受伤后，他的部下路晖礼没有及时救援，高洋得知后，下令剜出路晖礼的五脏六腑，让九个人生生吃下。

嗜血大约是会上瘾的，也就是在同年的八月，他又处死了太保、录尚书事高隆之。高隆之虽然与高欢不是同族，但高欢将其认为堂弟，在东魏朝廷上历任司徒、录尚书事、领军将军、太子太傅、吏部尚书、太保等要职，北齐建立后，又晋爵为王，可谓位高权重。高澄活着时，信任尚书右仆射崔暹、黄门郎崔季舒等人，等到高澄死后，高隆之曾建议高洋将二人杀掉，但高洋没有听从，这让崔季舒怀恨在心。崔季舒在高洋面前进谗言称："高隆之审理案件时，总是露出怜悯之色，仿佛是在对人犯说这事不是他能决断的。"高洋认为，高隆之身为朝廷重臣，如果知道人犯有冤情的话，就应当汇报清楚，岂能委过于皇上而为自己博得美名呢？遂下令将高隆之关押在尚书省里。过去，高隆之一直不看好高洋，经常侮辱他，高洋将要篡夺帝位时，大臣们都提出反对，高隆之也不例外，对此，高洋一直是心存不满。八月二十一日，前东魏宗室、仪同三司元旭因犯罪被赐死，而高隆之曾与元旭一起喝酒，席间对元旭说过："与大王交朋友，无论生死，我都不会变心。"有人将这话密报给了高洋，高洋大怒，下令武士们把六十一岁的高隆之殴打了一百多拳。放出后，高隆之口渴，将要喝水，被人劝阻，高隆之说："今天会在何处！"遂喝了下去，接着，又跟从高洋出行，死在了路上。过了几年，高洋又想起高隆之的种种行为，又下令把高隆之的儿子高德枢、高慧登等十几人抓来，排列在马前，他一声令下，十几人全部被杀，尸体被扔到漳水里；又把高隆之的坟墓挖开，斩断尸骨，也扔到漳水里。

北齐平秦王高归彦是高欢的同族弟弟，幼年就成了孤儿，高欢遂让堂弟高岳抚养，但高岳对高归彦很不好，高归彦一直非常愤恨。高洋登基称帝后，高归彦被任命为领军大将军，深受高洋的宠信，清河王高岳自认为高归彦会感激自己，反而对高归彦更加依赖，但实际上，高归彦经常暗中在高洋面前说高岳的坏话。

高岳屡次率军出征，立下战功，威名很重，但贪酒好色，生活非常奢侈。高岳曾在邺城城南修筑府邸，大厅后面还有长长的巷子（永巷，原为宫中未分配到各宫的宫女居住的地方，后用于关押宫中的女犯）。高归彦对高洋说：“清河王的新宅院模仿皇宫，还专门设计了永巷，就差没有修宫阙了（高大的宫门）！”高洋听了顿生疑窦，开始疏远高岳，后来，高洋夜里出宫暗访，见高岳的府邸果然十分壮丽，内心很是不满。邺城的歌女薛氏年龄十四五岁时，通过她姐姐成了高岳的相好，后来，薛氏的父亲又通过关系将她送入了皇宫，深得高洋的宠爱，被封为嫔，薛氏的姐姐也被送入宫中。后来，高洋知道了薛氏曾先与高岳私通，顿时心存醋意，薛氏还曾在高洋面前请求让自己的父亲当司徒，一个歌女人家竟然想当司徒，亏得想得出来！高洋想到这里，不禁勃然大怒，将薛氏的姐姐吊起来，用大锯活活锯死。高洋就此斥责高岳犯下了奸污民女之罪，但高岳说：“我原来打算迎娶她来着，后来嫌她轻佻，才作罢，并不是通奸。”高洋听了，更是火冒三丈——自己视为珍宝的女人，竟然是你高岳玩过、弃之不要的！岂有此理！天保六年（公元555年）十一月，高洋派高归彦来到高岳的府邸，严厉斥责了高岳一通，高岳惶恐不知所措，数日后就死掉了，当时的人们都认为是高洋派人毒死的。当时，薛氏怀孕在身，等到生下孩子后，一次，高洋突然想到她曾被高岳玩过，当即抽出宝剑，一剑将她的人头砍下，然后，他把人头揣在怀里，出宫到东山饮宴。刚刚开始敬酒，高洋突然把手伸到袖子里，拿出薛氏的人头，扔到盘子里，然后，他下令将薛氏的尸体肢解，把她的大腿骨抱在怀里当琵琶弹，座上的人们全都是大惊失色。只见高洋正低着头认真地收拾起薛氏的人头、大腿、躯干，边拼接边哭着说：“再也找不到这样的美人了啊！”他命人把薛氏的尸体放到车上拉回，自己则披头散发步行跟在车后，一路上哭得是一塌糊涂。

《北齐书·文宣高洋纪》称：“帝少有大度，志识沉敏，外柔内刚，果敢能断。雅好吏事，测始知终，理剧处繁，终日不倦。初践大位，留心政术，以法驭下，公道为先。或有违犯宪章，虽密戚旧勋，必无容舍，内外清靖，莫不祗肃。至于军国几策，独决怀抱，规模宏远，有人君大略。又以三方鼎跱，诸夷未宾，修缮甲兵，简练士卒，左右宿卫置百保军士。每临行阵，亲当矢石，锋刃交接，唯恐前敌之不多，屡犯艰危，常致克捷。尝于东山游宴，以关陇未平，投杯震怒，召魏收于御前，立为诏书，宣示远近，将事西伐。是岁，周文帝殂，西人震恐，常为度陇之计。既征伐四克，威振戎夏，六七年后，以功业自矜，遂留连耽湎，肆行淫暴。"六七年，指他即位六七年，即天保六年、七年，也就是南朝陈霸先崛起、西魏宇文泰去世之时。（《北齐书·杨愔传》称："自天保五年以后，一人丧德，维持匡救，实有赖焉"）过去高洋十分英明，这在史书上有多处记载，比如，《北齐书·高隆之传》中就曾记载，高隆之曾把射箭的靶子制作成人形，高洋见后，对高隆之说："射箭的靶子制成猛兽的形状，这是古代留下的，为何改为人形呢？整天朝人射箭，我不会这么做的。"高隆之无言以对。听听这话，完全是个仁爱的圣主所言，谁能想到是出自高洋之口？因此，很多人怀疑高洋是疯了。

分析起来，大约有以下几个原因：一是长期压抑的结果。高欢、高澄活着时，高洋一直装傻，以致大家都认为他是个傻子，这种压抑的滋味非常难受。二是极度的自卑感。高澄是个美男子，风度翩翩，而高洋则相貌丑陋，皮肤粗糙，不论从相貌还是从表现出来的才能上，他都与哥哥高澄不可同日而语，就连生母娄太后对高洋也不认可，群臣更对他一点都不看好，这一点在他想篡位时表现得十分明显，这不能不让他产生极度的自卑感。三是极度的敏感。由于长期的压抑和极度的自卑感，也让他对外界极度地敏感，在对薛氏姐妹以及高岳的处理上就是如此。四是极力想表现自己。即位后的他想要极力改变自己先前在人们心中的形象，他夜以继日地处理政务，亲自带兵冲锋陷阵，东征西讨，都是这种努力的表现。五是这种努力并没有产生预期的效果。虽然他打败了库莫奚、契丹、柔然、突厥、山胡，但在与南梁的交手中遭到惨败，相反，经验老到的西魏宇文泰却技高一筹，不声不响地得到汉中、益州、雍州，控制了荆州大部。相比之下，他高洋不仅没有得到多少好处，也没有立一个傀儡皇帝，还在与南梁的争斗中损兵折将，脸面丢尽。西魏的地盘在不断扩大，眼看着北齐的优势在一点一点失去，高洋的苦闷可想而知。六是逐渐恶习缠身。要摆脱苦闷，高洋选择了借酒浇愁，逐渐酗酒如命，大脑受到刺激，开始发狂：自称经常看到魔鬼，还说总是听到奇怪的声音；酒醉中无所不用其极，杀人、淫乱、歌舞……

# 四五七 高洋疯了（二）

一个疯子能干的事，高洋都干过。

亲自敲鼓、狂舞，不停地吼着嗓子，从清晨一直敲到、舞到、吼到深夜，或者从深夜到白天；有时赤身裸体，有时涂脂抹粉，有时披头散发，有时花里胡哨，有时拔出刀剑，有时张开长弓，就这样招摇过市；不论是骆驼，还是马、牛、驴、象，他什么都骑，也不让牲口戴鞍鞯，有时就让崔季舒和刘桃枝背着他出行；不管是盛夏时节，挥汗如雨，还是隆冬腊月，滴水成冰，他总是赤裸身体，到处乱跑，随从们都无法忍受，他却与平常一样；睡在街头，坐在巷尾，更是家常便饭。

一个疯子想干却不能干的事，高洋也干过。

从社会上召来淫贱的妇女，分配给手下，他不分早晚，亲自观看他们交媾，以此为乐；屠杀人犯，他要么将其肢解，要么是用火烧死，要么是投入河里；对某个人心中稍存芥蒂，就予以斩杀：曾在晋阳拿着长矛玩，对着都督尉子耀，当场将其刺死；又在三台大光殿上用锯把都督穆嵩锯死；又有一次，高洋去开府暴显家，都督韩悊没有犯罪，高洋却突然把他从众人中叫出来，当即斩首。修建三台时，鹰架高二十七丈，两两相距二百多尺，工匠们都害怕，用绳子系住身体在上面工作，高洋却登上鹰架的最高处，没有一点防护在上面快走，毫无惧色，不仅如此，他走着走着，还停下来，旋转跳舞，打着拍子，令下面的人无不心惊胆战。一次，他询问路上的妇人说："当今天子怎么样？"妇人回答："疯疯癫癫的，算什么天子！"高洋当即把那妇女杀了。

娄太后见儿子发酒疯，气得拿起手杖就打，老太太边打边骂："这样的爹爹才生下这样的儿子！"高洋接口说："看我不把这老太太嫁给一个胡人！"娄太后大怒，从此闭口不言，也不再露出笑脸。高洋想让母亲发笑，就自己爬到母亲躺着的床底下，用身体把床掀翻，娄太后从床上摔到地上，受了重伤。等到高洋酒醒后，非常惭愧悔恨，命人堆起木柴，燃起大火，要纵身投入火中烧死。娄太后见状大惊，亲自拉住他，勉强笑笑说道："那天是你喝醉了。"高洋在地上铺了张席子，命高归彦手持木棍，他自己则述说自己的罪状，脱去上衣，露出脊背，对高归彦说："你要是打不出血来，就杀了你！"娄太后走上前来，抱住高洋，高洋痛哭流涕，苦苦请求，最终改为打五十下脚底板，而后，高洋这才穿上衣服，向母亲叩头谢罪，悲不自胜，从此表示戒酒，但刚过去十天，又恢复了原样。一次，高洋去皇后李祖娥娘家，又不知什么原因发起酒疯，手持弓箭射向李氏的母亲崔氏，边射边骂："我喝醉了连我自己的母亲都不认识，你这个老婢女又算哪根葱！"手持马鞭打了崔氏一百多下才罢。杨愔虽然贵为宰相，又是高洋的姐夫，但高洋大便时，命他端着厕筹（搗屎棍，古人以竹片或木片刮净肛门），用鞭子打他脊背，流出的鲜血湿透衣服；还有一次，高洋拿把小刀要划开杨愔的肚子，崔季舒急中生智，说了一句当时流行的戏词："老小公子恶戏！"才好不容易把小刀拿去；又把杨愔放在棺材里，装上灵车。高洋还曾跨马挺枪，对着斛律金的心口比画了三下，斛律金一动不动，最后，高洋赏赐给他一千匹绸缎。高洋还下令制造了大锅、长锯、锉刀、石碓等杀人工具，放在庭院里，每次喝醉，总要亲手杀人，以此为乐。杨愔从邺城监狱中挑来死囚，放在皇宫卫士休息室内，称之为"供御囚"，每当高洋手痒要杀人时，就把这些囚犯送上去，如果三个月内，有人还能存活下来，就予以赦免。

除了杀人，高洋还非常荒淫。高氏妇女，不分亲疏，多数被他奸淫过，有时把她们赏赐给随从，在自己眼皮底下让随从们采取很多办法对她们进行羞辱、折磨。高洋还露出自己的下体让大家观看。高澄的妻子元仲华，是东魏孝静帝元善见的妹妹，生河间王高孝琬和两个公主。高洋登基后，被封为文襄皇后，居住在静德宫。等到天保六年（公元 555 年），高洋逐渐发狂，让元氏搬出，霸占了元氏的财物，说："我哥哥过去奸污过我老婆，现在我要报复。"强行奸污了元氏。元仲华的父亲是北魏清河王元亶，姑姑就是那位与堂兄、北魏孝武帝元修私通的安德公主，孝武帝的皇后就是高洋的大姐高氏，孝武帝西逃后，高欢将高氏改嫁给了孝武帝的堂兄弟、彭城王元韶，显然，安德公主是高氏的情敌。东魏建立后，安德公主大约一直跟随侄女元仲华生活，这时，高洋让人用葛草搓成粗大的绳子，令安德公主骑在上面，让人在一旁来回把她推来推去，还命匈奴人对她苦苦折磨。（《北史·齐本纪中》所谓的："或聚棘为马，纽草为索，逼遣乘骑，牵引来去，流血洒地，以为娱乐。”）高洋的庶母尔朱英娥（大尔朱氏），曾是北魏孝明帝元诩的嫔、孝庄帝元子攸的皇后、高欢的小老婆，不仅美丽而且还会武艺，曾与茹茹公主一起受到高欢的赞美，在高欢死后，茹茹公主被高澄奸淫生下一女，天保七年（公元556年），时年二十八岁的高洋也想步哥哥的后尘，趁着酒劲想奸污尔朱英娥。尔朱英娥为高欢生下的儿子、彭城王高浟仅比高洋小三岁，如今也二十五岁了，如果与高洋乱伦，叫尔朱英娥的脸往哪里放？因此，尔朱英娥严词拒绝了高洋的无耻要求，谁知，恼羞成怒的高洋当即抽出宝剑，一剑将其杀死。高洋的皇后李祖娥的姐姐嫁给了北魏乐安王元昂，也很美貌，高洋也多次临幸，还想把她纳入宫中，封为昭仪，为了达到目的，他将元昂召入宫中，命元昂趴在地上，在元昂身上射了一百多箭，流到地上的鲜血竟多达一石，终于惨死。元昂死后，高洋亲自去吊唁，当场又逼迫李氏与自己同床，还要求随同前去的官员们出钱助丧，兼做订婚彩礼，当天李家就收到好多万钱。李祖娥痛哭不已，并开始绝食，还要将自己的皇后之位让给姐姐，高洋虽然混账，但李祖娥既有美貌，又有德行，高洋对她一直很敬重，娄太后也出面干预，高洋这才作罢。段韶的母亲是娄太后的姐姐，段韶与高洋是表兄弟，段韶的妹妹段氏被高洋纳为昭仪。大婚之夜，段韶的妻子元氏按照民间戏弄新郎官的风俗，把高洋美美地戏弄了一番，令高洋怀恨在心。后来，他对段韶吼道：“看我不把你老婆杀了！”段韶回家给妻子一说，吓得元氏赶紧藏到娄太后的宫中，直到高洋死后才敢出来。高洋的王嫔，她姐姐嫁给了崔修，高洋经常到崔修家里与王氏通奸，崔修似乎比元昂识趣，高洋大喜，把他破格提拔为尚书郎。

天保七年（公元556年），一次高洋与群臣在东山饮宴，席间，他突然想到尚未消灭西魏，顿时火冒三丈，把酒杯摔到地上，当即命令魏收撰写檄文，准备大举讨伐西魏，也就是在这一年年末，宇文泰就死了，西魏宇文护生怕北齐入侵，甚至做了放弃长安、西保秦州的打算，但实际上，高洋完全是在酒后耍酒疯，根本没有西伐的计划。一次，他突然哭着对群臣说：“黑獭不服从我的命令，你们说该如何是好？”都督刘桃枝回答：“臣愿意率领三千骑兵，前去长安把他捆绑来！”高洋听了，心花怒放，当即下令赏赐给他一千匹布帛。赵道德进言说：“我们与西魏势均力敌，人家如果可以被我们捉来，我们也能被人家抓去。刘桃枝胡说八道，应当被杀，陛下为何要胡乱赏赐！”高洋听了，说道：“赵道德说得对！”又把赏赐给刘桃枝的布帛赏给了他。高洋骑着马要从高岸上跳入漳水里，赵道德紧紧拉住马缰，高洋大怒，将要杀死他。赵道德说："臣死了也没什么遗憾的，我会到地下向先帝报告，就说这个糊涂小儿酗酒乱性，不可教育！"高洋听了，沉默了很久，停了下来。过了几天，高洋对赵道德说："我喝酒做错事了，你要拿棍子狠狠打我！"赵道德拿起棍子就要打他，高洋却拔腿就跑。赵道德在后面边追边喊："你是什么东西啊！还这样说话不算数！"

除了赵道德之外，开府参军裴谓之、都督王纮和典御丞李集也多次劝谏高洋。裴谓之上书诚恳劝谏，言辞激烈，高洋对杨愔说："这个愚蠢的家伙，竟敢如此无礼！"杨愔回答："他不过是想让陛下杀了他，为了流芳百世罢了。"高洋说："卑鄙的家伙，我就是不杀他，看他能成个什么名！"高洋与身边的人一起喝酒，大喊大叫道："真高兴啊！"都督王纮说："高兴过头了，就要吃大苦头。"高洋问："为啥？"王纮回答："彻夜饮酒，却看不到国家灭亡、自己死掉的情形，那就是大苦头！"高洋沉默了很久。稍后，他斥责王纮说："你与纥奚舍乐一起侍奉我哥，纥奚舍乐死了，你为什么没死？"王纮说："君亡臣死，这是常理，但贼人力量不大，砍得不重，所以我没有被杀死。"高洋让燕子献把王纮捆绑起来，令九弟、长广王高湛摁着王纮的脑袋，他自己手持大刀，就要往下砍，王纮说："杨遵彦（杨愔）、崔季舒当时逃走避难，现在竟当上了尚书仆射、尚书，我冒死拼命，反而被诛杀，从古至今还没见过有这等怪事！"听了王纮的话，高洋把大刀扔到地上，说道："不能杀王纮啊！"遂把他放了。典御丞李集当面劝谏高洋，把他比作夏桀和商纣。高洋命人把李集捆绑起来，放到水中，沉没很久，才把他拉上来，又问："我与夏桀、商纣相比咋样？"李集回答："你比他们更残暴！"高洋又让人把他沉入水中，再拉上来讯问，反复好几次，李集的回答还是那样。高洋突然哈哈大笑，说道："天下竟然有这种傻瓜！看到你，我才知道关龙逄和比干也不是什么能人！"遂把李集释放。不一会儿，高洋又传令召见李集，等到李集进来后，高洋发现他又想劝谏，当即下令把他推出门外腰斩。

# 四五八 高洋疯了（三）

高洋生杀予夺，让人难以预测，宫内、宫外，人心惶惶，人人都是敢怒而不敢言，可是，高洋此人又有几个特点，让他仍然能牢牢地控制着北齐政局。

一是博闻强记。高洋的记忆力很好，很多时候，他遇到什么事情后，总是暗中记下来，常常能明察秋毫，因此，属下也都不敢心存侥幸。

二是对下严厉。高洋性格暴躁，对下属非常严厉，群臣终日胆战心惊，朝不保夕，无人敢为非作歹。

三是重用贤臣。仔细研读《北齐书》的列传部分，我们发现，高洋在用人方面还是很有一套的。这里最突出的就是知人善任。

据万斯同《北齐将相大臣年表》，天保元年高洋篡位时，北齐重臣有：太宰库狄干、太保贺拔仁、大司马斛律金、太尉彭乐、司徒潘相乐、司空司马子如、录尚书事高隆之、尚书令平阳王高淹（高洋四弟）、尚书左仆射元韶、尚书右仆射段韶、吏部尚书兼侍中杨愔、中书监邢邵、中书令魏收、卫尉杜弼、侍中高德政等、领军将军娄叡。第二年二月，太尉彭乐谋反被杀，三月司空司马子如被免职，六月晋升为太尉。尉景之子尉粲被晋升为司空。天保三年，大司马斛律金被晋升为太师，外派为肆州刺史；段韶外派为冀州刺史，晋升杨愔为尚书右仆射；以辛术为吏部尚书。又经过几年的人事代谢，到天保七年，北齐朝廷的重臣们变为：太师斛律金、大将军可朱浑道元、太尉陆法和、司徒尉粲、司空侯莫陈相、录尚书事高淹、尚书令高演、尚书左仆射高涣（高洋七弟）、尚书右仆射杨愔、吏部尚书辛术、中书监邢邵、侍中崔暹等、领军将军高归彦。

在北齐朝廷上，高洋真正依靠办事的人还是杨愔、高德政、辛术、邢邵、崔暹、崔季舒等人，这几个人虽然背景不同，性格各异，但大体上都非常勤政，也比较称职。杨愔出身弘农杨氏，门第高贵，后又娶了高欢的次女、孝静帝元善见的皇后，史称："愔贵公子，早着声誉，风表鉴裁，为朝野所称。""自居大位，门绝私交。轻货财，重仁义，前后赏赐，积累巨万，散之九族，架箧之中，唯有书数千卷。"他是高洋最信任的大臣之一。高德政是高洋幕府的旧人，与高洋感情很深，言无不尽，为高洋顺利登基立下了汗马功劳。《北齐书·高德政传》称，"（天保）七年（此处与万表不符），迁尚书右仆射……德政与尚书令杨愔纲纪政事，多有弘益。"侯景叛乱后，辛术担任东南道行台，后被征召为吏部尚书。辛术能文能武，史称，他"清俭，寡嗜欲。勤于所职，未尝暂懈。临军以威严，牧人有惠政"。自从迁都邺城以后共有四任吏部尚书，当时的人们评价说："文襄帝（高澄）少年高朗，所弊者疏；袁叔德沉密谨厚，所伤者细；杨愔风流辩给，取士失于浮华。"认为，只有辛术在选拔人才上能够做到名实相符，最为公允。邢邵，即邢子才，他文采很好，与温子升并称为温邢，等到温子升死后，魏收才被人与邢邵并称为邢魏。在这些人中，崔暹、崔季舒比较特殊，他们二人过去被高澄宠信，得罪了很多人，高澄死后，司马子如、高隆之等人就在高洋跟前说二人的坏话，高洋迫于鲜卑贵族的压力，将二人罢免了，但是，等高洋即位后，这些人仍然没完没了，想把二崔置于死地。高洋派都督陈山提等人到崔暹家搜查，却发现崔暹家里非常贫困，只搜出高欢、高澄给崔暹写的信，内容全是谈论的军国大事，高洋看后赞不绝口，但是，群臣仍然咬住不放，高洋无奈只好将崔暹流放。不久，又有人诬告崔暹谋反，高洋下令把他押回晋阳，经过审讯，却发现纯属子虚乌有，高洋当即把他释放，很快晋升他为太常卿，并当着群臣的面夸奖说："崔太常清正，天下无双，你们都赶不上他。"将妹妹嫁给崔暹的儿子崔达拿。天保后期，高洋又晋升崔暹为尚书右仆射。对崔季舒也是如此，高洋即位后，知道他并没有什么罪过，就任命他为将作大匠。

在具体用人上，高洋特别注重拉拢勋臣贵族，维护统治阶层内部的稳定。尉景是高欢的姐夫，北齐建立时已经去世。高洋在封异姓王时，封了高欢的妹夫库狄干，却忘记追封尉景了。尉景的儿子尉粲非常恼火，十几天躲在家里不上朝。高洋感到奇怪，派人到他家问情况。尉粲隔着门缝对使者说："皇上不封我的父亲为王，我还不如去死！"使者说："你要开门接旨！"尉粲根本不听，拿起一把弓箭隔着门就要射死使者，吓得使者拔腿就跑。高洋又派段韶去传达旨意，尉粲见到段韶后，只是捶胸大哭，却一言不发，最后，高洋亲自到他家中慰问，尉粲才恢复上朝，不久，高洋就追封尉景为长乐王。同时，为了防止东魏宗室兴风作浪，北齐建立之后，高洋就开始打压元氏贵族们了。他羞辱姐夫彭城王元韶，天保二年在讨伐契丹回师途中杀死了元斌，在晋阳又诛杀了元孝友、元晖业，这我们在前面也都提过。

他还十分赏识奉公守法、廉洁勤勉的官员。刚修筑长城时，由于堡垒尚未建成，为了防止突厥突袭，高洋命令部队驻扎在边境上，高洋风闻军中贪污贿赂成风，就派人下去调查，结果发现只有元景安非常廉洁，高洋很是赞赏，后来晋升他为都官尚书。一次，高洋出外游玩，让尚书右丞张耀留守京师。高洋深夜回城，张耀却没有及时开门，高洋在城外等了很久，连连催促。张耀还是坚持认为，夜深难辨真假，必须等到亲眼看清楚再开门，于是，独自走出城，来见高洋。虽然在城外耽搁了很久，但高洋对张耀认真负责的态度仍然非常赞赏。史称："耀历事累世，奉职恪勤，咸见亲待，未尝有过。"《北齐书·赵起传》称：赵起"性沉谨有干用"。"至显祖即阼之后，起罢州还阙，虽历位九卿、侍中，常以本官监兵马，出内驱使，居腹心之寄，与二张相亚。"邢峙，被当地推荐为孝廉，后给皇太子当老师，他性格方正，一次，厨师给皇太子上了一种叫"邪蒿"的菜，邢峙让撤下，并说："这种菜名不正，殿下不应吃。"高洋听说后非常赞赏，拜他为国子博士。《北齐书·崔劼传》也称："崔劼清俭勤慎，甚为显祖所知。"

对有才能的人十分爱惜，基本上能做到唯才是举。祖莹的儿子祖珽天生聪明，无所不学，无学不精，不仅文章写得好，还精通音乐，通晓几国语言，擅长阴阳占卜，医术也非常高明。但祖珽为人薄行，参军元景献是尚书令元世隽的儿子，其妻是司马庆云的女儿，即魏孝静帝的姑姑、博陵长公主所生。祖珽与众人喝酒时，突然把司马氏招来，让她与众人挨个睡觉。祖珽与一名王姓寡妇私通，经常当着别人的面约定私会的日期。他不仅放荡不羁，而且盗窃成瘾。一次，高欢宴请朝廷重臣，席间一个金叵罗（金酒器，一说为金吸管）却不见了，窦泰让屋内的人都把帽子取下，结果，从祖珽的发髻里搜出来了。一人想把一本《华林遍略》高价卖给高澄，高澄谎称先翻阅一下，当晚集中了很多人将那本书全部抄写了一遍，第二天，又把书退还给了卖主，就是这样一本高澄费尽心机搞到的书，祖珽也敢把其中几卷偷出来换钱，被高澄发觉后打了四十棍。祖珽与陈元康私交很好，陈元康在高澄被刺事件中身负重伤生命垂危之际，把祖珽叫来嘱咐后事，说："祖喜那里还拿我些东西，让他赶快还上。"可是，祖珽找到祖喜审问，得知祖喜拿了陈元康二十五个金条，祖珽私吞了二十三个，只留给祖喜两个，还趁陈家慌乱之际，盗窃了陈元康几千卷书。祖喜把此事告诉给了陈元康的弟弟陈叔谌，陈叔谌请杨愔做主，杨愔却皱着眉头，说："这事传出去恐怕对死者也不太好吧。"遂不了了之。虽然祖珽多次犯法，但高洋也喜爱他的才艺，让他在中书省内值班，掌管撰写公文。每次见到祖珽，高洋总是不叫他的名字，而是直接喊他贼。高澄被刺时，事发仓促，高澄的大将军都护唐邕从容镇定，给高洋留下很深的印象。高洋即位后，晋升唐邕为给事中，专门负责军事，是高洋的高级军事顾问。天保七年，北齐在羊汾堤搞军事演习，高洋让他当演习总指挥，演习结束后，高洋亲自拉着唐邕的手，把他带到娄太后的面前，让他坐在丞相斛律金的座位之上，并对太后称赞道："唐邕非常能干，他一个人能当一千个人用。"还对太后说："唐邕这人思路清晰，博闻强记，手里写着文书，嘴上吩咐着事务，耳朵同时还听着汇报，的确是个异人！"他曾对人说："唐邕才是一座金城。"还对唐邕说："你在我身边操劳时间长了，我一直想把你外派到地方上任职，但杨遵彦说遍寻朝廷，却找不到一个能接替你的人，所以我才不得不打消了这个主意。"每当侍从们办错了事，高洋总会说："我看你们的做派，连给唐邕当奴才都不合格！"

# 四五九 高洋疯了（四）

高洋对人才的爱护还体现在对待魏收上。

虽然高欢对魏收不怎么样，但高澄和高洋兄弟二人对魏收都不薄。《魏书·自序》记载，魏收曾奉命赋诗，诗末有“尺书征建邺，折简召长安”之句，高澄认为写得好，对人夸奖说：“我朝之上有个魏收，是国家的光荣。魏收的诗作能雅能俗，通达纵横，我也曾让徐子才、温子升写过，但文气都不如魏收的。有时我心中有所想，或者忘记了，说不出来，或者说出来了，却言不尽意，等到见到魏收的文章，都能面面俱到，这也真是难得啊！”高洋对魏收也不错。高澄被刺后，高洋前往晋阳，以魏收、崔季舒、高德政、尉瑾负责朝廷机要事务，后来又调魏收为秘书监，兼任著作郎；高洋篡位前，杨愔建议将魏收安排在密室，由其起草禅让诏书等文件，并派遣徐之才在门外把守。天保元年，晋升魏收为中书令，仍然兼任著作郎，封富平县子爵。

天保二年（公元551年），高洋下令魏收撰写魏史，并任命魏收为魏尹（京师市长），目的是让魏收享受丰厚的俸禄，以便能专心著述。高洋还专门给魏收下诏说：“你尽管秉笔直书，我绝不会像北魏太武帝拓跋焘那样杀史官的！”到天保五年（公元554年）三月，写成《魏书》的大部分即十二纪、九十二列传，合一百一十卷，上奏朝廷，此后，魏收又将《志》二十卷写完，全书共计一百三十卷。

《魏书》完成后，立即出现了朝臣聚讼、群口沸腾的情况，有人说好，有人说坏。说好的，主要有尚书陆操，他对魏收的朋友尚书左仆射杨愔说：“魏收的《魏书》可谓是博物大才，对魏室可是有大功啊！”但说不好的人更多，主要有顿丘李庶、范阳卢斐等人，也有客观地指出在记载家族谱系时过于烦琐的，杨愔对《魏书》基本上持肯定态度，但他也对魏收说：“这是一部不可更改的好书，一定会流传千古的，遗憾的是，书中在论及诸多家族的姻亲关系时显得过于繁杂，与旧史的体例不同罢了。”魏收解释说：“过去，由于经过了中原大乱，致使各个大家族的家谱散失殆尽，所以我才详细地记录了各个家族的世系情况，请你通过观察我的这些过错而了解我的为人，不要对我过多地指责。”由于在当时的特定历史条件下，社会各阶层都非常重视家族的门第，而《魏书》记载的历史时期又与作者身处的时代非常接近，书中对各个家族的记载就不可避免地会影响到当时的人们，这也是《魏书》引起巨大反响的客观原因。说好的是因为《魏书》上对其先祖们的记载让他比较满意，比如陆操，他是陆丽的后代，陆丽次子陆叡，陆叡次子陆希悦，陆操就是陆希悦的孙子，《魏书》对陆氏家族的评价还是不错的，因此，他说好也在情理之中；说坏的则相反，然而，众口难调，即便是满意的也只是私下得意而已，一般情况下不会像陆操那样对人称赞，更不会与说坏的那些人公开辩论，因此，也就造成了舆论一边倒的局面，即普遍认为魏收的《魏书》修史不公平。

高洋下诏魏收在尚书省内与各家子孙进行辩论，前后投诉的有一百多人，有的说遗漏了先祖的官职爵位，有的说自己家史中没有《魏书》上的有关记载，有的说《魏书》对自己的先祖妄加诋毁，魏收则逐一进行答复、解释。但是，魏收的解释并不能让所有的人满意，《魏书》将范阳卢斐的父亲卢同附在族祖卢玄的传后面，顿丘李庶是大司农李谐的儿子，他称自己的家谱中称他们家本来是梁国蒙地人，因此，二人就讥讽说：“史书不直。”魏收性格急躁，听后十分愤慨，上书文宣帝诉说自己受到诬陷之苦以及有性命之危的情况，高洋看后大怒，将卢斐召来问话。卢斐说：“我的父亲在北魏任职，位至仪同，功名显著，名闻天下，由于我们家与魏收既不是同乡，又没有什么瓜葛，所以不被立传。博陵人崔绰，官位只不过是本郡的功曹，更是没有什么事迹，但他是魏收的亲戚，便被置于传首。”魏收回答说：“崔绰虽然官位低下，但名义可嘉，合乎立传的要求。”高洋说：“你从哪方面知道他是好人？”魏收回答：“高允曾经为崔绰写过赞语，称他有道有德。”高洋说：“司空高允是一代高士，他为人作赞，自然是要讲好话的，这就像你给人作文章那样，说人好难道都是真话？”魏收无言再对，吓得浑身战栗。显然，在高洋看来，魏收的回答不能令人满意，但由于他很早就欣赏魏收的才能，因此也没有加罪，相反，高洋将诽谤《魏书》的卢斐、李庶等人予以惩处，或被鞭打，或被罚到制造铠甲的作坊里服劳役，甚至有人因此而被处死。

不过，文宣帝高洋的这些措施并不能让人们满意，他只好下令《魏书》暂时不公开发行，让百官进行讨论，允许有异议的人提出意见，结果，投诉的人越来越多，甚至有人公然称《魏书》是一部秽史，弄得魏收也是无可奈何。尚书左仆射杨愔、右仆射高德政两人权倾朝野，与魏收关系密切，二人对提出异议者进行压制，一直到文宣帝去世，这场争论才算告一段落。

当时的人们对《魏书》的不满主要源于对自己家世记载不能让他们满意，但为了增强说服力，他们又找出其他一些论据，集中在以下几点：一是对参与撰写《魏书》的人员进行指责。他们说《魏书》写作班子中的房延佑、辛元植、眭仲让三人都不是写史的才能；刁柔、裴昂之虽然是儒家人士，但不会编辑；高孝干以左道受到上级提拔。并且，写作班子里的人的祖宗、亲戚大多被记载下来，“饰以美言”。但仔细阅读相关传记，褒贬皆有，因此，这一说法并不成立。二是在《阳固传》是否有徇私。《北齐书·魏收传》中称，魏收在高欢时期曾负责修国史，得到过阳休之的帮助，魏收非常感激，曾对他说：“我没有别的办法感激你，将为你作一篇好传。”阳休之的父亲在北魏时期担任北平太守，因贪污而被中尉李平弹劾，这件事记载在北魏的起居注里面，而魏收在《魏书》中却写到，阳固在北平“甚有惠政，坐公事免官”。但《北史·阳固传》记载阳固是受到王显的陷害而被免官的，并非受到了李平的弹劾，因此，《北齐书》称魏收在写作该传时有徇私行为，也是有疑问的。三是秽人写出秽史。魏收的行为的确有不检点之处，并且恃才傲物，得罪了很多人，当人们对《魏书》说三道四时，愤怒的他也曾说过：“你们算什么东西，敢与我魏收变脸？我抬举你，能让你上到九天之上，我按下你，当让你趴到地上！”人的品行与书的质量原本是两个问题，以人的品行来否定书的质量，这本身就不符合逻辑，至于魏收说的那些话，也并不代表他就真的那么做了，要想评价一本书的质量，还是要就书论书。四是魏收接受了尔朱荣儿子的贿赂，给尔朱荣“减其恶而增其善”，但对照该传这也不是事实。

回到高洋。

高洋除了对人才爱护之外，在个别时候或者对个别人的劝谏，也能虚心听取。高洋纵酒无度，大家都不敢劝谏，唯独崔暹总是犯颜直谏。高洋对身边的人说：“崔暹说我饮酒过多，可是，我就是多喝点又有什么妨碍？”常山王高演（高洋六弟，后来的第三任皇帝孝昭帝）对崔暹说：“皇上有点酗酒，即使太后也不能劝谏，我们兄弟们更是不敢开口，只有大人能直言劝谏，大家都是又感动又惭愧。”

天保十年，崔暹病死，高洋抚摸着崔暹的牌位痛哭不已。

应该说，从天保六七年以后，高洋确实性情大变，淫乱、残忍、暴躁，是个典型的施虐狂，但表面上疯疯癫癫的他其实并没有完全疯掉，他所做的一些荒唐事很多让人感到也都是有针对性的，仿佛是借着酒疯以达到平常无法达到的目的，比如，逼迫尔朱英娥，是为了替母亲报仇（《北史》称："曾至彭城王浟宅，谓其母尔朱曰：'忆汝辱我母婿时，向何由可耐？'手自刃杀。"意思是，想到你过去夺我母亲的宠，我怎么还能忍耐下去？其上也没有说逼迫尔朱英娥通奸）；把元韶打扮成女人，是为了进一步打压元氏贵族；等等。与此同时，高洋在北齐朝廷上所重用的杨愔、高德政等人还是称职的，正如《北齐书·杨愔传》记载的那样："天保五年已后，一人丧德，维持匡救，实有赖焉。"总体上，高洋的败德行为对帝国政治的影响也是有限的。

# 四六〇 建立陈朝

在这样一个半疯不疯、时疯时好的高洋的统治下，北齐帝国自然再无南下江南的打算了，而刚刚建立的北周从它开始建立起，内部就矛盾重重，充满各种危机，也无暇南顾，就好像上天不愿在同一个时期产生数位英雄一样，高欢、宇文泰的相继离世，高洋的发疯，让一直处境险恶的陈霸先成了这一时代的弄潮儿。

进入公元557年年初，刚刚控制了江州的陈霸先腾出手来，命令领军将军徐度从东关（今安徽省含山县西南）出击，主动向北齐军队发起进攻，二月十九日，南梁军队进逼合肥城下，焚烧了北齐三千多艘战舰。就在陈霸先努力清扫建康以北北齐军队的威胁之时，他又迎来了一场严峻的考验。

当初，梁元帝萧绎把始兴郡（今广东省韶关市曲江区）升格为东衡州，任命欧阳頠为刺史，后来，又将他调任郢州刺史，可是，当时的广州刺史萧勃把欧阳頠扣留了下来，不让他前去上任。萧绎又把王琳改任为广州刺史，取代萧勃，萧勃为了避免与王琳发生冲突，派部将孙荡负责广州事务，自己则顺从地率领本部人马离开广州，北上始兴郡。欧阳頠驻扎在另外一座城池，不去拜谒来到此地的萧勃，萧勃大怒，派军偷袭欧阳頠，缴获了他全部的辎重、马匹和武器，不久，萧勃又释放了欧阳頠，并与他结下了盟约。江陵陷落后，萧绎被杀，欧阳頠遂开始追随萧勃。王琳离开广州北上后，萧勃又回到了广州，公元557年二月一日，被建康政权任命为太保的他正式在广州起兵，宣布讨伐陈霸先，派遣欧阳頠、傅泰、萧孜（萧勃侄儿）率军为先锋。南江州（今江西省奉新县）刺史余孝顷也举兵响应。建康的陈霸先以梁敬帝的名义下诏命令平西将军周文育、平南将军侯安都等人率军迎战。

欧阳頠等人从南康（今江西省赣州市）沿着赣江北上，很快就来到了江州腹地。欧阳頠驻扎在豫章的苦竹滩（今江西省丰城市北），傅泰驻扎在蹠口城（今江西省南昌市南），余孝顷派弟弟余孝励驻扎在郡城（今江西省奉新县城），他亲自率军从豫章北上，驻扎在石头（今江西省南昌市北）。巴山（今江西省崇仁县）太守熊昙朗素来狡诈，他假装也响应欧阳頠，约定一起偷袭高州（治所在巴山）刺史黄法氍，却又暗中和黄法氍约定一起进攻欧阳頠，他还煞有介事地对黄法氍说："事成之后，请把缴获的马匹和武器给我。"熊昙朗遂与欧阳頠一起出战，途中，他又欺骗欧阳頠说："余孝顷心怀叵测，我听说可能会前来偷袭我们，应当分出一部分兵力，做好防备，我手下的武器太少，恐怕无济于事。"欧阳頠毫无戒备，又送给了他三百副铠甲。等来到黄法氍驻守的城池后，熊昙朗假装战败，黄法氍趁势追击，欧阳頠顿时失去援军，狼狈败退，熊昙朗将欧阳頠丢弃的马匹、铠甲、兵器全部据为己有，回到了巴山。当时，巴山还有一个叫陈定的人，占山为王，熊昙朗假装将自己的女儿嫁给陈定的儿子，又对陈定说："周迪、余孝顷二人都不愿意看到你我二人结为亲家，必须派遣大队人马前来迎亲。"陈定信以为真，就派了当地二十名豪强领着三百人马前来，可是等到一行人来到后，熊昙朗突然翻脸，把这三百多人扣留了下来，武器铠甲全部没收，还让陈定拿钱赎人。

由于熊昙朗这一搅和，欧阳頠的部队被挡在了豫章以南，不久，陈霸先派来的周文育所部就到了。周文育的部队船只较少，余孝顷在上牢（今江西省奉新县东北）停泊了不少船，周文育派军主焦僧度率军袭击上牢，把那里的船只全部缴获，而后，就在豫章（今江西省南昌市）修筑防御工事。军中粮食即将吃尽，众将纷纷劝说暂时撤退，但周文育不同意，为了筹措军粮，他派人从小路给周迪送去书信，结为兄弟，请求周迪能伸出援手。周迪接到周文育的书信后，不禁大喜，答应给南梁军送去粮食。周文育让军中老弱乘坐原来的战舰顺流而下，并烧毁了豫章的防御工事，造成撤退的假象。余孝顷远远望见，非常高兴，遂放松了警惕。周文育率领精兵从小路昼夜兼行，突然占领了芊韶（今江西省新建县西北）。当时，在芊韶的上游是欧阳頠、萧孜的大营，下游是傅泰和余孝顷的军营，周文育占领芊韶后，就切断了敌人之间的联系，便于将敌人各个击破。周文育在芊韶构筑堡垒，犒赏三军，准备与敌决战，欧阳頠等人见状大惊失色。不久，欧阳頠就率部退入泥溪（今江西省新赣县南），周文育派严威将军周铁虎等将率军偷袭欧阳頠，二月二十四日，将其生擒。周文育大张旗鼓，与欧阳頠二人乘坐战舰，来到蹠口城下，命令部将丁法洪对蹠口城发起总攻，又将傅泰抓获。萧孜、余孝顷二人闻讯，只得仓皇退去。三月一日，周文育把欧阳頠、傅泰送到建康，南梁丞相陈霸先原来就与欧阳頠私交很好，遂把他们释放，并对他们非常优待。曲江侯萧勃停留在南康，当欧阳頠等军战败的消息传来，军心大乱，三月十五日，德州刺史陈法武、前衡州刺史谭世远发动叛乱，杀掉了萧勃。此后不久，萧勃的部将兰敳又袭杀了谭世远，军主夏侯明彻又杀死兰敳，携带萧勃的人头投降了；萧勃的记室参军李贺藏推举怀安侯萧任占据广州。在萧勃被杀后，萧孜和余孝顷二人仍然盘踞在石头，各自占据一座城池，集中大量战舰，布满了江面。陈霸先又派平南将军侯安都率部增援周文育，四月三十日，侯安都率领步骑兵偷偷接近敌舰，将敌舰焚毁；周文育则率领水军一起对敌人发起了总攻，萧孜投降，余孝顷逃回新吴（今江西省奉新县），五月，余孝顷派人来到建康，向陈霸先表示投降。

陈霸先认为欧阳頠在岭南地区声望很高，遂任命其为衡州刺史，命其率军讨平岭南。欧阳頠还未到岭南，他的儿子欧阳纥已经攻克了始兴，等到欧阳頠来到岭南后，岭南各郡纷纷投降，萧勃叛乱遂被彻底平定。

还在萧勃之乱接近尾声时，湘州刺史王琳又蠢蠢欲动了。王琳原本就与陈霸先没有什么渊源，而与王僧辩曾为同僚，陈霸先诛杀王僧辩辅政后，一直极力拉拢王琳，一再给王琳加官晋爵，但王琳并不买账。继一月任命王琳为司空、骠骑大将军之后，到这一年的三月，又正式任命他为郢州、湘州二州刺史，默认了他占领郢州的事实，但到了四月，萧勃已经被杀，来自江州的威胁已被消除，同时，北齐朝廷又主动派人前来建康求和，建康局势进一步向好。在这种情况下，陈霸先一方面紧锣密鼓地准备篡位；另一方面则把目光转向了时刻准备东下的王琳，先以侍中、司空一职征召王琳入京，但是，王琳不仅不予理睬，还大量建造战舰，准备与陈霸先决一死战。

六月十一日，陈霸先任命开府仪同三司侯安都为西路都督，周文育为南路都督，率领两万水军在武昌（今湖北省鄂州市）会师，讨伐王琳。八月二十八日，南梁朝廷晋升丞相陈霸先为太傅，加黄钺、奏事时不再称呼自己的名字。九月五日，又晋升陈霸先为相国，总百揆，封陈公，备九锡之礼，陈国也比照南梁朝廷设置百官。十月三日，当北周第二任天王宇文毓登基数日之后，南梁朝廷也加封陈公陈霸先为陈王，六日，南梁最后一任皇帝梁敬帝萧方智禅位于陈霸先。陈霸先命令中书舍人刘师知带着宣猛将军沈恪率军闯入皇宫，护送梁敬帝离开皇宫。沈恪向陈霸先叩头说："臣一直侍奉梁主，今日不忍心这样，我知道违抗命令的下场是死，但即使如此，也绝不奉命。”陈霸先很赞赏他的忠心，也不再强逼，遂让荡主王僧志前去。十月十日，陈霸先在建康南郊登基即皇帝位，大赦，改元为永定元年，封梁敬帝为江阴王，梁太后为王太妃，皇后为王妃。任命给事黄门侍郎蔡景历为秘书监、中书通事舍人。当时，军国事务全部由中书省负责处理，设立了二十一个部门，类似尚书省的各部。十一日，陈霸先到钟山祭祀蒋帝庙，十五日，又在杜姥宅取出佛牙，陈霸先亲自出宫膜拜。十六日，陈霸先追尊亡父陈文赞为景皇帝，庙号太祖，亡母董氏为安皇后，追立亡妻钱氏为昭皇后，亡世子陈克为孝怀太子，立现任夫人章要儿为皇后。

# 四六一 讨伐王琳

侯安都率军来到武昌后，王琳守将樊猛弃城而逃，周文育从豫章率军与侯安都会师。

侯安都听说陈霸先篡夺了政权，他叹息道：“此战肯定要失败了，全都是因为师出无名啊！”当时，侯安都与周文育地位相同，两军没有统帅，部下之间又不团结，二人之间也相互抱怨。陈军来到郢州（今湖北省武汉市）后，王琳守将潘纯陀站在城墙上朝陈军射箭，侯安都大怒，率军包围了城池，但无法攻克，而这时，王琳的增援部队也已经进抵弇口（今地不详），侯安都闻讯后，即解除对郢州的包围，率军来到沌口（今湖北省武汉市汉阳区西南三十里处），留下沈泰率领一支部队驻守在汉曲（汉水的拐弯处）。侯安都的军队遇到逆风，无法继续前进，王琳驻扎在长江东岸，侯安都驻扎在西岸，两军相持了数日，然后交战，陈军大败。侯安都、周文育以及部将徐敬成、周铁虎、程灵洗等全部被生擒，沈泰率军逃回。王琳与侯安都等人交谈，周铁虎毫不屈服，王琳下令杀掉了他。将侯安都等人用一条长锁链锁在一起，锁在王琳座舰的底舱，令亲信宦官王子晋负责看管。王琳遂把湘州军府转移到郢城，又派遣樊猛率军袭占了江州（今江西省九江市）。

十一月一日，陈武帝立侄儿陈蒨为临川王，陈顼为始兴王，已经被北齐杀死的侄儿陈昙朗也被立为南康王。当时，熊昙朗盘踞在豫章（今江西省南昌市），周迪在临川（今江西省南城县），留异在东阳（今浙江省金华市），陈宝应盘踞在晋安（今福建省福州市），他们相互呼应，而闽中（今福建省）的当地豪强也都修筑堡垒自保。陈武帝遂派遣给事黄门侍郎萧乾前往闽中劝说，萧乾到后，对大家晓以利害，当地豪强纷纷投降，陈武帝遂以萧乾为建安（今福建省建瓯市）太守。

永定二年（公元558年）一月，王琳率领湘州、郢州之军大举东进，推进到湓城（今江西省九江市西北），驻扎在白水浦，有十万之众。王琳看着威武雄壮的大军，他意气风发地说："这足以成为勤王之师了！温太真（温峤，东晋名臣）又算得了什么呢！"任命北江州（今安徽省潜山县）刺史鲁悉达为镇北将军，陈武帝也任命他为征西将军，都给他送去了乐队和歌女。鲁悉达心存观望，虽然都接受了下来，却拒绝上任。陈武帝派安西将军沈泰奔袭鲁悉达，却未能取胜。王琳打算率军顺流东下，但要经过鲁悉达的防地，王琳派人前去说服鲁悉达投降，但一直未能成功。一月五日，王琳派人前往北齐，请求北齐发兵支援，并请送回永嘉王萧庄继承南梁帝位。衡州刺史周迪打算控制南川（今江西省），他召集附近八个郡的太守一起盟誓，声称增援京师，陈武帝担心他们趁机叛乱，赶忙派人前去安抚。

新吴的余孝顷派一个叫道林的和尚对王琳说："周迪和黄法氍都依附于建康，暗中在寻找机会下手，一旦大军东进以后，二人必定要兴风作浪，不如先平定了南川，然后再发兵东进，我愿意率领本部人马作为先锋。"王琳遂派轻车将军樊猛、平南将军李孝钦、平东将军刘广德率领八千人马前去，命余孝顷统率三位将领，驻扎在临川旧郡（今江西省抚州市临川区），向周迪征收军粮，以观察他的态度。

由于鲁悉达挡在了中游，再加上担心周迪等人会扰乱后方，王琳的大军竟然一直停留在江西，迟迟未能东进。三月，北齐朝廷派兵护送南梁永嘉王萧庄（萧绎嫡孙）来到了江南，并拜王琳为南梁丞相、都督中外诸军事、录尚书事，王琳则将侄儿王叔宝以及下属十个州的刺史子弟都送到了邺城当人质。王琳遂拥立萧庄为皇帝，改元天启，追谥建安公萧渊明为闵皇帝。萧庄则任命王琳为侍中、大将军、中书监。四月三日，陈武帝害死了梁敬帝，立南梁武林侯萧咨的儿子萧季卿为江阴王。

五月一日，余孝顷等人率领两万人马一连构筑了八个营垒，进逼周迪。周迪恐惧之下求和，并答应送上军粮。樊猛等人打算接受，但余孝顷贪图私利，拒不同意，修筑木栅，将南城团团包围，樊猛等人遂与余孝顷不和。六月七日，陈武帝下诏命令司空侯瑱与领军将军徐度率领水军西进讨伐王琳。七月，当侯瑱、徐度的水军西进时，江州的局势也发生了变化。高州刺史黄法氍、吴兴太守沈恪、宁州刺史周敷合兵一处解救周迪。周敷在临川故郡封锁了江口，并分兵进攻余孝顼的其他堡垒。樊猛等人袖手旁观，这些堡垒全部被周敷攻陷；刘广德顺流先逃，得以保全。余孝顼等人只好弃舟登岸，从陆路逃窜，周迪追击，将他们全部活捉，把余孝顼、李孝钦二人送到了建康，把樊猛送还王琳。

王琳听从余孝顼的主意，与周迪等人结怨实在是非常不明智的。此时，对于王琳而言，最大的敌人是陈霸先，将兵锋转向周迪显然是不当的。大乱之中，强者为王。周迪等人的立场当然左右摇摆，因此，王琳只要消灭了陈霸先，周迪等人自然都会俯首称臣的。至于余孝顼所说的在王琳大军东进以后，周迪会在后方捣乱，也是似是而非之论，如果王琳取胜的话，周迪自然不敢乱动，即使周迪等人捣乱，那也是疥癣之疾，等到迅速占领建康后，一切都会迎刃而解。王琳屯兵于湓城，不仅让军心士气受到影响，而且也让陈霸先得以从容调集军队，恢复了侯安都沌口大败后的元气。在他派遣侯瑱、徐度先行出发后，到了八月十日，他又下令临川王陈蒨率领五万水军从建康出发，西进讨伐王琳。

樊猛三将失利后，周文育、侯安都、徐敬成对看管他们的王子晋许下重金，请王子晋放了他们。王子晋答应后，乘坐一条小船，假装在王琳大船的旁边垂钓，利用夜色掩护，将周文育等人转移到小船上，藏在深草之中，投奔陈军，辗转回到了建康。陈武帝赦免了他们的战败之罪，八月十七日，将他们全部官复原职。

与此同时，陈武帝又派遣吏部尚书谢哲前往王琳军中，请求实现和解，王琳表示同意，答应率军返回湘州。陈武帝遂下诏命令各军返回建康，八月二十二日，西征各路陈军从大雷（今安徽省望江县）回到了建康。陈武帝与王琳之间交易的详情已不得而知，当时萧庄已经即皇帝位，而陈武帝也已篡梁自立，按理说两者是势不两立的，怎么可能实现和解？莫非陈武帝表示服从萧庄政权？兴许是双方划分了势力范围？这一切都已成未解之谜了。从当时双方的态势分析，王琳虽然取得了沌口大捷，拥兵十万大举东进，却滞留湓城，迟迟不进，单纯从军事上讲，显然贻误了战机，但是，在此期间，王琳并不是毫无作为，他一方面结好了北齐；另一方面拥立了永嘉王萧庄，这也让他的这次行动显得更加名正言顺。不过，拥立永嘉王萧庄本身也是一把“双刃剑”，这是因为，这件事与结好北齐紧密相连，一方面让江南各个势力对王琳政权产生抵触；另一方面，也让数月之前王琳与北周、后梁结好的努力付之东流，好在是，由于陈霸先集团也与北齐和好，在北齐的压力下，陈霸先已没有理由继续与王琳为敌了，这大约是双方能够暂时化干戈为玉帛的根本原因。

王琳从湓城退去后，余孝顷的弟弟余孝励以及儿子余公飏依然占据新吴，拒不投降，十月十日，陈霸先命令开府仪同三司周文育都督各路大军，从豫章出发前去讨伐。

王琳一边倒向北齐的负面影响很快就显现了出来。到这一年的下半年，后梁主萧詧趁着王琳主力东下之际，派大将军王操率军攻占了王琳的长沙（今湖南省长沙市）、武陵（今湖南省常德市）、南平（今湖北省公安县）等地，等于把王琳原有的根据地抢占了过来。为了报复后梁，到第二年，即永定三年（公元559年）三月，回到郢州的王琳派遣部将雷文策偷袭后梁监利（今湖北省监利县）太守蔡大有，将其斩杀。

# 四六二 高洋之死（一）

永定三年，中国的大地上已俨然出现了五个政权，分别是：北周（长安）、北齐（邺城）、后梁（江陵）、南梁（郢城）、陈（建康）。

先说一说北齐。

陈武帝陈霸先即位的那一年永定元年（公元557年），也就是北齐文宣帝高洋的天保八年，也是北周孝闵帝、明帝即位的元年，从这一年到永定三年的三年时间里，北齐政治层面上似乎依然比较平稳。

天保八年（公元557年）一月，北齐南安（疑为河南省叶县南）城主冯显投降北周，北周柱国宇文贵命令丰州刺史郭彦率军接应，北周遂占领了南安。四月，北齐朝廷下诏停止百姓捕猎虾蟹之类，只让捕鱼；以太师、咸阳王斛律金为右丞相，前大将军、扶风王可朱浑道元为太傅，开府仪同三司贺拔仁为太保，尚书令、常山王高演为司空、录尚书事，长广王高湛为尚书令，尚书右仆射杨愔为尚书左仆射，以崔暹为尚书右仆射，上党王高涣为录尚书事；高洋在邺城城东练习骑马射箭，下令邺城的妇女全部出城参观，不去看的，以军法论处。五月，河北大面积出现蝗灾，北齐朝廷下诏免除灾区的租赋。这一年，北齐文宣帝下诏命令在长城内侧又修筑了一层城墙，从库洛拔（当在今山西省代县一带）向东一直到坞纥戍（当在今山西省灵丘县西南），共计四百余里。

从东魏大丞相高欢到北齐文宣帝高洋，再到北齐后期，高氏统治者一直在北方和西方修筑长城，其中，高欢修了两次，一次是在武定元年（公元543年），共征发五万民工，修筑了长七十余里的长城，它西起今山西省五寨县东部，横穿今山西省宁武县南部汾河源头、马营海子北侧，东达今山西省原平市北方的恒山山脉。第二次是在武定三年（公元545年），在幽州、定州、安州修筑了从太行山、军都山一直延伸至今北京市密云县古北口附近的长城。前者是为了屏护晋阳，后者是为了抵御北方民族南下。到文宣帝即位后，更是高度重视北方防御，大规模地修筑北线长城，从天保五年（公元 554 年）至天保七年（公元 556 年），调发一百八十万人修筑从幽州以北夏口（今北京市密云县古北口附近）一直到恒州（今山西省大同市）、绵延九百余里的长城，每十里就构筑一座堡垒，在北齐北方形成了一道完整的防御体系。在此前后，文宣帝高洋还在天保三年（公元 552 年）在并州北部修筑了内长城，本年修筑的长城是上一次所修内长城的延续。高洋大规模修筑长城，虽然保障了帝国北方的安全，但也让北齐百姓苦不堪言，社会矛盾进一步激化。《北史·齐本纪中》评价道："兼以外筑长城，内营台殿，赏费过度，天下骚然。内外惨惨，各怀怨毒。"

天保九年（公元 558 年）二月二十四日，高洋下令给罪犯减刑。二十六日，又下令烧荒野的时间须在阴历十一月的仲冬时候，不能在其他时间放火，以免损伤昆虫和草木。四月大旱，高洋祈雨却毫无效果，不禁大怒，毁掉了西门豹祠堂，又下令挖开了他的坟墓。从六月开始高洋从晋阳北巡，到八月回到邺城。过去，高洋下令征发三十余万民工在邺城旧有的三台台基上加以增修，建设了很多宫室，至此建成，建成后，改铜爵台为金凤台，金兽台为圣应台，冰井台为崇光台。十二月十九日，任命太傅可朱浑道元为太师，任命司徒尉粲为太尉，冀州刺史段韶任司空，录尚书事、常山王高演任大司马，录尚书事、长广王高湛任司徒。建造大庄严寺。

天保十年（公元 559 年）二月二十八日，高洋来到辽阳，住在甘露寺禅房静坐，只有军国大政才能进入奏报。闰四月十一日，高洋以司州牧、彭城王高浟为司空，侍中、高阳王高湜为尚书右仆射。十九日，以司空、彭城王浟兼太尉，封皇子高绍廉为长乐郡王。到十月十日，高洋就突然在晋阳宫德阳堂死去，终年三十一岁。

在这两年多的时间里，似乎一直比较平稳的北齐帝国，他的统治者高洋却一点都没见好转，相反还变本加厉地疯狂起来，而这种疯狂反过来也影响到了帝国的稳定。

天保八年五月河北出现大面积的蝗灾，高洋询问崔季舒的哥哥——魏郡丞崔叔瓒说："是什么原因导致了蝗灾？"崔叔瓒回答："《五行志》上说：'大兴土木，耽误了农时，就会产生蝗灾。'如今，在边境地区修筑长城，在邺城又建设三台，不会是这个原因吧？"高洋听后大怒，当即命令身边的卫士挥拳把崔叔瓒打得半死，抓住他的头发，将粪便倒在他头上，拉住双脚将他拖了出去。当初，北齐境内有术士说："亡高者黑衣。"因当时的和尚们身穿黑色衣服，高欢每次出行都不愿见到和尚。高洋对这个谶语也很忌惮，他在晋阳问身边的人道："什么东西最黑？"身边的人回答："没有比黑漆更黑的了。"高洋听后，脑子飞速地运转，立即想到漆与七谐音，而弟弟上党王高涣在兄弟们中排行第七，就让库直都督破六韩伯升前往邺城，征召高涣。高涣是高欢的初恋情人韩夫人所生，是大司马韩轨的外甥。高涣从小就出类拔萃，卓尔不群，长大以后，更是武艺绝伦，力大无穷，能扛起大鼎。高欢对他非常喜爱，曾赞赏道："这孩子像我！"高涣似乎对大哥高澄感情较好，高澄被刺后，高涣正在学堂，顿时惊呼道："肯定是大哥出事了！"当即手持弓箭就跑了出来。显然，高欢在世时，对韩氏、韩轨以及高涣都非常看重，高洋登基后，基于为母亲复仇的心态，开始有计划地清除韩氏家族了。韩轨在高洋讨伐柔然途中突然死去，死因不明，极有可能是死于高洋之手。天保六年，高涣率军送萧渊明回江南，并击破南梁东关城，斩杀了南梁大将裴之横，立下了赫赫战功，天保八年被晋升为录尚书事。虽然如此，高涣也知道二哥高洋对自己心存忌惮，此时，见二哥要征召自己，高涣已经预感到大事不妙，当他行至邺城城西的紫陌桥时，杀死了破六韩伯升，渡过黄河，逃到济州（治所今山东省茌平县西），被人捕获，又送回了邺城。

除了猜忌高涣外，高洋还对三弟——永安王高浚怀恨在心。过去，高澄当权时，高洋与高浚曾一起拜见大哥，可能是害怕，高洋鼻涕流到嘴边也不知道，高浚见状，斥责高洋的侍从："为何不替我二哥擦鼻涕！"高浚的话显然含沙射影，让高洋一直难以释怀。等到高洋即位后，高浚被任命为青州刺史，为政清明，深得民心。高洋嗜酒荒政，高浚曾对手下人说："过去我二哥不怎么样，登基以后，见识长进了不少，如今却饮酒过度，败坏德行，朝臣没有人敢于劝谏。如今敌人虎视眈眈，我非常担忧。我想去邺城当面劝谏，也不知他会不会采纳？"有人把高浚的话密报给了高洋，高洋更是恼火。后来，高浚入朝，参加了高洋的东山之宴，宴席上，高洋赤身裸体，纵酒为乐。正在兴头上，高浚劝谏说："这不是君主该做的！"高洋一脸不高兴。高浚又私下把杨愔叫到一旁，嘲讽他身为大臣却对高洋的荒唐行为视而不见。当时，高洋担心诸王与朝廷大臣结党，对诸王与朝廷大臣交往非常敏感，杨愔害怕受到牵连，遂向高洋报告了这一情况。高洋听后，不禁暴跳如雷，吼道："这个卑鄙的小人！我已经忍耐你很久了！"当即下令撤掉宴席回宫。高浚不久就回到了任所，又上书恳切劝谏，高洋遂下诏征召他回京。

高浚担心回到邺城会遭到不测，称病拒绝应诏。高洋更为恼怒，从邺城派出钦差大臣乘坐驿马车赶到青州逮捕高浚，听说皇上逮捕高浚，青州数千百姓扶老携幼哭号送行。高洋把高浚抓来后，将他装在铁笼里，与上党王高涣一起投入城北的地牢中，吃喝拉撒全在一处。

第二年（天保九年，公元 558 年），高洋带着随从一起到城北，顺便看看被关在地牢中的高浚和高涣二人。高洋站在地牢边上放声高歌，并令高浚、高涣兄弟一起合唱，二人吓得胆战心惊，不知不觉中歌声呜咽颤抖，高洋听后也觉得一阵悲凉，流下了眼泪，打算赦免了二人。高洋的同母弟——在兄弟中间排行老九的长广王高湛素来与三哥高浚不和，对高洋说："岂能让猛虎出了洞穴！"高洋听了顿时陷入沉默。高浚、高涣在下面听到后，喊着高湛的小名说道："步落稽！皇天后土在看着你！"高湛的话也提醒了高洋，高洋感到高浚、高涣二人都有雄才大略，一旦将二人放出来，可能会后患无穷，遂拿起一把长矛猛刺高涣，又让猛士刘桃枝向铁笼里的二人乱刺。每次长矛刺下，高浚、高涣兄弟在笼里徒手拉住、折断，哭喊之声震动天地。用长矛刺不死二人，高洋遂下令朝铁笼里投掷火把，霎时间火光冲天，不一会儿就将二人烧死了，然后又用土石将地牢填平。后来，把二人挖出时，头发、皮肤全部被烧光，尸体烧得像木炭一般，远近百姓听到后都为他们的惨死而痛心。仪同三司刘郁捷、冯文洛二人曾是高洋的家奴，因刘郁捷杀害了高浚、冯文洛杀害了高涣，高洋就把高浚的王妃陆氏配给了刘郁捷，高涣的王妃李氏配给了冯文洛，数日后，高洋又觉得在高浚生前并不喜欢陆氏，这样惩罚陆氏也没啥意思，又下令让陆氏与刘郁捷离婚。到北齐废帝乾明元年（公元 560 年）时，高洋的儿子高殷给二王平反昭雪，又下令李氏与冯文洛离婚，让她回到了王府。

# 四六三 高洋之死（二）

高洋的暴虐也直接导致了司马消难叛逃北周这一事件。

司马消难是原尚书令司马子如的儿子，娶了高欢的女儿，被拜为驸马都尉，天保九年时任北豫州（治所虎牢，今河南省巩义市境）刺史。司马消难看到高洋越来越昏庸暴虐，暗中盘算自保之计，他倾尽全力讨好下属。司马消难与公主感情不和，公主经常在兄弟高洋那里打小报告。上党王高涣逃亡时，邺城一片大乱，当时朝廷大臣们都怀疑高涣逃到了成皋司马消难这里，还说："如果高涣与司马消难搅和在一起，麻烦可就大了！"这话传入高洋的耳中，高洋对司马消难也心存疑虑。司马消难的堂侄司马瑞担任尚书左丞，与御史中丞毕义云有矛盾，毕义云遂派御史张子阶前往北豫州巡查，毕义云来到北豫州后，先把司马消难的典签官、门客们都软禁了起来。司马消难大为恐慌，暗中命令自己的心腹、中兵参军裴藻谎称请假外出，从小路逃往北周，带去了司马消难将要归降的消息。

天保九年三月一日，北周朝廷派遣柱国达奚武、大将军杨忠率领五千铁骑前往迎接司马消难。北周大军从小路一路奔驰，深入北齐国境五百多里，途中，前后派出三位使者给司马消难报信，却都是音信全无。北周军队来到距离虎牢关三十里处，达奚武担心有变，打算撤离，杨忠却说："宁可前进去死，也绝不后退求生！"他独自率领一千骑兵趁夜来到虎牢关关城之下。当他们来到虎牢关下时，只见虎牢关地势险峻，四面都是悬崖峭壁，只有巡夜士兵敲打的木梆声一声声传来。达奚武不放心，从后面亲自赶来，命令部队迅速撤离，有数百骑兵随他西去，而杨忠严令剩余的骑兵不得妄动，他们就这样一直等在虎牢关下，直到司马消难在城内打开了城门，杨忠率众入城后，又派人飞马报告达奚武。此时，北齐镇城（城防司令）伏敬远也已经得到了消息，他率领两千北齐士兵占据了虎牢关的东城，点燃狼烟向国内报警。达奚武担心北齐大军前来，遂放弃了固守虎牢关的计划，大肆劫掠一番后，带上司马消难一家匆匆西归，命杨忠率领三千骑兵殿后。杨忠撤退到洛水南岸时，他下令士兵们都解下马鞍，躺在草地上休息，不一会儿，北齐的追兵就来到了洛水北岸，杨忠对将士们说："你们只管把肚子填饱，我们如今身处必死之地，敌人肯定不敢渡河与我们厮杀的！"果然，不久北齐军队就撤离了。达奚武叹息道："我达奚武一向自以为是天下豪杰，今日我算是服气了！"司马消难来到北周后，被任命为小司徒（内政部副部长，《周书》称："大将军、荥阳公"）。司马消难非常贪色，没有坚定的立场，当时人们提到反复小人，总拿他说事。由于杨忠对司马消难有救命之恩，二人结为异姓兄弟，杨忠之子、后来的隋文帝杨坚一直像对待叔父那样尊敬司马消难。

一次，不知何故大司农穆子容（北魏书法家、藏书家）惹恼了高洋，高洋命其脱去衣服趴在地上，亲自弯弓搭箭朝穆子容射去，却没射中，这下让他更为恼火，拿出一根小木棍捅进穆子容的肛门，刺穿了他的肠子。崔暹死后，高洋前去凭吊，对崔暹的妻子李氏说："思念崔暹吗？"李氏回答："我是他结发妻子，情深义重，确实非常思念。"高洋说："如果真的思念他，就自己去看望看望。"当即手起刀落，将李氏的人头砍下，扔到墙外。天保九年三台建成后，高洋到三台游玩，拿起一把长矛玩耍，一矛下去，都督尉子辉当场毙命。高洋的同母弟、排行老六的常山王高演时任大司马、录尚书事，他擅长政务，很为帝国的未来担心，看到哥哥沉湎酒色，他是忧心忡忡。高洋也觉察出来了，他说："只要有你在，我什么都不用操心了，为何不纵情作乐呢！"高演只是趴在地上，不停地哭泣，一句话也说不出来。看到弟弟这样，高洋也不禁悲从中来，一把把酒杯扔到地上，说道："你好像嫌弃我这样，从今往后，有谁胆敢给我酒喝的，一律斩首！"遂将御用酒杯全部毁坏、扔掉。但是，不久，高洋就又故态复萌，喝得比过去还厉害。有时候，高洋到一些高官贵族家里，与人比赛摔跤，对手不分贵贱，可是高演一到，大家都肃静下来。高演又趁机劝谏高洋，高洋大怒，让高演站在面前，用刀柄对着他的肋骨，召来曾被高演处罚过的下属，让人揭发高演有什么短处，最终，无人开口，高洋这才把他放了。一次，高洋酒醉中把东魏时的宫女赏赐给了高演，酒醒后忘了，指责高演擅自取去，用刀柄把高演打成重伤，闭口绝食。娄太后知道后，日夜哭泣，高洋无计可施，说道："假如这小家伙死了，我怎么向老母亲交代！"遂屡屡前去探望高演的病情，还把过去囚禁的常山王友（王府的官职之一）王晞放了。高演抱着王晞说："我已气息奄奄，恐怕以后我们不能再相见了！”王晞流着眼泪劝道：“皇天后土怎能让殿下您就此死去！皇上是殿下的亲哥哥，又是君主，怎能与他计较！殿下不吃饭，太后也不吃饭，就算殿下不爱惜自己，难道就不顾念太后吗！”高演这才吃饭，一个多月后身体才康复了。还有一次，高演又劝谏高洋，高洋命令武士把高演反绑起来，拔出佩刀对着高演骂道：“你小子懂什么！是谁教你这么说的？”高演回答：“天下之人都闭口不言，除了臣下我谁还敢再说话！”高洋让人打了高演几十棍，不一会儿，他就昏醉过去了，高演这才侥幸脱身。后来，高演又想劝谏高洋，王晞劝阻道：“如今朝廷之上大家能依靠的只有殿下一人了，岂能像凡夫俗子那样耿介，却不爱惜自己的性命？发疯的人不认为自己是在发疯，刀箭也不管亲近、疏远，一旦大祸临头，殿下全家怎么办？太后又怎么办？”高演想想觉得有理，从此再也不敢劝谏了。

高洋有五个儿子：李皇后生下长子皇太子高殷、次子太原王高绍德；冯世妇生第三子范阳王高绍义；裴嫔生第四子西河王高绍仁；颜嫔生第五子陇西王高绍廉。高殷在天保元年被封为皇太子，时年六岁。他从小聪慧，曾在北宫设宴，特意交代不请河间王高孝琬（高澄第三子），侍从不明就里，高殷说：“这里是其父遇害之处，河间王怎好来这里？”天保七年冬天，高洋下令召集朝中有文学才能的大臣到宫中饮宴，让高殷与群臣讨论经义，高殷娓娓道来，众人无不赞不绝口。高洋却一直对高殷不满意，总说：“太子气质遗传了汉人基因，不像我。”总想另立太原王高绍德。一次，高洋登上金凤台，把高殷召来，命他亲手杀死死囚，高殷面露难色，砍了三下也没能把死囚的人头砍下。高洋大怒，亲自拿起马鞭朝高殷身上抽了几下，极度紧张、恐惧之余，高殷从此得上了口吃、心悸的毛病，精神恍惚。高洋酒醉后常常说：“太子性格懦弱，社稷责任重大，终归要传位给常山王高演。”太子少傅魏收对杨愔说：“太子是国家的根本，不能动摇。皇上三杯酒下肚，总说要传位给常山王，令臣下们心存疑虑。如果真的如此，应当立即付诸实施。这可不是儿戏，只能让国家不安。”杨愔把魏收的话传给高洋，高洋听了这才不提了。

高洋把临漳县令稽晔、舍人李文师罚给别人当奴隶。中书侍郎郑颐想陷害祠部尚书王昕（王晞的哥哥），对王昕说：“自古以来，从未见过大臣被罚做奴隶的。”王昕不知是计，随口说道：“箕子（商纣王的叔父）就被罚做了奴隶。”郑颐对高洋说：“王昕把陛下您比作商纣王。”高洋怀恨在心。不久，高洋与群臣喝酒，王昕称病不去。高洋派人去王昕家中，只见王昕正悠然自得地在家里吟咏诗赋，高洋大怒，当即下令在大殿前将其斩首，把尸体扔到漳河里。胶州刺史杜弼在东魏时曾任高洋的长史，高洋打算篡位前，杜弼也曾与众人一样劝阻过他。后来，高洋曾问："治理国家应当用什么样的人才？"杜弼回答："鲜卑人只会在马背上生活，应当使用汉人。"高洋认为杜弼是在嘲讽自己。高德政当权后，与杜弼不和，两人曾当众争吵，高德政屡屡在高洋面前说杜弼的坏话，可是杜弼自恃是高洋的旧臣，从未料到自己会遭到杀身之祸。天保十年夏天，高洋酒醉后，想起杜弼的种种过失，派人前去胶州斩杀杜弼；使者离去后，高洋又后悔了，又命使者乘坐驿马车收回成命，但杜弼已身首异处。

# 四六四 高洋之死（三）

在高洋当太原王时，高德政就是他的记室参军，二人私交甚深。

在高洋登基前后，高德政忙前忙后，立下了汗马功劳，天保七年被晋升为侍中、尚书右仆射。高洋纵酒酣醉，行为荒唐，高德政依仗与高洋之间的旧情，屡屡劝谏，已让高洋很不高兴了。一次，高洋又召高德政饮宴，高德政又劝谏说："陛下总说不喝了，可是如今比过去喝得更多了，这样下去，把江山社稷置于何地！又把太后置于何地呢！"高洋更不高兴了，他对身边的人说："高德政总是盛气凌人。"这话传到高德政的耳中，高德政担心会引火烧身，非常害怕，顿时心灰意冷，称病休假，躲到佛寺里休养，兼学坐禅，打算就此不再过问俗务。高洋问尚书令杨愔："我非常担心高德政的病情，他究竟病得咋样了？"杨愔因高德政在高洋登基时大出风头，后来又与他同为宰相，一直对高德政心存猜忌，这时，他说："陛下如果任命他为冀州刺史，他的病立马就好了。"高洋听从了，遂下令任命他为冀州刺史，高德政早就不想在京师蹚这潭浑水了，果然，一见到任命，高德政就起床了。高洋勃然大怒，他召来高德政说道："我听说你病了，我给你打针！"亲自拿出小刀在高德政的身上乱刺，顿时血流满地。高洋又下令把高德政拖下台阶，斩掉脚趾。刘桃枝与高德政是多年的密友，他手持大刀，踌躇再三，迟迟狠不下心来下手。高洋站起身来，走到台阶边，怒斥刘桃枝说："你的头要掉了！"当即向人索要大刀，将要亲自走下台阶。刘桃枝只好咬了咬牙关，斩断了高德政的三个脚趾。高洋的怒气仍没平息，命人将高德政关押在门下省内，直到夜晚才让毡轮小车将他送回了家。第二天一大早，高德政的妻子把家中的珍宝全拿了出来，放了四床，打算寄放在亲友家里（也可翻译为：打算送人，托人在高洋面前求情），可是，谁也没有料到，高洋突然来到了高德政家里，他见到这么多金银财宝，发火道："我的仓库里还没有这些东西！"询问之下，才知道都是元魏宗室贵族送的，这更触动了高洋的禁忌，当即下令将高德政拖出去斩首。高德政的妻子以及儿子高伯坚出来叩拜，也被斩首。高德政死后，高洋对群臣说："高德政经常对我说应该重用汉人，清除鲜卑人，就这一条就该死。他还让我诛杀元氏宗室，我今天杀他，也是替元氏宗室们报仇。"后来，他又后悔了，追赠高德政为太保，让他的嫡孙继承了他的爵位。

北齐太史令上奏说，今年的天象显示将要发生除旧布新的大事。高洋问特进元韶："汉光武帝刘秀是什么原因能够中兴汉室？"元韶回答："那是因为王莽没有把刘氏皇室诛杀殆尽。"一句话提醒了高洋，他下令诛杀元氏宗室来压服，天保十年（陈武帝永定三年，公元559年）五月，高洋下令诛杀了元世哲、元景武等二十五家，元韶等余下十九家暂时逮捕囚禁。元韶被投入地牢之中，断绝食物，元韶饿得吃下衣袖，最终还是被活活饿死。到了七月，高洋更是下令大肆诛杀元氏，自道武帝拓跋珪的祖父昭成帝拓跋什翼犍以下的元氏宗室，全部诛杀殆尽。有的父亲祖父曾是王爷，有的自己身居高位，有的兄弟们孔武有力，全部被拉到东市斩首。婴儿被抛向空中，再用长矛在下面接住，刺死，一共死了七百二十一人，全部被投入漳河。一段时间，附近居民剖开鱼肚子总能发现人的指甲，邺城百姓因此很长时间不敢再吃鱼肉。元氏宗室只有开府仪同三司元蛮、祠部郎中元文瑶等几家得以幸免于难。元蛮是元继的儿子、元叉的四弟，他是高洋六弟、常山王高演的岳父；元文瑶是拓跋遵的五世孙，因文才很高而一直在高澄、高洋身边服务。

高洋还让北魏宗室子弟元黄头与一群死囚，各乘一只巨大的风筝从金凤台上往下飞翔，只有元黄头飞到邺城城西的紫陌才成功落下，但高洋依然下令御史中丞毕义云将其饿死。定襄县令元景安是拓跋虔（道武帝拓跋珪堂兄弟）的玄孙，请求改姓高，他的堂兄元景皓说："哪有舍弃本姓却改姓别人的姓的道理！大丈夫宁可玉碎不能瓦全！"元景安向高洋报告了堂兄的话，高洋下令诛杀了元景皓，赏赐元景安姓高。八月十九日，高洋下诏："民间有父祖冒姓元氏，或者因被元氏收养而冒姓元氏的，不论经过了多少代，都准许改回本姓。"

大肆诛杀元氏，是高洋最后的疯狂。长期的酗酒让高洋得上了重病，以致无法进食了，每天仅仅喝几口酒而已。高洋刚登基时改年号为天保，有人说："天保二字，拆开是一大人只十，皇上大约只能在位十年吧？"又有谣言称："马子入石室，三千六百日。"高洋属马，三台曾是石虎的旧居，因此称为石室，三千六百日也就是十年。他自知将死，询问一位泰山道士："我能当几年天子？"回答："三十年。"等道士离去后，高洋对李皇后说："十年十月十日，不也是三十吗？我非常担心今年，过了今年就没事了。人生来都有一死，有什么可惋惜的呢？只可怜我的孩子正道（高殷的字）年纪尚小，有人将要夺去他的宝座啊！"当初，高洋让邢邵给儿子起名，邢邵起了高殷二字后，高洋说："殷商的规矩是兄终弟及，正道的正，是一止，我死后，我儿得不到了。"邢邵慌忙请求再改个名字，高洋却说："这是天意。"此时，高洋又对常山王高演说："夺你就夺吧，千万别杀他！"尚书令杨愔、领军大将军高归彦、侍中燕子献、黄门侍郎郑颐受遗诏辅政。果然，到天保十年（陈武帝永定三年，公元559年）十月十日，高洋在晋阳宫殿内病死。十月十九日，北齐朝廷发布死讯，群臣哭号，都没流下眼泪，唯独杨愔哭得涕泗横流。当天，皇太子高殷继位，大赦天下。十月二十六日，尊娄太后为太皇太后，李皇后为皇太后，下诏停止一切土木工程。以右丞相斛律金为左丞相、常山王高演为太傅、长广王高湛为太尉、段韶为司徒、平原王高淹为司空、高阳王高湜为尚书左仆射、河间王高孝琬为司州牧、侍中燕子献为尚书右仆射。十二月十五日，北齐朝廷改任高殷的三弟——广阳王高绍义为范阳王，四弟——上党王高绍仁为渔阳王，五弟——长乐王高绍谦为陇西王。

国不可一日无君。高洋十月十日去世，但北齐朝廷到十九日才公布消息，同日，高殷才继位，显然这是非常不正常的。在这十天内北齐朝廷究竟发生了什么？史书并没有透露出任何细节，但是，从史书上记载的一些蛛丝马迹可以断定，在这十天里，娄太后、高演与李皇后、杨愔等人围绕着帝位进行了一场激烈的争夺。娄太后想立高演为帝，理由非常简单：一、高演是自己的儿子，高演当皇帝，娄太后依然是皇太后，比太皇太后更接近权力核心，尤其是李氏身为汉人，娄昭君不愿看到李氏主宰北齐政权；二、高演对娄太后非常孝顺；三、高演年龄二十五岁，长期处理朝政，且他勤于政事，孜孜不倦，比高殷的执政经验要丰富得多；四、娄昭君与李氏原本就有过节，娄昭君对汉人有着根深蒂固的民族偏见，过去她就曾劝说高洋立外甥女段昭仪为皇后，以取代李氏。高洋死后，常山王高演入住晋阳宫，全面处理丧事，娄太后想趁此良机立他为帝，但娄太后的企图显然遭到李皇后、杨愔一党的强烈反对，时任领军大将军、掌握着禁卫军的高归彦也站在李皇后一边。高归彦的态度起到了关键作用，娄太后的阴谋破产，高殷才得以顺利登上了皇位。最终双方妥协的结果是：由于高洋刚死，高殷还在服丧期间，暂时由常山王高演入住皇宫东厢房，群臣上奏的事务先向高演报告后，由其决定。此时，太皇太后娄昭君尚掌握着一定的权力，高演为太傅、录尚书事，北齐朝政全由高演决断，母子二人一唱一和，实际上已架空了新君高殷和李太后。新年（北齐废帝乾明元年，陈文帝天嘉元年，公元560年）刚过，太皇太后娄昭君就又行动了。高洋第十一弟——高阳王高湜靠着滑稽逢迎赢得了高洋的信任，经常跟随高洋的身边，手持棍棒棒打诸王，娄昭君一直对他怀恨在心。高洋死后，高湜兼任司徒，引导棺材车行进，途中，他吹起笛子，奏出："皇上，你很懂我吗？"又击鼓为乐。高湜在国丧中的这一举动立即被娄昭君抓住，娄昭君上纲上线，认定高湜有罪，下令打了他一百多棍。乾明元年一月十一日，高湜就因伤重不治而死。娄昭君假惺惺地哭诉道："我恐怕他不成器，才打了他，谁能想到他竟然死了！"高湜应该是高洋的铁杆拥护者，肯定也是李皇后、高殷一党，娄昭君借家法打死了高湜，也是在杀鸡吓猴，告诉人们她依然拥有很大的权威。

# 四六五 乾明之变（一）

《北齐书·杨愔传》记载：“文宣大渐，以常山、长广二王位地亲逼，深以后事为念。”

高洋死前已经预料到自己死后，两个弟弟常山王高演和长广王高湛可能会威胁到儿子的皇位，但他并没有处死二王，这是因为，高演、高湛二人与被处死的高涣、高浚不同，他们与高洋是同父同母兄弟，高洋虽然无法无天，但对母亲娄昭君还是非常孝顺的，过去，高洋曾趁着酒劲狠狠教训了高演一顿，高演绝食，娄昭君也跟着绝食，弄得高洋不得不妥协，多次驾临高演府上赔礼道歉，如今，即使清楚地看出高演、高湛会对自己的儿子不利，但顾及母亲的感受，高洋仍然不愿痛下杀手。在临死前，他几乎已经料定儿子的皇位不保，并坦然接受了这一事实，他对弟弟高演唯一的要求就是一旦高演夺位，只求留下高殷一命。在他看来，我没有杀你，并接受你夺位的现实，对你已经是莫大的恩惠了，对我的儿子你总该放一马吧？尽管如此，高洋还是希望夺位之事不要发生，他在遗诏中明确的四位辅政大臣中并没有二王，这就说明，他希望辅政大臣能齐心协力阻止二王的篡位行动。

高洋的眼光并不错，四位辅政大臣正是李太后一党的核心人物，他们分别是：尚书令杨愔（高洋姐夫）、领军大将军高归彦（高洋族叔）、侍中燕子献（高洋妹夫）、黄门侍郎郑颐。除了四位辅政大臣外，李太后一党还有新任领军大将军可朱浑天和（高洋妹夫）、侍中宋钦道等人。郑颐原为太原公东阁祭酒，是高洋的旧人，宋钦道是北魏吏部尚书宋弁的孙子，原为东宫教习，二人都是文学之士，又是高洋父子身边的人。

娄昭君与李氏之间的斗争还有更深一层的原因——胡汉之争。高欢集团从建立之初就一直存在着鲜卑与汉人的矛盾，高欢时期，高敖曹与刘贵之间的争斗就是一例，期间，高欢曾努力消除这种矛盾，但收效甚微。到高澄辅政后，逐渐重用汉人，排挤鲜卑勋贵，引起了鲜卑勋贵的普遍不满，高澄扑朔迷离的死可能就是这种矛盾累积的结果。高洋继位后，杜弼就说过：“鲜卑人是马上讨生活的，治国当用汉人。”而高隆之和高德政也曾说过：“汉妇不可为天下母，宜更择美配。”娄昭君还曾要求将外甥女段昭仪立为皇后，但被高洋拒绝了，这也都说明了胡汉之间的隔阂根深蒂固，高洋虽然也曾多次在口头上表示鄙薄汉人的态度，并诛杀了杜弼，但他重用的杨愔、高德政、崔暹等人大多是汉人。高洋死后，胡汉之争再次凸显。杨愔担心高演、高湛二王会对高殷不利，对二人非常猜忌，高演在晋阳宫东厢房主持了二十天的朝政后，杨愔就以高殷的名义下令让他回到了家中，从此以后，杨愔等辅政大臣们就控制了北齐朝政，朝廷很多诏命都不再通知二王了。开始的时候，高演似乎并没有非常强烈的夺权野心。高演回到王府后，有人劝他：“凶猛的大鸟离开自己的巢穴，就有被人拿去鸟卵的危险，大王岂能屡屡离开皇宫呢？”中山太守阳休之拜见高演，高演不见，阳休之对常山王友（王府官职之一）王晞说：“过去周公早上读一百篇书，晚上要接见七十名士人，即使这样还恐怕不够，大王竟然拒绝接见客人，有什么嫌疑可避的？”高洋在世时，群臣人人自危，高殷继位后，高演曾对王晞说：“如今皇上啥事也不管，我们也乐得清闲。”并说：“皇上宽厚仁爱，真是一位守业之主啊！”王晞却说：“先帝在时，经常让一个匈奴人康虎儿保护着，如今，皇上年纪尚轻，猛然之间要处理繁重的军国事务，殿下应该经常陪伴在皇上身边，亲自接受皇上的旨意，现在您却让外姓之人负责传达皇上的诏命，时间长了，大权必将落入一个外人的手中，届时殿下想退居王府，享受清福，又怎么能办到呢？就是您能全身而退，但您自己想想您家的荣华富贵又能保持多久呢？”高演沉默了很久，说：“那我该怎么办呢？”王晞回答：“周公怀抱成王摄政七年，然后再把权力交还，请大王深思。”高演说：“我岂敢与周公相比！”王晞回答：“以殿下如今的地位，就是不想当周公能行吗？”高演没再说话。

高殷继位后，先将高洋的灵柩送回邺城安葬，而后也准备从晋阳返回邺城。当时北齐群臣都认为应当留下常山王高演镇守晋阳，但杨愔等人担心高演在晋阳会兴风作浪，打算把长广王高湛留在晋阳，让高演随高殷一起回到邺城。乾明元年（公元 560 年）二月十七日，北齐任命常山王高演为太傅、录尚书事，任命长广王高湛为大司马、并州录尚书事，任命尚书左仆射高归彦为司空，任命赵郡王高叡为尚书左仆射。高叡是高欢的弟弟高琛的儿子，高琛因与高欢小妾小尔朱氏淫乱而被高欢打死；高琛死时，高叡年仅三岁，由高欢的另一位小妾、高湜之母游氏抚养，与高欢的其他亲生儿子无异。命令下来以后，杨愔又不放心把长广王留在晋阳，他暗中将五千禁卫军留在晋阳，以备不测。尽管如此，思来想去，杨愔还是担心会出现问题，最终还是决定命令高演、高湛两兄弟都随从皇上一起回京；又命令王晞为并州长史，等于是把高演的一个臂膀砍掉了。消息传出，北齐群臣无不惊愕。高演临行前，王晞一直送到晋阳郊外，高演担心有人会说闲话，让王晞回城，他紧紧握住王晞的双手，说道："努力！珍重！"说完，飞身上马，绝尘而去。

按理说，四位辅政大臣都是李太后一党，但四位并非铁板一块，问题出在了首辅杨愔与次辅高归彦的身上。从杨愔中伤高德政一事上我们可以清楚地看出，杨愔此人猜忌心很强，见不得别人与自己争宠，更看不得别人与自己平起平坐。从高洋遗诏确定的这四位辅政大臣上看，首辅杨愔当然是核心中的核心，但偏重于文，次辅高归彦既是宗室，又掌管着禁卫军，是四位辅政大臣中唯一的武将，其他二人都是东宫旧人，是未来的宰相人选。虽然高归彦处于次辅的地位，但是在权力交接这一特殊时期，有着别人不可替代的重要作用，这一点似乎已经引起了杨愔的警觉，他更愿意让一个死心塌地跟着自己的人来掌握禁卫军，因此，在对付二王的同时，他已经开始逐步削弱高归彦的权力了。高阳王高湜被娄太后打死后，高归彦被提拔为尚书左仆射，但不久，高归彦就又被晋升为司空，仍然"总知禁卫"，表面上看，高归彦已位居三公，并仍然是禁卫军的最高长官，但是，杨愔在他的下面又安排了一个领军大将军可朱浑天和，实际上是屋下架屋，目的是架空高归彦。杨愔决定在晋阳留下五千禁卫军一事，并没有告诉高归彦，等到了邺城以后，高归彦才知道此事，顿时心生不快，开始与杨愔离心离德了。

可朱浑天和是鲜卑勋贵可朱浑道元的弟弟（《资治通鉴》记作儿子，错误），娶了高欢的女儿东平公主。与高归彦相比，可朱浑天和是李太后的死党，他经常说："如果不诛杀二王，幼主就没有平安的道理。"燕子献也建议先将太皇太后迁往北宫，这样一来，朝廷大权才能掌握在李太后之手。侍中宋钦道也建议高殷说："两位叔叔位高权重，还请从速将他们打发得越远越好。"高殷没有同意，说道："还是与杨愔认真研究研究再说吧。"与可朱浑天和相比，杨愔等人的打算要温柔许多，不过是想把二王调离京师，安排到地方上担任刺史，但即便如此，他们也知道高殷性格宽和仁慈，担心会不同意，遂找到李太后，详细说明原委，希望能得到李太后的支持。宫中女官李昌仪是高仲密的妻子，十七年前，高澄强奸了李昌仪，逼反了高仲密，东西魏之间引发了邙山之战，此后，李昌仪就落入宫中。李太后因李昌仪与自己是同姓，对她非常亲昵，竟将杨愔等人的报告交给李昌仪看，谁知，李昌仪秘密透露给了太皇太后娄昭君。

娄昭君已经完全掌握了杨愔等人的计划，她暗中与高演等人联络，决定发动政变，而杨愔等人却还蒙在鼓里，他们又商定不可让高演、高湛一起到地方上任职，遂上奏请求任命长广王高湛镇守晋阳，以常山王高演为太师、司州牧、录尚书事。与此同时，在娄昭君的指挥下，高演等人也加紧了策划，高演与高湛二人谎称出外打猎，商定下发动政变的具体步骤，高演还承诺自己当上皇帝后，将立高湛为皇太弟。从天保八年以来，北齐的赏赐、封爵太滥，杨愔为了整顿吏治，从自身做起，上书请求辞去自己的开府仪同三司和开封王，其余受到滥赏的人员也一并免职。虽然杨愔的出发点是好的，但时机掌握得不好，很多被降职的人都是牢骚满腹，也都被二王拉拢了过去，更严重的是，在禁卫军中有着巨大影响力的平秦王高归彦也转投到了二王的门下，杨愔、燕子献与高归彦商量，高归彦假装很高兴，还请求将高元海（高欢堂孙）叫来一起商议，高元海也是假装赞同，回头就将杨愔等人的密谋都告诉给了二王。娄昭君在鲜卑勋贵那里有着巨大的威望，高欢时期的鲜卑大将及其子嗣都对她忠心耿耿，这些人投靠到二王的怀抱，除了杨愔等人措置失当之外，娄昭君应当是起到了关键性的作用。

# 四六六 乾明之变（二）

高演、高湛二王顺从地就职了。

乾明元年（公元 560 年）二月二十三日，二王在尚书省大宴宾客。杨愔等人将去赴宴，散骑常侍兼中书侍郎郑颐劝阻道：“情况不明，不应如此轻率！”杨愔却说：“我们尽忠报国，哪能不出席常山王的就职典礼呢！为何突然有这种忧虑呢？”

杨愔的意气用事，很快就招致了杀身之祸。

长广王高湛已经提前在当天凌晨把数十名家丁藏在了尚书省的后堂之内，并与参加宴会的鲜卑勋贵贺拔仁、斛律金等人约定：“我们劝酒劝到杨愔那里时，各劝他喝两杯，他肯定要推辞。我说一句：‘拿酒！’再说一句：‘拿酒！’到第三句，我改口说：‘咋不拿！’你们当即就把他给拿下！”等到宴会时，按计划拿下了杨愔、可朱浑天和、宋钦道三人，每十个人控制一个人。杨愔大声喝道：“王爷们想要造反吗？想杀害忠良吗？我杨愔尊奉天子，削弱诸侯，又有什么罪！”常山王不想动粗，长广王高湛却说：“不行！”当即下令奴仆们对三人拳脚相加，把杨愔三人打得是遍体鳞伤，浑身是血。燕子献身强力壮，头发又少，他见势不妙，左冲右突，推开众人，狼狈逃出门外，斛律光追上将其抓住。燕子献叹息道：“男子汉谋略迟了一步，竟然落到了这步田地！”控制住杨愔等四人后，二王又派太子太保、猛将薛孤延，康买等人前去尚药局抓住了郑颐。郑颐说：“不听智者之言，竟然走到了这一步，这难道不是命运吗！”

常山王高演、长广王高湛与平秦王高归彦、平原王段韶、领军将军刘洪徽、贺拔仁、斛律金等人押着杨愔等人，冲进了云龙门。一行人见到都督叱利骚，呼唤他一起进宫，但叱利骚不从，二王命骑士一刀将其杀死。开府仪同三司成休宁把守城门，抽出佩刀，大声呵斥高演，高演命高归彦上前劝说，但成休宁厉声拒绝。高归彦长期担任领军大将军，他转而命令禁卫军将士们放下武器，自行解散，众人素来对他都很服气，听他这么一说，纷纷放下武器退下，成休宁自知无力回天，只好叹息作罢，高演等人这才闯进宫去。

高演进入昭阳殿，高湛和高归彦则停在朱华门外。高殷与太皇太后娄昭君一起从后宫出来，太皇太后娄昭君端坐在大殿之上，李皇后和废帝高殷站立在娄昭君的一旁。高演用砖头击打自己的脑袋，说道："臣与陛下骨肉相连，杨愔等人意欲把持朝政，作威作福，王公以下都是吓得战战兢兢。杨愔他们互为朋党，阴谋作乱，如果不趁早行动，一定会危害到江山社稷。臣与长广王高湛认为国事重大，贺拔仁、斛律金等人痛惜献皇帝（指高欢）打下的基业，因此，一起抓住杨愔等人，将他们带入宫中，我们不敢处罚他们。我们先斩后奏，罪该万死！"

当时站在大殿院内以及两厢走廊的卫士尚有两千多人，他们都身披铠甲，手持武器，只等高殷一声令下，随时出手。武卫将军娥永乐（《北齐书·杨愔传》记作"领军将军刘桃枝"）武艺绝伦，素来受到高洋的厚恩，他叩响佩刀，抬头直视高殷，可是高殷连看都不看他一眼。高殷受到父亲那次惊吓之后，一直口吃，仓促之间更是不知该如何应对。高殷听到了娥永乐佩刀的声响，但他装作没听见，娄昭君同样听到了，她立即命令娥永乐等人退下，但娥永乐以及那些禁卫军将士们拒不服从她的命令，而高殷还是没有表明自己的态度。这时，娄昭君提高了嗓门，厉声呵斥道："你们这些奴才今天是不想活了吗？"将士们这才退下大殿。娥永乐将佩刀送入刀鞘，眼泪禁不住夺眶而出。

武士们退下大殿后，太皇太后娄昭君又问："杨郎在哪？"因杨愔是娄昭君的女婿，所以他才这样问。贺拔仁回答："一个眼珠已被打出眼眶了。"娄昭君故作伤心地说道："杨郎又能有什么作为，留下他不是更好吗？"说完，她又责备高殷说："这些人心怀不轨，想杀害我的两个儿子，下一步就要杀死我了，你为何还要纵容他们？"高殷仍然不知所措，哑口无言。娄昭君表现得既愤怒，又伤心，完全是一副受害者的模样，大殿上的群臣也都呜咽流泪。娄昭君一开口就以一个受害者的身份，污蔑杨愔等人要诛杀二王，将自己和二王置于道德高地，把二王犯上作乱的行为合法化。娄昭君阅历甚深，毫无政治斗争经验的李太后和高殷哪里是她的对手？然后，她对大家说："岂能让我们母子受那个汉族老女人的摆布！"娄昭君的这句话当然是说给参与政变的鲜卑勋贵们听的，实际上肯定了二王以及鲜卑勋贵的政变行动。李太后听了，跪在一旁叩头，娄昭君又对李太后发誓说："高演没有别的想法，只是想除掉迫害他的人罢了。"李太后信以为真，她看到常山王高演还在一直不停地磕头，就对高殷说："你还不安慰安慰你的叔叔？"这时，高殷才说："就是我这个天子也不敢让叔父怜悯，何况是这些汉人？请叔父饶我一命，我自会下殿而去，他们就交给叔父处治。"于是，北齐朝廷下令诛杀了杨愔等人。长广王高湛认为郑颐曾说过自己的坏话，对他恨之入骨，先拔去郑颐的舌头，又斩断他的双手。常山王高演又命令将忠于李太后母子的禁卫军调出皇宫，以平秦王高归彦率领禁卫军进驻华林园，以京师卫戍区的军队入宫守卫皇宫，又在华林园内诛杀了娥永乐。

娄昭君亲临杨愔的丧礼，她哭着说："杨郎忠心耿耿，却受到了连累！"用御用黄金打造了一只眼珠，亲自放入杨愔的眼眶，说道："聊表我的一点心意。"高演也假惺惺地表示后悔杀死了姐夫，但北齐朝廷仍然下诏公布了杨愔等人的罪状，并说："只追究罪犯本人，对他们的家属一概不究。"可是，不久，高演又以高殷的名义下诏逮捕杨愔等五人全家，王晞竭力劝阻，仍然诛杀了五家中的嫡长子一门，无论男女，甚至是怀抱中的婴儿也未能幸免；其余嫡长子的兄弟们则侥幸免死，全部免去官职。

二月二十六日，高演以高殷的名义下诏，任命高演为大丞相、都督中外诸军事、录尚书事，高湛为太傅、京畿大都督，段韶为大将军，平阳王高淹（高演四弟）为太尉，平秦王高归彦为司徒，彭城王高浟（高演五弟）为尚书令。又以中书令赵彦深代替杨愔具体负责政府事务。鸿胪少卿阳休之私下说："我们将要跋涉千里，却杀掉了麒麟，用了一头笨驴，这真是太可悲了！"过去，曾有童谣说："羊羊吃野草，不吃野草远我道，不远打尔脑。"还说："阿么姑祸也，道人姑夫死也。"羊说的就是杨愔；道人是高殷的小名；太原公主曾当过尼姑，所以说阿么姑；杨愔、燕子献和可朱浑天和都是高殷的姑父。

这就是北齐历史上著名的乾明之变。

胡三省在评价这次事变时说："杨愔受托孤之寄，不能尊主庇身者，鲜卑之势素盛，华人不足以制之也。"这次政变后，高演掌握了北齐大权，高殷成为傀儡皇帝，北齐朝廷中的汉族大臣受到很大程度的打击，鲜卑勋贵势力抬头，娄昭君在北齐政治中的影响力空前提高。乾明之变不久，北齐大丞相高演就从邺城回到了晋阳，他对王晞说："不听你的话，差一点送命了。如今，已经清除了皇帝身边的奸臣，以后我该怎么办？"王晞说道："以殿下过去担任的官位，尚可以用人伦、礼教来决定进退；如今的情况就关乎天命了，不能按通常的规矩出牌了。”高演又请求任命赵郡王高叡担任自己的左长史，以王晞为司马。

三月三日，北齐皇帝高殷下诏称：“帝国的事务全部要送到晋阳向大丞相禀报，由大丞相全权决定。”三月二十一日，高殷又下诏封伯父高澄的次子高孝珩为广宁王；高澄的第四子高孝瓘（又名高长恭）为兰陵王。

# 四六七 孝昭继位

高演当然不愿意久居人下，但废立大事历来都是最难的，弄不好是要掉脑袋的，当事人往往难以启齿，这就需要有人来劝进，高演首先想到的这个人就是王晞。

王晞过去就曾强烈暗示过高演，但当时高演并没有正面答复。王晞是个儒生，又是个慢性子，高演为了讨好鲜卑勋贵们，担心自己如果对王晞过分亲近，就会引起鲜卑勋贵们的不满，所以白天故意对王晞不理不睬，每到夜里才用车子把王晞接来密谈。一次，高演把王晞接进密室，试探道："近来，不少王侯勋贵们总是逼迫我登基，他们说，如果我一直违背上天的意愿，恐怕会有不测。我想依法惩处他们，你看如何？"王晞回答："皇上前些时候疏远亲戚，殿下仓促之间所行之事，已经不是臣子应当做的了。殿下与天子之间已经产生了隔阂，天子见到殿下就如同芒刺在背，很不舒服，君臣之间相互猜忌，这种情况岂能长久！殿下虽然想谦让，对帝位视为尘土，但恐怕确实会违背上天的旨意，断送了先帝创下的大业啊！"高演装模作样地呵斥道："你怎敢说出这种大逆不道之言！真该依法惩处你！"王晞接着说："天时、人事都有此意，所以我才敢冒着杀头的危险说出这话，不过，上天也会同意我说的。"高演说："救国救民还需要等待更贤明的人，我怎敢私下筹划此事！请不要再说了！"

丞相从事中郎陆杳出差前，握着王晞的双手，叮嘱他要劝说高演登基。王晞把陆杳的话转述给高演，高演说："你说大家都有这个心愿，可是，赵彦深整天在我的身边，也没见他说个只言片语啊！"王晞趁闲暇偷偷询问赵彦深，赵彦深立即心领神会，他回答道："这些天我也听到朝野有这种舆论，见到大王，也想向大王报告，可是每当想开口总是吓得心惊肉跳，不敢说出来。既然贤弟已经开了个头，我也会冒死说出心里话的。"于是，二人一起劝说高演。

不久，高演就把自己的心愿告诉了母亲娄昭君。赵道德对娄昭君说："相王不效法周公辅佐成王，却想夺取骨肉的宝座，难道不怕后世责备你篡位吗？"娄昭君说："赵道德说得对。"但不久，高演又对娄昭君说："天下不安，人心浮动，我担心会出现意外，还请早日理顺名位。"显然，高演在暗示可能会再次发动政变，强行夺取皇位。高演一直是娄昭君最疼爱的儿子，本来她就有册立高演的打算，想来想去，娄昭君就答应了。

北齐乾明元年（陈文帝天嘉元年，公元 560 年）八月三日，北齐太皇太后娄昭君下令，废黜高殷为济南王，立高演为皇帝。娄昭君警告高演说："不要让高殷出现什么意外！"高演答应了。同日，高演在晋阳宣德殿登基继位，大赦，改元皇建，改称娄昭君为皇太后，李氏为文宣皇后。高殷在位九个月，史称北齐废帝；高演史称北齐孝昭帝。

应该说北齐孝昭帝高演是个称职的皇帝。

孝昭帝高演比较勤政。史称，他"自居台省，留心政术，闲明簿领，吏所不逮，及正位宸居，弥所克励"。在他在位的短短一年左右的时间里，采取了一系列的举措，改革文宣帝时期的种种弊政，缓和北齐的社会矛盾。刚刚登基第三天，也就是八月六日，他就下诏要求有关部门对从高欢创业以来的佐命功臣，因子孙灭绝而爵位失传的，要寻访血缘关系最近的亲属继承；对全国各地在当地有名望的老人授予名誉官职，赐予黄帽子、手杖；引进耿直人士，当面虚心听取他们的意见和建议；对于死难的将士进行登记，追赠荣誉称号；对于文宣帝时期未曾追谥的朝廷名臣、军队将领，予以追赠；他还要求廷尉、御史中丞不得枉法裁判；将年满六十岁的政府机关内的奴仆免为平民。八月十三日，他又下诏向各地派出使者巡视，询问百姓疾苦，寻访贤良人士，考核地方官员。十五日，又要求国子寺可置官员，依旧招生，讲习经典，岁时考试。十七日，诏九州勋人有重封的，准许转让给子弟，以推广骨肉的恩亲。

他知人善任。史称，他"内无私宠，外收人物，虽后父位亦特进无别"。《北史》称他"早居台阁，故事通明；人吏之间，无所不委。文宣崩后，大革前弊。及临尊极，留心更深，时人服其明而讥其细也。情好稽古，率由礼度；将封先代之胤，且敦学校之风；征召才贤，文武毕集"。孝昭帝登基后，对王晞说："你怎么形同外人，经常见不到你的影子？从今往后，就算不是你主管的部门，只要你有什么建议，随时可以写到纸上，等我有空就递给我。"并命令王晞与阳休之、鸿胪卿崔劼三人每天下班后，一起进宫到东厢房内，共同研究古代的礼仪、音乐、官制、赋税、市场、土地制度等。有的制度已经出现了弊端，却仍然沿用至今；有的制度从古至今都很有利，如今却废止了；还有的人道德高尚，却一直受到压制；有的人巧言令色，败坏朝纲，对于这些人和事，孝昭帝都让他们深入思考，找出解决方案，逐一上报。每天早晚饭都由御膳房安排，一直等到黄昏后才让他们回家。孝昭帝打算提拔王晞为侍中，王晞却苦苦推辞，有人劝他不宜故意与皇上疏远，王晞却说："我从年少至今见过的权贵太多了，稍微得意忘形，过不了多久，没有不失败的。况且，我的性格确实疏阔，不堪担当大任，主上对我的那点恩典，怎么能靠得住？万一发生变化，到时候想退已来不及了！不是我不想当个高官，而是我对此考虑得太透彻了！"

高演还虚心纳谏。史称，他"日昃临朝，务知人之善恶，每访问左右，冀获直言"。他曾问舍人裴泽，在外面听到些什么对时政的批评意见，裴泽直率地说："陛下聪明且大公无私，自然可与古代的圣王媲美，但是有见识的人士都认为陛下所为过于琐碎，对于一位帝王而言，胸襟还不算宽阔。"高演笑着说："确实如此。我刚刚登上帝位，做事不周全，才造成这种失误，不可能一直这样，只是又担心以后还会有什么疏漏。"赵郡王高叡与库狄显安（库狄干之子）同高演在一起闲坐交谈，高演说："高叡，你是我的堂兄弟；显安，你是我的亲表弟，今天就把君臣之礼放到一边，只论我们的亲戚关系，你们坦率地说说我有什么过失。"库狄显安说："陛下好说谎。"高演追问道："何以见得？"回答："过去，陛下见到文宣帝用马鞭打人，总是认为不对，可是，如今陛下你自己也这样，这难道不是你说谎了吗？"高演听了，握住他的双手，连连道歉。高演鼓励他继续直言，库狄显安又说："陛下管得太细了，天子做事就像个小吏。"高演回答："我对此也心知肚明，只是无法无天的时间太长了，我是想好好整治整治，等整治好了，我也就可以无为而治了。"高演又询问王晞，王晞的回答与库狄显安的相同，高演都虚心地接受了。

孝昭帝还非常孝顺。他即位后，皇太后娄昭君生病了，孝昭帝心神不宁，走路踉踉跄跄，面容憔悴，将近四十天都没换洗过身上的衣服。娄太后病情稍微加重一点，孝昭帝就在病房外面打地铺，母亲的饮食医药，他都亲自打理。娄太后患有严重的心脏病，痛起来难以忍受，孝昭帝站在床边侍候，用指甲狠狠地掐自己的手掌，希望能代替母亲的痛苦，以致将自己的手掌都掐出了鲜血，染红了袍袖。孝昭帝还对弟弟们非常友爱，没有君臣之间的那种隔阂。

孝昭帝即位后，就开始策划着发起灭亡北周的战争。他征召前开府长史卢叔虎为太子中庶子，并询问卢叔虎对时局的看法。卢叔虎建议对北周发起进攻，他说："我们强盛，他们弱小；我们富裕，他们贫穷，双方力量悬殊，可是，之所以我们没能吞并对方，就在于我们没有发挥好我们的长处。我们轻率地投入兵力与他们在野外作战，胜负难料，这是匈奴骑兵惯用的打法，不是万全之策。我们应当在平阳（今山西省临汾市）设立军事重镇，与他们的蒲坂遥遥相对，深沟高垒，屯兵积粮。如果他们固守不战，我们就一点点地蚕食他们的土地；如果他们出兵的话，凑不够十万军队，就无法与我们匹敌，而他们所消耗的粮食都来自关中。我们的士兵们每年可以轮换休息一次，粮食充裕。他们前来挑战的话，我们置之不理；等他们一撤退，我们就趁机追击。从长安往西，城池偏远，人民稀少，他们的军队来回行动，确实非常艰难，如果与我们僵持下来，他们的农田就会荒芜，不出三年，他们自然就会瓦解了。"孝昭帝认为他分析得很准确。

孝昭帝已经把消灭北周、统一中国北方纳入议事日程，但在讨伐北周之前，他还必须消除来自北方的威胁。在他即位三个月后，到了这一年的十一月，他就亲自率领北齐军队北伐库莫奚，一直进抵天池（今山西省宁武县管岑山上），将库莫奚赶出了北齐长城。孝昭帝分兵追击，缴获七万多只牛羊而还。

# 四六八 武城登基

文宣帝高洋末年，北齐国内粮价暴涨，高殷即位后，尚书左丞苏珍芝建议在石鳖（今江苏省宝应县）等地实行屯田，不久，淮南的北齐驻军已经粮食充裕了。到孝昭帝高演即位后，平州刺史嵇晔又建议在督亢陂（今河北省涿州市东南）实施屯田，每年能收获数十万石粮食，从此以后，北齐北部边境的军民也实现了温饱。孝昭帝又下令在河内（今河南省沁阳市）等地设置了“怀义屯田区”，以解决河南地区当地驻军的粮食消费，从此以后，百姓们稍稍减轻了转运粮食的辛苦。

一次，孝昭帝高演在大殿上处决犯人，他问王晞：“你说这人该杀不？”王晞回答：“该杀。不过，只可惜他死的不是地方。臣听说：‘将罪犯在街市上公开处决，让人民看到，一起唾弃他。’大殿之上不是杀人的地方。”孝昭帝听了，当即向王晞道歉说：“从今往后，我将为了你而改正我的错误。”

孝昭帝高演诛杀杨愔、燕子献时曾允诺以长广王高湛为皇太弟，但等他即位后，食言而肥，立了自己的儿子高百年为皇太子，高湛心里很不高兴。孝昭帝不仅立高百年为皇太子，而且还给高百年娶了斛律金的孙女为太子妃，显然，这是孝昭帝拉拢代北勋贵、压制高湛的重要举措。孝昭帝即位不久就驾临晋阳，高湛则留守邺城。散骑常侍高元海是高欢的堂孙（他的父亲高思宗是高欢堂侄），也留在邺城负责朝廷机要。孝昭帝将原任领军将军库狄伏连调任幽州刺史，而以斛律光的弟弟斛律羡担任领军将军，以分割高湛的权力，可是，高湛拒不接受命令，强行留下库狄伏连，不让斛律羡就职。

占卜师们曾对高演说邺城有王气，而退位后的济南王高殷则经常居住在邺城，平秦王高归彦也担心济南王高殷一旦复辟，肯定会找自己算账，因此建议高演杀掉高殷。高演就派高归彦回到邺城，征召高殷来晋阳。

高归彦的到来让一直心怀鬼胎的高湛是七上八下，惶恐不安。他向高元海问计，高元海不知底细，只说：“皇太后万福金安，皇上孝悌，殿下不必忧虑。”高湛说：“我对你推心置腹，你却给我说这些应酬话！”高元海请求好好思考一夜再答复，高湛担心有变，就把他强行留在了后堂。高元海一夜未眠，只是绕着床来回踱步，那天晚上，高湛也是通宵不寐，天还没亮，他就出现在高元海的面前，劈头盖脸问道：“想出什么妙计了？”

高元海回答：“我想出了上、中、下三条，只恐殿下不会采用。上策是：殿下像西汉梁孝王那样，带领几个骑兵前去晋阳，先面见太后，恳请哀怜，然后再拜见皇上，交出兵权，一直到老死也不再过问朝政，这肯定能保证大王像泰山一样安稳。如果做不到这一点，就应当上书皇上，称自己的权势太重，恐怕受到众人的非议，请求皇上授予您青州、齐州二州刺史，大王到了那里以后，心境清净，不问朝政，必然不会招致猜忌，这是中策。”显然，高元海说的上、中二策都不合高湛的口味，他又问下策。

高元海说：“话一说出口，就恐怕要遭受灭族之祸。”

高湛坚持让他说，他只得说道：“济南王是正统的皇位继承人，皇上借太后之命而篡夺了人家的皇位。如今，大王召集文武官员，向他们公布皇上征召济南王的命令，逮捕斛律丰乐，斩杀高归彦，拥护济南王复辟，号令天下，以顺讨逆，这是万代难遇的良机啊！”

高湛听了大喜，但他本性胆怯，一直狐疑不定，迟迟没有作出决断。他又让占卜师郑道谦等人一起占卜吉凶，占卜师们都说：“主动行动不吉利，静止不动则吉祥。”林虑（今河南省林县）县令潘子密也通晓观察天象，他偷偷对高湛说：“皇上很快就要驾崩了，殿下当成为天下之主。”高湛将他软禁在王府之内，等待应验。他还让巫婆神汉们占卜，大多人都说：“不用兴兵，自会大喜！”

在这种情况下，高湛才暂时打消了公开发动叛乱的计划，命令数百骑兵把济南王高殷送到了晋阳。九月，高演命人给高殷送去毒酒，高殷不喝，来人遂将其勒死。高殷死后，孝昭帝高演就后悔了。

孝昭帝高演杀死高殷后，身体就开始出现了不适，先是浑身闷热，不停地让人送上解渴汤药。当时，有一名姓赵的尚书令史，在邺城看到死去的高洋与杨愔、燕子献等人一路向西，说是要去复仇，高演与毛夫人在晋阳宫内也见到了。慢慢地，高演的病情加重了，开始在宫中安排驱鬼的法事，或者用滚烫的油四处泼洒，或者让人手持火炬到处乱跑，可是，高演等人看到这些厉鬼刚出了宫殿，又骑到了房梁之上，高歌呼喊，毫无惧色。

当时，又有流星从天而降。十月，为了压服不祥，高演在平时讲武的地方打猎，打猎过程中，突然一只兔子跃起，高演坐骑受惊，把他狠狠地摔到地上，肋骨摔断了。娄太后前去探病，问济南王高殷现在何处，问了三遍，高演都无言以对。娄太后大怒，说道："杀了吗？你不听我的话，死了活该！"说完，拂袖而去。

十一月二日，高演下诏称，皇太子高百年年幼，派遣尚书右仆射高叡前往邺城，征召长广王高湛继位。他又给高湛写信说："百年没有罪，你要把他们母子安置在一个合适的位置，千万不要像我这样杀害了侄儿！"当天，高演即死于晋阳宫中，时年二十七岁。临死前，他只是趴在床头，不停地叩头哀求饶恕，还称遗憾自己没能给老娘送终。

赵郡王高叡先让黄门侍郎王松年快马来到邺城，向高湛宣布高演的遗命。高湛听了，还担心有诈，派心腹来到晋阳，打开高演的棺材察看。心腹返回报告后，高湛大喜，飞马奔赴晋阳，命河南王高孝瑜先进宫，把晋阳宫的禁卫军全部换成自己的军队。

十一月十一日，时年二十五岁的高湛在晋阳宫登基即皇帝位，大赦，改元为太宁。高湛登基后，即任命五哥彭城王高浟为太师、录尚书事，平秦王高归彦为太傅，尉粲（尉景之子）为太保，四哥平阳王高淹为太宰，十二弟博陵王高济（高湛同母弟）为太尉，段韶为大司马，丰州刺史娄叡（娄太后、娄昭的侄儿）为司空，赵郡王高叡为尚书令，十弟任城王高湝为尚书左仆射，并州刺史斛律光为尚书右仆射。改封高百年为乐陵王。

此时，在高欢的十五个儿子中，长子高澄、次子高洋、三子高浚（为高洋所杀）、六子高演、七子高涣（为高洋所杀）、八子高淯、十一子高湜（为娄太后棒杀）、十三子高凝、十五子高洽已死，只剩下四子高淹、五子高浟、九子高湛（武成帝）、十子高湝、十二子高济、十四子高润六人。

从北齐文宣帝天保十年（陈武帝永定三年，公元 559 年）十月文宣帝高洋病死，到北齐武成帝太宁元年（陈文帝天嘉二年，公元 561 年）十一月武成帝高湛即位，在这短短的两年零一个月的时间里，北齐已经死掉了高洋、高殷、高演三个皇帝，其中废帝高殷在位十个月左右，孝昭帝高演在位一年零三个月，随着高湛的继位，北齐历史也步入武成帝高湛时代。高欢死后，高氏政权一直就没有确定嫡长子继承制度，而在实际上采取了兄终弟及的制度，这里恐怕与娄昭君试图保有自己的影响力有着直接的关系，在这种情况下，高欢诸子之间尤其是娄太后的几个儿子，为了夺嫡明争暗斗不断，登上皇位的儿子对有实力的兄弟们非常猜忌。先是高澄突遭刺杀，高澄的儿子们被甩在一旁，弟弟高洋夺嫡成功，并登上皇帝宝座；高洋在位期间，残忍地诛杀了同父异母的弟弟高浚和高涣；在他临死前就已经预感到自己的儿子高殷可能难以保住皇位；果然，弟弟高演篡位成功，并害死了高殷；高演虽然顺利地登上了皇位，但弟弟高湛的实力很大，北齐帝国俨然出现了邺城、晋阳两个权力中心，他也曾试图将皇位传给儿子高百年，可是，由于他在位时间太短，这一愿望也化为泡影了。

对于刚刚即位的高湛来说，北齐宗室内部的矛盾仍然存在。因兄终弟及而到手的皇位，却要在自己的身上确定父死子继的传统，将来把皇位传给自己的儿子，这本身就没有说服力，极易引发宗室内部的矛盾，这一点武成帝高湛比谁都清楚。如果确定父死子继的传统，那么，最有资格成为下一任皇帝的既不是高湛的儿子，又不是高洋、高演的儿子，而是他们的大哥高澄的儿子高孝瑜等人。混乱的继承制度让北齐宗室成员感到谁有力量谁都有可能成为皇帝，大家都是野心勃勃，跃跃欲试，登上皇位的高湛迫切要解决的就是清除一切可能的威胁……

# 四六九 陈武之死

回过头来再看看这两年来北周和南陈又发生了些什么。

先说南陈。

时光拉回到高洋死的那一年，即陈武帝永定三年。在永定二年下半年王琳从湓城退回后，在北齐的压力下，陈武帝实际上默认了郢州萧庄政权的存在，虽然双方没有再进行正面冲突，但并没有停止明争暗斗，这主要体现在对江州割据势力的争夺。

永定三年（北齐天保十年，公元559年）五月，陈武帝命令周文育、周迪、黄法氍一起讨伐驻守在新吴（今江西省奉新县）的余公飏（余孝顷之子），豫章内史熊昙朗引兵与周文育等人会师，人数近万人。周文育驻扎在金口（今地不详），余公飏诈降，被周文育识破，他将计就计，反而将余公飏抓获，送到了建康。周文育等人又挺进到了三陂（今江西省新建县西南）。

王琳派遣部将曹庆率领两千人马增援余孝劢（余孝顷弟弟），曹庆分军命令军主常众爱与周文育相拒，他亲自率众进攻周迪和吴明彻所部，周迪等人战败，周文育也只好退还金口。熊昙朗看到陈军失利，又盘算着再来一次趁火打劫，密谋杀掉周文育，投降常众爱。周文育的监军孙白象风闻熊昙朗的阴谋，劝说周文育要先下手，但周文育没有听从。当时，周迪战败后，弃船而逃，下落不明。五月二十九日，周文育得到了周迪的书信，他非常高兴，亲自拿着书信让熊昙朗看，此时，熊昙朗已经决定反叛，见到周文育竟然轻率地来到自己军营，遂当即将周文育杀死，并兼并了周文育的部队，趁机占领了新淦城（今江西省新干县）。接着，熊昙朗又率领一万多人偷袭周敷，却被周敷击败，熊昙朗单人匹马逃回了巴山（今江西省崇仁县）。

周文育讨伐余孝劢、余公飏时，陈武帝又派南豫州刺史侯安都率军随后赶来。

侯安都听说周文育被杀后，遂率军撤回，途中，又与王琳派来增援曹庆的周炅、周协的部队遭遇，侯安都率军一举击败二人，生擒了周炅和周协。余孝劢的弟弟余孝猷率领四千多家向侯安都投降。侯安都又折返回来，进军到左里（今江西省都昌县西北），击败了曹庆和常众爱的军队。常众爱逃到庐山，六月五日，庐山百姓斩杀了常众爱，将他的人头送到了侯安都那里。

江西粗定，侯安都开始率军返回建康，而就在这时，六月十二日，陈武帝却突然得了重病，六月二十一日就病故了，终年五十七岁，共在位一年零十个月。陈武帝虽然在位时间极短，但后人对他的评价很高，陈吏部尚书姚察认为，陈武帝“英略大度，应变无方，盖汉高、魏武之亚矣”。将他比作稍逊于刘邦、曹操的人物；魏征认为他“志度宏远，怀抱豁如”，与孙权、刘备相比毫不逊色；虞世南认为陈武帝比不上刘裕，但要超过萧道成；归有光认为陈武帝是南朝诸帝中最贤明的。主要集中在几个方面：一是他气度恢宏，知人善任，有容人之量。赵翼在他的《二十二史札记》“陈武帝多用敌将”条中称：“陈武帝起自寒微，数年有天下，其将帅自侯安都、黄法氍、胡颖、徐度、杜稜、吴明彻诸人外，其余功臣皆出于仇敌中者。杜僧明、周文育则起兵围广州，为帝所擒者也；欧阳頠亦事萧勃，为周文育擒送于帝者也；侯瑱、周铁虎、程灵洗则王僧辩故将也；鲁悉达、孙瑒、周炅、樊毅、樊猛，则王琳故将也。或临阵擒获，或力屈来降，帝皆释而用之，委以心膂，卒得其力以成偏安之业。其度量恢廓，知人善任，固自有过人者。如侯瑱据豫章，自以本事僧辩，不肯入朝，及部众叛散，或劝其投北齐，瑱以帝有大量，必能容人，乃诣阙归罪。鲁悉达据晋熙，王琳授以镇北将军，帝亦授以征西将军，悉达两受之而皆不就，帝使沈泰潜师袭之，亦不克，后为北齐师所破，乃来归，武帝谓曰：‘来何迟也？’对曰：‘陛下授臣以官，恩至厚矣；使沈泰来袭，威亦深矣，臣所以自归者，以陛下豁达大度，同符汉祖故也。’帝曰：‘卿言得之矣！’可见帝之度量，当时早有以见信于人，故能驱策群雄，借以集事……”赵翼列举的不少人其实并非陈武帝任用的，比如，孙瑒、樊毅、樊猛等人都是在陈武帝死后陈文帝时期投降的，他们的任用问题与陈武帝无涉，但其对陈武帝的总体评价尚属中肯。二是他勤政爱民。《资治通鉴》称，他为政宽和，不是军国不得不调派的，从不轻易向百姓们征发税赋。他生活简朴，一餐饭不过几个菜，餐具也都是瓦器之类的，佐餐的水果之类也只是摆在那里，做做样子而已；后宫宫女衣着也很朴素，没有金银首饰，后宫内也没有女子乐队。三是他崛起于寒人阶层，为南朝门阀政治敲响了丧钟。

陈武帝此时驾崩，对于刚刚建立的陈朝来说不啻晴天霹雳，这是因为，在陈武帝的经营下，虽然建康周边地区暂时安定下来，但是，在不远的浙江、江西、福建等地还有不少割据势力，他们随时都会反戈一击，郢州是虎视眈眈的王琳，长江北岸还有与王琳沆瀣一气的北齐，陈朝所面临的局势仍然十分险恶，更有甚者，陈武帝并没有一个儿子在他的身边！陈武帝一共有六个儿子，前五个儿子无考，大约都已经夭亡了，第六子陈昌在侯景之乱平定后，曾被梁元帝萧绎封为长城公世子，与侄儿陈顼一起被送到江陵当人质。江陵陷落后，陈顼与陈昌又被北周军队掳掠到了北方。陈武帝即位后，屡屡向北周派出使者请求放还陈昌，北周虽然口头答应，但一直没有将陈昌放还。国无嫡嗣，周边到处都是强敌，诸将又领兵在外，朝廷之上又没有重臣，唯有中领军杜稜率领宿卫兵驻扎在建康，新建立的陈朝随时都有土崩瓦解的危险！

在万分危急之下，陈武帝的皇后章要儿召来中书侍郎蔡景历、江大权以及杜稜，决定秘不发丧，火速征召陈武帝的侄儿陈蒨入朝。蔡景历亲自与宦官、女官偷偷制作丧事用具，当时正值夏天，天气炎热，必须尽快把尸体放入棺材，可要制作棺材又担心斧砍刀削的声音传出宫外，只好先用蜂蜡将尸体浸泡起来。而以皇帝的名义下发的诏书，照常进行。

当时，临川王陈蒨正领兵驻扎在南皖（今安徽省怀宁县西长江口），侯安都率军返还，正经过南皖，遂与陈蒨一起东进。

六月二十九日，陈蒨与侯安都一起回到了建康。显然，陈蒨在从南皖出发时应该已经知道了陈武帝驾崩的消息，一路上，应该已与侯安都达成了共识。回到建康后，陈蒨就住在了中书省内，侯安都则与群臣商量，决定共同推戴陈蒨继位，陈蒨却故作姿态，谦让不已。章要儿征召陈蒨当然是无奈之举，让陈蒨回京时并没有册立他当皇帝的意思，因为章要儿的儿子陈昌还在北周，可能不久就会回来，章要儿等人的原意大约是让陈蒨暂时主持国政，然而，此时的陈蒨已经与手握重兵的侯安都达成了交易，章要儿岂是他们的对手？

侯安都等人提出要拥立陈蒨为帝后，章要儿想到不日就将回到江南的儿子陈昌，迟迟不肯下令，见皇后这个态度，群臣也都畏首畏尾起来了。侯安都说："如今四方还没有平定，哪能等候远方的皇子？临川王立下大功，我们应当一起拥立他为帝！今天的决定，谁胆敢迟一步响应，定斩不饶！"说完，他手提宝剑，就冲上大殿，要求章皇后交出玉玺，在侯安都的威逼之下，章皇后只得就范。而后，侯安都又解开陈蒨的头发，把他推到嫡长子哭丧的位置，将陈武帝的灵柩移到太极殿的西厢房。这样，章皇后才下令，由陈蒨继承皇位。当天，陈蒨正式即位，大赦，陈蒨就是历史上的陈文帝。

七月一日，尊章皇后为皇太后，六日，任命侯瑱为太尉，侯安都为司空。八月七日，立皇子陈伯宗为皇太子，二十一日，立陈伯宗的母亲沈妙容为皇后。

陈文帝即位后，对半割据势力进行安抚，进广州刺史欧阳頠军号为征南将军，周迪进号为镇南将军，黄法氍为安南将军，淳于量为征南大将军，留异为安南将军；又加封了功臣，以侍中、车骑将军、司空侯瑱为太尉，镇西将军、开府仪同三司、南豫州刺史侯安都为司空，侍中、中权将军、开府仪同三司王冲为特进、左光禄大夫，镇北将军、南徐州刺史徐度为侍中、中抚军将军、开府仪同三司。

# 四七〇 击败王琳

当北齐文宣帝驾崩之时，身在郢州的王琳也听到了陈武帝驾崩、陈文帝继位的消息。

听到这一消息后，王琳就任命少府卿孙瑒为郢州刺史，负责后方事务，十一月二日，王琳带上永嘉王萧庄率军一路东下，进攻大雷（今安徽省望江县）。陈文帝下诏命令太尉侯瑱、司空侯安都、仪同三司徐度率军前去抵御。安州刺史吴明彻率军夜袭王琳的湓城（今江西省九江市西北），王琳派遣巴陵太守任忠迎战，大破吴明彻部，吴明彻逃出一命，王琳遂率军东进。此时，北齐废帝高殷已经即位，他命令北齐扬州道行台慕容俨率领齐军兵临长江，声援王琳。

陈文帝天嘉元年（北齐废帝乾明元年、孝昭帝皇建元年，公元560年）年初，王琳大军进抵栅口（也就是濡须口，今安徽省含山县西南），南陈太尉侯瑱都督各军驻扎在芜湖（今安徽省芜湖市），两军在此相持了数十天。到了这一年的二月，春季到来，濡须口涨水，王琳的大型战舰得以通过，王琳遂率领合肥、巢湖方向的部队倾巢而出，战舰鳞次栉比，军威甚盛。侯瑱率领陈军进军虎槛洲（今安徽省芜湖市西南长江江心岛），王琳也把战舰排列在长江西岸，两军战舰隔着虎槛洲停泊。

第二天，双方交手，王琳军稍稍失利，退守西岸。当晚，天上突然刮起了东北风，一时间狂风大作，王琳的战舰相互碰撞，在沙滩上搁浅，江面上风浪很大，无法进入港口，一直等到第二天一早，大风才停了下来，王琳率军进入港口修理船只，侯瑱等人也率领陈军退回芜湖。

北周听说王琳率领大军东进后，遂派遣都督荆州襄州等五十二州诸军事、荆州刺史史宁率领数万周军偷袭王琳的老巢郢城（今湖北省武汉市），王琳留后孙瑒闭城固守。王琳听到这个消息后，担心部众溃散，决定不顾当前之敌，率军迅速东进，占领建康，于是，他率军向东挺进，在距离芜湖十里的江面停泊下来，军中士兵们敲击木棒的声音，陈军能听得一清二楚。北齐仪同三司刘伯球率领一万多齐军协助王琳，行台慕容俨的儿子慕容子会也率领两千铁骑驻扎在芜湖西岸，声援王琳。

二月十四日，侯瑱命令陈军一清早就饱餐战饭，严阵以待。当时，天上刮起了西南风，王琳自以为得到了上天的帮助，率领舰队鼓浪扬帆，直至建康。侯瑱等人率领陈军紧随其后，王琳下令向陈军投掷火炬，企图烧毁陈军战舰，可是，此时紧随其后的陈军反而占据了上风口，火炬反而烧毁了王琳军自己的战舰。侯瑱下令用投掷器向王琳军发起攻击，又用机动小艇猛撞王琳战舰，把铁熔成铁汁，顺风泼向敌人。王琳军大败，被江水淹死的有十之一二，剩余的残兵败将均弃船登岸，狼狈逃窜，被陈军几乎斩杀殆尽。在西岸的北齐步兵和骑兵也相互践踏，一起陷于泥沼之中，骑兵都丢下马匹仓皇而逃，侥幸逃出一命仅十之一二。

此战陈军生擒刘伯球、慕容子会，斩杀俘获敌人一万余，缴获了南梁、北齐的全部辎重、武器。王琳乘坐快艇突围而去，行至湓城，打算集结残兵败将再战，却无人响应，无奈，只好带着妻妾、亲随十余人逃奔北齐。南梁侍中袁泌、御史中丞刘仲威保护着永嘉王萧庄，战败后，袁泌用小船把萧庄送到北齐境内，刘仲威带着萧庄回到了齐国，袁泌拜辞而回，投降了陈朝。王琳部将樊猛及其哥哥樊毅率众投降。

二月十六日，陈文帝下诏："官宦之家，将帅士兵们身陷王琳乱党的，全部赦免，随才任用。"二月二十三日，陈文帝任命太尉侯瑱为都督湘州、巴州等五州诸军事，镇守湓城。

陈武帝死后，北周才将陈昌、陈顼送回，但因王琳横亘在郢城，陈昌二人只好滞留在安陆（今湖北省安陆市）。等到王琳失败后，陈昌才从安陆出发，继续南下，将要渡江时，他给堂兄陈文帝陈蒨写信，言辞傲慢。陈蒨刚刚即位数月，地位还很不稳固，陈昌的到来，对陈蒨来说绝不是什么好事，毕竟陈昌是陈霸先的亲儿子，陈蒨只是陈霸先的侄儿，陈昌不在，陈蒨称帝还勉强说得过去，陈昌来了，陈蒨再赖在皇位上，就显得名不正言不顺了。想到这里，陈蒨心里很不是滋味，他把侯安都叫来，装作心平气和地说道："太子马上就回来了，这下我得找一个藩国，作为养老之地了。"侯安都回答："从古以来，哪里有被替代下去的天子！臣愚蠢，不敢奉命！"遂请求陈蒨派自己前去迎接陈昌。

可能是在侯安都鼓动下，当时的陈朝群臣也都明白了陈文帝的心思，于是，大家纷纷上书请求加封陈昌一个爵位，二月二十八日，陈文帝下诏任命陈昌为骠骑将军、湘州牧，封衡阳王，这等于是向陈昌表明，你来到江南，也只能当臣子，我是不可能给你让位的。

三月二十三日，陈昌进入陈朝国境，陈文帝下诏命令主书、舍人沿途迎接，二十五日，陈昌乘船渡江，行至江心，侯安都下令将其杀害，把尸体投入长江，负责迎接的官员回复称陈昌失足落水而死。

陈文帝对侯安都非常感激，他很快就把侯安都晋升为清远公；侯安都的父亲原任始兴内史，陈文帝将要把侯安都的母亲迎接到建康，他母亲不愿离开故乡，陈文帝特意在始兴设置了东衡州，以侯安都的堂弟侯晓为东衡州刺史；侯安都的儿子侯密年仅九岁，陈文帝任命他为始兴内史，让他在家乡侍奉奶奶。

虽然陈文帝对侯安都非常感激，但侯安都恃宠而骄。经常聚集文武群臣骑马射箭、饮酒赋诗，文士有褚玠、马枢、阴铿、张正见、徐伯阳、刘删、祖孙登，武士则萧摩诃、裴子烈等，座上宾客动辄上千人。陈军将帅大多不遵法度，因犯法受到朝廷追究后，大多逃到侯安都军中，虽然陈文帝也无可奈何，但暗暗怀恨在心，侯安都却毫无觉察。侯安都上书言事，奏表已经封口，他突然又想起某事，也不重新撰写，就随意打开封口，在原文上亲笔写下："另外报告某事"云云，显得很不恭敬。陪陈文帝喝酒时，酒酣耳热之际，侯安都甚至两腿叉开，斜靠在茶几之上。有一次，侯安都陪陈文帝在乐游园饮酒，他一再追问陈文帝："现在与你当临川王时相比怎么样？"陈文帝没有回答，可侯安都却不识趣，一个劲地问个不停。陈文帝只好说道："这虽然是天命，但也全靠你啊！"喝完酒，侯安都又请求陈文帝把宴会上的帷帐借他一用，侯安都不过是想在他的妻妾们面前显摆一下。陈文帝虽然答应了，但内心很不高兴。第二天，侯安都坐在陈文帝曾经坐过的位置上，宾客们都坐在群臣的位置上，向侯安都敬酒祝寿。恰巧重云殿发生了火灾，侯安都率领军队进入宫殿，陈文帝已忍无可忍，暗中做好了戒备。

与陈昌一起回到建康的还有陈顼的侍从毛喜，回到建康后，毛喜向陈文帝建议要结好北周，陈文帝答应了，遂派遣侍中周弘正出使北周。

芜湖大战时，陈文帝曾征召江西的半割据势力参战，江州刺史周迪、高州刺史黄法氍接受命令，率领水军将要出发。熊昙朗却占据要塞，挡住了他们的去路，周迪等人遂与周敷一起将熊昙朗包围起来。王琳战败后，熊昙朗的军心大乱，周迪趁势攻克了他的城池，俘虏熊昙朗的部众一万多人。熊昙朗逃入村中，为村民所杀，三月六日，熊昙朗的人头被送到建康，陈文帝下令诛灭了熊昙朗的全家。

在芜湖大战之前，北周军队已经包围了郢城，郢州助防张世贵献出外城投降了周军，外城三千多军民也一同没入周军。北周军队在内城城外构筑土山、修造长梯，不分昼夜进攻内城，趁着风势烧毁了内城城南五十余座碉堡。南梁郢州刺史孙瑒率领不足一千战士，殊死苦战，他亲自安抚守城将士，一一劝酒送饭，将士们个个誓死与郢城共存亡。北周军队无法攻克郢城内城，遂授予孙瑒柱国、郢州刺史，封万户郡公，拉拢孙瑒；孙瑒假装接受，却趁机整修守城装备，很快整修好装备后，又率众登上城墙固守。不久，北周军队听说了王琳在芜湖战败、陈军即将到来的消息，遂撤离郢城北返。孙瑒召集部下们说："我与王大人一起辅佐王室，竭尽心力，可如今却到了这步田地，这难道不是天意吗！"于是，他向陈文帝派出使者，献出长江中游之地请求归降。北齐军队原来驻守在鲁山（今湖北省武汉市汉阳区东北），孙瑒投降陈朝后，三月七日，北齐军队只好放弃城池撤离，陈文帝下诏命令南豫州刺史程灵洗率军驻守在那里。三月十三日，陈朝设置武州（今湖南省常德市）、沅州（今湖南省沅陵县），以吴明彻为武州刺史，孙瑒为湘州刺史。孙瑒内心不安，恳请交出兵权，入朝为官，陈文帝遂将其征召为中领军，但不久，又改任其为吴郡太守。

# 四七一 平定内乱（一）

孙瑒的归降，让陈朝轻松控制了长江中游战略要地郢城，也为陈军收复湘州创造了条件。

因此，著名史学家吕思勉先生给予孙瑒高度的评价，他说：孙瑒此举“不忠于一姓，而忠于民族、国家，此举可以自擅之地而奉诸朝廷，可谓君子矣”！

江陵陷落后，巴、湘之地（今湖南省）全部落入北周之手，北周让后梁派兵驻守。陈朝得到郢城以后，即命令武州刺史吴明彻率军向武陵挺进，北周对此不能坐视不顾，遂派遣司马贺若敦率领一万人马向武陵发起突袭，吴明彻无力抵挡，率军撤回了巴陵（今湖南省岳阳市），接着，到九月七日，北周江陵独孤盛率领水军将要南下巴湘，与贺若敦水陆并进，于是，陈文帝命令太尉侯瑱从浔阳率军抵御，九月十三日，陈文帝派遣仪同三司徐度率军与侯瑱在巴丘（今湖南省岳阳市南）会师。

当时，秋水泛滥，周军断粮，独孤盛和贺若敦只好分散军队，四处抢粮，以供应军需。贺若敦担心侯瑱发觉周军粮少，在军营里堆积了很多土堆，将大米摊在土堆上面，招来当地百姓，假装询问别的事情，然后再把他们放回。侯瑱听到百姓们的报告，遂信以为真。贺若敦等人又增修堡垒、住宅，表示要长期待在这里，当地百姓无法从事农业生产，而侯瑱等人也对周军无可奈何。

开始时，当地百姓经常驾着小船，给侯瑱军队送去大米、鸡鸭。贺若敦对此很是忧虑，就命令士兵们假扮成当地百姓，也在船上满载物品，却在船舱内埋伏了武士。侯瑱军人望见，以为是百姓们的运粮船又来了，争先恐后地跑来迎接，不料，周军突然从船舱内杀出，将陈军全部活捉。周军中经常有人骑着马投降陈军，贺若敦就取来一匹马，让人牵着它上船，却命令船上的人拿着皮鞭迎面就打，反复多次以后，这匹马再也不敢上船了。然后，贺若敦就在长江岸边设下伏兵，让一个人骑着那匹惧怕船只的马向江中的陈军呼喊，谎称要向陈军投降。侯瑱派兵迎接，纷纷牵马上船，可是，那匹马就是不肯上船，就在这时，周军伏兵突然杀出，将下船的陈军全部杀死。从此以后，即使再有真正送粮食的以及投降的，侯瑱也认为有诈，一律不予接受了。

十一月十五日，侯瑱在杨叶洲（湘江注入洞庭湖处小岛）击败独孤盛，独孤盛弃舟登岸，构筑堡垒自守。十九日，陈文帝下诏命令侯安都率众与侯瑱会师，一起讨伐周军。

十二月二十二日，北周巴陵（今湖南省岳阳市）城主尉迟宪投降，陈朝派巴州刺史侯安鼎驻守在那里。二十三日，独孤盛率领北周残兵败将偷偷从杨叶洲撤离。

天嘉二年（北齐孝昭帝皇建二年、武成帝太宁元年，公元 561 年）年初，北齐孝昭帝命令王琳前往合肥，在当地募兵，再作打算。陈朝合州刺史裴景徽是王琳哥哥王珉的女婿，请求率领他的私人武装充当向导。北齐孝昭帝看到建康空虚，遂命令王琳与行台左丞卢潜率军南下，但王琳一直是犹豫不决。裴景徽担心事久变生，匆忙逃奔北齐，偷袭建康的计划遂告破产。北齐孝昭帝任命王琳为骠骑大将军、开府仪同三司、扬州刺史，镇守寿阳（今安徽省寿县）。

一月二十四日，北周湘州（今湖南省长沙市）城主殷亮投降，湘州又回到陈朝的手中。二月，陈文帝任命侯瑱为湘州刺史。

侯瑱与贺若敦相持时间长了，侯瑱无法取胜，最后，侯瑱提出，只要贺若敦等人愿意放弃江南的土地，返回江北，愿意借给周军船只让他们渡江。贺若敦担心是个圈套，没有答应。侯瑱又派人对贺若敦说："大人在此已经很久了，如今我愿意借给你船只，送你回国，你为何不离去呢？"贺若敦回答："湘州是我国的土地，受到你们的侵略。我来目的就是要把你们赶出这里，双方还没有决出雌雄，所以我不离去。"侯瑱又派人前来，贺若敦说："如果真心实意想让我撤离，那么，你们要离我百里之外。"侯瑱把船只留在长江岸边，然后率军离去。贺若敦派人侦察，得知没有圈套，这才登上船只，回到了长江北岸，周军将士病死的有十之五六。武陵郡（今湖南省常德市）、天门郡（今湖南省石门县）、南平郡（今湖南省安乡县北，侨郡）、义阳郡（今湖南省安乡县，侨郡）、河东郡（今湖南省松滋市，侨郡）、宜都郡（侨郡，今地不详）全部被陈朝收复。北周晋公宇文护因贺若敦丧师失地，将他削职为民。《周书》将贺若敦撤离的时间记为七月，而上述一番贺若敦北渡长江之前与侯瑱的对话，也出自《周书》，《资治通鉴》也照单全录。由于侯瑱是三月去世的，而《周书》却记载贺若敦是七月才北渡长江的，因此，有学者怀疑《周书》的记载是虚假的，甚至于上述对话，也是凭空捏造的，不过是为了掩饰贺若敦战败而已。

三月，侯瑱病死，陈文帝又以徐度为湘州刺史，四月，将荆州又分出一个南荆州，治所设在河东郡（今湖南省松滋市），以吴明彻为南荆州刺史。

截至陈文帝天嘉二年（公元 561 年）年初，也就是在陈朝建立四年之后，疆域才勉强与南梁末年相似，与北周、北齐划江而治。不久，陈文帝就把处理国内的半割据政权摆上了议事日程。

当初，陈武帝把女儿丰安公主嫁给缙州（今浙江省金华市）刺史留异的儿子留贞臣为妻，征召留异为南徐州刺史，但留异一直迟迟不肯离开老巢、前去上任。陈文帝即位后，又任命留异为缙州刺史，并兼任东阳太守。留异多次派遣长史王澌入朝，王澌回去后总是说朝廷力量薄弱，留异信以为真，虽然表面上服从朝廷，但其实首鼠两端，王琳东进时，留异曾派信使翻越鄱阳（今江西省鄱阳县）信安岭相互联络。王琳兵败后，陈文帝派遣左卫将军沈恪接替留异，实际上是想偷袭他。留异率军驻扎在下淮（在今浙江省桐庐县与富阳市之间），沈恪率军迎战，却战败了，退回到钱塘（今浙江省杭州市）。不久，留异又上书道歉。当时，陈文帝集中精力要收复郢州和湘州，于是，就坡下驴，发出诏书予以劝慰，暂时笼络住他。留异也知道朝廷终究不会放过他的，遂发兵驻守在下淮、建德（今浙江省富阳市），切断水路。

如今，陈朝已经收复了湘州、郢州，天嘉二年（公元 561 年）十二月十五日，陈文帝任命司空、南徐州刺史侯安都率领大军讨伐留异。此时，北齐的武成帝高湛刚刚即位一个月零四天。

在侯安都讨伐留异的同时，陈文帝也征召江州刺史周迪镇守湓城，又征召他的儿子入朝。熊昙朗败亡后，部众大都被周迪收编，周迪拖延观望，既不去湓城上任，也不让儿子入京。陈文帝又向南川各地更小的割据势力发出诏命，令他们入京，但他们大都与周迪保持一致，拒不接受诏书，陈文帝正用兵留异，无暇一一征讨，只是暂时笼络住他们。豫章太守周敷本为周迪的下属，此时，他率领部众最先入朝，陈文帝大喜，进周敷军号为安西将军，给鼓吹一部，并赏赐给歌伎、金银、财帛，让他又回到了豫章。

陈文帝不仅没有把周敷留下，相反给予其大量的赏赐，还让他安然无恙地回到了豫章，这一高明的策略是为了让那些拒不从命、但又忐忑不安的割据势力放心，也为了瓦解周迪阵营。果然，周迪听说后，心里非常不高兴，就暗中与留异联络，派遣他的弟弟周方兴率军奔袭周敷，周敷出战，大破周方兴。周迪又派遣侄儿在船中埋伏武士，假扮商人打算偷袭湓城，还没有行动，就走漏了消息，浔阳太守监江州事华皎派兵截击，将这支偷袭部队全部俘获。

在笼络南川各地豪强的同时，陈文帝也没有忘记闽州（今福建省福州市）刺史陈宝应。他任命陈宝应的父亲陈羽为光禄大夫，子女们也都加官晋爵，并把陈宝应一家编入宗室户籍，但是，陈宝应娶了留异的女儿为妻，暗中支持留异。太子中庶子虞荔的弟弟虞寄流落到闽中（福建省），虞荔思念弟弟，以致得了病，陈文帝特意征召虞寄回京，陈宝应却扣留虞寄不放。虞寄曾平静地向陈宝应解释顺逆的道理，陈宝应总把话题岔开。陈宝应曾躺在床上让人给自己读《汉书》，听到蒯通劝说韩信时说："我看大王的脊背，贵不可言。"陈宝应一下子坐了起来，说道："真是一位智者！"虞寄说："蒯通一句话令三位贤士被杀，怎么能称他是智者！怎比得上班彪的《王命》懂得天命！"虞寄知道陈宝应听不进任何劝谏，害怕大祸临头，遂身着隐士衣服，谎称得了脚病，隐居在东山寺内。陈宝应让人烧掉虞寄的房子，虞寄躺在床上一动不动，家眷要把他扶出，虞寄却说："我的性命在刀口之下，能到哪里躲避？"纵火的人只好又把虞寄救了出来。

# 四七二 平定内乱（二）

陈武帝、陈文帝叔侄二人均深谙各个击破的道理，如今，陈文帝要想集中精力解决留异，就必须笼络住其他半割据势力，与此同时，已投靠北齐的王琳还在寿阳，屡屡要发兵南下。

为了平定国内的割据力量，陈文帝主动派出使者，请求与北齐实现和平。使者来到寿阳，将陈文帝的书信交给了北齐行台尚书卢潜，卢潜将书信转呈邺城，并上书请求接受陈文帝的请求，两国各自罢兵。北齐在孝昭帝执政的短短一年时间里，采取了支持王琳、与陈朝为敌的政策，如今，北齐遭遇国丧，武成帝高湛刚刚即位，正忙着解决国内矛盾，巩固自己的统治，因此，也不想继续与陈朝兵戎相见，于是，武成帝就同意了陈文帝的要求，派遣散骑常侍崔瞻出使陈朝，并将陈昙朗的灵柩送还。王琳原本就与卢潜有矛盾，这下更与卢潜是水火不容，两人分别向武成帝上书告对方的黑状，最终，武成帝征召王琳回到邺城，而任命卢潜为扬州刺史，领行台尚书。

除了与北齐实现了和平，陈朝也与北周恢复了外交关系。

天嘉三年（公元562年）三月，北周将陈文帝的弟弟、安成王陈顼送还建康，陈文帝任命他为中书监、中卫将军。陈文帝对北周使者杜杲说："我的弟弟承蒙贵国礼遇，送还建康，这实在是贵国的恩惠。不过，假如我国不把鲁山（今湖北省武汉市汉阳区东北）送给你们，恐怕我弟弟也是回不来的啊！"杜杲回答："安成王陈顼在长安城不过是一介平民，在贵国却是陛下的弟弟，他的价值对贵国而言岂止一座城池可比！我国重视亲戚关系，推己及人，上尊奉太祖（指宇文泰）的遗言，下思两国的友谊，所以才送还了安成王。陛下竟然说成是用一块稀松平常的土地来进行的交易，我真是难以相信！"陈文帝听了面露羞愧之色，说道："刚才不过是说了句玩笑话。"对杜杲更加礼遇。

陈顼的王妃柳氏和儿子陈叔宝还滞留在穰城（今河南省邓州市东南），陈文帝又派遣毛喜来到北周，请求送还，北周照样答应了。

与北周和北齐同时恢复了和平，这给陈文帝消灭割据势力提供了一个良好的外部环境。在侯安都率军进攻留异的同时，天嘉三年三月八日，陈文帝又任命安右将军吴明彻为江州刺史，都督高州刺史黄法氍、豫章太守周敷一起讨伐周迪，于是，陈军在东线（讨伐留异）、西线（讨伐周迪）开辟了两个战场，加快了消灭割据势力的步伐。

留异一直认为陈军会从钱塘江逆流而上，因此，在下淮（在今浙江省桐庐县与富阳市之间）、建德（今浙江省富阳市）之间部署了重兵，但是，谁知侯安都却并没有走这条水路，而是采取了避实击虚的办法，率军从会稽（今浙江省绍兴市）、诸暨（今浙江省诸暨市）这条陆路，迂回到缙州（今浙江省金华市）后方，直扑永康（今浙江省永康市）而来。侯安都的这一招立刻起到了四两拨千斤的效果，令留异的布防全部失效，听说陈军即将到来，留异大惊失色，匆匆放弃郡城，逃往南面的桃枝岭（今浙江省缙云县西南的冯公岭）。桃枝岭地势险要，被称为东部的剑门关，留异率众在岭口构筑营栅固守。激战中，侯安都被流箭射中，鲜血一直流到脚跟，但他神色不变，依然端坐在小轿之上指挥作战。侯安都根据山势，紧靠着留异的营栅构筑围堰，正巧山洪暴发，侯安都将战舰开入围堰之内，高大的战舰与留异的营栅一样高，用投石机向城墙猛击，击碎留异的碉堡城垛。留异自知无力抵抗，遂与儿子留忠臣逃奔陈宝应，侯安都俘获了留异的妻子、剩余的儿子们以及数千余党。留异同党向文正盘踞在新安（今浙江省淳安县），陈文帝任命程灵洗的弟弟、贞毅将军程文季为新安太守，率领三百精兵前去攻取。向文正战败，也投降了。

至此，东线战场结束。

西线统帅吴明彻却没有取得像侯安都那样的战绩。吴明彻多多少少也看过一些史书，又曾师从周弘正学习一点奇门遁甲之术，颇以英雄自许，可是，此前却是屡战屡败。吴明彻性格刚正，在处理与部下之间的关系上办法不多，军中将领不和，他率领陈军来到临川，一直无法击败周迪。九月二十日，陈文帝派遣安成王陈顼来到军中，接替了他的职务。

天嘉四年（北齐武成帝河清二年，公元 563 年）一月十九日，周迪部众溃散，周迪逃出包围圈，翻山越岭，投奔晋安（今福建省福州市）陈宝应。陈军攻克临川（今江西省南城县），俘获周迪的妻子儿女。陈宝应资助给周迪部队反击，留异也派儿子留忠臣率军跟随。二十七日，陈文帝任命高州刺史黄法氍为南徐州（治所今江苏省镇江市）刺史，临川太守周敷为南豫州（治所今安徽省宣州市）刺史。二月十六日，又任命司空、南徐州刺史侯安都为江州刺史。

虞寄给陈宝应写信劝谏，他在信中说："南梁大乱后，英雄并起，人人自以为有资格问鼎，结果却是陈氏登上了帝位，这难道不是天意吗？这是其一。其二，像王琳、侯瑱那么强大，进，足以摇动中原，争夺天下；退，足以在江南称王称霸，可是，陈朝要么只派出一支部队，要么仅仅去了一名说客，王琳则土崩瓦解，逃到外国，侯瑱也俯首帖耳，将身家性命交给朝廷，这都是上天赋予陈氏威风，替他除去祸患；其三，将军身为皇亲国戚，拥有东南地区广大的土地和民众，如果尽忠王室，功劳将高过窦融，宠幸要超过吴芮，自然可以永保富贵，南面称孤。第四，皇上宽厚仁慈，肯定会忘记过错，像余孝顷、潘纯陀、李孝钦、欧阳頠等人，全把他们当作心腹，胸襟开阔，心无芥蒂，何况将军犯的错不比张绣的大，更与毕谌不同，何必担心会失去富贵？第五，如今北周、北齐均与朝廷和好了，境外再无威胁，朝廷集中兵力，早晚都会杀来，此时与刘邦、项羽争霸时完全不同，与春秋战国合纵连横时更不相同，岂能闲适地坐在高堂之上，想效仿西伯昌那样割据一方呢？第六，留异割据一方，已被朝廷打得元气大伤，他的将帅们也都如惊弓之鸟，个个首鼠两端，唯利是图，谁还能披坚执锐，冲锋在前？第七，将军的实力与侯景相比如何？将军的部众又与王琳相比谁多？武帝灭侯景在前，当今皇上消灭王琳在后，这是天意，非人力所为啊。况且，大乱过后，百姓人人都已受够了战乱之苦，谁还愿意抛弃妻子，不顾性命，追随将军？第八，纵观往事，公孙述、隗嚣、骆余善、卫右渠，都是想割据一方，结果是身死国灭，天命可畏，险要的山川难以依靠。况且，将军打算用数郡的兵力去对抗全国之兵，以一个方镇的资源要抗拒天子的命令，强弱顺逆，显而易见，岂能相提并论？第九，不是我的同类，心思肯定与我想的不同，不爱自己的亲戚，怎会爱别人！留将军接受朝廷的爵位，又与皇室联姻，可是，他不顾天恩，背叛明君，宁可让自己成为孤家寡人，一旦情势危急，岂能与将军分忧解难？怎能不会背叛将军？到时候，为了邀功求赏，肯定会做出倒戈之事。第十，朝廷军队千里而来，锐不可当，将军在自己家门口作战，人人怀有内顾之忧，并且，众寡不敌，师出无名，我看不出会有什么好结果。我替将军着想，不如与留氏断绝亲戚关系，向朝廷派遣人质，放下武器，服从朝廷。如今，皇室亲王又少，皇子年幼，只要与皇室沾亲带故，都会受到重用，何况以将军的土地、才能、实力、名望，如果能谨遵臣节，肯定会名垂青史的！因为我感谢您对我的厚恩，不知不觉之间口出狂言，我心甘情愿接受刀斧的诛杀。”陈宝应看后，不禁大怒，有人说：“虞寄病染膏肓，语无伦次。”陈宝应听了，这才稍稍平息了怒火，再加上虞寄非常有名望，才没有发作。

# 四七三 平定内乱（三）

周迪反叛时，朝廷上下都认为应当派刚刚击败留异的侯安都前去，可是，陈文帝由于忌惮侯安都，派吴明彻担任讨伐周迪的都督。陈文帝还多次派遣使者到侯安都的军中，搜寻逃犯。侯安都内心不安，天嘉三年冬天，他派别驾周弘实结好舍人蔡景历，打探朝廷的消息。蔡景历老谋深算，他详细记下了周弘实的一言一行，如实向陈文帝作了汇报，并揣测陈文帝的心思，诬陷侯安都要谋反。

陈文帝本想征召侯安都入朝，但又担心侯安都拒不奉诏，反而会激起变乱，遂在天嘉四年（公元 563 年）二月任命他为江州刺史。周迪刚刚被赶出临川，但并没有完全被消灭，不久前，朝廷上下又都认为应当由侯安都去讨伐周迪，结果陈文帝用了吴明彻，而吴明彻却无功而返，此时，陈文帝任命侯安都担任江州刺史，显然是一个瞒天过海之计，让人觉得陈文帝是要起用他去消灭周迪等人。五月，毫无防备的侯安都率部从南徐州回到了建康，部队进驻石头城内。

等布置妥当后，六月，陈文帝在嘉德殿宴请侯安都，又命令他部下的将领们在尚书省集会。就在宴会上，逮捕了侯安都，关押在嘉德殿的西厢房内，接着，陈文帝又派兵逮捕了侯安都的手下将领们，在没收了他们的武器、马匹之后，又将他们全部释放了。这时，陈文帝才公布了蔡景历的奏表，并下诏宣布侯安都的罪行，第二天，将侯安都赐死，赦免了他的妻子儿女，并由政府出钱将其安葬。

过去，陈霸先在京口时，曾与众将饮宴，杜僧明、周文育、侯安都在给陈霸先敬酒时，各自夸耀功劳。陈霸先评价道："你们诸位都是优秀的将领，但各有各的缺点。杜僧明志向远大，却见识不高，在部下面前没有威严，与部下之间相互戏弄，却在上级面前态度傲慢；周文育对人推心置腹，但在交友方面没有选择，容易上当；侯安都傲慢得离谱，又轻佻任性，你们这些缺点，都不是保全性命的办法。"结果三人的结局都不出陈霸先所料。

天嘉四年上半年陈宝应、周迪、留异三人还在积蓄力量，江西方向相对平静，到了下半年，周迪率军又翻越了东兴岭（今江西省黎川县杉岭），出现在江西地面上。东兴（今江西省黎川县东北）、南城（今江西省南城县）、永城（今江西省黎川县北）的百姓，原来都属周迪管辖，一时间纷纷响应。九月十日，陈文帝下诏命令护军将军章昭达率军前去讨伐。

十一月一日，章昭达大破周迪。周迪逃入深山老林，百姓们争相掩护他，即使为官军所杀，也不肯泄露周迪的行踪。

击败周迪后，章昭达乘胜翻越东兴岭，进入福建，向建安（今福建省建瓯市）杀来。陈文帝又下诏命令益州刺史余孝顷率领会稽（今浙江省绍兴市）、东阳（今浙江省金华市）、临海（今浙江省临海市）、永嘉（今浙江省温州市）等地的部队从东路与章昭达会师，共同讨伐陈宝应。

章昭达率领陈军驻扎在建安。陈宝应派兵据守建安附近的湖边，构筑营栅，与陈军相抗。章昭达率军迎战，失利，遂占据上游，深沟高垒，固守不战，而命令士兵们砍伐树木，制成木筏，将投石器放置在木筏上。正巧遇上大雨，江水暴涨，章昭达放出木筏，猛冲陈宝应的水栅，将水栅全部破坏了，然后，又出动部队进攻陈宝应的步兵。双方激战正酣，余孝顷率领的军队恰巧这时从海路赶到，一起向陈宝应的军队发起猛攻。天嘉五年（公元 564 年）十一月五日，陈宝应大败，逃到莆口（今福建省莆田市），他对儿子说："我早点听从虞寄的话，也不至于到今天这步田地！"章昭达率军穷追不舍，将陈宝应、留异以及他们的亲戚、同党全部押送到建康，斩首。唯独留异的儿子留贞臣因娶了公主，得以免死；陈宝应的宾客们也全部被杀。

就在章昭达与陈宝应、留异对垒时，周迪趁机又越过东兴岭，回到江西境内。宣城太守钱肃镇守东兴（今江西省黎川县），举城投降了周迪。吴州刺史陈详率军迎战，却被周迪打得大败，战后，周迪又逐渐恢复了元气。南豫州刺史周敷率部讨伐周迪，行至定川（今地不详），与周迪相持。周迪欺骗周敷说："过去，我与弟弟你齐心协力，岂能相互残害？今天，我愿意入朝谢罪，望弟弟你能替我向朝廷表露心迹。请你我先歃血为盟。"周敷信以为真，放心与周迪见面，正要登上神坛，就被周迪杀死了。

直到天嘉六年（公元 565 年）七月，陈文帝又派都督程灵洗从鄱阳小路，出其不意偷袭周迪，将其击破。周迪与手下十余人逃入山洞之中。时间一长，追随他的人开始觉得受不了了，后来，周迪派人偷偷来到临川集市上买鱼，脚疼，临时住在同乡家中，被同乡告发。临川太守骆牙逮捕了那人，命其捉住周迪，将功赎罪，于是，骆牙派了数名心腹勇士随着那人进入山中。那人引诱周迪出来打猎，勇士们提前埋伏在路边，遂斩杀了周迪。七月六日，周迪的人头被送到了建康，高悬于朱雀桥上，示众三天。

淳于量是梁元帝萧绎的中兵参军，侯景之乱时，梁元帝曾派遣五将军东下，淳于量是其中之一，后随王僧辩一起消灭了侯景，被梁元帝晋封为桂州（今广西壮族自治区桂林市）刺史。江陵陷落后，王琳屡屡邀请淳于量，虽然淳于量与其往来，但仍然派人从小路来到建康，向陈霸先表示效忠。陈霸先篡位后，淳于量也被加官晋爵，陈文帝即位后，又加封其为征南大将军。王琳被平定后，淳于量多次请求入朝为官，天嘉五年，陈文帝征召其为中抚大将军。淳于量的部下安土重迁，都不愿入朝，相继逃入山谷之中。陈文帝命令湘州刺史华皎讨伐衡州境内的山蛮，顺便派兵迎接淳于量。到天康元年（公元 566 年），淳于量终于来到了京师。

至此，经过陈武帝、陈文帝两代近十年的努力，陈国境内的割据势力基本上全被消灭了。

# 四七四 明帝之死

这些年来北齐和陈朝都发生了很多大事，我们再来看看久违的北周。

陈武帝永定元年（公元 557 年）九月二十八日，时年二十四岁的宇文毓登上了北周天王之位，北周历史在开始之初就迎来了第二任天王——北周明帝。从宇文毓即位到永定三年（公元 559 年）八月十五日之间，北周君主称天王，且没有年号。

在这两年多时间里，北齐和陈朝都发生了很多事情：北齐高洋在永定元年（北齐文宣帝天保八年，公元 557 年）逮捕了两个弟弟高浚和高涣；第二年，又发生了司马消难叛逃事件，又诛杀了高浚、高涣二人；到永定三年（北齐文宣帝天保十年，公元 559 年），北齐大肆诛杀元氏，高洋病死，高殷继位。南陈武帝陈霸先在永定元年即位，同年，王琳在沌口之战中大破侯安都、周文育等将。第二年，王琳趁势东下，迎接永嘉王萧庄为帝，暂时与陈武帝达成协议，回到了郢州；永定三年，陈霸先趁机命令周文育等人讨伐余公飏，周文育被熊昙朗袭杀；不久陈霸先病死，陈蒨继位。

相对于北齐和南陈而言，北周要平静很多。宇文毓即位后，北周朝廷大权仍然掌握在堂兄、太师宇文护之手，宇文毓也就是出席一下典礼、出外巡视巡视而已，到永定三年年初，宇文护上书归还朝政，宇文毓这才开始亲自处理政务，但军权仍然掌握在宇文护的手里。宇文毓亲政不久，边境上就发生了一些小的摩擦：先是这一年的二月，北齐斛律光率领一万骑兵，进攻北周开府仪同三司曹回公，将其斩杀，北周柏谷（今河南省宜阳县南）城主薛禹生弃城而逃，北齐遂占领了文侯镇（今地不详）。三月，吐谷浑又骚扰北周边境，二十三日，北周朝廷命令大司马贺兰祥率军前去讨伐；闰四月，贺兰祥率军与吐谷浑作战，攻克了吐谷浑洮阳（今甘肃省临潭县）、洪和（今甘肃省临潭县东北）两座城池，在该地设置了洮州。

六月三日，宇文毓因大雨一直不停，下诏命令群臣提交奏表，征求直言。左光禄大夫乐逊上书说："这些年来，我国地方官员的任职期间较短，在如此短促的时间里，朝廷还要他作出成效，地方官们急功近利，横征暴敛，如今，北齐百姓身处水深火热之中，我们如果再不施行仁政，如何才能让他们的人民心甘情愿地逃到我国？第二，魏都洛阳盛极一时，权贵之家，相互攀比，竞相奢侈，最终导致国破家亡，近期，我国的权贵们衣食也出现了奢华的苗头，手工业者制造的工艺品也是务求精巧，我担心长期下去，风俗会随之变坏。第三，选人用人，要公开公平，让大家都明白。州郡以下官吏的选拔尚且要征求当地有名望的人士的意见，更何况是选拔朝廷命官！这又不是什么军国机密，为何还要保密！吏部在确定人选之前，要让大家口服心服，然后才能上呈。第四，北齐占据山东，一时难以制服。这就好比下棋，一着走错，将满盘皆输，因此，一定要把眼光放远一些，首先要保住疆土，舍弃蝇头小利，不宜轻举妄动。"

韦孝宽的哥哥韦琼是位隐士，宇文泰生前对他非常看重，宇文毓对他更是十分尊崇，称其为逍遥公。晋公宇文护请韦琼到自己家中，询问政事，韦琼抬眼看看宇文护豪华的住宅，叹息一声，说道："一个人假如酗酒过度、沉溺声色或者家中雕梁画栋，只要这三条中有一条，就没有不败亡的。"宇文护听了很不高兴。

御正中大夫崔猷对宇文毓建议："圣人制定制度要因地制宜，顺应潮流。如今，天子对外号称天王，不足以威服天下，请求能遵循秦朝和汉朝的制度，称皇帝，建年号。"宇文毓同意了，八月十五日，宇文毓才开始称皇帝，追尊宇文泰为文皇帝，改元武成。

北周建国两年零八个月后，才由王国而变为帝国。陈朝武帝永定三年（公元559年），在北周为明帝武成元年，在北齐为文宣帝天保十年。

八月二十八日，周明帝任命五弟、时年十六岁的宇文宪为益州总管（刺史）。六年前，宇文泰平定益州后，因益州险要，不愿让外姓武将镇守，他询问儿子们："你们谁愿意前往？"儿子们都还没开口，当时十岁的宇文宪率先请求。宇文泰说："刺史要治理百姓，不是你能胜任得了的，按年龄的话，应该先轮到你的哥哥们。"宇文宪毫不示弱，他对父亲说："人的才能不同，与年龄大小无关，让我试用一段时间，假如没有成效，我甘愿受罚。"宇文泰听了大喜，但最终还是因他年幼没有派他。此事对宇文毓也留下了深刻的印象，所以才满足了弟弟的心愿。宇文宪虽然年龄不大，但他到任后，十分勤勉，把益州治理得井井有条。

九月一日，宇文毓封四弟宇文邕为鲁公，五弟宇文直封为卫公（镇守蒲州），六弟宇文宪为齐公，七弟宇文招为赵公，八弟宇文俭为谯公，九弟宇文纯为陈公，十弟宇文盛为越公，十一弟宇文达为代公，十二弟宇文通为冀公，十三弟宇文逌为滕公。

宇文毓聪明睿智，有胆有识，宇文护十分忌惮，为了保住自己的权位，他决定毒死宇文毓，让膳部中大夫李安在宇文毓的食物中下毒，武成二年（南陈文帝天嘉元年，北齐废帝乾明元年、孝昭帝皇建元年，公元 560 年）四月，此时，南陈军队刚刚击败王琳、收复郢城；北齐高演、高湛兄弟刚刚发动了乾明之变、诛杀了杨愔等人，宇文毓中毒，他口授了五百多字的遗诏，并说："我的儿子年幼，不能担任皇帝。鲁公宇文邕是我的弟弟，宽和大度，四海皆知，能振兴我们周家的，肯定是他！"四月二十日，年仅二十七岁的宇文毓死去，仅在位两年零七个月。

宇文毓生前已经觉察出自己会被宇文护毒死的，他在临终前舍弃自己的儿子不立，而将帝位传给四弟宇文邕，就是寄希望于将来有一天弟弟能够替自己报仇。宇文邕从小就与众不同，大哥宇文毓对他十分喜爱，宇文毓登基后，朝廷大事多与他商量。宇文邕性格内敛，远见卓识，宇文毓不问，他不会主动提出自己的意见。宇文毓曾赞叹道："此人不说则已，一说就能说到点子上。"

四月二十一日，宇文邕登基继位，大赦，他就是历史上的北周武帝。北周武帝宇文毓继位三个月后，北齐孝昭帝也废黜了北齐废帝高殷，登上了皇帝宝座。

宇文邕继位后，采取了韬光养晦的策略，对宇文护尊崇有加，第二年一月，即南陈文帝天嘉二年，北齐孝昭帝皇建二年、武成帝太宁元年（公元 561 年），北周武帝改元为保定元年。同时，宇文邕又任命大冢宰宇文护为都督中外诸军事，并下令"五府总于天官"，北周朝政事无巨细，全部交由宇文护处理，先由其自行决断后，再通报给宇文邕。《周书·晋荡公护传》称："自太祖为丞相，立左右十二军，总属相府。太祖崩后，皆受护处分，凡所征发，非护书不行。护第屯兵禁卫，盛于宫阙。事无巨细，皆先断后闻。"不久，又有人为了讨好宇文护，将宇文护的功劳与周公相比，建议宇文毓在同州给二人共同的祖父宇文肱另外修建一座宗庙，专门由宇文护负责祭祀。在古代，皇家祭祀祖先是皇帝的特权，让宇文护也祭祀，以示特殊的尊崇。宇文邕继位后，等于是把哥哥宇文毓从宇文护那里要回来的政务处理权，又拱手相让给了宇文护，此时的宇文护地位与当年的宇文泰几乎相同，而宇文邕则自觉地把自己等同于过去的西魏傀儡皇帝。

隐忍不发的宇文邕多少让宇文护放下心来，北周统治者内部的矛盾暂时掩盖了下来，这也让他们有精力把目光转向了对面的北齐。

此时，北齐孝昭帝也刚刚即位数月之久，他励精图治，一直处心积虑地想要吞并北周，让北周感到了巨大的压力。北周小司徒韦孝宽当年在玉璧之战中立下大功，宇文护在玉璧设置勋州，以韦孝宽为勋州刺史，加强了边境的防御。韦孝宽为人信义，善于使用间谍，他在北齐境内暗中安插了很多间谍，不少北齐人贪图钱财自愿充当北周的间谍，因此，北齐境内的一举一动，韦孝宽都提前掌握得一清二楚。北周一位叫许盆的军主投降北齐，韦孝宽让北齐境内的间谍前去刺杀许盆，不久，许盆的首级就献到了韦孝宽的帐下。离石（今山西省吕梁市离石区）以南的匈奴族人（离石山胡）经常劫掠北周边境，而他们又居住在北齐境内，北周军队无法讨伐。韦孝宽打算在险要地带构筑城堡，于是，征发汾河以西十万民夫、一百名战士，由开府仪同三司姚岳监工。姚岳担心兵少，不敢前去。韦孝宽却说："我预料用十天时间即可建好此城。此城与晋阳相距四百多里，我第一天动工，第二天消息才能传到晋阳。假如晋阳开始征兵，也需要三天时间，再商量对策，安排部署，又要耽误三天，他们出发后，路上又要经过两天才能到，等他们到了，我们的城池也完工了。"北齐听说后，果然来到边境，担心可能有伏兵，一直迟疑不敢前进。当晚，韦孝宽让汾河以南靠着介山、稷山的各个村庄都燃起大火，北齐军队认为是北周军队的军营，更不敢主动出击了。最终，姚岳得以修好了城池。

除了加强边境防御之外，北周还开始改进兵役制度，将过去的八批轮换一次服役改为十二批轮换服役一次，平均一个士兵一年服役一个月。

# 四七五 高湛初年

北周并没有紧张多久，同年年底北齐孝昭帝就病死了，继位后的北齐武成帝高湛忙着处理国内矛盾，巩固自己的统治，已无暇应付北周了。高湛继位后一个多月，到第二年（河清元年，北周武帝保定二年，陈文帝天嘉三年，公元562年）一月，立王妃胡氏为皇后，儿子高纬为皇太子。闰一月，又任命太宰、平阳王高淹为青州刺史，太傅、平秦王高归彦为太宰、冀州刺史。关于胡皇后，稍微多说两句。武成帝的胡皇后与北魏末年的胡太后是什么关系呢？北魏胡太后的父亲胡国珍，有养子胡僧洗、儿子胡祥；胡太后的伯父胡真，长子胡宁，胡宁生下儿子胡虔、女儿胡氏，二人分别为胡太后的堂侄儿、堂侄女。胡虔又生子胡长粲；胡氏则为北魏清河王元亶王妃，生下元仲华（高澄之妻）、东魏孝静帝等。胡长粲就是北齐胡太后的同族哥哥，与胡太后及其亲哥胡长仁都是族兄妹关系，因此，北魏胡太后是北齐胡太后的同族祖母。

高归彦在禁军中的影响力让高湛记忆犹新，这已经引起了高湛的警惕，可是，高归彦自认为在乾明之变中立下大功，并且，在孝昭帝即位后，他深得孝昭帝的宠信，高归彦更是恃宠而骄，仗势欺人，谁都不放在眼里。高湛即位后，侍中高元海、御史中丞毕义云、黄门侍郎高乾和屡屡在高湛面前说高归彦的坏话，并说："高归彦权势震主，肯定会犯上作乱的。"高湛想到他原本寄养在高岳家中，后来又陷害高岳；深受二哥高洋器重，与杨愔一党，中途又改换门庭，致使高殷被废、杨愔被杀；高演对他非常器重，可高演死后，他又不顾太子高百年而迎立自己，想到这里，高湛深感高归彦太不可靠了，开始对他猜忌起来。一天，高湛趁着高归彦离职休假，召魏收入宫，当面起草诏书，任命高归彦为冀州刺史，魏收写完后，令高乾和缮写。当天，高湛还下令宫门卫士，不准高归彦入宫，当时，高归彦正在家中纵酒作乐过了一晚，对宫中发生的变故还茫然不知。第二天清晨，他打算进宫朝见，走到宫门才得知实情，不禁惊出一身冷汗，狼狈退去。等高归彦回家后，送上奏表谢罪，高湛自然是安慰他一番，并赏赐给他很多财物，又命令督将以上的高级官员都到清阳宫（在今河北省清河县）送行。文武百官只是拜别而退，没人敢和他多说一句话，唯有赵郡王高叡与他攀谈良久，但无人知道他们说的什么。

把高归彦赶出了朝廷，高元海等人如愿以偿，但他们也没有高兴多久。高湛当长广王时，和士开精通握槊这种赌博游戏，又擅长弹琵琶，深得高湛的宠爱，被高湛任命为开府行参军，等高湛即位后，和士开又被晋升为给事黄门侍郎。高元海、毕义云、高乾和等人在高湛继位一事上忙前忙后，巴望着能当上宰相之类的高位，谁知半道上却杀出个和士开，因此，都对和士开怀恨在心，他们搜罗了和士开很多罪状，将要向高湛告发。和士开也不是个软柿子，他先下手为强，向高湛上书称高元海等人结党营私，阴谋专擅朝政。高乾和遂被高湛疏远，毕义云见风头不对，赶紧送给和士开不少钱财，遂被任命为兖州刺史。

到了四月二日，北齐武明皇太后娄昭君就病死了，时年六十二岁。娄昭君共生下六男二女，每次怀孕都做过奇怪的梦：在怀上高澄时，她梦见了一条断成两截的龙；怀高洋时，梦见一条大龙，头尾连天接地，圆睁双眼，张开大口，非常吓人；怀高演时梦见一条龙在地上蠕动；怀上高湛时梦见一条龙在大海里洗澡；怀两个女儿时都梦见了月亮进入怀中；怀高淯、高济时都梦见了老鼠钻进了衣服。娄昭君死前，邺城有童谣传唱："九龙母死不作孝。"等到娄昭君死后，武成帝高湛不穿孝服，仍然身着大红龙袍，不久，他还登上三台，饮酒作乐。他的女儿送上白色孝服，高湛火了，当即扔到台下；和士开请求停止演奏，高湛大怒，当场把他痛打了一顿。高湛在兄弟们排行第九，正与童谣暗合。

高归彦到冀州上任后，终日惶恐不安，打算趁高湛离开邺城回晋阳时，偷偷返回邺城，发动政变，他的郎中令吕思礼向朝廷告发了。高湛遂下令大司马段韶、司空娄叡率军前去讨伐。高归彦提前在冀州南部的郡县设置有私人驿站，朝廷大军出发后，他就得到了消息，遂关闭城门固守。长史宇文仲鸾等人不从，全部被他杀掉。高归彦自称大丞相，聚集了四万人马，欲作困兽之斗。都官尚书封子绘是冀州当地人，他的祖父封隆之、父亲封回都担任过冀州刺史，高湛命令他乘坐驿马车前去信都，向城内军民晓以利害。封子绘来到信都后，绕城一周，劝说城内投降，果然，在他的劝说下，信都军民纷纷出城投降，城内的虚实，官军都是一清二楚。

高归彦登上城墙，大喊道：“孝昭帝驾崩之初，六军百万将士，都由我掌握，我投身陛下，亲自到邺城迎驾，当日不反，现在会反吗？我只是痛恨高元海、毕义云、高乾和三人，他们欺瞒陛下，嫉恨忠良，只要杀了这三人，我立刻在城墙上自杀！”

高归彦的这些话毫无作用。不久，官军就攻破了城池，高归彦单人匹马向北而逃，逃到交津（今河北省武强县东）被抓获，押到邺城。

七月二十七日，北齐朝廷下令将他装到敞篷车上，五花大绑，刘桃枝手持大刀架到他的脖子上，后面鼓声不断，拉到集市斩首示众，一起被杀的还有他的儿子、孙子共计十五人。高归彦被杀后，高湛任命封子绘为代理冀州刺史。

高归彦死了，高湛也除去了一个心头大患，但北齐政治并没有好转起来，这归因于高湛本人并不咋样。据《北史·齐本纪下》“论”称：“武成风度高爽，经算弘长。文武之官，俱尽谋力，有帝王之量矣。但爱狎庸竖，委以朝权；帷薄之间，淫侈过度。灭亡之兆，其在斯乎？”说的是高湛重用私人，贪色好淫。

高湛登基后，就看上了高洋的妻子、他的二嫂李祖娥。他强迫李氏与自己私通，李氏不从，高湛说：“你如果不同意，我就杀了你的儿子！”李氏无奈，只好顺从。不久，李氏就怀孕了，李氏的长子、太原王高绍德前去拜见母亲，到了门外，李氏却不见，高绍德火了，说道：“儿子我岂能不知？姐姐（鲜卑人称母亲为姐姐）的肚子大了，所以才不见儿子！”李氏听后，羞愧得无地自容，等到生下一个女儿后，就把孩子抛弃了。高湛听说后，不禁大怒，他手持钢刀，把李氏骂得狗血喷头，说道：“你竟敢杀了我的女儿，我如何不能杀了你的儿子！”又对高绍德骂道：“你爸爸当年打我时，你竟然袖手旁观，坐视不救！”越说越气，高湛当着李氏的面，亲手用刀柄捣死了高绍德。李氏哭得死去活来，高湛更是恼火，把李氏脱得一丝不挂，拳脚交加，打得遍体鳞伤。李氏被打得半死后，高湛命人把她装入布袋中，鲜血从布袋里流出来，流得到处都是，投入水沟之中，很久以后，李氏才悠悠醒来，用牛车将其送到妙胜尼寺当尼姑。高湛亲自把高绍德埋在游豫园里。

除了荒淫无道外，高湛还与高洋一样，终日喝得酩酊大醉，把朝政全部交由高元海处理。高元海表面上很仁慈，既不喝酒，又不吃肉，内心却好乱乐祸，庸俗无知，高湛也瞧不起他，因此，又任命太子少傅魏收兼任尚书右仆射，辅佐他，可是魏收却胆小怕事，不久，就被除名。兖州刺史毕义云给高元海写信，谈及朝政，高元海入宫时，不小心将书信丢失了，给侍中李孝贞捡到后，上呈给了高湛，高湛看后，开始对高元海疏远起来，遂提拔李孝贞为中书舍人，征召毕义云回朝。和士开见状，趁机又在高湛面前说了高元海的坏话，高湛大怒，把高元海打了六十马鞭，他旧话重提，斥责道："过去你让我造反，我身为弟弟却要造哥哥的反，这是何等不仁不义！用邺城的军队去对抗晋阳的军队，又是何等愚蠢！"将其贬为兖州刺史。

打击了高元海等人，和士开很快就被提拔为侍中、开府仪同三司，也成了高湛一刻也离不了的红人。高湛不论是在外朝听政，还是在内宫饮宴，一刻见不到和士开，高湛就浑身不舒服。和士开有时候一连几天都在宫中服务，不得回家，有时候一天之内入宫好几次，有时候刚刚从宫中出来，又被高湛追回，没有赶回之前，一个接着一个使者飞马催促。和士开也是想尽千方百计去讨好高湛，每次在高湛身边侍奉，言语举止都极尽谄媚之能事，让高湛非常开心，赏赐给他很多财物，二人整天搅在一起，再无君臣之礼。和士开还劝说高湛："从古至今多少帝王死后都化为尘土，尧舜与桀纣又有什么区别！陛下要趁着年轻，好好享受生活，想干什么就干什么，一天的快乐生活也比一千年平淡无味的生活要好！国家大事都交给臣子们去办，不愁办不好的，何必要把自己束缚得动弹不得呢？"高湛认为和士开是真心对自己好，听了不禁大喜。于是，他放心将国政全交给臣下处理：由赵彦深主管人事，元文遥主管财政，唐邕管军队，冯子琮、胡长粲管理东宫。高湛三四天上一次朝，上朝之后也仅仅是批阅几个字而已，也不怎么发布指示，一会儿就退朝入内继续享乐去了。在后宫中，高湛还让和士开与胡皇后握槊，高澄长子、河南王高孝瑜劝谏道："皇后是天下之母，岂能与臣下手碰手！"高孝瑜还说："赵郡王高叡的父亲高琛死于非命，不可亲近。"高叡与和士开一起说高孝瑜的坏话。和士开说高孝瑜奢侈，高叡说："国内百姓只听到河南王的大名，没人知道陛下！"尔朱御女（宫中的女官名）名字叫尔朱摩女，原来是娄昭君的侍女，高孝瑜过去曾与她私通，后来，太子高纬结婚当夜，高孝瑜趁入宫之机，又与之私聊，高湛听说后不禁大怒。河清二年（南陈文帝天嘉四年，公元563年）六月二十八日，高湛逼迫高孝瑜喝下三十七杯酒。高孝瑜身材肥大，让亲信娄子彦用车子把他拉出宫去，在车上又给他灌下毒酒，车子行至西华门，高孝瑜浑身燥热，痛苦异常，跳入水中淹死。死讯传来，在宫中的亲王们都不敢出声，唯有他的三弟高孝琬（高澄嫡子）痛哭出宫。

# 四七六 周齐交兵（一）

北齐文宣帝高洋在位时，北周人经常担心北齐军队会趁着冬季黄河结冰渡河入侵，因此，一到冬天，就如临大敌，派兵驻守黄河沿岸，凿开黄河河冰。高湛即位后，佞幸当权，朝政逐渐腐败，一到冬天，北齐人开始凿开黄河河冰，阻止北周人东进了。斛律光看到国事至此，非常担忧，他说道："我们经常有吞并北周之心，可是如今已经到了这步田地，还只沉溺声色之中！"河清二年四月，北齐下令斛律光率军两万步骑，在轵关（今河南省济源市东南）修筑勋掌城，又修筑了二百里的长城，设置十二座堡垒，以加强对北周的防御。

当初，北周人打算结好突厥木杆可汗，一起讨伐北齐，答应娶他的女儿为皇后，派遣御伯大夫（侍从司司长）杨荐、左武伯（西部警备区司长）王庆前去求婚。北齐人听说后，非常担心，也派人来到突厥求婚，并且奉上了丰厚的财物——如今的情况仿佛又回到了东西魏分裂之初，高欢与宇文泰竞相巴结柔然时代。木杆可汗贪图北齐人的财物，打算倒向北齐，把杨荐等人送到北齐。杨荐知道后，斥责木杆可汗道："我们太祖宇文泰与可汗结为友好邻邦，八年前，数千柔然部落投降我们，我们太祖全都交给了你们的使者，为的是让你们高兴，为何今日突然背信弃义？难道就不怕愧对鬼神吗？"木杆可汗听了，顿时面无人色，沉默良久，才说道："你说得对。我已经决定与你们联合，一起削平北齐，到时候，再送上女儿。"杨荐不辱使命，与木杆可汗约定后回朝复命。

北周群臣请求征调十万大军讨伐北齐，唯独柱国杨忠认为只需一万骑兵就足够了。北周武帝保定三年（北齐武成帝河清二年、南陈文帝天嘉四年，公元563年）十月二十七日，就在北齐武成帝杀死了侄儿高孝瑜四个月后，此时，南陈文帝正命令章昭达越过东兴岭前去讨伐陈宝应，北周朝廷派遣杨忠率领一万步骑与突厥军队在北路会师，一起讨伐北齐；北周另外派遣大将军达奚武率领三万步骑，从南路向平阳（今山西省临汾市）杀来，与北路军团对北齐晋阳（今山西省太原市）进行南北夹击。

杨忠所部进展神速，很快就攻克了北齐北部边境二十余座城池，北齐重兵驻守在陉岭（今山西省代县西北句注山）险要。陉岭险要，地位非常重要，其北部就是大同盆地，以南则是忻州盆地，北周军队一旦突破陉岭，就可以长驱直入，进入忻州盆地，因此，《吕氏春秋》将这里称为天下九塞之一，《读史方舆纪要》也把这里称为："外壮大同之藩卫，内固太原之锁钥，根柢三关（雁门关、宁武关、偏头关），咽喉全晋。"但陉岭险要在杨忠军队的猛攻下，很快就被攻破。攻下陉岭后，突厥木杆可汗、地头可汗、步离可汗率领十万突厥骑兵与周军会师，十二月十九日，他们从恒州（治所今山西省大同市）兵分三路，同时南下。当时，大雪纷飞，已经接连下了数十天，北齐境内南北一千多里，均被大雪覆盖，平地积雪数尺之厚。北齐武成帝高湛接到十万火急的军情后，立即从邺城率军倍道兼行，火速赶往晋阳，十二月二十八日，高湛来到晋阳。北齐太子太保斛律光率领三万步骑驻守在平阳，抵御南线达奚武之军。

高湛进抵晋阳的第二天，即十二月二十九日，突厥与北周联军就逼近了晋阳。高湛没有想到联军如此之强，他身穿军服，打算带上宫女一起，不战东逃，赵郡王高叡、河间王高孝琬一齐拦住马头苦苦劝谏。高孝琬恳请让高叡负责晋阳城防，肯定会万无一失。高湛听从了，命令六军行动都听从高叡的指挥，又让并州刺史段韶负总责。

北周武帝保定四年（北齐武成帝河清三年、南陈文帝天嘉五年，公元564年）一月一日，北齐武成帝高湛登上晋阳北城城楼检阅军队，北齐军容整齐，士气高昂。突厥可汗归咎于北周人说："你们说北齐混乱，所以才来讨伐。如今，北齐人人眼睛锐利如铁，如何能够抵挡？"

周军以步兵为先锋，从晋阳西山上下来，挺进到距离晋阳两里的地方。北齐众将纷纷请战，段韶却说："步兵的力量有限，如今，积雪很厚，我们迎战会白白消耗体力，不如严阵以待，他们疲劳，我们安逸，以逸待劳，肯定能将其击破。"于是，齐军就这样平静地等待着周军的到来。等到周军一步步来到跟前后，齐军精锐部队倾巢而出，呼喊着冲向敌军。突厥人被齐军的声威吓倒，不敢应战，退还西山，周军大败。突厥不敢久留，率军向塞外撤离，沿途纵兵烧杀抢掠，从晋阳往北七百余里，百姓、牲畜扫地无遗。段韶率军追击，却不敢逼近。突厥人撤回陉岭，天寒地冻，山路很滑，只好在路面铺上毛毯，人马才得以勉强通过。战马在严寒中瘦成枯骨，马膝盖下面的毛全部掉光，等到撤至长城，战马几乎死光。突厥将士们只好折断长矛，充当手杖，一步步挪回境内。

达奚武推进至平阳，并不知道北路杨忠已经大败退去。斛律光给他写信说："鸿鹄已经飞向了蓝天，猎人却还在沼泽地里低头寻觅。"达奚武得到书信后，也率军退去。斛律光率军追击，深入北周境内，俘获了两千多人后，撤回国内。见到斛律光后，高湛抱住他的头失声痛哭，任城王高湝劝道："何至于到这程度！"高湛这才停了下来。

周齐第一次交兵后，北齐武成帝任命斛律光为司徒，武兴王高普（高归彦侄儿）为尚书左仆射，以冯翊王高润为司空，赵郡王高叡为录尚书事，前司徒娄叡为太尉，段韶为太师，任城王高湝为大将军。

当初，北齐文宣帝高洋曾下令让群臣依据北魏《麟趾格》制定《齐律》，一直没有完成。当时，军国多事，法官断案无法可依，全根据个人的好恶下判，称之为"变法从事"。高湛即位后，对这一情况非常重视，对修订法律的官员定下期限，要求他们加快修订法律，至此，《齐律》也完成了，其中，有十二篇《律》（北齐刑法）、四十卷《令》（北齐判例）。北齐律将刑罚分为五种：一是死刑，又从重到轻分为：肢解分尸、砍头后高悬竹竿、砍头、绞刑；二是流放刑，流放到偏远地带当兵；三是徒刑，期限一至五年；四是鞭刑，从四十下到一百下；五是杖刑，从十下到三十下，上述刑罚共计十五个档次。该法律还规定，对于九品以下的低级官吏以及老人、小孩、阉人、呆傻人、过失犯罪的，可以缴纳一定金钱赎罪，交不起的，也可以缴纳一定数量的丝绸代替。三月三日，武成帝下令在全国颁布施行，并实施大赦，从此以后，北齐法官才有法可依。武成帝还下令要求官宦子弟们要通晓法律，率先知法守法，因此，北齐国民大都了解法令。

《北齐律》是三国两晋南北朝时期成就最高的一部法律，它创新并确立了重罪十条，即：反逆（造反）、大逆（破坏皇家宗庙等）、叛（叛逃敌国）、降（投降敌国）、恶逆（家庭内部年幼者殴打或谋害长辈）、不道（杀人手段残忍）、不敬（侵犯皇帝尊严）、不孝（对直属长辈有忤逆言行）、不义（违反道义）、内乱（乱伦）。凡是犯有上述罪行的，排除于"八议"（对高级官员的特殊保护）、"以财物赎罪"之外，《北齐律》的这一创新是后世法律中的"十恶"的雏形。《北齐律》在结构上还有所创新，把《晋律》的《刑名》和《法例》合并为《名例》，篇目精简为十二篇，确立了五刑制（五种刑罚类型），并明确规定了各种刑罚的具体数量，这些都为隋唐《开皇律》《唐律疏议》打下了坚实的基础，是中国历史上一部非常重要的承上启下的法典。

武成帝高湛重视法制建设还表现在进一步规范赋税制度。他下诏规定，北齐年满十八岁的百姓开始由政府分给田地，承担赋税义务，二十岁是服兵役的年龄，六十岁免除政府差役，六十六岁交还土地，免除赋税义务。一位成年男丁分给八十亩没有树木的田地，女人分给四十亩，奴婢与自由人同等待遇，家中有一头耕牛的，另外再分给六十亩。一夫一妻一年大概要向政府交纳一匹绸缎、八两棉花、两石粟米、五斗附加粟米；奴婢减半；因有牛而多分的土地，按照每头牛上交二尺绸缎、一斗粟米、五升附加的标准计算。赋税直接上缴中央，附加税赋留在地方，应付当地水旱灾害。

# 四七七　周齐交兵（二）

在北齐击退北周突厥第一次入侵之后，北齐国内还发生了几件值得关注的事情。

河清三年三月一日，就在北周突厥军队退去一个多月后，北齐田子礼等数十名强盗阴谋劫持太师、彭城王高浟为主，他们谎称是皇帝的使者，径直进入高浟的府邸。进入内室后，他们口称诏命，抽刀逼迫高浟上马，打算把他拉到南殿。高浟大声呼喊，坚决不从，最后被强盗们杀害。六月，高湛又诛杀了高演的原任太子高百年。当时，有两条白色的霓虹环绕太阳两圈，横贯太阳却没有贯穿，天上又出现了红色的星星，面对诡异的天象，高湛想杀死高百年来化解即将到来的灾难。当时，贾德胄教高百年认字，高百年曾写下几个敕字，敕是皇帝训令的意思，贾德胄遂将这几个字送给高湛过目。高湛见后大怒，当即召见高百年。高百年自忖无法幸免，临别之际，割下佩戴的玉玦交给妻子斛律氏（斛律光之女），前往凉风堂拜见高湛。高湛让高百年当面写几个敕字，与贾德胄呈上的对比，确认的确是高百年所写，遂命令侍从们一顿乱打。又让人们绕凉风堂拖着高百年，边行边打，高百年痛得哀号不已，满地是血，气息奄奄，最后，才将其斩首，扔到池塘里，池水也染成一片血红。斛律氏得知丈夫惨死后，手握玉玦失声痛哭，不肯吃饭，一个多月后也死掉了。死时，她的手上还紧紧地握住那块玉玦，无人能掰开，他的父亲斛律光亲自去掰，手才打开。到十二月，北齐太宰、平原王高淹也去世了，死因不详，但史书称："或云鸩终。"

先是高湛的五哥高浟，继而是高演的儿子、前太子高百年，最后是高湛的四哥高淹，其中，高百年的死确定无疑是高湛所杀，高淹则语焉不详，高浟却死得蹊跷。实际上，三人的死可能都与高湛有关，极有可能是高湛有计划地剪除宗室威胁的一步。北周突厥的入侵，让高湛感到了空前的危机，只有消除统治集团内部任何可能的威胁，才能有效应对外来入侵，这大约是他很快就采取行动的原因。如今，高湛只有高淹、高湝两位哥哥了，高淹宽厚深沉，高湝聪明睿智，不能不令高湛十分猜忌。高湝时任太师、录尚书事，位高权重，高湛离开邺城时，高湝经常被留在邺城，负责京师事务。对于这样一位北齐高官，寻常盗贼岂能随便闯入内室？田子礼等人又是从哪里搞来的足以让高湝卫士相信他们是钦差大臣的衣服、证件、诏命的呢？显然，这里面一定是有幕后黑手的。至于高淹的死，史书已明确记载，当时就有人传出消息说是被人毒死的。

除了消除国内隐患外，高湛还千方百计去巴结北周的实际统治者、大冢宰宇文护。

当初，宇文泰追随贺拔岳在关中时，曾派人前往晋阳把宇文护接到了关中，宇文护的母亲阎氏以及宇文泰的妹妹都留在了晋阳，北齐建立后，她们被发配到中山宫（在今河北省定州市）中为女奴。等到宇文护掌握了北周大权后，曾秘密派人前往北齐寻访，却杳无音讯。后来，北齐使者来到玉壁，请求与北周通商，宇文护想寻找母亲和姑姑的下落，就让司马下大夫尹公正来到了玉璧，与北齐使者见面，表达了宇文护的意愿，北齐使者听了很高兴。北周勋州刺史韦孝宽俘获的北齐百姓也都予以放回，让他们带上书信，传达了北周愿意与北齐重归于好的打算，但当时北齐并没有答应。第一次周齐交兵后，由于北周和突厥军队兵败于晋阳城下，他们打算再次出兵，以雪前耻，北齐武成帝高湛听说后，不禁大为恐惧，赶紧答应放还宇文护的母亲，并请求与北周恢复外交关系，先把宇文护的姑姑放回。

此时，北周柱国杨忠与突厥军队已经在北河会师，将要再次伐齐；不久，突厥军队十余万又攻入北齐长城，大肆抢掠北齐幽州后，又撤离了。

为了阻止北周与突厥再度发起进攻，宇文邕的姑妈（也是宇文护的姑妈）被送回北周后，北齐武成帝又派人代替阎氏给宇文护写信，信中写了宇文护幼时的几件往事，并寄去当时他穿的锦袍作为凭据。最后，信上还叮咛道："我遇到千年的良机，恰逢大齐的恩德，怜悯我这个孤老，格外开恩，让我们母子相见。即使是草木禽兽，也都懂得母子相依，我又犯了什么滔天大罪，与你分离！如今我又有什么福分，有幸能与我儿重逢！话到此处，悲喜交加，昏厥过去，又悠悠醒来。人世间万事万物，如果寻找都能找得到，可是，我们母子身处不同的国家，又到哪里去寻找？即使你贵为王公，富过山海，而你的老母年过八十，流落在千里之外，随时都会死去，母子一会儿都不能见到，一天都不能同处，老母天冷时得不到儿子你孝敬的衣服，饥饿时吃不上你送来的饭菜，你就是荣华富贵，光耀世间，对于你的老母我又有什么用！今日之前，你已经无法孝敬我了，也不必再提；今日以后，我的残余之命就握在你的手里。人活在世间，上有青天，下有黄土，中有鬼神，不要认为神灵看不到人的所作所为，而可以欺天欺地！”

宇文护素来孝顺，得到这封书信后，悲不自胜，哭得死去活来，左右不敢仰视。宇文护给母亲写回信道：“天下大乱，国土分裂，与母亲失散，迄今已过去三十五年了。任何有形体的动物，都知道母子之情，谁能像萨保（宇文护小名）这般不孝！儿子为公侯，母亲为奴隶，天热不知母亲是否热，天寒也不知母亲是否冷，不知母亲有没有衣服，能不能吃饱，如同天地之外，杳无音讯。怀抱分离的苦痛，终了此生，只求死后能在九泉之下为母亲尽孝！没有想到齐国竟然开恩，允许放回母亲、四姑，刚得知这个消息，我兴奋地大呼小叫，叩谢天地，无法自制。齐国的大恩大德，已经像春雨一样降下，有国有家之人，当以信义为本，我揣测母亲到达的日期，盼望着能早日见到母亲，了却毕生的心愿。齐国的恩德即便是让死人再生、枯骨长肉也不足为比，我纵有背负山岳的力量，也难以承受。”

宇文护的回信对于今后周齐关系说得含糊其词，只是笼统地表达自己对齐国的感恩之情，这是因为，此时突厥对入侵北齐态度积极，如果北周对北齐表明和解的态度，一旦突厥知道后，极有可能反戈一击，到时候，北周就会引火烧身。但北齐方面看到宇文护的回信后并不满意，留下阎氏，让她再次给宇文护写信，并让宇文护明确表态，使者往返数次。当时，段韶率军驻扎在北方边塞抗拒突厥军队，武成帝高湛派黄门侍郎徐世荣乘坐驿马车携带宇文护的信件，征求段韶的意见。段韶说：“北周人反复无常，没有信义可言，前不久的晋阳之战就是明证。宇文护对外虽然是丞相，却是北周的实际君主，既然为了换回母亲来求和，却不向我们派出一名正式的使者，如果仅凭这样的私人信函，我们就放还他母亲，恐怕会向其示弱。不如暂时答应，等到两国之间正式达成和解之后，再送还不迟。”但武成帝没有听从，将阎氏送回。

阎氏回到北周后，北周举行盛大的欢迎宴会，北周武帝宇文邕下令全国大赦。对阎氏的各种供奉都穷极奢华，一年四季，宇文邕都会率领皇亲国戚向婶母阎氏叩拜，像平常百姓人家那样行礼，给阎氏敬酒祝福。

放还阎氏后，北齐轻易地丢掉了一个可以制约北周的筹码，此时，突厥人从幽州退回后，驻扎在塞北，又征召各部兵马，准备再次对北齐发动大规模的入侵，并派人来到北周，打算按照过去与北周的约定一起发兵，闰九月二十日，突厥再度骚扰北齐幽州。

北周宇文护刚刚接回母亲，不愿伐齐，但又担心违背与突厥之间的盟约，将招致边患，思来想去，在万般无奈之下，他只得同意征召二十四军、左右厢禁卫军、秦陇、巴蜀的地方部队以及归附的羌族、匈奴族军队，共计二十万人，十月北周军队开始了第二次伐齐之战。

# 四七八 周齐交兵（三）

宇文护率军推进到潼关，派遣柱国尉迟迥率领十万精兵为先锋，直扑洛阳；又派遣大将军权景宣率领山南（荆州、襄州）之兵，朝悬瓠（今河南省汝州市）杀来；少师杨标进攻轵关（在今河南省济源市境内）。

十一月，当南陈章昭达擒杀陈宝应时，北周宇文护率军进驻弘农（今河南省灵宝市），十日，尉迟迥率领周军先头部队包围了洛阳，北周雍州牧、齐公宇文宪，同州刺史达奚武，泾州总管王雄的部队驻扎在邙山，担任阻击北齐援军的任务，另有杨忠在北方接应突厥军队。

三路侵入北齐的周军各自担当了不同的任务：周军主力在中路，以夺取洛阳为战役目标；北路杨标所部负责扫清黄河以北北齐的据点；南路权景宣所部负责蚕食北齐黄河以南地区。

虽说尉迟迥是先锋，但周军真正意义上打头阵的则是杨标所部。杨标一直担任邵州（山西省垣曲县）刺史，守卫边疆二十余年，与北齐军队多次交过手，从未有过败绩，因此，他对北齐军队的战斗力非常轻视。他率领周军杀出轵关后，孤军深入，又不戒备，十一月二十日，北齐太尉娄叡率军突然杀到，大破杨标，杨标遂投降了北齐。

周军杨标所部很快被齐军消灭，北齐援军得以迅速来到黄河北岸，与此同时，中路尉迟迥和南路权景宣所部也在激战。周军在洛阳城外堆积土山、挖掘地道，但一连强攻了一个月也无法攻下洛阳。宇文护命令众将切断了河阳（今河南省孟州市）通往洛阳的道路，然后，将邙山负责监视、阻击北齐援军的部队也调回洛阳，集中兵力发起进攻，但是，北周众将都认为北齐军队肯定不敢前来，并没有执行宇文护的命令，仅仅派出一些侦察骑兵而已。

北齐朝廷派遣兰陵王高长恭（高孝瓘、高澄第四子、高孝琬四弟）、大将军斛律光率军五万救援洛阳，但惧怕周军强大，不敢前进。北齐武成帝高湛召见并州刺史段韶，对他说：“洛阳危急，如今，我打算派遣大王前去救援，可是，突厥又在北面骚扰，也需要有人抵御，这该怎么办？”段韶回答：“突厥骚扰边境，不过是疥癣小病，而周军前来，却是心腹大患，我愿意受命南下。”高湛说：“我也是这个意思。”遂命令段韶率领一千精锐骑兵火速南下。十二月三日，武成帝高湛也亲自率军从晋阳出发南下。

段韶日夜兼程，仅仅五天就渡过了黄河，与高长恭等人会合了。当时，连日大雾弥漫，阴风习习，十二月八日，段韶来到洛阳附近，率领帐下三百骑兵与众将一起登上邙山山麓察看敌情。由于能见度很低，周军并没有发现他们，当段韶等人进至太和谷（洛阳东北）时，才与周军遭遇。段韶立即命人飞马回到各营传令，集结军队，摆好了阵势。段韶在左翼，兰陵王高长恭在中军，斛律光在右翼。周军完全没有想到齐军会突然到来，顿时惶恐不安。段韶远远地对周军说道：“你家宇文护刚得到母亲，就背信弃义前来进犯，这是何故？”周军将士回话：“这是上天派我们来的，有什么可问的？”段韶说：“上天赏善罚恶，应该是派你们来送死的吧！”

周军以步兵居前，骑兵在后，朝邙山上发起进攻。段韶认为敌人是步兵，自己是骑兵，等到敌人疲惫时，再下马反击，因此，他率军边战边退。不久，周军果然就筋疲力尽了，见状，段韶立即下令发动攻击，周军大败，顿时土崩瓦解，被斩杀了三千余人，掉入山涧中又摔死、淹死了很多。

兰陵王高长恭乘胜追击，率领五百骑兵突入周军阵营，一直追杀到金墉城下，但此时的他已经陷入周军的重重包围之中。高长恭来到城下，请求支援，但守军不认识他，高长恭只得脱下头盔，露出脸庞，守军这才从城墙垂下弓箭手支援他，遂击退了周军。史称：高长恭“貌柔心壮，音容兼美。为将，躬勤细事。每得甘美，虽一瓜数果必与将士共之”。此战后，北齐创作了《兰陵王入阵曲》舞蹈，以歌颂高长恭的战功，该舞蹈在唐代传入日本，被视为正统的雅乐，一直备受珍视。可能是由于高长恭是位美男子，也可能是基于史书在高长恭退至金墉城下时记载：“长恭免胄示之面”，也可能是舞曲上武士们以假面代替头盔的表演，有人就创造出了高长恭因长相俊美无法威慑敌手，戴着鬼脸面具出征的故事，其实，这种说法是无稽之谈，并无史料佐证，却以讹传讹，流传很广。后来，北齐后主高纬对堂兄高长恭谈及邙山之战时说：“打仗时深入敌阵太深，一旦失利，后悔都来不及了。”高长恭回答：“自己家的事情，不知不觉间就那样了。”本来这是一句平常话，但这话从高长恭嘴里说出来，又让高纬听着就变味了。因为，高长恭之父高澄是高欢的长子，他们家是高氏的长门，可以说，北齐皇帝们内心多多少少都有一种霸占了长门产业的尴尬，因此，后主听了，对高长恭非常猜忌，也为他最后的死埋下了伏笔。

周军邙山败后，包围洛阳的周军也丢下辎重，狼狈逃走，从邙山到谷水三十里地里，漫山遍野都是被周军抛弃的武器、铠甲，只有宇文宪、王雄、达奚武率军殿后，边打边撤。

王雄跃马挺枪，飞马闯入斛律光的大阵，连杀三人，直取斛律光，斛律光见势头不对，调转马头就跑，王雄是穷追不舍。慌乱中，斛律光的侍从都逃散了，身边只剩下一个家奴和一支箭。王雄手握长枪，枪尖仅距斛律光脑后一丈多，高呼道：“我爱惜你，不杀了你，当活捉你去见天子！”斛律光跑着跑着，偷偷弯弓搭箭，突然回身，一箭射去，正中王雄的额头，顿时，王雄倒在马背上，抱着马头返身而逃，回到营中就死掉了。

王雄一死，周军后卫部队更加惶恐。宇文宪亲自一一安抚，人心才稍稍安定了下来。当晚，宇文宪集结残兵败将，打算明日再与齐军决战，达奚武说：“我军在洛阳战败，已经军心大乱了，如果不趁夜赶紧撤离此地，等到明天想撤都来不及了。我从军已久，见得多了，大人还年轻，历练还少，岂能把我们仅剩的几个营的将士往虎口里送？”于是，周军后卫部队这才退出齐国国境。

在洛阳鏖战的同时，挺进悬瓠的北周权景宣所部也取得了进展。十二月，北齐豫州道行台、豫州（今河南省汝州市）刺史王士良、永州（今河南省信阳市东北）刺史萧世怡均举城投降。权景宣让开府仪同三司郭彦驻守豫州，谢彻驻守永州，将王士良、萧世怡以及一千多名北齐降卒送到了长安。北周主力在洛阳战败后，权景宣也丢掉豫州，逃回了国内。

负责接应突厥的杨忠所部从沃野镇（今内蒙古自治区五原县）出发，行军途中，后方军粮却供应不上了，将士们都无计可施，忧心忡忡。杨忠引诱居住于今陕西省北部的匈奴族酋长开会，期间，又让河州刺史王杰率军敲着战鼓来到营中，当面汇报：“大冢宰已经平定了洛阳，将与突厥一起讨伐不肯归顺的匈奴。”在座的匈奴首领都面露惧色，杨忠一一进行安慰，并把他们放还。回去之后，匈奴各个部落都不敢怠慢，纷纷给大军献上粮草，北周军营内粮食顿时堆积如山。不久，杨忠得知周军败退的消息，也撤离南归了。

十二月十三日，北齐武成帝高湛抵达洛阳，二十五日，他晋升段韶为太宰，斛律光为太尉，高长恭为尚书令。十八日，高湛来到虎牢关，又从滑台（今河南省滑县）北渡黄河，来到黎阳（今河南省浚县）。二十二日，高湛返回了邺城。

# 四七九 三方鼎跱

在接下来的一年（南陈文帝天嘉六年，北齐武成帝河清四年、后主高纬天统元年，北周武帝保定五年，公元565年）里，三国之间并没有发生战争，但各自国内也发生了一些不大不小的事件。

北周：

这一年二月八日，北周朝廷以陈公宇文纯（宇文邕弟弟）、许公宇文贵（太保、北周宗室）、神武公窦毅（北周元老窦炽的侄儿）、南阳公杨荐等人组成盛大的使团，准备了皇后的仪仗队、卫队和行宫，又带上一百二十名宫女，前往突厥可汗的王庭迎接可汗女儿。

这是北周在邙山战败后加强与突厥联系的一项重要举措，但是，由于北周接连两次战败，再加上北齐方面卓有成效的外交攻势，突厥可汗再次心生摇摆，就在北周使团出发三个月后，到了这一年的五月，突厥方面把北周使团晾在一边，却向北齐派去了使者，双方恢复了外交关系。就这样，突厥木杆可汗把北周这支兴冲冲而来的使团滞留在突厥境内三年之久，既没有悔婚，又不予答复。

这一年十月，北周将函谷关（在今河南省新安县）改名为"通洛防"，任命金州（今陕西省安康市）刺史贺若敦为中州刺史，镇守函谷关。贺若敦为北周名将，屡立战功，他仗恃自己的战功，经常发牢骚，一些与他原本平起平坐的同僚们都被授予了大将军，而唯独他一直没有当上。在与陈军侯瑱的湘州之战中，他在极其危险的情况下，率领周军安全渡过了长江，退回国内，不仅没有受到赏赐，相反还受到除名处分，因此，他一直耿耿于怀。当朝廷使者来传达诏命时，他当着使者的面又口出怨言，宇文护听了使者的汇报后，勃然大怒，遂征召贺若敦回京，逼迫他自杀。临死前，贺若敦对儿子贺若弼说："我立志要平定江南，如今却不能实现了，你一定要完成我的志愿。我是因为话太多而被杀的，你不可不深思！要特别警惕！”作为对儿子的告诫，他拿出铁锥猛刺贺若弼的舌头，刺得贺若弼满口是血。历史的奇妙之处就在于：贺若弼果然没有辜负了亡父的期望，在二十四年后的隋文帝开皇九年（公元589年），他与韩擒虎率领五十一万八千隋军一举平定了江南；与三百一十年前西晋王濬、王浑二十万大军消灭东吴以后一样，他们二人也争功不已，闹的是沸沸扬扬；更奇妙的是，贺若弼的命运与他父亲的命运几乎一模一样，他恃才傲物，口无遮拦，终日愤愤不平，在隋文帝时期曾被下狱，当时群臣就请求将其处死，但隋文帝念及他的功劳，仅仅将他削职为民，不久又重新起用，但到了隋炀帝时，隋炀帝没有那么多好心肠，贺若弼也终因诽谤朝政而被处死。

这是北周，再说北齐。

《北齐书·恩幸传》称：“高祖（指高欢）、世宗（指高澄）情存庶政，文武任寄，多贞干之臣，唯郭秀小人，有累明德。天保五年（高洋中期）之后，虽罔念作狂，所幸之徒唯左右驱驰，内外亵狎，其朝廷之事一不与闻。大宁（武成帝高湛年号）之后，奸佞浸繁，盛业鸿基，以之颠覆。”又说：“心利锥刀，居台鼎之任；智昏菽麦，当机衡之重。刑残阉宦、苍头卢儿、西域丑胡、龟兹杂伎，封王者接武，开府者比肩。非直独守弄臣，且复多干朝政。赐予之费，帑藏以虚；杼轴之资，剥掠将尽。”北齐武成帝后，佞幸极多，主要有和士开、穆提婆、高阿那肱、韩长鸾等人，这里，我先说一说另外一个佞幸人物：著作郎祖珽。

祖珽人品卑劣，高湛当长广王时，祖珽曾献给他胡桃油，并说：“殿下的骨相非同寻常，我曾梦见您骑着一条龙飞上了天。”高湛当时说：“如果真的如此，当让老兄你大富大贵。”高湛登基后，即提拔他为中书侍郎，又晋升为散骑常侍。祖珽遂与和士开狼狈为奸，极尽拍马献媚之能事。

祖珽私下对和士开说：“大人您受到皇上的宠幸，从古至今无人能比，但是，皇上一旦驾崩，大人将如何收场？”和士开遂询问下文。祖珽接着说：“大人应该这样劝说皇上：‘文襄皇帝、文宣皇帝、孝昭皇帝死后，他们的儿子都未能被立为皇帝，如今应该让皇太子早登大位，趁早将君臣之间的名分确定下来。’如果成功的话，皇后和幼主都非常感激大人，这才是大人保全自己的万无一失之计。请大人先在皇上面前稍稍提一提，让他心里有个概念，我将在外朝正式上书建议。”和士开答应了。

当时恰巧天上出现了彗星。太史令上奏说：“彗星预示着将要除旧布新，将会发生更换君主之事。”祖珽借机上书称：“陛下虽然贵为天子，但并不是最尊贵的，身为天子之父，那才是天下最尊贵的，应当把皇位传给太子，况且，这也可以上应天道。”并附上北魏献文帝拓跋弘将帝位传给儿子孝文帝拓跋宏的例子，武成帝高湛被说动了。

这一年的四月二十四日，高湛命令太宰段韶手持符节，携带皇帝玉玺，将帝位传给了时年十岁的太子高纬。高纬在晋阳宫即位，大赦，改元为天统元年，以太子妃斛律氏为皇后。前太子高百年的妃子斛律氏已死，这是斛律光的另一个女儿。北齐群臣上高湛尊号为太上皇帝，军国事务照旧禀报太上皇帝决断。高湛又命令黄门侍郎冯子琮、尚书左丞胡长粲辅导少主高纬，出入宫廷，负责奏章管理。冯子琮是胡皇后的妹夫。祖珽也因之被晋升为秘书监，加仪同三司，受到高湛、胡皇后和高纬三方的宠爱。

四月二十五日，北齐朝廷又任命贺拔仁为太师，侯莫陈相为太保，冯翊王高润为司徒，赵郡王高叡为司空，河南王高孝琬为尚书令。二十六日，又以瀛洲刺史尉粲为太傅，斛律光为大将军，东安王娄叡为太尉，尚书仆射赵彦深为尚书左仆射。

南陈：

如前所述，这一年对于南陈来说最大的收获就是彻底平定了周迪叛乱，周迪被杀标志着从陈朝建立以来地方割据势力被完全消灭。按理说，陈文帝应该轻松一下了，但朝廷内部并不太平。

陈文帝陈蒨共有十三个儿子：沈皇后生太子陈伯宗、次子始兴王陈伯茂，严淑媛生第三子鄱阳王陈伯山、第六子晋安王陈伯恭，潘容华生第五子新安王陈伯固，刘昭华生第七子衡阳王陈伯信，王充华生第八子庐陵王陈伯仁，张修容生第九子江夏王陈伯义，韩修华生第十子武陵王陈伯礼，江贵妃生十二子永阳王陈伯智，孔贵妃生十三子桂阳王陈伯谋。还有两个儿子早死无名。此时，皇太子陈伯宗和次子陈伯茂均年仅十二岁（《陈书·废帝》称废帝陈伯宗生于梁承圣三年，即公元554年，而《陈书·世祖九王传》中却称陈伯茂公元568年被杀时十八岁，逆推本年为十五岁，两者存在矛盾，应当以本纪为准），朝廷之上陈文帝倚重的是时年三十六岁的弟弟陈顼，然而，随着陈顼势力的越来越大，陈文帝也感到了一丝不安。

王府的值勤官鲍僧叡仗恃陈顼这座靠山，横行不法，御史中丞徐陵上书弹劾，南台（御史台）的官员手捧奏章一起入宫。陈文帝见徐陵衣着整齐，一脸严肃，也不禁正襟危坐起来。当时，陈顼也站在大殿之上，徐陵打开奏章高声宣读，陈顼偷眼看了看陈文帝，吓得汗流满面，脸色大变。徐陵命令殿中御史将陈顼带下大殿，为了对徐陵表示尊重，陈文帝特意罢免了陈顼的侍中、中书监一职。

第二年，即公元566年二月二十九日，南陈文帝下令大赦，并改元为天康元年，三月三日，他又任命安成王陈顼为尚书令。但到了四月，陈文帝就感到身体不适，朝廷事务全部交给尚书仆射到仲举、五兵尚书孔奂处理。四月二十七日，陈文帝驾崩，终年四十五岁。病重期间，孔奂、到仲举、陈顼、吏部尚书袁枢以及中书舍人刘师知一起入宫侍奉医药。太子陈伯宗年仅十三岁，性格柔弱，文帝担心会丢掉皇位，他对弟弟陈顼说："我打算效法吴太伯传位给弟弟的做法。"陈顼叩头哭泣，坚决推辞。陈文帝又对到仲举、孔奂等人说："如今，三国鼎立，四海事务繁重，应当册立年长之君。我打算近则效法晋成帝，远则效法殷商传位于弟弟而不传给儿子传统，你们要体察我的心思。"孔奂哭着回答："陛下饮食一时失调，不久即将痊愈。皇太子年纪尚轻，但每天都有进步。安成王是皇上的亲弟弟，足以成为辅佐幼主的周公。如果皇上真有废立之心，臣等愚昧无知，实在不敢遵旨。"陈文帝说："古人正直的风范，又在爱卿的身上体现出来了。"遂以孔奂为太子詹事。

陈文帝出身于社会底层，他深知下层百姓们的疾苦，生活简朴，明察秋毫。他非常勤政，每天深夜总是让人不断打开寝室的小门，把外面的奏章取来批阅，他还下令晚上卫士们交接班时，要把木牌扔到台阶上，发出清脆的声响，他说："即使我睡熟了，也要把我惊醒。"陈文帝是南北朝时期较为勤政的帝王，他在位时间仅六年多里，主要精力都放在了消灭割据势力上，可以说，直到陈文帝去世时，南陈政权才真正有模有样起来。野史上关于陈文帝还有其他说法，冯梦龙的《情史·情外篇》称，陈文帝是一个同性恋者，深爱帅哥韩子高（其上称陈子高），陈文帝曾想封韩子高为男皇后。陈文帝与韩子高之间关系非常亲密，二人又都是帅哥，韩子高经常侍卫在陈文帝一旁，后世好事者杜撰出来的故事大约都是由此而来的吧。

# 四八〇 华皎之变（一）

陈文帝驾崩的当天，皇太子陈伯宗即登基继位了，大赦，史称陈伯宗为临海王。

五月三日，陈伯宗尊皇太后章要儿为太皇太后，皇后沈妙容为皇太后。十四日，以骠骑将军、司空、扬州刺史、尚书令安成王陈顼为骠骑大将军，进位司徒、录尚书事、都督中外诸军事。二十一日，中军大将军、开府仪同三司徐度进位司空；镇南将军、开府仪同三司、江州刺史章昭达为侍中，进号征南将军；镇东将军、东扬州刺史始兴王陈伯茂进号征东将军、开府仪同三司；平北将军、南徐州刺史鄱阳王陈伯山进号镇北将军；吏部尚书袁枢为尚书左仆射；云麾将军、吴兴太守沈钦为尚书右仆射；中领军吴明彻为领军将军；中护军沈恪为护军将军；平南将军、湘州刺史华皎进号安南将军；散骑常侍、御史中丞徐陵为吏部尚书。七月二十二日，立王氏为皇后。

陈朝废帝初年的朝廷重臣，除了上述几人外，还有侍中、尚书仆射到仲举，中书舍人刘师知，韩子高等人。

徐度，是仅次于侯安都、周文育等人的老将，已年届六旬；章昭达，时任江州刺史，他是陈文帝一手提拔起来的将领；陈伯茂，废帝陈伯宗的同母弟；陈伯山，陈伯宗三弟；袁枢，属于文士；沈恪，也是长久追随陈武帝、陈文帝征战的老将；华皎，侯景之乱时，陈蒨在建康被侯景囚禁，华皎当时是一位低级官吏，对陈蒨很好，侯景被消灭后，陈蒨被任命为吴兴太守，华皎就当了他的手下，陈蒨即位后，华皎也被升为左军将军、湘州刺史；徐陵，也是老臣，还是在南梁时，徐陵出使东魏，魏收负责接待，当时天热，魏收嘲讽道："天气炎热，可能是由于徐常侍来的缘故吧。"徐陵应声答道："过去，王肃叛逃到你们这里，才给你们制定了礼仪，如今，我来到这里，也才让你魏收知道了寒暑！"说得魏收无地自容；到仲举，原为陈霸先家乡长城的县令，与陈蒨私交很好，陈蒨即位后，一直负责人事工作，史称，他“性疏简，不干涉世务，与朝士无所亲狎，但聚财酣饮而已”。刘师知，有文才，对朝廷事务、典故很熟悉，史称，他“性疏简，与物多忤，虽位宦不迁，而委任甚重，其所献替，皆有弘益”。

陈伯宗登基后，叔父陈顼成了帝国第一权臣，主少国危，这自然引起了陈文帝昔日心腹旧人们的疑忌。

转眼过了新年，即公元567年。辅政大臣们之间平静地相处了半年多，期间，到仲举和刘师知两人一直居住在皇宫内，参与处理朝政，陈顼与三百多名侍从则居住在尚书省，慢慢地，刘师知见陈顼权势太盛，就与尚书左丞王暹等人打算把他逐出朝廷。众人商量许久，却犹豫不决，谁也不敢挑头，故而迟迟没有行动。

东宫通事舍人殷不佞素来以名节自负，遂前去相府，矫诏对陈顼说：“如今四方无事，大王不必留在宫中，可回到东府处理扬州州务。”

陈顼将要听从，中记室毛喜飞奔来见，对陈顼说：“我国立国时间还很短，立国之后，战事不断，灾难频仍，朝廷内外人心不安。皇太后深思熟虑，命大王进入宫中处理事务，今日的命令肯定不是出自太后本意。社稷重大，请大王还是要再次上奏，查明诏书是真是假，免得奸人浑水摸鱼。如今一旦离开皇宫，就要受制于人，就像曹爽，想当个不管世事的富翁也不可能了！”

毛喜的一番话顿时说得陈顼冒出一身冷汗，他赶忙派毛喜与领军将军吴明彻等人商议对策，吴明彻说道：“主上在居丧期间，不能亲自处理军国事务，殿下的身份与周公召公一样，理应担当起辅佐社稷的重任，请大王留在宫中，不必多虑！”吴明彻代表军方表明了支持陈顼的立场，这让陈顼吃了一颗定心丸，接着，他就发起了反击。

陈顼开始装病，派人把刘师知从宫中召来，趁刘师知离开宫中之机，又派毛喜入宫面见太后，询问原委。沈太后毫无戒备之心，她说：“伯宗年幼，政务全都交给二郎，这不是我的主意。”毛喜又对陈伯宗说了此事，陈伯宗更是推得一干二净，说：“这全是刘师知等人所为，我根本不知情。”得到实信后，毛喜又回来向陈顼作了汇报。

陈顼当即下令逮捕了刘师知，并亲自入宫拜见沈太后和幼主陈伯宗，痛陈刘师知的矫诏之罪，并亲自起草了诏书，请陈伯宗画押，于是，将刘师知打入大牢，当晚即被赐死。又到仲举夺取实权，贬为金紫光禄大夫；王暹、殷不佞一起交付审判，王暹被杀，殷不佞免死。从此以后，南陈朝政大权全部落入陈顼之手。

到仲举的儿子到郁，娶了陈文帝的妹妹信义长公主，曾任宣城太守，又被任命为南康（今江西省赣州市）内史，尚未离京上任。到仲举被贬后，内心非常不安，他想到了右卫将军韩子高，当时，韩子高坐镇领军府，掌握的军队很多，唇亡齿寒，陈顼诛杀刘师知后，韩子高也是惊恐不安，上书请求出镇衡州和广州。到仲举遂派遣儿子到郁乘坐小轿，伪装成妇女，偷偷前往韩子高家中密谋。到郁、韩子高自以为做得天衣无缝，其实，他们的行动早在陈顼的监视之下。

为了安抚韩子高，毛喜请求再给韩子高补充一些兵马，并发给他一些生铁和木炭，让他整修铠甲兵器。陈顼乍听之下吃惊地说道："韩子高将要谋反，正要逮捕他，为何反而要这样呢？"毛喜回答："刚刚埋葬了先帝，内忧外患还很多，韩子高深受先帝的信任，如果立即逮捕他，恐怕会生出变故，倒不如暂时表现得对他推心置腹，让他安下心来，慢慢瞅准时机，只需一名壮士即可将他除掉。"陈顼听从了。

不久，前上虞县令陆昉以及韩子高的军主（可能就是陈顼新派来的奸细）就向朝廷告发韩子高、到仲举谋反。陈顼谎称要商议册立皇太子事宜，请朝廷群臣都到尚书省开会，第二天清晨，到仲举、韩子高一进入尚书省内就被人逮捕，与到郁一起被押送到了廷尉，很快地，朝廷就下诏在狱中把三人赐死，其余同党一概不予追究。二月十日，陈顼又下令以谋反罪将南豫州刺史余孝顷杀了。

二月十二日，南陈朝廷任命东扬州刺史、始兴王陈伯茂为中卫大将军、开府仪同三司。陈伯茂也参与了到仲举、韩子高的阴谋，但他毕竟是陈伯宗的同母弟弟，陈顼担心一开始打击面过大会引发混乱，因此，才有此任命，等于把他限制到了宫中。

湘州刺史华皎也是陈文帝的心腹，史称，他"起自下吏，善营产业，湘川地多所出，所得并入朝廷，粮运竹木，委输甚众；至于油蜜脯菜之属，莫不营办。又征伐川洞，多致铜鼓、生口，并送于京师"。由此可知，华皎对南陈朝廷是忠心耿耿的。看到陈顼接连诛杀了到仲举、韩子高等人，他意识到自己将成为陈顼的下一个目标，于是，一面整修武器，征召军队，做好应变准备，一面上书请求朝廷把自己派往更偏远的广州去当刺史，试探陈顼的真实意思。司徒陈顼假装答应，却迟迟不下正式命令，华皎更加不安，遂派人前往北周，请求北周出兵，又以儿子华玄响为人质，归附了后梁。此时，后梁第一任皇帝萧詧已于五年前的大定八年（陈文帝天嘉三年，公元 562 年）去世，这位曾经引狼入室、与叔叔萧绎斗得死去活来的后梁皇帝，虽然非常勤俭朴素，不喜酒色，爱护下属将士们，却与他死去的叔叔一样非常猜忌，加上入主江陵后，疆域很小，一直在打仗，又受制于北周，他郁郁不得志，最终背上长疮而死。他死后儿子萧岿继位，是为后梁孝明帝，孝明帝在位期间，谨慎侍奉北周，生活也非常俭朴，境内尚属安定。

南陈自它建立以来，一年都没消停过，到天嘉六年（公元 565 年）总算是平定了周迪，但数月之后到了第二年天康元年（公元 566 年），陈文帝就驾崩了，接着到了本年，又因为陈顼的崛起，南陈国内又要大动干戈了。

# 四八一　华皎之变（二）

南陈临海王光大元年（公元567年）五月二十三日，南陈司徒陈顼任命丹阳尹吴明彻接替华皎担任湘州刺史，令其率领三万水军西上郢州，准备进攻华皎；同月二十六日，他又派遣征南大将军淳于量率领五万水军随后出发，派遣冠武将军杨文通率领陆军从安成（今江西省安福县）向茶陵（今湖南省茶陵县）进发，派遣巴山太守黄法慧从宜阳（今江西省宜春市）向醴陵（今湖南省醴陵市）进发，众将与江州刺史章昭达、郢州刺史程灵洗一起围剿华皎。六月三日，南陈朝廷又任命司空徐度为车骑将军担任征讨军主帅，都督建康后继部队从陆路朝湘州杀来。

华皎的使者来到长安请求北周出兵，后梁主萧岿的使者也来到了长安请北周发兵南下，北周召集群臣商议对策。司会（财政司长）崔猷说："前年，我们发兵东征，死伤过半，虽经抚慰，但尚未恢复元气。如今，南陈保境安民，与我和平相处，岂能贪图人家的土地、接受人家的叛臣、违背双方的盟誓、出动无名之师呢！"但宇文护不从。闰六月九日，北周宇文护派遣襄州总管卫公宇文直都督柱国陆通、大将军田弘、权景宣、元定等将率军救援华皎。

北周又与南陈重启战端，一场南陈国内的权力争斗因北周的介入而变得复杂了起来。

华皎向江州刺史章昭达派去使者劝降，章昭达将其使者送到了建康；华皎派往郢州劝降程灵洗的使者也为程灵洗所杀。当时，后梁主萧岿晋封华皎为司空，已派柱国王操率领两万水军声援；北周卫国公宇文直也率领周军驻扎鲁山（今湖北省武汉市汉阳区东北），柱国长胡公拓跋定（元定）率领三万人马包围了郢州（今湖北省武汉市）（《资治通鉴》称，陈军淳于量驻扎在夏口，宇文直驻扎在鲁山，元定率领数千步骑包围了郢州）。南陈巴州（今湖南省岳阳市）刺史戴僧朔、衡阳（今广东省英德市）内史任蛮奴（任忠）、巴陵（与巴州治所一样）内史潘智虔、岳阳（与巴州治所一样）太守章昭裕、桂阳（今湖南省郴州市）太守曹宣、湘东（今湖南省衡阳市东）太守钱明、长沙太守曹庆都听命于华皎。华皎认为武州（今湖南省常德市）处于自己势力范围的核心地带，他派人前去劝说都督陆子隆，但遭到拒绝，华皎遂派兵进攻武州，但没有攻克。

司徒陈顼担心长江上游的地方官都响应华皎，遂以皇帝陈伯宗的名义下诏曲赦湘州、巴州，凡是身陷逆党的，全部不予追究；即便是华皎的将领，也允许自首，全部既往不咎。九月七日，陈顼下令将华皎留在建康的家属全部斩杀。

华皎率军与周军一起东进，驻扎在白螺（今湖北省监利县东南），与陈军吴明彻所部相持。就在华皎主力与吴明彻等人相持之际，徐度率领杨文通等将出其不意，从陆路越过岭路（今湖南省与江西省之间的云霄山山麓）直插华皎后方的茶陵等地，而后挥师北上，一举攻克了长沙，俘获了华皎留守在老巢的将士及其家属。

前方还未分出胜负，后方就已被陈军占领，情急之下，华皎不得不决定孤注一掷，他不再理会眼前的吴明彻等人，率领本部人马与后梁、北周军队一起顺流直下，打算一举夺占郢州，再直扑建康。华皎与后梁、北周联军声势浩大，陈军淳于量、吴明彻等部也尾随而至，双方在沌口（今湖北省武汉市汉阳区西南沌水注入长江处）展开了一场大战。

在古代水战时，战舰上并无火炮等物，战舰是用设置在上面的拍杆打击对方战舰的。据学者研究，拍杆是利用杠杆原理，将横木放置在一根竖木上，一头放置巨石，另一头以人力操作，接近敌方战舰后投掷巨石，击沉敌舰。由于拍杆比较笨重，操作起来很困难，且每条战舰上储备的巨石数量有限，因此，淳于量和吴明彻想到了先浪费敌人巨石，后发制人的战术，他们招募军中壮士，赏赐给壮士们很多金银，让他们驾驶小船出战，华皎联军见状，不知是计，立即向陈军冲来的小船发起攻击，不一会儿，华皎之军战舰上的巨石都浪费殆尽了，拍杆失去了作用。见此情形，淳于量等人立即下令陈军大型战舰悉数出战，朝联军战舰扑来，顿时陈军拍杆巨石如大雨一般倾泻下来，联军战舰纷纷被击碎、沉没。联军见大事不妙，又用船只满载干柴，试图用火攻挽回败局，可是不幸的是，火船放出后，风向突然变了，火船又驶向自己的船队，烧毁了自己的战舰，联军大败。

华皎与戴僧朔乘坐小船狼狈逃离战场，路过巴陵时也不敢停留，径直逃到江陵，北周元帅卫公宇文直也逃回了江陵。剩下包围郢州的元定所部，此时已成孤军，他们没有船只，只好从陆路翻山越岭，砍伐竹木，开辟小路，边打边撤，准备逃回巴陵。可是，等到元定率领残兵败将来到巴陵城下时，巴陵已经被徐度率领的陈军占领，切断了元定的归路，元定只好又率众折向湘州（今湖南省长沙市）。徐度派人假装答应允许周军归国，并与元定结下盟誓，元定信以为真，遂命令部队放下武器，来到徐度大营。谁知徐度却突然翻脸，当场抓住了元定以及后梁大将军李广，将周军、后梁军士兵全部俘虏。元定忧愤交加，很快就气死了。

大破华皎后，陈顼并没有兑现他的诺言，而是下令将曹庆等四十多名华皎的部将全部斩杀，岳阳太守章昭裕因是章昭达的弟弟、桂阳太守曹宣曾是陈霸先的旧部、衡阳内史任忠曾暗中与朝廷联络，只有他们三人被陈顼赦免。

沌口大捷后，陈军对后梁、北周发起了反攻。吴明彻率领陈军乘胜攻克了后梁的河东郡（今湖北省松滋市），南陈郢州刺史程灵洗也对近在咫尺的北周沔州（今湖北省汉川市东南）刺史裴宽虎视眈眈。北周决定与南陈为敌后，裴宽就向宇文直请求增加自己的守军，并请求允许自己迁往羊蹄山（今湖北省汉川市），躲避水患，但沌口周军失败后，增援裴宽的军队尚未到来，程灵洗趁机率领陈军突然进抵沔州城下。当时，天降大雨，河水暴涨，程灵洗率领陈军战舰靠近城墙，用拍杆发起攻击，将城楼、城垛全部击碎，陈军不分昼夜连续进攻了三十多天，最终攻克了沔州，活捉了裴宽。联军战败后，北周宇文直将战败的原因归咎于后梁柱国殷亮，后梁主萧岿虽然知道殷亮无罪，但不敢违背宇文直的意思，只得将殷亮处死。

到第二年（南陈临海王陈伯宗光大二年，公元568年）三月，陈军吴明彻率军对江陵（今湖北省荆州市）发起了总攻，引长江水倒灌江陵城，北周总管田弘护送后梁主萧岿撤出江陵，逃往纪南（今湖北省荆州市北）躲避，副总管高琳与后梁仆射王操坚守江陵三城，昼夜苦战，一直坚持了一百多天。后梁将领马武、吉彻率军进攻吴明彻，陈军被击败，吴明彻只好退守公安（今湖北省公安县），后梁主萧岿这才又回到江陵。

沌口大捷后，陈军将后梁压迫在江陵近郊，收复了湘州、巴州，稳定了郢州、广州，陈顼在朝中的地位更加稳固了，史称："是时四海之望，咸归高宗。"当时，始兴王陈伯茂已经被陈顼安置到宫中，实际上，等于是他与他的哥哥临海王陈伯宗一样被软禁起来了，陈伯茂愤愤不平，常常口出怨言，但陈顼知道此时的陈伯宗和陈伯茂兄弟二人已经无力回天了，等待他们的只有灭亡。光大二年十一月二十三日，陈顼终于决定不再等待了，他以太皇太后章要儿的名义下诏，污蔑皇帝陈伯宗与刘师知、华皎等人是同谋，并称："文皇帝陈蒨像上古的圣王帝尧一样深知自己的儿子陈伯宗不能继承大业，而且，将帝位传给亲弟弟，这一做法也符合古时候周朝太伯传位给弟弟的精神。如今要继承古时候的做法，另行选择贤能之君。"遂将陈伯宗废为临海王，命令安成王陈顼当皇帝。又下令将陈伯茂贬为温麻侯，安置在宫外，就在陈伯茂离开皇宫前往住处途中，陈顼又派人拦住车子，将其杀死在车中。

南陈第三任皇帝陈伯宗在即位两年半之后，被自己的亲叔父陈顼篡夺，陈顼就是南陈第四任皇帝陈宣帝。陈宣帝也是南陈小朝廷在位时间最长的皇帝，他共计在位十四年。

第二年，也就是公元569年一月四日，陈顼正式登基称帝，改元为太建元年，大赦。将太皇太后章要儿恢复为皇太后，以陈蒨之妻、皇太后沈妙容为文皇后，立王妃柳敬言为皇后，世子陈叔宝为太子，封皇子陈叔陵为始兴王。七日，任命尚书仆射沈钦为尚书左仆射，度支尚书王劢为尚书右仆射。沈钦是沈妙容的哥哥，没有多少才能，仅仅是个过渡而已，不久，陈宣帝就任命吏部尚书徐陵接替了他；王劢出自琅邪王氏王僧朗之后，王僧朗生子王粹，王粹生子王奂、王份，王奂生子王肃（就是那位孝文帝宣武帝时期的重臣），王份生子王琳，该王琳与梁元帝的大将王琳重名，但并非同一人，王琳娶了梁武帝萧衍的妹妹义兴长公主萧令嫕，生了九个儿子，九个儿子个个知名，王劢是其中之一。

# 四八二　重归于好

在南陈废帝在位的这短短两年多时间里，北周和北齐也发生了一系列变故。

在这期间，北周除了与南陈交恶之外，主要精力用于平定益州、巴州、梁州等地山蛮的叛乱，巩固与后梁、南陈毗邻地区的统治。还是在陈文帝去世的天康元年（公元 566 年），北周信州（今重庆市奉节县一带）山蛮冉令贤、向五子王等人就发动了叛乱，他们以巴峡（今湖北省巴东县）为根据地，向西攻陷了白帝（今重庆市奉节县东），在他们的鼓动下，周边地区的百姓纷纷造反，影响波及两千多里。北周朝廷派遣开府仪同三司元契、赵刚等人率军进剿，均无功而返。这一年的九月，北周朝廷又下诏命令开府仪同三司陆腾都督开府仪同三司王亮、司马裔等将前去讨伐。

陆腾率军进抵汤口（今重庆市云阳县东），冉令贤命令部队在长江以南依托险要，构筑了十座城堡抵御，并联络涔阳（今湖北省公安县境内）山蛮遥为声援，冉令贤本人则率领主力固守水逻城（今重庆市奉节县东）。陆腾召集众将商议对策，大家都倾向于先拿下水逻城，而后再回头清扫长江南岸的敌人。陆腾却说："冉令贤自恃水逻城城防坚固，又有涔阳山蛮的外援，粮秣充足，武器精良。我军悬军深入，一开始就去进攻敌人的大城，万一失利，敌人的气焰将更加嚣张，不如暂时停留在汤口，先分兵渡江击破长江以南之敌，剪除敌人的羽毛，然后再乘胜进军水逻城，这才是稳操胜券的策略。"于是，他派遣王亮率军渡过了长江，十天之内，周军就攻克了八座城堡，俘虏敌人两千余人。基本扫清了长江南岸之敌后，周军遂多路朝冉令贤的老巢水逻城杀来。

山蛮头领冉伯犁、冉安西二人过去就与冉令贤有矛盾，陆腾得知此情后，就派人给二人送去金银财宝，说服他们充当周军的向导。在水逻城的旁边有一座名叫石胜城的城堡，冉令贤让自己的侄儿冉龙真把守，陆腾又秘密派人去劝降冉龙真，冉龙真遂举城投降。在周军的步步紧逼之下，水逻城内的叛军终于崩溃，周军趁势发起猛攻，斩杀了一万多人，又另外俘虏了一万余人。冉令贤仓皇逃跑，周军追上后将其斩杀。陆腾下令将被杀的尸体堆积在水逻城旁，筑成高台，从此以后，山蛮经过此地无不放声大哭，再也不敢叛乱了。

向五子王盘踞在石墨城（今重庆市奉节县东北），让儿子向宝胜驻守在双城（今湖北省巴东县北）。冉令贤被杀后，陆腾派人去劝降向五子王，但向五子王拒绝投降。陆腾又率军进击，再次大破向氏山蛮，将酋长们全部斩杀，俘虏山蛮一万多户。平定山蛮叛乱后，陆腾将信州治所从白帝城向西迁往八阵滩（今重庆市奉节县西南）以北，北周朝廷任命司马裔为信州刺史。

陆腾在前方平叛期间，北周小吏部（吏部副司长）辛昂奉命来到梁州和益州督促军粮，当时，受到冉令贤之乱的影响，北周的临州（今重庆市忠县）、信州（今重庆市奉节县）、楚州（今重庆市）、合州（今重庆市合川区）等地百姓都参加了叛乱，辛昂到后，对他们晓以利害，百姓们纷纷归降。辛昂从中挑选老弱的背负军粮，把青壮年征召为士兵，参加战斗，为最终平定叛乱做出了贡献。等到辛昂完成任务返回时，又遇上巴州万荣郡（今四川省达州市以北）的百姓们造反，将州城团团围住，切断了交通要道。辛昂得知后，对随从们说："变民来势凶猛，如果等到上报朝廷后再由朝廷派兵前来，州城肯定不保。只要对国家和百姓们有利的事，就可以独断专行，见机行事！"于是，他在通州（今四川省达州市）、开州（今重庆市开州区）招募军队，组成了三千人的队伍，倍道兼行，突然出现在变民的营垒之下。变民误以为朝廷大军前来，吓得乱成一团，不战溃散，万荣郡遂得以保全。北周朝廷非常赞赏辛昂的做法，遂任命他为渠州（今四川省渠县）刺史。

第二年，南陈就发生了华皎之乱，北周与南陈交恶，北周丧师失地。祸不单行，次年，北周又有两位重臣于谨和杨忠去世。二人虽位高权重，但有一个共同的特点，就是为人非常低调，对周武帝宇文邕非常恭敬。杨忠的儿子杨坚时任开府仪同三司、小宫伯（宫廷事务副司长），宇文护想拉拢杨坚，杨坚询问父亲该怎么办，杨忠说："家中假如有两个婆婆，小媳妇最难当了，你最好别去！"杨坚听从父亲的告诫，就推辞了。杨忠死后，杨坚继承了父亲的爵位随公。这一年，梁州（今陕西省汉中市）的恒稜獠（分散居住在今四川省营山县、蓬安县一带的獠人）又发动了叛乱，梁州总管长史赵文表率军前去讨伐。众将打算将獠人的据点团团围住，彻底将他们消灭，赵文表却说："四面围攻，獠人走投无路，必定会拼死抵抗，这样反而难以取胜。如今，我们应当恩威并用，将首恶分子予以诛杀，对于那些归顺的，要进行安抚，把善恶分开，就容易把他们击破了。"当时，周军中有很多已经汉化了的獠人，与尚未归顺的獠人都有一些亲戚关系，他们将周军的这一宽大政策告诉给了叛獠们，叛獠内部因此发生了动摇。通往恒稜獠控制地区原有两条道路，一条路平坦好走；另一条崎岖难行，正在左右为难时，有几个獠人来到军中，声称愿意充当大军的向导。赵文表对他们说："这条路宽阔平坦，不用向导，你们只需先去，好好劝说亲戚朋友归降即可。"等獠人走后，赵文表这才对众将们说："獠人头领判断我们会从大路走，肯定提前埋下了伏兵，我们需要出其不意。"于是，他率领大军从险路进军。大军翻山越岭，等到行至高处时，果然发现了敌人的伏兵。周军轻松进入獠人腹地，獠人自知无力抵挡，只好纷纷出来投降，赵文表一一安抚，并向他们征收赋税，无人敢于违抗。北周朝廷遂任命他为蓬州（今四川省蓬安县）刺史。

在这一年北周取得的最大的外交胜利是成功迎娶了突厥木杆可汗的女儿。话说北周的迎亲队伍早在四年前就已经来到了突厥汗国，但由于突厥、北周在与北齐的屡次交手中都没有占到便宜，再加上北齐也对突厥方面做了大量工作，致使木杆可汗开始摇摆不定，并倾向于与北齐结好，把女儿嫁到北齐，遂将北周使团扣留了下来。就在突厥打算把女儿送往北齐时，正巧突厥可汗王庭周边地区刮起了罕见的大风，大风猛刮了十余日，还伴着响雷，还将木杆可汗的大帐扯坏。迷信的木杆可汗非常害怕，认为是自己言而无信招致上天的惩罚，遂赶紧为女儿准备嫁妆，匆匆将女儿送到了北周。这一年的三月八日，时年十九岁的木杆可汗阿史那氏来到长安，嫁给了时年二十六岁的北周武帝宇文邕，宇文邕亲自到郊外迎接，第二天，还因此在全国实施了大赦。阿史那皇后容貌美丽，举止端庄，宇文邕对她非常敬重，但她没有给宇文邕生下一男半女。

北周武帝婚后，到第二年，即南陈宣帝太建元年（公元569年），当北周朝廷看到陈宣帝已经坐稳了江山，遂及时调整了外交政策，派遣御正大夫（立法司长）杜杲出使陈国，请求恢复外交关系。刚刚即位的陈宣帝也不愿继续与北周为敌，遂答应了。

# 四八三 高湛之死（一）

北周及时调整外交政策，是审时度势的结果，这是因为，它的近邻北齐发生了一件惊天动地的大事。

自从陈文帝驾崩前一年（公元565年）北齐武成帝高湛当上太上皇以后，北周和南陈在这两年里忙得焦头烂额，唯有他的日子似乎过得挺不错的，也让他有余力继续清除国内的异己势力。

河间王高孝琬自从大哥高孝瑜被杀后，一直心怀不满，他不敢对太上皇高湛和皇帝高纬怎么样，只好把怨恨都倾泻到太上皇的亲信和士开、祖珽身上。为了泄愤，他比照二人的模样扎成草人，做成箭靶射。二人深知高孝琬对自己恨之入骨，不得不除，遂在高湛面前进谗言，说："高孝琬扎的草人，就是陛下，还有，上次突厥进攻并州，高孝琬把头盔扔到地下说：'我岂是个老妇，还需要戴这东西！'他说这话就是在嘲讽陛下啊！"当时高湛吓得魂不附体，全副武装将要仓皇东逃，因此二人这么说。北魏时期，有一种传言称："河南种谷河北生，白杨树头金鸡鸣。"二人又添油加醋地说："河南、河北，是指河间的意思；金鸡鸣，就是说河间王将要建立金鸡，大赦天下了啊！"北魏传统：大赦之时，武库令在皇宫宫门右边设置金鸡、大鼓，囚犯们被带至宫门前后，官吏擂鼓一千下，而后将囚犯释放。高湛听了，心里顿生疑窦。

正巧高孝琬不知从哪里得到了一颗佛牙舍利，他把佛牙舍利放在家中，这颗佛牙舍利夜里能发出光芒。昭玄都（全国佛教协会副会长）法顺请他向朝廷报告，但高孝琬舍不得，没有答应，很快，太上皇高湛就听说了此事，就派人到高孝琬家中搜查，不知是否搜出了佛牙，倒是搜出了数百面军旗。高湛听说后，即认定高孝琬阴谋造反，下令有关部门彻查。高孝琬一个姓陈的妾因不受宠爱，遂污蔑说："高孝琬曾让人画了一幅陛下的画像，对着画像哭泣。"实际上，那是一幅高孝琬的父亲、高湛的大哥高澄的画像，有时候，每每想到家门不幸，高孝琬确实曾对着画像哭泣。高湛听了陈氏的话，认为高孝琬是在诅咒自己，不由得勃然大怒，命令武卫将军赫连辅玄拿着鞭杆痛打高孝琬。高孝琬疼痛难耐，对着高湛大喊叔父，高湛怒斥道："谁是你的叔父？敢对我喊叔父！"高孝琬说："我是神武皇帝的嫡孙，文襄皇帝的嫡子，北魏孝静皇帝的外甥，为何不能叫你叔父！"高孝琬的一番话显然是在暗示自己才是高家正统的继承人，这无疑是在揭高湛心中的伤疤，高湛听了，更是火上浇油，命人打断了高孝琬的双腿，将其活活打死。至此，武成帝高湛将大哥高澄的长子高孝瑜、嫡长子高孝琬都杀死了，高澄的六个儿子只剩下了四个：次子广宁王高孝珩、四子兰陵王高孝瓘（高长恭）、五子安德王高延宗、六子渔阳王高绍信。而高湛的二哥、文宣帝高洋的五个儿子：废帝高殷（为孝昭帝高演所杀）、太原王高绍德（为高湛所杀）、范阳王高绍义、西河王高绍仁（病死）、陇西王高绍廉（病死），也只剩下了范阳王高绍义一人；孝昭帝高演七个儿子：乐陵王高百年（已为高湛所杀）、襄城王高亮（过继给高湛的八哥高淯为子）、汝南王高彦理、始平王高彦德、城阳王高彦基、定阳王高彦康、汝阳王高彦忠。高亮等人年龄较小，对高湛父子尚不构成威胁。

高澄的几个儿子都很与众不同。死去的高孝瑜、高孝琬就不多说了，高孝珩多才多艺，尤其善于画画，他曾亲手在听事堂的墙壁上画了一只苍鹰，几乎乱真。兰陵王高长恭就更不必多说了，不仅容貌俊美，而且是文武双全。五弟安德王高延宗也不同寻常。高延宗小的时候，一直由文宣帝高洋抚养，高洋对他溺爱异常，高延宗十二岁了，高洋还让他骑在自己的大肚子上，往自己的肚脐眼里撒尿，还抱着他说："可惜只有这一个孩儿！"高洋问他："你想当个什么王？"高延宗回答："想当个冲天王。"高洋问杨愔有没有这个地方，杨愔说："天下没有这个郡，希望能在德行中取得安稳。"于是就把他封为安德王，并任定州刺史。长期的溺爱让高延宗变得无法无天，他担任定州刺史期间，在楼上大便，命人在下面张着嘴巴吃他拉的屎；还把蒸好的猪肉与大粪一起搅拌，让随从们吃，谁面露难色，就痛打一顿；还在囚犯身上试验刀剑是否锋利……孝昭帝听说后，命人打了他一百棍，后来等武成帝即位后，将高延宗身边的九个亲信全部杀了，高延宗这才痛改前非。四哥兰陵王高长恭邙山凯旋后，众兄弟都是赞不绝口，唯独高延宗不以为然，说："四哥不是大丈夫，为何不乘胜径直攻入关中？假如是我遇到这种情况，关西焉能继续存在！"三哥河间王高孝琬惨死后，高延宗直哭得眼里出血，又做了一个草人，这次是真的比作高湛，用马鞭边打边问："你为何要杀了我哥哥？"高延宗的奴仆向高湛告发，高湛将高延宗摁在地上，用马鞭打了二百多鞭，几乎将他打死。

不过，高湛并没有杀死高延宗，他也只想把出头鸟打下去，而不愿把事态扩大，这是因为，毕竟他自己还有一群年幼的儿子们，他也得替自己的儿子们考虑一下后路。高湛共有十三个儿子：高纬、高绰、高俨、高廓、高贞、高仁英、高仁光、高仁几、高仁邕、高仁俭、高仁雅、高仁直、高仁谦，其中，高纬、高俨为胡皇后所生。有其父必有其子。高湛的这些儿子们成器的不多，高纬自不待言，次子高绰也不怎么样。高绰与高纬都生于五月五日，高绰生在上午，高纬生在中午，原本高绰是高纬的哥哥，但因高绰之母只是高湛的妾，高湛强行把高绰降为老二。高绰喜爱波斯狗，尉破胡劝谏，高绰当即亲手杀死了几条，弄得地上到处都是狗血，尉破胡大吃一惊，狼狈退下，再也不敢劝谏了。三子高俨是高湛、胡皇后的最爱，先被任命为尚书令，又晋升为司徒，还兼任京畿大都督、领军大将军、御史中丞。根据北魏的旧制，御史中丞出行要净街，遇到皇太子的车队后，不用避让，而是分道而行；遇到王公大臣的车队，王公大臣的车队要远远停下，把驾车的牛解下，车辕放到地上，等着御史中丞的队伍通过，一旦稍有怠慢，御史中丞的卫队立即用红色木棒一顿乱打。自从东魏迁都邺城后，这一制度就没再执行了，高湛为了提高高俨的权威，又下令恢复旧制。高俨刚从北宫出来，将去御史中丞衙门办公，京畿大都督卫队、领军大将军卫队、御史中丞卫队、司徒卫队以及下属悉数出动，场面煞是好看，邺城居民倾城出来观看。武成帝高湛与胡皇后下令在华林园东门外搭了一个大帐篷，坐在帐篷里隔着青纱帷幔观看，派人骑马闯入卫队中命令快行，却被卫队挡住，使者口称奉皇帝命令，话音未落，御史中丞的卫队已手持红木棒将使者的马鞍打碎，马匹受惊，使者扑通一声从马背上摔到地上。高湛远远看见，乐得哈哈大笑，感觉非常过瘾。又派人命令高俨停下，父子二人说了半天才罢。

高俨经常在皇宫内坐在含章殿上办公，他的叔父们都向他叩拜，高湛有时候带着皇太子高纬前往晋阳，高俨就负责留守京师，每次高俨给父亲送行，总要送到半路，有时候索性一直送到晋阳才返回。一次，王师罗从驾迟到，高湛打算惩处他，王师罗说："臣与三子话别，不知不觉来晚了。"高湛听了，勾起思念高俨之情，不禁流下了眼泪，也不再惩罚王师罗了。高俨的衣服用具与后主高纬的一样，全都由政府配给。一次，高俨在哥哥高纬居住的南宫里见到刚从冰库中取出的李子，回到北宫后，对父母发火道："我哥哥那里有，我为何没有？"从此以后，只要后主高纬先得到一些新奇之物，所属官吏一定会受到惩罚。高俨性格刚强，喉咙曾经发炎，令医生用针穿刺，高俨眼睛眨都不眨，他还曾对父亲说："我的哥哥如此懦弱，怎能统率臣下？"高湛总对人说："这孩儿聪明，肯定能成就一番事业。"遂产生了废黜高纬、另立高俨之意，胡皇后也这么劝他，但不久这个动议莫名其妙地不再提了。

# 四八四　高湛之死（二）

高湛的三个大儿子高纬、高绰、高俨，一个皇帝，一个留守邺城，一个常驻晋阳，高湛自己则想去哪儿去哪儿，好不自在。

高湛下面的孩子：四子高廓是个宽厚的人，没怎么犯过错；五子高贞性格沉稳；六子高仁英是个精神病；七子高仁光性格暴躁；八子高仁几生下来就得了软骨病，是个残废；九子高仁邕以下都还年幼，养在北宫，其中十一子高仁雅生下来是个哑巴。

高绰、高俨已经分别被封为南阳王和东平王，高湛又决定给下面的儿子们封王。北齐后主天统二年（南陈文帝天康元年，公元 566 年）五月二十三日，在高湛将皇位让给儿子高纬数月之后，他又下令晋封四子高廓为齐安王、五子高贞为北平王、六子高仁英为高平王、七子高仁光为淮南王。次年，即北齐后主天统三年（南陈临海王光大元年，公元 567 年）五月二十日，又晋封八子高仁几为西河王、九子高仁邕为乐浪王、十子高仁俭为颍川王、十一子高仁雅为安乐王、十二子高仁直丹杨王、十三子高仁谦为东海王。

同年八月，北齐政府任命任城王高湝为太师，冯翊王高润为大司马，段韶为左丞相，贺拔仁为右丞相，侯莫陈相为太宰，娄叡为太傅，斛律光为太保，韩祖念为大将军，赵郡王高叡为太尉，东平王高俨为司徒。

在此期间，还发生了一件事。

秘书监祖珽受到太上皇高湛、后主高纬的宠爱，就想当上宰相。他与黄门侍郎刘逖是好朋友，遂写下侍中尚书令赵彦深、侍中左仆射元文遥、侍中和士开等人的罪状，让刘逖上报给高湛。刘逖担心偷鸡不成蚀把米，不敢上报，此事逐渐泄露，赵彦深等人得到消息后，提前到高湛面前解释。高湛听后大怒，手持木棍审讯祖珽：“为何要污蔑我和士开？”

祖珽不知哪来的勇气，竟然也厉声回答："臣是因和士开才受到皇上的重用，原本并无污蔑他的意思，陛下如今既然问臣，臣不敢不如实回答。和士开、元文遥、赵彦深等人控制朝廷，与吏部尚书尉瑾串通一气，互为表里，卖官鬻爵，政以贿成，天下百姓将他们的所作所为编成歌谣传唱。我们国家的这种现状岂能让他国得知！陛下却不以为意，臣担心我大齐的江山将要断送了啊！"

高湛说道："你是在诽谤我！"

祖珽回答："不敢诽谤，陛下你确实将百姓的子女弄入了后宫！"

高湛说："那是因为我看到他们又穷又饿，才收养他们的。"

祖珽又说："为何不开仓放赈，却买来纳入后宫？"

说得高湛哑口无言，更加恼怒，拿起刀柄往祖珽的嘴巴上乱戳一通，身边侍从挥舞马鞭、棍棒一齐打来，要把祖珽当场打死。

祖珽见大事不妙，大声呼喊道："不杀臣，陛下得到好名声；杀了臣，臣将得到好名声。如果陛下要得个美名，就不要杀了臣，臣给陛下配制仙丹。"高湛听了，才稍稍息怒。

也不知那天是吃错了药还是怎么的，看到高湛放了自己，祖珽又主动开口了，他说："陛下身边有一个范增却不能重用，你知道将会怎样？"

听了这话，刚刚平息下来的高湛登时又恼了，说道："你自比范增，难道是把我比作项羽吗？"

祖珽只好硬着头皮往下说："项羽岂是一般人能企及的？只是天命不眷顾他罢了。项羽不过是一介布衣，率领乌合之众，五年而建立霸业。可是，陛下继承了父亲兄长的基业，今天才做到这步田地，因此，臣认为陛下不宜轻视项羽。臣何止把自己比作范增，即使张良也比不过我。张良为太子师父，还得借助于商山四皓才稳定了太子之位，臣下我并非朝廷重臣，不过是一个疏远之人，却尽忠为国，奉劝陛下禅位，使得陛下为太上皇，儿子继承大业，对于陛下你自己和您的儿子都有好处，那个小小的张良，又有什么可称道的呢？"

听了祖珽的这番言语，高湛气得暴跳如雷，命令侍从们用泥巴塞住祖珽的嘴巴，可是，祖珽一边吐，一边继续往下说，毫不屈服。高湛几乎要疯了，他下令将祖珽鞭打二百，发配到作坊里做苦工，不久又流放到了光州（今山东省莱州市）。光州刺史李祖勋对他很照顾，可是别驾张奉礼揣摩当权者的意思，上报说："祖珽虽然是个犯人，却经常与刺史相对而坐。"高湛回复道："打入大牢。"接到回复后，张奉礼却说："大牢就是地牢。"遂挖了一个深坑，把祖珽放入坑内，手铐脚镣不离身，亲戚朋友不得探视。夜里点燃蔓菁子照明，祖珽双眼为烟所熏，从此双目失明。

北齐宫廷内部斗争激烈，祖珽的一番表现不过是北齐宫廷争权夺利的一幕而已，他的下场也不值得惋惜。高湛酒色过度，弄得是精神恍惚，有一次，他声称自己看见空中飘浮着一个发光的东西，近前一看竟然是一位绝色女人，离地数丈，亭亭玉立，不一会儿，又变作观世音菩萨。尚书左仆射徐之才精通医术，又很会巴结，因此深得高湛的信任，他对高湛说："这是因为酒色过度，身体非常虚弱所致的幻觉。"徐之才给高湛配了一副药，高湛服下一剂，再看菩萨，就感觉离自己稍稍远了一些，继续服用，菩萨又变回了发光物，吃了几剂，高湛就痊愈了。高湛每次生病，总是赶忙把徐之才召来，徐之才也总能药到病除。到了这一年的秋天，高湛的病情逐渐稳定下来，不再出现反复。中书监和士开也想当上宰相，因此觊觎徐之才的职位，因徐之才是兖州人，和士开就建议让徐之才荣归故里，将他外调为兖州刺史。北齐后主天统四年（南陈临海王光大二年，公元 568 年）五月九日，北齐朝廷晋升胡皇后之兄胡长仁为尚书左仆射、和士开为尚书右仆射。到了十月二十日，又晋升广宁王高孝珩为录尚书事，尚书左仆射胡长仁为尚书令，尚书右仆射和士开为尚书左仆射，中书监唐邕为尚书右仆射。

但是，到了这一年十二月，高湛的病情突然发作，他对和士开说："后悔把徐之才外调了，让我如此难受。"十二月八日，北齐朝廷下令用驿马车火速迎接徐之才回京。徐之才还没到邺城，十日，高湛的病情就非常严重了，他自知难逃一死，临终任命赵郡王高叡、领军将军娄定远等人为顾命大臣，最后，他握着和士开的双手，说道："别辜负了我！"说完，死于和士开的怀抱之中，终年三十二岁。第二天，徐之才才到，又将他打发回去了。

高湛死后，整整三天过去了，和士开仍然秘不发丧。胡太后的妹夫、黄门侍郎冯子琮询问原因，和士开说："神武皇帝、文襄皇帝驾崩时也是如此，如今，皇上年幼，我担心王公大臣会怀有二心，打算将大臣们都召集到凉风堂一起商议。"

太尉兼录尚书事、赵郡王高叡是高欢弟弟高琛之子，与高湛兄弟为堂兄弟关系；领军将军娄定远是娄昭君弟弟娄昭的次子，与高湛兄弟为表兄弟关系，二人一个是高纬的堂叔，一个是高纬的表叔，和士开素来对二人心存猜忌，但冯子琮与二人关系较好，他担心和士开借机假传圣旨，将高叡调往外地或者夺去娄定远的兵权，就说："先帝已提前将帝位传给了当今皇上，群臣的荣华富贵都来自先帝父子的恩典，只需保证不变更朝廷重臣们职位，王公大臣们肯定不会有什么异议。时代不同了，情况已经发生了变化，岂能与过去相提并论？如今大人已经数日没有离开皇宫了，先帝驾崩的消息已经在人们中间传播，一直不公布消息，我担心会出现意外。"和士开这才发丧。

十二月十五日，北齐朝廷宣布大赦，十七日，尊太上皇后胡氏为皇太后。

侍中尚书左仆射元文遥考虑到冯子琮是胡太后的妹夫，担心会帮助胡太后干预朝政，遂与赵郡王高叡、和士开商议，将冯子琮外调为郑州刺史。

高湛生前骄奢淫逸，百姓们的负担很重，二十三日，北齐朝廷下诏："正在进行的各种建筑、手工业制造一律停止。"又下诏："皇宫、晋阳宫、中山宫内的宫女以及邺城、并州政府的奴仆，年纪在六十岁以上的，或者身患残疾的，全部予以释放。"二十九日，又下诏对于天保七年（公元556年，距今十三年）以来，因家人犯罪受到牵连而被流放的，可以从流放地放回。

高湛死后，高欢的嫡子只剩下十二子博陵王高济了。高济过去曾随二哥文宣帝高洋出外游玩，途中突然非常思念娄太后，遂擅自逃归。高洋得知后大怒，把刀子架到高济的脖子上，经此惊吓，高济从此精神恍惚起来。高济时任定州刺史，他听到九哥高湛的死讯，心中暗喜，对人说："按照排序计算，这皇位该轮到我了吧？"高纬听说后，暗地派人将其刺杀了。

北齐后主高纬虽然在四年前就已经登上了皇位，但北齐的大权还牢牢地掌握在太上皇帝高湛之手，高纬不过是个摆设，如今，当南陈宣帝陈顼登上皇位时，北齐后主高纬也真正掌握了北齐朝廷的大权。

历史就是这么有趣，当南陈进入陈顼时代的同时，北齐也进入了后主高纬时代了……

# 四八五 北齐内讧（一）

与任何一次权力更迭一样，此时的北齐朝廷也经历了一场残酷的大洗牌。

贬斥冯子琮、诛杀博陵王高济仅仅是个开始，很快地，这场角逐就进入了高潮。

如今的北齐朝廷上的重臣为：左丞相段韶［天统三年（公元567年）升任］；右丞相贺拔仁；太傅娄叡（不久病死）；太保斛律光；大司马、冯翊王高润；大将军、琅邪王（高湛死后改封）高俨；太尉、赵郡王高叡；司徒、南阳王高绰；司空徐显秀；录尚书事琅邪王高俨、赵彦深、广宁王高孝珩；尚书令胡长仁；尚书左仆射元文遥；尚书右仆射和士开（兼侍中）；吏部尚书阳休之；中书监魏收；侍中胡长粲、斛斯文略、皮景和；领军将军高俨、娄定远、綦连猛；武卫将军高阿那肱。

高湛死后，北齐朝廷的实权人物主要有：尚书左仆射和士开、领军将军娄定远、录尚书事赵彦深、侍中尚书右仆射元文遥、开府仪同三司唐邕、领军将军綦连猛、武卫将军高阿那肱、度支尚书胡长粲（侍中），被当时的人们称为“八贵”。

包括“八贵”在内的北齐朝廷重臣，大体上可以分为鲜卑勋贵与汉族士人两大集团，又可细分为以下几类。

一是宗室。宗室主要以赵郡王高叡、任城王高湝、冯翊王高润、琅邪王高俨、南阳王高绰为代表。高纬杀掉博陵王高济以后，他的叔父只剩下高湝、高润二人了，高湝没有多少野心，时任并州刺史，相对超脱，冯翊王高润是高欢的第十四子，为郑大车所生，史称他“廉慎方雅，习于吏职”；武成帝生前也曾评价他说：“冯翊王少小谨慎，在州不为非法，朕信之熟矣。”这也是高湝、高润二人在北齐诸帝统治时期得以存活下来的原因。高叡就不同了，他在武成帝执政时期一直掌握着朝廷大权，但到了后期又受到了排挤，据《北齐书·赵郡王琛子叡传》称：

"叡久典朝政，清慎自守，誉望日隆，渐被疏忌，乃撰古之忠臣义士，号曰《要言》，以致其意。"高叡自然而然地把自己被排挤归咎于胡太后以及和士开等人，从冯子琮曾担心和士开会贬斥高叡等人来看，二人之间的矛盾在武成帝驾崩之前就已经公开化了。如今武成帝已死，北齐朝廷的最高统治者剩下了胡太后和后主高纬这一对孤儿寡母，高叡要么束手就擒，要么趁机奋起一搏，在武成帝刚死数日，高叡等人就将冯子琮排挤出朝廷，就是他们剪除胡太后羽翼的开始。琅邪王高俨、南阳王高绰是后主高纬的弟弟，在胡太后、后主与高叡等人的斗争中，他们自然是要站在胡太后、后主一边的，但是，他们与胡太后、后主以及和士开等人也存在着利益之争，尤其是琅邪王高俨在其父生前早有夺嫡之心，后主高纬、和士开与高俨之间也是貌合神离。

二是外戚。代表人物主要是：段韶、娄定远、冯子琮、胡长仁、胡长粲，等等。胡长仁、胡长粲，一个是胡太后的亲哥，一个是堂兄，冯子琮又是胡太后的妹夫，他们在立场上自然是倾向于胡太后的，但他们与高俨一样都是属于新贵，也都野心勃勃，与长期把持朝廷实权的和士开等人也必然会产生权力之争。至于段韶、娄定远等人则在政治态度上较为暧昧，他们大多贪婪奢侈，耽于享乐，比如，《北齐书·段韶传》中称他"僻于好色，虽居要重，微服间行……尤啬于财，虽亲戚故旧略无施与"。《北齐书·娄定远传》也称他"贪鄙"等，他们的目的也是最大限度地保有自己的既得利益，一般情况下，在朝廷上都是小心翼翼，不愿过深地陷于政治旋涡当中，因此，政治立场往往摇摆不定，善于见风使舵，哪一方力量强，就会倒向哪一方。

三是亲幸。以和士开、高阿那肱等人为代表。和士开的职位并不高，却身兼尚书、门下二省的长官，更重要的是他与武成帝高湛、胡太后的关系非同一般，高湛一直认为和士开具备古代名臣伊尹、霍光那样的安邦定国之才，临死前将后主托付了和士开，因此，和士开在辅政大臣中具有别人无可替代的地位。另外，由于和士开长期出入内廷，在高湛生前就已与胡太后有了不清不楚的关系，高湛死后，胡太后和后主高纬依靠的、最信任的也是他了。

四是其他。赵彦深、元文遥、阳休之、魏收以及贺拔仁、斛斯文略、皮景和、綦连猛、唐邕等人，前者主要是汉族文士，后者主要是鲜卑勋贵，他们虽然立场不同，但要么是靠着治国理政的才能，要么是通过战功一步步爬上了高位，大体上游离于政治斗争之外。

总体上来说，在高湛死后，北齐朝廷上的矛盾错综复杂，这些矛盾主要有：胡太后、后主与居心叵测的赵郡王高叡等人的矛盾，高叡等人与和士开的矛盾；和士开与胡长仁等人的矛盾；高俨与高纬的矛盾以及后来的胡太后与后主之间的矛盾；等等这些矛盾交织在一起，令后高湛时代的北齐朝廷危机四伏，而赵郡王高叡最先朝和士开发难了。

太尉赵郡王高叡联络大司马冯翊王高润、安德王高延宗与娄定远、元文遥一起在后主高纬面前说和士开的坏话，请求把和士开调离中央。一次，胡太后在大殿上设宴款待各位重臣，高叡当面痛陈和士开的罪状，他说："和士开不过是先帝的一个弄臣，他狐假虎威，招权纳贿，秽乱宫廷，臣等不能坐视不顾，今冒死向太后禀报。"高叡趁着胡太后新年设宴说出这番话，显然是有备而来，早已联络了各位权贵，要求贬斥和士开还是次要的，主要是想打击胡太后，削弱胡太后的权威，尤其是他竟然当着胡太后的面，说和士开"秽乱宫廷"，这等于将和士开与胡太后之间的奸情公之于众，为随后废黜胡太后做好铺垫。

高叡的这番话的确让胡太后措手不及，她说道："先帝活着的时候，大王你们为何不给先帝说？现在你说这些，是想欺负我孤儿寡母吗？先喝酒，别再说了！"

可是，高叡等人根本不听，反而言辞更加激烈。仪同三司安吐根说："我原本是个经商的安息胡人，受皇上厚恩，岂能怕死而闭口不言！不把和士开赶出朝廷，朝廷上下不会安宁。"

胡太后见状，知道来者不善，这酒是喝不下去了，她说道："改天再说此事！今天就到这儿！你们回家吧！"

但高叡等人不依不饶，有人气得把帽子扔到了地上，有人则拍案而起，有人拂袖而去，有人大吵大闹，全无体统。

第二天，高叡等人又结伙来到云龙门前，让元文遥入宫请求，元文遥跑了三趟，但胡太后依然不从，双方在宫内外僵持了下来。最终，胡太后想到了老臣左丞相段韶，由段韶派胡长粲出宫传达胡太后的旨意："先帝的灵柩还没有安葬，就马上废黜顾命大臣，这太仓促了，请王爷们再考虑考虑！"高叡等人这才叩头道歉，悻悻而去。胡长粲回宫复命，胡太后感激地说："是哥哥你保全了妹子全家啊！"胡太后又重重地赏赐了高叡等人，将他们送回家去。

高叡等人在高湛死去不久，趁着政局不稳，就威逼胡太后贬斥和士开，背后的居心难测，一旦胡太后真的贬斥了和士开，朝廷大权将落入以高叡为首的鲜卑勋贵之手，胡太后要想把持朝政局势比登天还难，甚至于懦弱的高纬也有可能成为傀儡皇帝，对此，胡太后当然是心知肚明。不过，她还是拉上后主高纬一起当面询问和士开，和士开回答道："群臣中先帝唯独对我最看重，也最信任，陛下尚在服丧期间，群臣个个都有非分之心。如今将臣贬斥到地方上，正是陛下自己剪除自己的羽翼。但也不应公开反对，只需对他们说：'和士开与元文遥同被先帝重用，岂能一个外派到地方，而另一个却仍然留到中央？应该将他们二人都外派出去。不过暂时让他们继续担任原职，等安葬了先帝以后，再把他们派出去。'高叡等人相信不久我就会离开朝廷，心里肯定会高兴起来的。"和士开的这一招不过是一个缓兵之计，既麻痹了高叡等人，又为胡太后、后主和自己做好应对准备争取了宝贵的时间。胡太后和后主都认为和士开说的有道理，就按和士开的话给高叡等人说了，并假装任命和士开为兖州刺史、元文遥为西兖州刺史。

# 四八六　北齐内讧（二）

北齐后主天统五年（南陈宣帝太建元年，公元569年）二月二十四日，北齐朝廷将武成帝高湛安葬在永平陵，庙号世祖。

安葬了高湛之后，高叡就开始催着胡太后让和士开上任，但胡太后想让和士开等到过了高湛的“百日”之后再离京，可是高叡等人就是不同意。胡太后数日之内派人给高叡说了几次，高叡就是不从。宫内太后的心腹对高叡说：“太后既然有这个意思，大王何苦执意不从呢？”

高叡却说：“我受先帝重托，皇上年轻，岂容奸臣留在身旁？如果不能誓死坚持立场，我还有什么脸面继续活在世上！”说完，又要求进宫面见太后。胡太后让人给高叡赐酒，高叡一脸严肃，说道：“我今天来是讨论国家大事的，不是来讨酒喝的！”说完，扭头就走。

高叡之所以如此无礼，在某种程度上说是猖狂，主要是他自信掌握着禁卫军的领军将军娄定远是自己人，对此，胡太后和和士开岂能不知？而且，如今和士开虽然没有上任，但已经被任命为兖州刺史，再无侍中的特权，已无法随意进宫，胡太后少了和士开这个智囊，对他高叡也无能为力。

要想进入皇宫，就必须过娄定远这一关！

和士开用车子装了两位美女、一件珍珠编织的帘子，送到娄定远的府上。他对娄定远道谢说：“诸位权贵想要杀死我，承蒙大王的关照，保全了我的性命，还给我外派到地方任职。今当远别，特意给大王献上两位美女、一件珠帘。”娄定远大喜，问道：“还想回来不？”和士开回答：“我在朝廷上一直提心吊胆，如今能够到外地任职，实在是正合我意，我再也不愿回京了。只求大王在朝廷上面多多保护，我能长期担任一个大州的刺史就心满意足了。”娄定远当即应承下来。娄定远将和士开送出家门，和士开趁机说：“如今将要远行，希望大王能允许我进宫向太后、皇上道别。”娄定远满口答应。

得到娄定远的允许，和士开这才得以顺利进入了皇宫，见到了胡太后和后主高纬。他对胡太后和后主高纬说：“先帝突然驾崩，臣不能自杀追随先帝，真是万分惭愧！我看如今权贵们的目的，就是想把陛下弄成乾明（指废帝高殷）那样的下场。臣离京以后，必定会出现大的变故，到时候，臣还有什么脸面到地下见先帝啊！”说完，他悲从中来，失声痛哭。和士开哭，胡太后和后主高纬也不禁哭了起来，问：“那该如何是好？”和士开说：“臣既然已经进入宫来，还怕什么？只需写下数行诏书即可。”于是，在和士开的安排下，北齐朝廷以后主的名义下诏任命领军将军娄定远为青州刺史，并斥责赵郡王高叡目无君上之罪。

第二天一早，高叡还要入宫找胡太后说理，他的妻子儿女们都劝阻他，他却说：“江山社稷，责任重大，我宁可死掉去侍奉先帝，也不愿看到朝廷颠沛流离！”走到殿门外，又有人对他说：“殿下不要进去，恐怕会出现意外。”高叡说：“我光明磊落，死而无憾。”入宫后，胡太后又替和士开说情，但高叡的态度更加坚决。等高叡出门后，行至宫内的永巷，就遇到早已埋伏在那里的武士，将其押送到了华林园的雀离佛院，胡太后下令刘桃枝将其杀死。高叡死时三十六岁。北齐朝廷又重新任命和士开为侍中、尚书左仆射，而元文遥却不得不去西兖州上任了。娄定远不仅将和士开送给自己的财物全部返还，反过来，还从自己家里另外拿出很多金银财宝送给了和士开。

关于高叡被杀事件，《北齐书》《北史》的记载都是：“责赵郡王叡以不臣，召入杀之。”也就是说，当时的情况是：胡太后等人已决定罢免娄定远之后，将高叡召入宫中处死了，召高叡入宫是胡太后有预谋的诛杀行动，并非高叡在知道情况有变的情况下，又主动入宫去劝谏的。

杀死高叡之后，和士开暂时躲过了一劫，但与他为敌的还大有人在。尚书令胡长仁因是胡太后的亲哥哥，在高湛死后被封为陇东王，他自恃是太后的哥哥，横行霸道，肆无忌惮。按理说，胡长仁是尚书令，和士开是他的下属，尚书省的事他胡长仁应该说了算，但是，和士开是胡太后的情人，又兼任侍中，实际上把他的权力给架空了。胡长仁在尚书省里也是大肆培植亲信，尚书左丞邹孝裕、郎中陆仁惠、卢元亮三人对他是言听计从，极尽巴结之能事。尚书省事务繁重，需要批阅的奏章很多，每天上百下属官吏来汇报请示，可是，胡长仁常常屏退众人，放下公务，与邹孝裕三人密谈，胡长仁平时走到那里，这三人是形影不离，当时的人们都把这三人比作三个佞人。

邹孝裕一直劝说胡长仁压制和士开，这让和士开十分恼火，于是，他向胡太后建议将邹孝裕贬为章武太守，把卢元亮等人也调离了尚书省。和士开的反击让他与胡长仁等人矛盾激化了起来，邹孝裕劝胡长仁先下手，他说："大王假装生病了，和士开必定会来探望，大王趁机把他杀了，然后入宫拜见太后谢罪，大不了被免去官职，过不了多久，大王自然还会取代和士开的位置。"

可是，胡长仁还没有动手，和士开已经知道了他们的阴谋，又把邹孝裕迁任建德太守，把胡长仁贬为齐州刺史。胡长仁哪受过这种气啊？他认为自己的堂兄、侍中胡长粲与和士开合谋排挤自己，遂揭发胡长粲的隐私，后主不得已流泪将胡长粲也贬为赵州刺史，不久胡长粲也死掉了。胡长仁对和士开充满怨恨，阴谋派刺客刺杀和士开，不幸的是，他的计划再次泄露，和士开找到祖珽商量，祖珽引用西汉文帝诛杀舅舅薄昭的例子，建议后主杀掉胡长仁，后主遂下令在齐州将胡长仁赐死了。

胡太后、后主在处死高叡后，就开始大肆重用自己的亲信们了，祖珽也随之被召回。后主年少，身边养了一大批弄臣，武卫将军高阿那肱素来精于巴结之道，深得高湛和和士开的信任，高湛生前让他去东宫侍奉高纬，又得到了高纬的宠爱，高叡死后，高阿那肱也逐渐被晋升为并省尚书令（负责并州事务的尚书令），被封为淮阴王；过去的东宫侍卫韩长鸾也深得后主的青睐，被晋升为侍中、领军将军，总管内廷机要事务；宫女陆令萱的丈夫骆超因叛乱被杀，陆令萱被没入宫中，儿子骆提婆也沦为宫廷奴仆。陆令萱心灵手巧，善解人意，胡太后对她非常宠爱，高纬小时候陆令萱被指派当他的保姆，又被封为郡君，在宫中很有影响力，和士开、高阿那肱都是她的养子。后主高纬又任命陆令萱为女侍中，陆令萱将自己的儿子骆提婆引荐给高纬，二人形影不离，整日玩耍，骆提婆也被任命为开府仪同三司、武卫大将军。高纬的皇后斛律氏，有一个叫穆舍利的婢女。穆舍利的母亲叫轻霄，原本是穆子伦的婢女，后转给宋钦道家当婢女，与宋钦道通奸生下了穆舍利。宋钦道的正妻嫉妒，将穆轻霄的脸上刺了一个"宋"字。宋钦道被处死后，穆舍利也被没入宫中。一次偶然的机会，穆舍利被高纬看上，并一直受到高纬的宠爱，宫内称其为"舍利大监"。陆令萱为了拉拢穆舍利，就将她认为自己的养女，又建议高纬晋升她为弘德夫人。还将自己的儿子改姓穆，当了穆舍利的兄弟。胡太后和后主的这些幸臣们见和士开掌权时间长了，都纷纷依附于和士开，和士开的地位更加巩固了。

高纬又想起曾对自己有恩的祖珽来，遂把地牢中的祖珽解放出来，就地提拔为海州刺史。祖珽是个给点阳光就要灿烂的人，他给陆令萱的弟弟、开府仪同三司陆悉达写信说："赵彦深城府极深，将要采取废立大事，大人姐弟岂能平安？何不早早起用智慧之士？"和士开也认为祖珽能断大事，想将其拉入自己的怀抱，让他当自己的参谋，于是，他尽弃前嫌，与陆令萱一起对后主说："文襄皇帝、文宣皇帝、孝昭皇帝的儿子都未能继承皇位，如今圣上能顺利登上皇位，实在是祖珽的功劳。此人有大功，应当给予回报。祖珽虽然品行不好，但智略过人，遇到危急时刻往往能指望得住，况且，此人已经双目失明，肯定不会生出叛逆之心，请陛下将其召入，询问治国安邦之道。"于是，高纬听从了，征召祖珽为银青光禄大夫、秘书监，加开府仪同三司。

祖珽刚一回来，果然没有辜负和士开的期望，很快就在处死胡长仁一事上为和士开出了大力。

# 四八七 烽烟再起（一）

史书对和士开颇多微词，但从他对待祖珽上就可看出，此人度量很大，也绝非寻常之辈，经过努力，他也在北齐朝廷上站稳了脚跟。

北齐武成帝驾崩，接下来北齐朝廷内讧不已，这让北周顿生觊觎之心，这也是北周主动与南陈恢复外交关系的原因。还是在北周武帝天和四年（北齐后主天统五年、南陈宣帝太建元年，公元 569 年）一月初一，北周武帝宇文邕还因北齐武成帝高湛驾崩而停止了朝会，以示纪念，并派遣司会李纶出使北齐，参加武成帝的葬礼，表现出一个友邦应有的姿态，然而，到了这一年的下半年，一件发生在两国边境上的小事却引发了两国一场持续一两年的摩擦。

这一年八月二十三日，强盗诛杀了北周孔城守将，将城池献给了北齐。历史上比较著名的孔城在今天安徽省桐城市境内，但该处的孔城则在洛阳以西某地，一说在今河南省洛阳市伊川县西南。《周书·齐炀王宪传》称，这一年，齐将独孤永业侵犯边境，变民诛杀了孔城守将。另据《庾子山集》卷十一“移齐河阳执事文”称，强盗诛杀了北周孔城守将的事发生在四月二十七日之前，此事发生后，双方就孔城的归属问题进行了多轮谈判，未果。

北周对此反应强烈。

九月五日，北周朝廷即派遣齐公宇文宪与柱国李穆率军前往，包围了北齐的宜阳（今河南省宜阳县），在宜阳周边修筑了崇德等五座城池，切断了宜阳的粮道，并将包围洛阳。

此时，北齐胡太后、后主已处死了赵郡王高叡、原尚书令胡长仁等人，排挤了领军将军娄定远、尚书右仆射元文遥，剥夺了高俨的领军将军等职务，瓦解了异己势力，如今，禁卫军则掌握在了和士开、高阿那肱、綦连猛的手里（三人均担任领军将军或者中领军），北齐政局逐渐稳定了下来，十一月十六日，北齐朝廷又以太保斛律光为太傅，大司马高润为太保，大将军高俨为大司马；十二月十五日，又任命兰陵王高长恭为尚书令（取代胡长仁）；二十五日，以中书监魏收为尚书左仆射（取代元文遥）。

十一月十日，宇文宪命令庾信①以陕州总管长史梁昕的名义又给北齐洛阳最高长官写了《又移齐河阳执事》一文，送还北齐夏州刺史梁某的首级以及缴获的马匹等，此时北周最高统治者也许还想和平解决争端。

北齐后主武平元年（北周天和五年、南陈太建二年，公元570年）一月，北齐后主高纬下诏命令太傅斛律光率领三万（《资治通鉴》《北齐书》称三万、《周书》称四万）大军解救宜阳。北齐军队进至定陇（今地不详）后，周将张掖公宇文桀、中州刺史梁士彦、开府司水大夫梁景兴等又驻扎在鹿卢交（今地不详），斛律光身先士卒，率领齐军朝敌人杀来，双方刚一交手，周军就大败了，齐军斩首两千多级，突破了周军的防线。定陇和鹿卢交，应当是在北齐晋州（今山西省临汾市）通往洛阳的交通线（晋州道）附近，也有人称在宜阳附近。

随后，斛律光率领齐军一直推进到宜阳城下，与北周宇文宪等人的大军对垒，双方相持了一百多天。斛律光下令在洛水南岸修筑统关、丰化二城，打通了通往宜阳的道路，然后，斛律光率军撤退。宇文宪等人率领五万周军渡过洛水追击，行至安业（今地不详），斛律光纵兵反击，周军溃败，齐军生擒北周开府仪同三司宇文英、都督越勤世良、韩延等，又斩首三百余级。宇文宪又命令宇文桀、梁洛都与梁景兴、梁士彦等率领三万步骑在鹿卢交切断了道路，斛律光与韩贵孙、呼延族、王显等将夹击周军，再次大破敌人，斩杀了梁景兴，缴获一千多匹战马。

北齐后主武平元年（北周天和五年、南陈太建二年，公元570年）二月十五日，北齐朝廷晋升斛律光为右丞相、并州刺史；又以任城王高湝为太师、冀州刺史，以贺拔仁为录尚书事。

六月二十二日，北齐后主弘德夫人穆舍利为十四岁的后主高纬生下长子高恒。高纬非常高兴，为此宣布大赦天下。陆令萱想让高恒当太子，但又担心斛律皇后不高兴，就请求高纬让斛律皇后养育高恒。七月二日，高纬又封孝昭帝高演的儿

① 庾信，南北朝著名文学家，原为南梁人，为南梁太子萧统伴读、太子萧纲（后来的梁简文帝）东宫学士，与徐陵齐名，二人的诗歌被称为徐庾体。侯景之乱后，庾信逃奔江陵，投靠梁元帝，在西魏出兵江陵时庾信恰巧奉命出使西魏，被滞留在长安，受到西魏和北周统治者的重用，代表作《哀江南赋》。

子高彦基为城阳王，高彦忠为梁郡王。次日，他又提拔尚书令、兰陵王高长恭为录尚书事，中领军和士开为尚书令，并赐爵为淮阳王。九月，高纬立高恒为皇太子，十月，以广宁王高孝珩为司徒，上洛王高思宗为司空，又以梁永嘉王萧庄为开府仪同三司、梁王，承诺将其送往江南，复辟梁朝，但一直等到北齐灭亡也没有实现，萧庄最终死于邺城。

几乎与北周宇文宪发兵宜阳同时，刚刚平静下来的南陈也出现了动荡。

南陈欧阳纥担任十余年的广州刺史，华皎之乱后，陈宣帝担心欧阳纥终究也是个麻烦，刚好与北周、后梁恢复了和平，就想趁机解决这一问题，遂征召他为左卫将军。欧阳纥害怕自己进京后不会有好果子吃，他的部下也都纷纷劝说他造反，于是，他就发兵叛乱，北上进攻衡州（今广东省英德市）刺史钱道戢。

陈宣帝派遣中书侍郎徐俭（徐陵之子）持节前去解释、安抚，欧阳纥接见徐俭时，戒备森严，如临大敌，言语不恭。徐俭说："南越国吕嘉叛乱、被汉武帝发兵消灭的事固然太久远了，但将军就没有看到不久前周迪、陈宝应的下场吗？转祸为福，现在还不晚。"欧阳纥沉默不语，将徐俭扣押在孤园寺内，十余天不让他回去复命。徐俭见到欧阳纥后，说："将军已经起兵，徐俭我还需要回去复命。徐俭的性命虽然全在将军的手上，但徐俭对将军的成败没有丝毫影响，还望将军放我回去吧。"欧阳纥遂将徐俭释放了。

欧阳纥将阳春（今广东省阳春市）太守冯仆召到南海（今广东省广州市），劝其一起造反。冯仆派人禀报母亲冼夫人，冼夫人说："我们冯家两代忠贞，不能因为顾及你的生死而叛国。"遂发兵固守，并派各位酋长前去迎接朝廷的讨伐军。

徐俭从小路逃回建康后，陈文帝遂命令车骑将军章昭达都督各军南下讨伐。因徐俭熟悉道路，陈文帝又命其担任监军。章昭达率领大军倍道兼行，很快就来到了始兴（今广东省韶关市曲江区）。欧阳纥没有想到章昭达来得这么快，一时之间束手无策，率军驻扎在洭口（今广东省英德市北）。在那里，欧阳纥下令将沙子、石块放入竹笼里，沉入水寨外面的水中，用以阻挡朝廷军队的战船。章昭达将战船引导到上游，修造了大量拍杆，储备了很多石头，又命军士潜入水下，将竹笼全部割坏，而后，他率领战舰顺流而下，直冲敌人的水寨，欧阳纥的军队大败，欧阳纥本人也被生擒，送到建康后，被斩首示众。

欧阳纥之乱被平定后，陈文帝晋升章昭达为车骑大将军、司空；任命徐俭为镇北鄱阳王咨议参军，兼中书舍人；因冼夫人之功，封冯仆为信都侯，升任石龙（今广东省化州市）太守，尊冼夫人为石龙太夫人，位同刺史。

当周齐在宜阳鏖战之时，章昭达已经平定了欧阳纥，陈文帝想趁机灭掉后梁，遂下令章昭达率领得胜之师顺道进攻后梁。后梁主萧岿与北周总管陆腾发兵抵御。后梁与周军的战舰停泊在青泥（今地不详）中，章昭达化整为零，派遣部将钱道戢、程文季等人乘坐小船突袭，焚烧了敌舰。周军又在峡口修筑安蜀城，以铁索横贯长江江面，又编成吊桥，用于运输军粮。章昭达命令士兵们在战舰上放置长枪，割断绳索，破坏吊桥，切断了安蜀城的粮食供应，然后发兵猛攻，遂一举攻克了城池。

萧岿向北周襄州总管宇文直告急，宇文直派大将军李迁哲发兵救援。李迁哲命令部下驻守江陵外城，他则亲率骑兵从江陵南门出击，步兵从北门出击，南北夹击，陈军战败。当晚，陈军偷偷从江陵城西爬上了城墙，登上城墙的陈军已有数百人，李迁哲与陆腾率领周军拼死反击，才将陈军击退。章昭达又掘开龙川（江陵城西南）的宁朔堤，水淹江陵，陆腾率军在堤坝西边对陈军发起进攻，陈军再次失利，章昭达遂率军撤离了江陵。第二年，章昭达就病死了，陈朝也暂时打消了消灭后梁的企图。

# 四八八 烽烟再起（二）

当陈军与周军在江陵城下交手时，周齐两国在宜阳周围也是打得难分难解。

双方在宜阳的战事从年初一直持续到年尾。在宇文护决定对北齐发起进攻前，北周勋州（后改为绛州，今山西省稷山县）刺史韦孝宽就曾派遣长史辛道宪表示反对，但宇文护没有采纳，此时，他见宜阳战事陷于胶着，就对部下们说："宜阳不过是一座城池而已，能否占领无足轻重，可是两国相争，已经很久了，对方也不乏能人，岂能看不出这一点？假如他们置宜阳于不顾，来进攻我们的汾北地区，我们肯定会丧失大片国土。如今应当迅速在华谷（今山西省稷山县西北二十里化谷村）、长秋（今山西省新绛县西北）一带修筑城堡，提前做好应对之策，一旦敌人先在此修筑城堡的话，再去夺回来就太难了。"于是，他让部下将汾北的地形图送交宇文护，并将自己的想法一一禀报。宇文护命令长史叱罗协对韦孝宽的使者说："韦大人的儿孙虽然众多，但也不足百人，你现在要在汾北修筑那么多城池，派何人驻守？"宇文护用这番无厘头的话就把韦孝宽给打发了。

果然不出韦孝宽所料，到这一年的冬季，斛律光真的丢下宜阳方向，率领齐军主力从晋州（今山西省临汾市）南下，在汾北修筑了华谷（今山西省稷山县西北二十里化谷村）和龙门（今山西省稷山县以北十里）两座城池，作为前进的基地。汾河由北而南流过，在今山西省新绛县附近拐弯，折向西南注入黄河。以汾河拐弯处为基点到汾河注入黄河口的汾河以北地区，就是所谓的汾北。北周在此也占领了小块土地。

等到斛律光修筑了华谷、龙门两座城池之后，他来到汾河东岸，与韦孝宽相见，斛律光说："宜阳区区小城，两国已鏖战多日，如今，我们已经决定放弃，宜阳既然给了你们，我们将在汾北得到补偿，请不要见怪。"韦孝宽回答："宜阳是你们的要塞，汾北之地，我们早就不想要了，我们丢掉的土地，你们却要争夺，有什么补偿可言？况且，大人辅佐幼主，位高权重，理应调理阴阳，安抚百姓，却穷兵黩武，构怨连祸！你们的沧州、瀛州遭遇罕见的水灾，百姓们已经流离失所，千里无烟，你难道还想让汾州、晋州之间也尸横遍野吗？你贪图一片稀松平常的土地，却要让早已疲惫不堪的百姓肝脑涂地，我认为阁下所为很不明智。”

斛律光在汾北修筑华谷和龙门，并非为了渡过汾河南下与韦孝宽决战，而是为了看住韦孝宽，然后逐一解决汾北更北面北周占领的各个城池。斛律光的计划是：南面以华谷和龙门为依托，阻止周军北上，而齐军主力则北上清除汾北的北周各个据点，然后，由北而南、由远及近完全占领汾北地区，将两国的过境线向南向西拓展至汾河、黄河一线。

在这一指导思想下，斛律光挥师北上，率军包围了定阳（今山西省吉县），并在定阳西北修筑了一座南汾城，北齐在此设立了南汾州，北周当地一万多户百姓纷纷归顺了北齐。《读史方舆纪要》称：“州西南十里有倚梯城，在龙门上口，垒石为之，东北高据峻岭，西南俯临黄河，悬崖绝壁，百有余丈，以其险绝，非梯莫上，因名。或以此即斛律光所筑南汾城云。”也就是说，有人也认为南汾城在定阳的西南。

斛律光一口气在汾北修筑了平陇、卫壁、统戎等十三座城池，向西一直延伸到龙门，每座城池都是他骑在马上，依照地势以马鞭指点下完成的，数月之内就为北齐帝国在山西方向开拓国土五百多里，但他非常低调，从不夸耀自己的功劳。邱悦《三国典略》八十五称：“齐司徒斛律光筑吞周、平陇、定夸三城于境上。”北周韦孝宽与辛威率领一万人马渡过汾河，与斛律光在平陇城下交战，斛律光率军击败周军，俘虏斩杀一千多人。

汾北危急，周军只好撤去宜阳之围，前去解救。宇文护向宇文宪问计，宇文宪建议说：“以我之见，哥哥应当暂时率军进至同州（今陕西省大荔县），声援汾北我军，我率领精兵前去，到后见机行事，定能获胜。”

北齐后主武平二年（北周武帝天和六年，公元 571 年）一月，北齐后主高纬下令左丞相段韶率领齐军从“晋州道”南下，在定陇修筑了威敌、平寇两座城池，而后率军北回。齐军将进攻的重点放于汾北，已经将周军主力调离南线的宜阳，但是，鉴于去年在斛律光南下救援宜阳时周军曾在此阻断，齐军有必要在此地修建城池，以确保能够顺畅地在南北两线调动军队。

三月，北周齐公宇文宪率领两万周军从龙门（今山西省河津市西的黄河渡口）

东渡黄河。北齐守将新蔡王王康德见周军前来，遂趁夜撤去，宇文宪见周军撤退后，又回到了黄河西岸，并命令部队开挖沟渠，将汾河改道，汾河以南的城池又被北齐夺回。北齐人认为周军并无远略，遂放松了警惕，也没有及时增兵。宇文宪再次东渡黄河，率领周军主力猛攻伏龙等四座城池，经过两天激战，全部攻克。又乘胜进攻张壁，也顺利攻了下来，缴获北齐大量军用物资，然后将城池摧毁。

当时，斛律光驻扎在华谷，来不及南下救援，遂率军进攻北面周军的姚襄城（今山西省吉县西），将姚襄城攻下，并包围了北周的汾州（今山西省吉县）。北齐军队采取的短促出击的办法，在摧毁了汾北斛律光所修筑的城池以后，大约就撤回了，但是，斛律光在北齐军队发起进攻时，没有南下救援，采取了你打你的、我打我的的办法，的确出乎宇文宪的预料。

为了应对南线周军的进攻，北齐朝廷又命令左丞相段韶、太尉兰陵王高长恭率军赶到前线。段韶南下后，准备进攻北周的柏谷城。柏谷城非常险峻，众将不同意强攻，段韶却说："我们注定要收复汾北河东地区，如果不拔掉柏谷这颗钉子，就如同身体内长了一个毒瘤，我估计敌人还在南路，如今，只要我们切断交通要道，敌人肯定救援不及。敌人的城池虽然高峻，但城内很狭窄，我们用火箭射进去，一天即可攻克。"于是，齐军发起进攻，城内周军溃败，而后，齐军又重新修筑了华谷城，留下守军后退去。

《读史方舆纪要》称，该城在稷山县西北，并非河南郾师的柏谷城，而唐长孺和王仲荦则认为柏谷城与柏壁城为同一座城池，在今山西省新绛县西南二十里。

就在周齐双方你来我往打得难分难解之时，身在江南的南陈宣帝也不甘寂寞，四月，他派人来到邺城，请求与北齐一起合击北周。北齐后主与群臣商议后，却没有答应。陈军一天没有打下江陵、收复益州，陈朝的被动态势就不会改变，处于下游的建康就时时受到威胁，这也是陈宣帝一直想夺下江陵的根本原因，但此时北齐正在宜阳、汾北两处战场上与北周激战，根本抽调不出军队帮助陈宣帝进攻江陵。

汾州（今山西省吉县）被围，周军肯定不会坐视不救。在汾州周边地区有几个重要的地理坐标。

1. 姚襄城。在今山西省吉县西五十二里，《通典》称：该城"临黄河，控带龙门孟门之险，周齐交争之处"。《元和郡县志》称："城高二丈，周回五里。"

2. 白亭城。确址不详。

3. 郭荣城。《隋书·郭荣传》记载，战前，宇文护派遣郭荣前来汾州察看地势，郭荣看后认为汾州与姚襄城相距较远，难以相互支援，建议在两城之间再修筑一座城池，宇文护听从了。

4. 倚梯城。《元和郡县志》称，该城在昌宁县（今山西省乡宁县西四十里）西南一百五十里，因地势险要，必须以梯子才能爬上，故名。《读史方舆纪要》称，有人说该城就是斛律金修筑的南汾州的治所。

5. 服秦城。本为北周城池，原名不详，后被北齐占领，故名。王仲荦《北周地理志》认为，该城在姚襄城东面，定阳城（吉县）西面。

6. 紫乌戍。吉县西。

7. 两乳谷。《元和郡县志》称："两乳山，在（昌宁）县西南七十里。山有两岫，望如乳形，因以为名。"

8. 柏社城。在山西省乡宁县，靠近两乳谷。

# 四八九 烽烟再起（三）

此时，齐军已经包围汾州很久了，城内的粮道也被齐军切断。

五月，北齐左丞相段韶率军进抵姚襄城，此前，北周军队在姚襄城的南边又修筑了一座新城，段韶从军中选拔出壮士从姚襄城的北面偷袭，另外派人偷偷渡过护城河进入城内，齐军渡过一千多人后，周军才发现，于是，里应外合，大破周军，活捉北周仪同若干显宝等人，一举攻克了姚襄城。众将都建议乘胜进攻新城，段韶却说："新城一面靠河，三面都是山险，易守难攻，不如我们再修筑一座城池，切断敌人的通道。待我们攻克服秦城之后，再回过头来合力进攻它。"

与此同时，北周也采取了以下应对措施。

一是开辟第二战场。北周武帝派遣宇文纯、田弘增兵宜阳，以期调动汾北齐军回援，减轻汾北的压力。

二是接济汾州。宇文宪派遣柱国宇文盛向汾州（定阳）运粮，段韶率领齐军截击，宇文盛苦战，将齐军击退。

三是北上救援汾州。宇文宪亲自率军从两乳谷北上，袭占了柏社城，而后，朝姚襄城杀来。

果然，在得知北周增兵宜阳后，北齐朝廷不得不将原本包围汾州的斛律金部抽调南下增援，六月，段韶率领五万大军移师汾州，接替了斛律金的任务。段韶离开姚襄城后，宇文宪也率部尾随而来，由于汾州城外齐军修筑的防御工事非常坚固，周军一时难以突破，也只好在自己的军营外面，依托齐国的长城开挖长长的壕沟，并命令谭公宇文会（宇文护之子）修筑石殿城，声援汾州。

汾州城外的态势变成了：城内北周开府仪同三司杨敷固守不下，城外段韶、高长恭的齐军团团将城池围住，在齐军的外围又有宇文宪的增援部队，两军就这样在汾州城下暂时陷入僵持。

但这种僵持并没有持续多久。

城内杨敷之守军不足两千，死伤将近一半，粮食又已吃尽，到了七月，段韶命令齐军加强攻势，一举攻克了定阳外城，并实施血腥的屠城。当时，段韶已卧病在床，他对兰陵王高长恭说："此城三面环水，并无逃路，我唯独担心东面啊，敌人如果突围，肯定从东面出城。"高长恭遂按照段韶的指示，挑选了一千精兵在城东南的溪流边埋下了伏兵。当晚，杨敷果然率领剩余的数百周军从东门突围，正巧进入齐军早已设下的伏击圈，周军大败，杨敷被擒。

至此，齐军正式占领定阳和姚襄城，而唯独位于两城之间的郭荣城还在北周军队的手中。攻下定阳后，段韶、高长恭转兵对付宇文宪，宇文宪率领周军严阵以待，双方交手后，北周大将军韩欢所部首先被齐军击败，周军阵脚动摇，宇文宪亲自督战，才将齐军击退，此时天已经黑了下来，双方遂各自收军。北周宇文护见宇文宪无法取胜，遂在黄河之上架设浮桥，准备率军强渡黄河，与齐军决战，齐军段韶（或者为高长恭）率军在黄河上游放下木筏，试图毁掉浮桥，但没有成功，周军渡过了黄河。

北周定阳守将杨敷出自弘农杨氏，是西去关中的一支。弘农杨氏因杨播之母是文明太后的外姑（应理解为姨）而在北魏后期崛起，杨播、杨椿、杨顺、杨津等兄弟都是位高权重，后杨氏一门被尔朱氏灭门，北齐重臣杨愔就是杨津的儿子；杨播的同族弟弟杨钧就是在北魏末年破六韩拔陵起义时担任怀朔镇将的那位，其长子杨暄早死，有弟弟杨穆、杨俭、杨宽，杨俭兄弟在东西魏分裂时随北魏孝武帝来到西魏，在西魏朝中担任要职。杨敷就是杨暄的儿子，在辈分上属于杨愔的同族侄儿。杨敷落入北齐之手，后来就死于北齐，杨敷的儿子杨素，从小就有大志，不拘小节，他容貌不凡，多才多艺，善写文章，书法又好，还钻研占卜，他的叔祖杨宽就曾对自己的儿孙们说："杨素超凡绝伦，非寻常之人，你们都赶不上他。"后担任宇文护的中外记室参军，加大都督。后来，北周武帝宇文邕亲政后，杨素因其父死于北齐未受北周朝廷的追赠，一再上书请求。宇文邕不许，而杨素是反复纠缠，惹得宇文邕大怒，命人将其拉出去斩首。杨素高声叫道："我侍奉无道昏君，就该死！"宇文邕非常欣赏他的胆量，遂追赠杨敷为大将军，提拔杨素为车骑大将军、仪同三司。宇文邕让杨素起草诏书，杨素下笔立成，文不加点，辞采华美，宇文邕大喜，勉励道："你好自为之，不愁不会富贵。"杨素随口回答："臣只恐富贵逼到我身上，臣无心贪图富贵。"隋朝帝室出自塞北武川镇（今内蒙古自治区武川县），也称是弘农杨氏的一支，与杨素同族，杨素后来成为隋朝名将。

在斛律金所部还未赶到宜阳时，北周宇文纯、田弘已经攻克了北齐宜阳等九座城池，斛律金率领五万齐军来到宜阳地区后，虽然没有夺回宜阳，但攻占了北周建安等四座城堡，俘获上千周军。与此同时，汾北战场上，齐军主帅段韶病重，不得不提前返回国内，兰陵王高长恭接替他担任齐军主帅继续与周军作战，宇文护也无法夺回定阳、姚襄城。斛律光在宜阳方向制止了周军的攻势后，也奉命率军返回邺城，后主下令解散部队，但军中不少有功将士还未得到赏赐，斛律光遂秘密奏请朝廷再派人到军中进行抚慰，而斛律光则一边行军，一边等待朝廷的使者，可是，斛律光的奏表在朝中耽误了，后主一直没有看到，等到斛律光的大军已经来到邺城城西的紫陌时，才安下大营等待朝廷的使者。后主认为斛律光不从朝命，而且带着军队逼要赏赐，顿生反感，他匆匆命斛律光入宫觐见，并派人到军中安抚一番后，才解散了军队。

此时，交战双方已经打得筋疲力尽，齐军在汾北占领了北周的定阳、姚襄城，但周军则在南线攻占了宜阳等地，双方可以说打成了个平手，遂开始谈判，而就在双方打打谈谈时，北齐朝廷内部却发生了一件突如其来的变故！

而这场变故则源于和士开与琅邪王高俨的权力之争。一时之间，和士开权倾朝野，北齐那些没有节操的朝臣和富商大贾争相趋附，甚至认他为养父。一次，和士开生病了，曾有一人前去探病，正巧医生对和士开说："王爷所受的伤寒很重，其他药物都没有效果，只有服用黄龙汤（储存若干年后人的粪便）了。"黄龙汤呈黑色，味道极苦，其治病原理在于粪便内有类圆线虫，经过常年储存后，类圆线虫就吃掉了粪便内的其他微生物，喝下后，巡行人体内，类圆线虫可以吃掉体内瘀血等，清洁体内环境。和士开听了，面露难色，这时，身边那人说道："这药容易下肚，大王不用担心，我先替大王尝尝。"当即一口喝下。和士开被他感动，勉强喝了下去，这才得以痊愈。

一向骄横的琅邪王高俨自然不把和士开放在眼里，看到和士开、穆提婆等人日益跋扈，增修宅院，非常不满，他曾对二人说："你们几天就能修好的宅第，为何迟迟没完工啊？"二人相互说："琅邪王目光犀利，数步之外，咄咄逼人，刚才和他对面讲话，不知不觉间浑身冒汗，我们在天子面前奏事也不曾如此。"从此对高俨心存猜忌。本年四月，在二人运作下，后主高纬下诏解除了高俨的太保、侍中、领军大将军之职，仅仅保留御史中丞、京畿大都督，和士开认为北城有武库，再打算将高俨贬到地方去，剥夺他的兵权。治书侍御史王子宜与高俨的左右开府高舍洛、中常侍刘辟疆对高俨说：“殿下被疏远，全是和士开进谗言的结果，岂能迁出北宫、做个寻常百姓呢？”高俨对侍中冯子琮说：“和士开罪孽深重，儿想杀了他。”

冯子琮一直不是和士开的人，开始的时候他担心和士开排挤高叡，而劝说和士开早早公布高湛的死讯，谁知，高叡等人并不领情，反而第一个将他贬为郑州刺史，高叡被杀后，胡太后又想起她这个妹夫，不久就为高纬的四弟齐安王高廓娶了冯子琮的女儿，冯子琮请假回到邺城，遂被授予吏部尚书。史称，冯子琮的妻子胡氏“恃亲放纵，请谒公行，贿货填积，守宰除授，先定钱帛多少，然后奏闻，其所通致，事无不允，子琮亦不禁制”。很快，冯子琮又被晋升为尚书右仆射。冯子琮过去就依附于和士开，如今见和士开权势极盛，更是极尽巴结之能事。和士开的弟弟和士休结婚，冯子琮忙前忙后，与和士开手下的衙役无异。但冯子琮也是野心勃勃，他认为自己既是外戚，又是尚书右仆射，还兼管吏部，也想把和士开推倒，进而废黜后主，拥立高俨为帝，自己也好攫取更大的权力，史称他过去“微有识鉴，及位望转隆，宿心顿改。擢引非类，以为深交；纵其子弟，官位不依伦次”，因此，当高俨提出要刺杀和士开时，冯子琮是举双手赞成。

# 四九〇 齐宫惊变

高俨让王子宜写了一道弹劾和士开的奏表，要求将和士开逮捕审讯。

冯子琮凭借自己担任侍中这一便利条件，将这一奏表放入其他无关紧要的文书之中，交给后主高纬过目，高纬没有认真审阅就统统签字批准了。高俨又诓骗领军将军库狄伏连说："奉皇帝之命，令将军逮捕和士开。"库狄伏连向冯子琮核实，并请求再次向后主证实，冯子琮却说："琅邪王亲自接受的诏命，何须再上奏！"库狄伏连信以为真，遂在神虎门外埋伏了五十名甲士，等到第二天（七月二十五日）清晨，和士开像往常一样上朝时，库狄伏连上前握住和士开的双手，对他说："今天有一件大喜事！"和士开不知是计，遂停了下来。这时，王子宜上前，递上一封书信，称："皇帝命令大王前去御史台。"遂派兵将他护送到了御史台。和士开被押送到御史台后，高俨当即下令都督冯永洛将其诛杀，和士开死时四十八岁。

时年十四岁的高俨只是出于愤恨，迁怒于和士开，他的本意也只是杀掉和士开，就此罢手，但他的下属们说："事已至此，不能中途停下了。"于是，高俨遂紧急集合京畿军队三千余人，驻扎在千秋门，到此时，高俨也只是想保护自己的安全，然后再杀掉陆令萱和她的儿子穆提婆。

后主高纬得知外面有变，命令刘桃枝率领八十名禁卫军前去千秋门召唤高俨。刘桃枝远远叩拜，高俨命人将其捆绑起来，打算斩首，随其一起前来的禁卫军也是一哄而散。高纬又让冯子琮前去召唤高俨，高俨推辞说："和士开实在是罪该万死，阴谋废黜哥哥，逼迫家家（鲜卑人称母亲为家家，指胡太后）出家为尼，他想率领兵马坐镇孙凤珍宅上，我因此矫诏将其杀了。哥哥如果想杀我，我绝不敢逃避罪过，如果放了我，那请哥哥派姊姊（鲜卑人称乳母为姊姊，指陆令萱）出来接我，我就入宫。"高俨的意思是想骗陆令萱出来杀掉。

冯子琮入宫回话时，陆令萱正持刀站在后主身后，听了吓得浑身打战。后主又命亲信韩长鸾召高俨进宫，高俨将要听从，刘辟疆扯着高俨的衣服劝阻道："不杀陆令萱母子，殿下不能入宫啊！"就在这时，居心叵测的广宁王高孝珩和安德王高延宗二人从西面也来到千秋门，二王想帮助高俨成事，就说："为何不入宫？"刘辟疆说："人少。"高延宗环顾四周的士兵们，说道："孝昭帝诛杀杨愔，只用了八十人，如今已有数千之众，为何还说人少？"

二王的"入宫"与韩长鸾的"入宫"、刘辟疆的"不入宫"，是两个完全不同的意思：二王是想让高俨率军冲入宫中，强行诛杀陆令萱，甚至废黜皇帝，也许他们能够火中取栗，二人显然是在暗示高俨采取更大的行动。

高纬、高俨兄弟二人一个在宫内，一个在宫外，就这样僵持了下来，此时，高纬的优势是：皇帝的名分，身居宫内；劣势是：宫内兵少。高纬的优势就是高俨的劣势。高纬决心率领宫中禁卫军出城与弟弟决一死战，他哭着与胡太后拜别，说："有缘的话，还能再见到母亲；无缘的话，就此永别了！"又紧急召唤斛律光，而高俨也派人召斛律光。

斛律光听说高俨杀了和士开后，不禁拍手大笑，说道："龙子龙孙办事，确实与众不同！"遂入宫在永巷拜见后主。这时，后主正准备率领宫中四百步骑出宫，斛律光说："小孩子们玩弄兵器，一旦交手，肯定会大乱。俗话说：'奴才见到主人就死心。'陛下应当亲自登上千秋门，琅邪王必然不敢轻举妄动。"领军将军皮景和也表示同意，后主遂听从了。

后主骑着御马，斛律光步行，一路朝千秋门而来。斛律光提前让人前去传话："皇上驾到！"高俨的下属们听了，都吓得四散奔走。快到千秋门时，高纬在桥上停下马来，远远呼唤高俨，高俨仍不敢近前。斛律光走到高俨身边，对他说："天子的亲弟弟杀了一个汉人，有什么可害怕的？"拉起高俨的手，把他拽到高纬跟前。斛律光又向高纬请求道："琅邪王年轻，脑满肠肥，轻举妄动，长大以后，自然就会改过，请陛下赦免。"

受了一番惊吓后的高纬早已气得发疯，他拔出高俨的佩刀，用刀柄在高俨的头上乱打一通，很久才把他放了，于是，高纬下令逮捕库狄伏连、高舍洛、王子宜、刘辟疆、都督翟显贵等人，亲自将这些人射杀，而后命人将他们斩首、肢解，暴尸街头。高纬还想将高俨的下属们全部杀掉，斛律光说："这些人都是勋贵子弟，如果全部杀掉，恐怕会人心不安。"赵彦深也说："《春秋》也主张只惩处领头的。”于是，根据各人不同情况分别予以惩处，提拔和士开之子和道盛为常侍，弟弟和士休入内省参典机密，追赠和士开为假黄钺、十州诸军事、左丞相、太宰。史称，和士开“虽以左道事之者，不问贤愚无不进擢；而以正理干忤者，亦颇能舍之。士开见人将加刑戮，多所营救，既得免罪，即命讽喻，责其珍宝，谓之赎命物。虽有全济，皆非直道云”。

在邺城北面有一座白马佛塔，是石赵帝国皇帝石虎为神僧佛图澄修建的，高俨将毁掉该塔，术士们说：“如果动这座佛塔，此城城主将死。”高俨不从，毁到佛塔第二层的时候，发现了一条长达数丈的白蛇，一会儿就不见了。数十天后，就发生了此事。

从此以后，胡太后担心后主不会放过高俨，将高俨留在宫中，与自己同住，每次吃饭，必定自己先尝尝，再让高俨吃。陆令萱对后主高纬说：“人人都说琅邪王高俨聪明勇武，天下无敌，我看他的相貌，终究不会当个臣下。自从擅自诛杀和士开以后，他时常心怀恐惧，应该早早将他处理掉。”何洪珍与和士开素来关系很好，也请求杀掉高俨。高纬还是拿不定主意，就用运送食物的车子偷偷将祖珽接入宫中，征求意见。祖珽说：“周公诛杀自己的亲弟弟管叔，季友也曾毒死了哥哥庆父。”于是，高纬这才下定了诛杀高俨的决心。八月，高纬离京前往晋阳，将高俨也带在身边，命令右卫大将军赵元侃引诱高俨，趁机逮捕杀掉。赵元侃推辞道：“臣过去一直侍奉先帝，知道先帝痛爱琅邪王，如今我宁愿去死，也不愿干这种事。”后主遂将其贬为豫州刺史。

九月二十五日，后主对胡太后禀报说：“明天一早，我将与仁威（高俨的字）一起出外打猎，会早去早回。”当夜四更，高纬呼唤高俨，高俨心生疑窦。陆令萱说：“你哥哥叫你，孩儿为何不去？”高俨出门来到永巷，被刘桃枝反绑起来。高俨大喊：“请让我见母亲、哥哥一面！”刘桃枝用衣袖塞住高俨的嘴巴，将高俨的长袍翻上裹住脑袋背着，背出大明宫时，高俨已经是鼻子出血，流了一脸，刘桃枝遂将其掐死，用席子包裹起来，靴子也没有脱掉，就埋在室内。高俨的四个遗腹子也全部被囚禁而死。

高纬命人向胡太后报告，胡太后来到现场，才哭了十几声，就被人拥入后宫，第二年三月，高纬下令将高俨改葬在邺城城西，为了安慰胡太后，破格将其追赠为楚恭哀帝。高俨死后，高纬随即废除了京畿大将军府，将京畿大将军统辖的军队并入领军将军。

此时的胡太后与后主高纬之间已经产生了很大的隔阂，这种隔阂除了高俨一事外，还有胡太后自身的问题。胡太后原与和士开私通，武成帝高湛死后，胡太后经常出入佛寺，又与昙献和尚私通，把武成帝生前的御用之物宝装胡床悬挂到昙献卧室的墙壁上，还在昙献床席下面藏了很多金钱，又在宫内安排了一百名僧人，谎称学习佛经，目的是能日夜与昙献鬼混，又将昙献晋升为昭玄统，僧人们都戏称昙献为太上皇帝。后主也风闻太后偷情之事，起初并不相信，一次，他入宫朝见母亲，看见母亲身边站着两个年轻美貌的尼姑，顿生爱意，令二人陪宿，结果却发现二人竟然是男人，胡太后私通昙献的事情才败露了。高纬大怒，将昙献等人诛杀，并杀死了与胡太后要好的元山王等三个郡君。

十月二十五日，后主高纬陪伴胡太后从晋阳返回邺城，行至紫陌，遇到了大风。中书舍人魏僧伽懂得气象占卜，他说："将要出现暴逆之事。"高纬谎称邺城出现变故，全副武装，飞马赶回南宫，而让宦官邓长颙将胡太后送到北宫软禁起来，下令皇亲国戚均不得去见太后。过了很久，高纬才下令将胡太后接回宫中，使者刚来的时候，胡太后以为将遭不测，吓得魂不附体，从此以后，他们母子之间的关系也陷入了冰点，胡太后给高纬安排的酒食，高纬也不敢品尝。

北齐后主武平二年（公元 571 年）这一年，北齐可谓是内忧外患，先是在宜阳、汾州与北周作战，稍后就是高俨之变、和士开被杀，再后来就是胡太后奸情败露、高俨被杀、胡太后被软禁，期间，平原王段韶又病死了。不过，好在是周齐两国之间的谈判终于达成了协议，双方谁也吃不掉谁，各自承认现状，在十月双方各自派出使者，确定了外交关系。北周宇文护命令宇文盛在定阳以北修筑大宁城（在今山西省大宁县西，靠近黄河东岸），然后班师，北齐兰陵王高长恭也率军回到国内，两国又暂时恢复了和平。

# 四九一 诛杀宇文护

周齐两国虽然暂时恢复了和平，但此时的北周从战略态势上在三国中已占尽地利：北周已经消灭了山蛮的叛乱，并占领越嶲（今四川省西昌市东南），进一步巩固了对益州的统治，另外，在长江中游则扶植江陵后梁政权，逃到江陵的华皎前往北周，他途经襄阳拜见卫公宇文直，对他说："梁主已失去了江南之地，百姓稀少，土地贫瘠，我朝兴亡继绝，理当予以帮扶，请将数州借给梁主。"宇文直表示同意，遂上书武帝请求答应华皎的请求，武帝遂下诏将基州（今湖北省钟祥市南）、平州（今湖北省当阳市）、鄀州（今湖北省荆门市）借给了后梁。如今，北周全取了襄阳南阳地区，与南陈平分了长江之利，南陈已经处于十分被动的战略态势；对北齐也是如此，南路，北周南阳地区从南线可以牵制北齐豫州；中路，北周不仅占据潼关，更扼守住了函谷关，还战略了宜阳等地，逼近北齐洛阳城下，北齐除了洛阳城墙之外，已无险可守；北路，北齐并没有将周军赶出汾北地区，更不用说收复整个河东了，北周势力存在于河东地区，晋阳时刻就在北周军队的威胁之下。因此，从地利上来说，北周可谓占尽了地利，不仅防守起来绰绰有余，而且，进攻起来也是得心应手。

可是，仅仅有地利还远远不够，还需要天时和人和。史称，北周大冢宰宇文护"性无戎略"，这也是北周占尽地利却连连挫败的根本原因。正如杨忠生前对儿子杨坚说的那样，北周自从立国以来十余年间一直存在两个"婆婆"，即两个皇帝，一个是名义上的皇帝，前有宇文觉、宇文毓，现在是武帝宇文邕，另一个则是大冢宰宇文护，虽然武帝宇文邕汲取了两个哥哥的教训，长期以来非常低调，与宇文护和睦相处，但敏锐的朝臣还是隐隐感到不安，北周统治阶层还没有做到人和，又怎能去征服他人？

周齐恢复和平后，转眼就到了第二年，即南陈宣帝太建四年（公元 572 年），时年为北周武帝天和七年，宇文邕已经即位十三年了，他也忍耐了十三年，一月十五日，他驾临玄都观，亲自登上法座讲经，与公卿、和尚、道人等相互辩论玄理，而后还宫；下令将死刑犯和流放犯人均减轻一等，五年有期徒刑的罪犯全部释放。

宇文护性格虽然十分宽和，却不识大体，他自恃功劳很大，又长期把持朝政，任用的人大多并不称职，再加上他的几个儿子们贪婪残暴，下属又蛮横跋扈，仗着宇文护这个靠山，无不乱政害民，他们欺上瞒下，肆无忌惮。武帝宇文邕韬光养晦，对国事从不过问，对宇文护及其儿子们的作为更是漠不关心，从不干预，外人都不知道他心里究竟想些什么。

宇文护问稍伯大夫（户籍官）庾季才："近日天象如何？"庾季才回答："我受大王厚恩，怎敢不如实回答。近日三公之星有变动，大王应当将朝政还给天子，自己退休在家，这样才能像周公召公那样受到世人的赞美，享受长寿之福，子孙也永做皇室的重臣，不然的话，我就不知道了。"宇文护沉默了很长时间，才说道："我的本意也是如此，只是连连推辞，皇上不同意罢了。大人既然是天子的官员，自然可以按照规矩，直接朝见天子，以后就不必来我这里拜谒了。"从此，就疏远了庾季才。

卫公宇文直是宇文邕的同母弟，本性诡诈浮躁，贪婪凶狠，一直巴结讨好宇文护。沌口战败后，受到撤职处分，由此开始怨恨宇文护，劝宇文邕采取行动，诛杀宇文护，希望在宇文护死后，自己能凭借皇上亲弟弟的身份取而代之。宇文邕早有此意，遂秘密与宇文直、右宫伯中大夫宇文神举、内史下大夫王轨、右侍上士宇文孝伯等人加紧策划。宇文神举是宇文邕的同族兄弟，其父宇文显和，北魏孝武帝登基前就与宇文显和关系很好，登基后，宇文显和被任命为阁内都督，深得孝武帝的信任。宇文神举小的时候，父亲就去世了，长大后，他眉清目秀，身材魁伟，成为武帝的贴身侍从。宇文孝伯，是宇文深（该宇文深并非宇文护的儿子）的儿子，是宇文神举的同族侄儿。宇文孝伯与宇文邕同年同日生，二人小时候又是同学，宇文邕登基后，想在身边安排些心腹，又担心宇文护会阻挠，遂借口从小就与宇文孝伯是同学，让他到身边一起探讨学术问题，宇文护听了，也没有多想，就同意了，随后，宇文孝伯一直在武帝身边陪读。王轨，出自太原王氏，武帝即位后一直给武帝服务，逐渐受到信任，等武帝决心剪除宇文护后，认为王轨有胆有识，能断大事，遂将计划告诉了他，王轨非常赞成。

长期以来，为了显示对宇文护的敬重，周武帝宇文邕在皇宫与宇文护见面时，总是行家人之礼：宇文邕的母亲叱奴皇太后坐在上位，给宇文护赐座，宇文护坐下后，身为皇帝的宇文邕反而以堂弟的身份站在一旁。

北周武帝天和七年（公元 572 年）三月十八日，宇文护从同州回到了长安，武帝宇文邕驾临文安殿接见，接见后，又引导宇文护进入含仁殿拜见叱奴皇太后。宇文邕还煞有介事地恳求宇文护说："太后年纪大了，太喜欢饮酒了，不是亲近的人要去拜谒，常常被堵在门外，时而高兴，时而发火，脾气反常。虽然我屡屡劝谏，却毫无效果。哥哥既然回来了，就烦请哥哥替我好好劝劝她老人家。"说完，他从怀里掏出一篇《酒诰》交给宇文护，说："给太后念念这个。"

宇文护进入后，按照宇文邕的指示，拿出《酒诰》读给太后听。宇文护正在专心致志地读着，宇文邕突然拿出玉珽（玉制的手板），用尽全力从身后猛击宇文护的头部，宇文护毫无防备，当场被击倒在地。宇文邕急令宦官何泉拿出御用宝刀砍杀，但何泉吓得浑身哆嗦，竟然没有砍中。宇文直早已躲在太后房中，他从内室冲了出来，将宇文护人头砍下。当时宇文神举等人都在宫外，对此事一概不知。

杀死宇文护后，宇文邕召来宫伯长孙览等人，告知他们宇文护已经被杀的消息，并命令他们率军前去逮捕宇文护的儿子谭国公宇文会、大将军莒国公宇文至、崇业公宇文静、正平公宇文乾嘉以及宇文乾基、宇文乾光、宇文乾蔚、宇文乾祖、宇文乾威等人，并将柱国侯伏侯龙恩、龙恩弟大将军万寿、大将军刘勇、中外府司录尹公正、袁杰、膳部下大夫李安等人也抓住，集中到殿中杀死。齐王宇文宪对武帝说："李安不过是个负责做饭的下人，既然没有插手朝政，就不宜处死。"武帝回答："你是不知道罢了，哥哥明帝宇文毓就死于此人之手！"

十九日，周武帝下诏指斥宇文护的罪行，称："朕纂承洪基，十有三载，委政师辅，责成宰司。护志在无君，义违臣节。怀兹虿毒，逞彼狼心，任情诛暴，肆行威福，朋党相扇，贿货公行，所好加羽毛，所恶生疮痏。"云云，并大赦天下，改天和七年为建德元年。以宇文孝伯为车骑大将军，与王轨均加开府仪同三司。宇文护的世子宇文训为蒲州刺史，当夜，武帝派遣越国公宇文盛乘坐驿马车前往蒲州（今山西省永济市），征召宇文训进京，行至同州后，又将其赐死。宇文护的另一个儿子宇文深出使突厥，宇文邕派遣宇文德手持诏书前去突厥，将其诛杀。宇文护的心腹、长史叱罗协、司录冯迁等人均被除名。

宇文邕的五弟宇文宪时任大司马、小冢宰、雍州牧，素来受到宇文护的信任，宇文护有什么请求，总令宇文宪向宇文邕禀报，遇到宇文邕有不同意见的情况，宇文宪担心会引起宇文护的不满，总是在二人之间进行解释说明，宇文邕也觉察出他的良苦用心。等到宇文护被处死后，宇文宪被征召入宫，他跪地叩头谢罪，武帝劝勉一番，令其率军到宇文护的府邸搜出兵符以及各类政府重要文件。卫公宇文直素来嫉妒宇文宪，恳请武帝杀了他，但武帝不从。

武帝查阅宇文护家中的文书档案，将妄称祥瑞、劝说宇文护篡位的人统统杀掉，他也发现了庾季才劝说宇文护归政的记载，遂赏赐给庾季才三百石粟米，两百段布帛，提拔他为太中大夫。

长期以来，北周皇帝一直是个摆设，刚刚亲政的北周武帝宇文邕决心扭转这一现象，他对宇文宪的侍读学士裴文举说："西魏末年，我太祖（指宇文泰）辅政，等到我朝建立后，晋公又手握大权，积非成是，短视之人认为宰相掌握大权是理所应当的事。哪里有三十岁的天子还要受制于人的道理！《诗经》上说：'夙夜匪懈，以事一人。'这里的一人就是指天子一人。你虽然侍奉齐公，但不能认为就是齐公的臣下，为他尽忠致死。你要用正确的道理辅佐他，劝导他，要让我们君臣和睦，兄弟亲近，不要让他心生猜疑。"裴文举把这话又传给了宇文宪，宇文宪指指自己的心口，按着桌子说："你岂能不知我的心愿！只有竭尽我之所能尽忠报国而已，还说什么呢！"宇文邕为了加强皇帝的权威，极力避免出现臣下专权的情况，他虽然将宇文宪提拔为大冢宰，但并无军国事务"总己以听冢宰"的命令，因此，实际上是剥夺了他的实权；而宇文直本欲取代宇文护，却被宇文宪当上了大冢宰，心中一直快快不乐，退而求其次，他又想掌握军权，向武帝请求让自己担任大司马，武帝一眼就看出了他的心思，对他说："长幼有序，你是兄长，岂能排在弟弟之后！"

二十一日，任命尉迟迥为太师，柱国窦炽为太傅，李穆为太保，齐公宇文宪为大冢宰，卫公宇文直为大司徒，陆通为大司马，柱国辛威为大司寇，赵公宇文招（宇文邕另一个同父异母弟弟）为大司空。如前所述，尉迟迥的母亲是宇文泰的大姐，尉迟迥、尉迟纲兄弟二人是宇文邕的表哥；窦炽、李穆均为北周元老，其中，李穆为李远的弟弟；辛威也是一位老臣，前不久还随宇文宪在汾北与齐军作战，史称他"性持重，有威严"。陆通曾是宇文泰的帐内督，北周建立后历任小司寇、大司寇，是帝国元老，且非常谨慎。不久，陆通就死去了，武帝又任命赵公宇文招为大司马，而以田弘为大司空。

本年，宇文邕正好三十岁。四月二十二日，宇文邕册立十四岁的皇子鲁王宇文赟为皇太子，再次大赦天下。宇文邕共有七子，全部为庶子，其中，李娥姿生长子宇文赟、汉王宇文赞；库汗姬生秦王宇文贽、曹王宇文允；冯姬生道王宇文充；薛世妇生蔡王宇文兑；郑姬生荆王宇文元。

# 四九二 斛律光之死（一）

周武帝宇文邕诛杀宇文护，结束了北周自建立以来就存在的二元政治，实现了皇帝的乾纲独断，军国事务的事权归一，理顺了北周内部的统治秩序。周武帝亲政以后，深知要想扭转几十年来西魏、北周形成的政归宰执的局面，并非易事，为了树立皇帝的权威，有必要加大刑罚的处罚力度，史称，他“用法严整，多所罪杀……群下畏服，莫不肃然”。

周武帝具备一位明君的特质：一是志向远大，励精图治。他亲政后，将处理政务当作第一要务，整天批阅奏章、听取汇报、审理案件，似乎从来不知疲倦；还将统一天下视为己任，加强部队的战备训练，他本人经常亲自率领军队演习，跋山涉水，亲力亲为。二是艰苦朴素，克己复礼。他以古代的圣人、贤王为榜样，事事处处严格要求自己，不仅向古人学习，而且还激励自己要超过他们；他的精力根本就不放在享乐上，身边仅有十几个后宫嫔妃；他经常身穿布袍、盖布被，还下令拆除了各个宫殿的华丽装饰，不要装饰性的斗拱，殿前仅仅保留几尺高的土台阶而已。三是他明察善断，果敢坚强。史称他“性既明察，少于恩惠”，这里的“少恩惠”，应当是指对群臣给予的不必要的赏赐，至于对普通将士，周武帝则又是另外一个形象：他爱兵如子，在后来的平齐之战中，当他看到一位普通士兵光着脚行军，他以皇帝之尊亲自脱下自己的靴子赏赐给了这位士兵；每次设宴款待将士们，他总是亲自端起酒杯给大家劝酒，或者亲手赏赐给将士们财物。他又非常果敢，能断大事，在这样的皇帝的领导下，北周军队的战斗力得到了空前的提高。

就在北周武帝亲政、北周政治逐渐走向正轨之时，北齐的最高统治集团内部却依然故我，不仅毫无起色，而且变得更加黑暗，权贵们之间尔虞我诈，你争我夺，你方唱罢我登场，内讧愈演愈烈。一个王朝是走向兴盛或者滑入衰亡，期间原因甚多，不能苛责一人。矛盾处处都有，但最高统治者因与对立面有矛盾或者基于巩固自己统治方面的考虑，就提拔重用一些治国无术、内争有道的倾侧之人的话，那么，这个王朝一定会走向没落和衰亡。北齐胡太后和后主高纬在武成帝高湛死后地位非常脆弱，不久就发生了高叡、娄定远等人的“逼宫”事件，这些鲜卑勋贵们借口贬斥和士开，以期达到排挤汉人（包括胡太后）势力、控制后主的目的，基于巩固自身地位的现实需要，胡太后和后主高纬重用自己身边的亲信和士开、高阿那肱、韩长鸾、陆令萱、穆提婆等人，这也情有可原。当北周武帝亲政时，北齐后主刚刚亲政三年多一点，年龄也才十七岁，然而，年龄不是问题，《北齐书·后主》论说出了根本原因：（后主）“以人从欲，损物益己。雕墙峻宇，甘酒嗜音，廛肆遍于宫园，禽色荒于外内，俾昼作夜，罔水行舟，所欲必成，所求必得。既不轨不物，又暗于听受，忠信不闻，萋斐必入，视人如草芥，从恶如顺流。佞阉处当轴之权，婢媪擅回天之力，卖官鬻狱，乱政淫刑，刳剒被于忠良，禄位加于犬马，谗邪并进，法令多闻，持瓢者非止百人，摇树者不唯一手，于是土崩瓦解，众叛亲离，顾瞻周道，咸有西归之志，方更盛其宫观，穷极荒淫，谓黔首之可诬，指白日以自保”。北齐后主的所为与北周武帝形成了鲜明的对比。

由于后主执政能力不强，在清除了高叡的威胁之后，北齐内部的矛盾并没有就此终结，先是高纬诛杀博陵王高济、兖州刺史胡长仁，继而发生了高俨诛杀和士开、高纬杀掉高俨这一严重事件，而后高纬又软禁胡太后，原有的胡太后、高纬联盟瓦解。

和士开、高俨被杀后，第二年（北周武帝诛杀宇文护这一年、北齐后主武平三年，公元 572 年），北齐朝廷重臣分别为：左丞相斛律光、右丞相（青州刺史）任城王高湝（后主十叔）、太宰冯翊王高润（后主十四叔）、太傅上洛王高思宗（后主族叔）、大司马兰陵王高长恭（后主堂兄）、大将军广宁王高孝珩（后主堂兄）、太尉卫菩萨（生平不详）、司徒安德王高延宗（后主堂兄）、司空武兴王高普（平亲王高归彦侄儿、后主族叔）。上述重臣大多是宗室重臣，并不处理朝廷日常事务，并无实权。

以下是尚书省、中书省、门下省以及领军将军府的主要官员。

尚书令徐之才，二月被改任侍中，由唐邕接任，到八月又换为北平王高贞（高纬五弟）。

尚书左仆射唐邕，二月提拔为尚书令，由祖珽接任，到八月，换为许惇（北齐老臣，与邢邵、魏收、阳休之、崔劼、徐之才等人资格相当）。

尚书右仆射高元海（高思宗之子、后主族兄），八月，由彭城王高宝德（高湝之子，后主堂兄）接任。

中书监阳休之、中书令崔劼。

侍中：穆提婆、崔季舒、徐之才、斛律孝卿、张景仁（后主的书法老师）等。

领军大将军：鲜于桃枝；领军将军：韩长鸾、贺拔伏恩、封辅相等。

和士开被杀、胡太后被软禁后，祖珽为了爬上高位，开始巴结陆令萱，向陆令萱提及北魏保姆当保太后的先例，意欲把陆令萱推上太后之位，他还对外制造舆论说："陆令萱虽然是个妇道人家，却是个女中豪杰，见识非同寻常，自从女娲以来，再没另外一个女人能比得过。"投桃报李，陆令萱也吹嘘祖珽是北齐的国宝、国师，祖珽由此被任命为尚书左仆射。虽然如此，但后主并没有晋封陆令萱为太后，这大约是后主基于如下考虑：一是不愿伤害母亲胡太后太深，这从他在处死弟弟高俨后，又追赠其为皇帝就可见一斑；二是不愿看到陆令萱集团势力过大；三是北齐统治集团内部根深蒂固的华夷之辨，不容再节外生枝，徒生矛盾。

整个北齐历史都没有解决好胡汉的关系问题。文宣帝高洋时代重用了大量汉臣，但在十二年前高演主导的乾明之变中，彻底摧毁了以杨愔为首的汉臣集团，鲜卑武将集团控制了朝廷，孝昭帝高演在执政后为了照顾鲜卑勋贵们的感受，甚至不敢显露出对汉人亲信王晞过分亲近，而王晞也是知难而退，非常低调。武成帝高湛时代延续了鲜卑勋贵把持朝政的传统，汉族士人在朝中的势力受到打击，唯独有祖珽因此前曾在高湛不得志的时候极力巴结过他，才得以受到宠信。

《颜氏家训·教子篇》记载："齐朝有一士大夫，尝谓吾曰：'我有一儿，年已十七，颇晓书疏，教其鲜卑语及弹琵琶，稍欲通解，以此伏事公卿，无不宠爱，亦要事也。'"从这一记载可以看出，在当时北齐特定的政治环境下，汉族士大夫要想让子弟出人头地，就必须让孩子学习鲜卑话，去巴结那些鲜卑勋贵们。从乾明以来北齐政治环境发生了巨大变化，北齐汉族士大夫要想登上高位，只有像祖珽这样依靠谄媚、巴结等手段才能成功。

武成帝高湛生前，北齐朝廷俨然已经变为一个胡化的政权，虽然和士开颇有度量，但不学无术，不识大体，自从他执政以来，北齐政治陷于混乱，全无规矩可言，和士开死后，祖珽逐渐受到重用，他开始向朝廷中引荐一些真才实学的人才，一时之间北齐朝野都对他寄予厚望，这里的朝野人士自然是那些失势的汉族士大夫们。在祖珽引荐的人中主要有侍中崔季舒、封孝琰等人。崔季舒在北齐朝廷沉浮多年，“祖珽受委，奏季舒总监内作”；封孝琰是封隆之的侄儿，“祖珽辅政，又奏令入文林馆，撰《御览》”。后又被提拔为尚书左丞。封孝琰曾对祖珽拍马道：“您是世族门第的宰相，与其他宰相不同。”封孝琰这话让鲜卑族的幸臣们非常恼火。

祖珽的崛起让鲜卑勋贵代表、左丞相斛律光非常不满。斛律光自然是北齐名将，他为人言语不多，脾气暴躁，对下属十分严厉，他对祖珽的厌恶除了瞧不起他的人品外，与胡汉之间严重的隔阂有着直接的关系。斛律光对祖珽是主动发难，他每每远远望见祖珽，总是破口大骂：“你这个无事生非的乞丐、小人，又想搞什么阴谋！”他还对诸将们说：“过去，边境消息、兵马调动，赵彦深都与我们商量，自从盲人（指祖珽）掌权后，根本不与我们商量，我担心他会耽误了国家大事！”一次斛律光在朝廷办公室内垂下帘子坐着，祖珽从外面骑马经过，因不知道斛律光在那里，所以没有下马，斛律光发怒说：“小人竟敢如此无礼！”还有一次，祖珽在内廷说话，声调很高，言辞傲慢，恰巧斛律光经过，听见后，又大发脾气。祖珽虽然看不见，但慢慢也知道了斛律光对自己的敌意，他私下贿赂斛律光的奴仆询问，奴仆回答：“自从大人执政以后，相王（指斛律光）每晚都是抱着膝盖长叹说‘盲人当政，国家必然要灭亡啊’！”

# 四九三 斛律光之死（二）

可以说，斛律光对祖珽的指责是没事找事。

祖珽没有下马，你在帘子内躲着，人家又不知道。说话声音高，你不过是恰巧路过，这里不是你自己家，又不是冲你高声发话，你发哪门子火呢？你每次见到人家张口就要骂，人家怎能找你商量？归根结底就是看不惯人家得势罢了。

但此时祖珽并没有想去奈何斛律光，促使他决心除掉斛律光的，还有他身后一个庞大的汉人集团。祖珽的下属有个叫褚士达的人对祖珽说，自己梦见有人靠着窗户给自己吟诵了一首诗，诗的内容是：“九升八合粟，角斗定非真，堰却津中水，将留何处人。”祖珽解梦道：“角斗，是个斛字；津却水，何留人，合成一个律字；非真，是说这个斛律对我不真心。”褚士达接着说出了梦中吟诗人的模样，正与祖珽父亲相似。从此，祖珽才真的害怕起来，决心下手除掉斛律光。显然，褚士达的所为代表了汉族士大夫们共同的意愿，试想斛律光对祖珽尚且如此，对其他汉族士大夫们也肯定好不到哪儿去。

穆提婆想娶斛律光的庶女，但斛律光不答应。后主将晋阳的国有土地赏赐给穆提婆，斛律光在朝廷上公然反对说：“晋阳公田，从神武皇帝以来一直种植牧草，养活了数千匹战马，防备敌人的入侵，如今将这些土地赏给穆提婆，这不是要妨碍了军务？”后主曾将邺城清风园赏赐给穆提婆，让他对外租赁。清风园是个皇家菜园，种植蔬菜瓜果供应给政府百官，赏给穆提婆后，政府的菜肴就需要另行向百姓购买，遂欠了百姓三百万钱，那人起诉要求还账。斛律光说：“把这个菜园赏赐给了穆提婆，这是让穆提婆一家富裕；如果不赏给他，那是群臣们都富足。”

因此，祖珽和穆提婆二人对斛律光都很不满。

北周勋州刺史韦孝宽的参军曲岩精通占卜，周齐汾北之战后，他对韦孝宽说："来年，北齐朝廷内部肯定会大开杀戒。"韦孝宽遂命他编造歌谣，称："百升飞上天，明月照长安。"又称："高山不摧自崩，槲树不扶自竖。"让间谍到邺城散播，邺城的小孩子们在路上边玩边唱。祖珽听了又往下续道："盲老公背受大斧，饶舌老母不得语。"让妻兄郑道盖上奏后主。

后主问祖珽，祖珽和陆令萱都说："确实听到过这童谣。"祖珽进一步解释说："一百升，是一斛；盲老公，说的是我，与国家同甘共苦；饶舌老母似乎说的是女侍中陆令萱。"又说："斛律家几代都是大将，斛律明月（斛律光的字）威震关西，他的弟弟斛律丰乐（斛律羡）让突厥胆寒，斛律光的女儿是当今皇后，儿子又娶了公主，这童谣确实让人担忧啊！"遂建议杀死斛律光。

后主又征求韩长鸾的意见。韩长鸾是鲜卑贵族，又是武将，此人特别讨厌汉族士大夫，与祖珽之间的关系并不融洽。一次，两人在后主面前议事，二人的意见不一，祖珽说："强弓长矛（指打仗），我不插话，军国谋略，你也别争。"韩长鸾却说："各说各的，岂能因是文臣、武将就说意见有优有劣！"韩长鸾听了，认为不可，后主遂把这事又放了下来。在后主的恩幸集团里，也隐然有胡汉之争，这大约是韩长鸾不同意的原因。

祖珽见后主没有行动，又去拜见后主，并请求支开众人密谈。当时，后主身边只留下亲信何洪珍一人，他对祖珽说："前些时候，接到你的报告，即要采取行动，韩长鸾认为斛律光绝不会叛变。"祖珽还未开口，何洪珍说道："如果主上本无此意，那还罢了，既然主上已经想到了这事，却犹豫不定，一旦泄露出去，该如何是好？"后主说道："你说得对。"但仍然没有定下来。祖珽又让斛律武都的小妾的哥哥颜玄，告发斛律光图谋不轨，还让人上书称，上将星太明亮了，不杀，恐怕会出现灾祸。

七月二十八日（《资治通鉴》称为六月戊辰日，但六月没有戊辰日，《北齐书·后主纪》称，七月戊辰日，经推算，该天为二十八日），丞相府的官吏封士让秘密报告说："斛律光去年出征返回，皇上下诏命其解散军队，他却带兵逼近京城，将要图谋不轨，因故中止。他的家里藏匿有很多弓箭铠甲，还有上千的奴仆，常常派人秘密与斛律丰乐、斛律武都联络，如果不早早下手，后果恐怕难以预料。"看了这一密报，后主终于相信了，他对何洪珍说："人真是有心灵感应的，当时我就怀疑他会谋反，原来真是这样！"

后主非常胆小，见到封士让的密报后，竟害怕斛律光现在就会发动政变，他赶紧命令何洪珍飞马将祖珽召来，见到祖珽后，他说：“我打算召斛律光入宫，可是又担心他抗命。”祖珽说：“陛下派人去斛律光那里，赏赐给他一匹骏马，并说：‘明日前往东山游玩，大王可以骑着这匹马前去。’斛律光肯定会入宫道谢，趁机将其抓住。”后主同意了。

不一会儿，斛律光果然入宫拜谢。等他来到了凉风堂，刘桃枝就从他身后突然上前猛扑，却没有把斛律光扑倒。斛律光回过头来，说：“桃枝，你经常干些这种事，我没有背叛国家。”刘桃枝与另外三名壮士一起用弓弦套住斛律光的脖子，将他勒死，鲜血流了一地，后来怎么磨洗都无法从地上抹去。斛律光死时五十八岁。

斛律光之父斛律金乃北齐佐命元勋，性格质朴、正直，高欢对斛律金非常信任，生前就曾专门告诫高澄：“你使用了大量汉人，如果有人说斛律金的坏话，你别信！”在高澄、高洋、高演、高湛时代，斛律金一家一直受到北齐皇帝的重用，文宣帝高洋任命斛律金的二儿子斛律羡为武卫大将军，又将义宁公主嫁给了斛律光的长子斛律武都。孝昭帝高演即位后，给太子高百年娶了斛律光的女儿。武成帝高湛即位后，也为太子高纬娶了斛律光的另一个女儿，后主登基后，斛律氏又被封为皇后，因此，斛律家已经被称为“一门一皇后，两太子妃，三公主”。但斛律金生前对此非常担忧，他对斛律光说：“我虽然没有读过书，但还是知道自古以来外戚很少能保家全身的，咱家的女儿如果得到皇帝的宠爱，会引起其他权贵们的嫉妒怨恨；如果得不到皇帝的宠爱，就会引起皇帝的憎恶。我们家从来就是凭借着战功取得的富贵，岂能依靠女儿们？”斛律金死后五年，斛律家被灭门，而之所以如此，就是后主并不喜欢斛律皇后，因此，祖珽等人的谗言才会奏效。

史称，斛律光“马面彪身，神爽雄杰”，长着一张马脸，虎背熊腰。他为人沉默寡言，很少说笑，与子弟们在一起如同君臣相见；虽然非常富贵，但性格节俭，不爱声色，不贪财货，谢绝贿赂；家中没有来客，也很少与朝臣们交谈，每次开会总是最后发言，言必有理；每次上书，命人执笔，自己口授，务必做到简单明了。行军打仗仿效父亲斛律金的办法，占卜吉凶百发百中，没有扎下营垒，始终不肯进帐休息，甚至终日不肯坐下，常常是身披铠甲，身先士卒。对于犯法的士兵，只用棍棒责罚，从不随意杀人，但对于修筑城池的民工、征发来的士人，随意鞭打，严厉残暴。斛律光自年少从军以来，从未打过败仗，令敌人闻风丧胆。

斛律光的弟弟斛律羡，字丰乐，长期担任幽州刺史，为北齐帝国捍御北方边境，突厥人对斛律羡又尊敬又害怕，称他为南面可汗。斛律羡谨慎小心，为人正直，看到一家过于富贵，常常忧从中来。

斛律光有五个儿子：斛律武都，时任开府仪同三司、梁兖二州刺史，在任没有政绩，一味贪污受贿，鱼肉百姓；次子斛律须达，中护军、开府仪同三司，已死；三子斛律世雄，开府仪同三司；四子斛律恒伽，假仪同三司；幼子斛律钟。

斛律羡有斛律世达、斛律世迁、斛律世辨、斛律世酋、斛律伏护等子。

斛律金生前曾命儿孙们比赛射箭，看后，老人流下了眼泪，说道：“明月、丰乐的箭术不及我，孙子们的又赶不上他们俩，家道要衰落了啊！”

杀掉斛律光后，后主遂下诏宣布斛律光谋反，并诛杀了他的两个儿子开府仪同三司斛律世雄、斛律恒伽。幼子斛律钟年仅数岁，免死。

祖珽派两千石郎邢祖信去抄斛律光的家，回来后，祖珽在办公室询问情况，邢祖信回答：“十五张弓，一百支宴会时比赛用的箭、七把刀，皇上赏赐的长矛两个。”祖珽厉声说道：“还有什么？”回答：“枣木棍二十捆，凡是家中奴仆与外人打架，不论是非曲直，先打一百棍。”祖珽听后顿时羞得满面通红，降低了嗓门，说道：“朝廷已经判处了重刑，郎中你却要为他昭雪，这合适不？”邢祖信出门后，有人责怪他太过正直了，邢祖信感慨地说道：“贤能的宰相已经死了，我的残生又有什么好珍惜的！”

后主派遣使者前去，诛杀了斛律武都，又派中领军贺拔伏恩乘坐驿马车前去幽州，又以洛州行台仆射独孤永业接替斛律羡的职务，与大将军鲜于桃枝调派定州的骑兵随后北上。贺拔伏恩等人来到幽州后，城门守将报告说：“使者官袍之下穿着铠甲，马身上出汗，应当紧闭城门。”斛律羡说：“对朝廷钦差大臣岂能抗命！”遂出城迎接，当即就被逮捕，在长史办公室被杀。临终，斛律羡叹息道：“如此富贵，女儿当皇后，公主满家门，光是家中打杂的就用了三百士兵，如何不会破败！”他的五个儿子斛律世达、斛律世迁、斛律世辨、斛律世酋、斛律伏护被杀，其余十五岁以下的儿子被免死。

北周武帝刚刚亲政数月，北齐朝廷就诛杀了斛律光，对武帝宇文邕而言不啻一个惊天的大喜事，他知道这一消息后，当即下令大赦天下。《北齐书》《北史》都痛惜地将斛律光的被杀与战国时期赵国良将李牧受郭开谗言被杀相提并论，称北齐是“主暗时艰，自毁藩篱之固”。“内令诸将解体，外为强邻报仇”。

# 四九四 主昏臣佞

斛律光死了，但北齐的内讧丝毫没有停下来的迹象。

斛律光死后，祖珽与侍中高元海一起把持北齐的朝政。如前所述，高元海是太傅上洛王高思宗的儿子，与后主为同族兄弟，在武成帝高湛即位前曾替他出谋划策；高湛即位后，任命高元海为侍中、开府仪同三司、太子詹事，后被和士开排挤，贬为兖州刺史。高元海的妻子是陆令萱的外甥女，通过这一层关系，不久，他又被调回朝廷。

祖珽请求担任领军将军，后主答应了，但高元海偷偷对后主说："祖珽是个汉人，又双目失明，岂能担任领军将军？"并说祖珽私下与广宁王高孝珩来往，不可不防，后主就暂停了任命。祖珽得知后，入宫求见后主，当面进行辩解，并说："臣与高元海素有矛盾，肯定是他进的谗言。"后主不会厚着脸皮说谎，只能以实相告，祖珽趁机又说高元海与司农卿尹子华等人皆为朋党，狼狈为奸。祖珽与高元海共事期间，高元海多次将陆令萱私下说给他的话传给了祖珽，如今，祖珽又把高元海曾泄露给自己的话告诉给了陆令萱，陆令萱大怒，将高元海贬为郑州刺史。尹子华等人也被逐出了朝廷。从此，祖珽一人掌握了朝廷大权，兼管骑兵、外兵事务，他自己的亲戚们也都被提拔起来。后主对他非常敬重，常常让他与自己一起坐在御榻上讨论，祖珽出入宫廷，后主总让宫中身居要职的宦官搀扶着，一直送到永巷。

斛律光死后的不足一年时间里，是后主最信任祖珽的时期，也是祖珽春风得意的时期。

祖珽这人确实也是个另类，他自己是个小人，凭借小人伎俩行事，依附小人们爬上高位，可是，他自己还看不起那些小人。祖珽毕竟是个有学问的人，对北齐朝廷日益混乱的现状也是看不惯的，在掌握了朝廷大权后，他引荐重用了大量汉人，后主喜爱文学，祖珽借此建议设立文林馆，引荐了很多文学之士，称之为待诏。又任命中书侍郎李德林、黄门侍郎颜子推共同负责文林馆的日常事务，祖珽还命令待诏们一起编纂《修文殿御览》，试图用儒家文化逐渐熏陶后主。祖珽还打算进行政务改革，精兵简政，淘汰冗员，恢复旧制，并计划将那些不学无术的宦官、恩幸们等一一罢免，而这必然触及陆令萱、穆提婆等人的利益。这是因为，陆令萱、穆提婆等人依靠的就是这些不懂治国理政的恩幸们，他们当然不会自剪羽翼，而祖珽借整顿朝政，也不是没有拉帮结派、培植自己的势力的意味。因此，祖珽的打算立即遭到了陆令萱和穆提婆的反对。

在这种情况下，祖珽意识到要想实现自己的政治理想，就必须搬掉陆令萱和穆提婆二人。他暗示御史中丞丽伯律弹劾主书王子冲接受贿赂，因为，他知道王子冲受贿一事牵连到了陆令萱的儿子穆提婆，想拔出萝卜带出泥，借此铲除陆令萱和穆提婆二人。

陆令萱与祖珽之间的合作原本就是暂时，二人对此心知肚明，而陆令萱说给高元海的话大约也对祖珽不利。二人转而产生矛盾，又直接影响到了另外一个人的命运——胡皇后。

斛律光被杀后的第三天，即八月一日，后主废黜了斛律皇后，打入冷宫。斛律皇后被废后，就产生了一个立谁为皇后的问题。胡太后自从通奸行为败露后，深感羞愧，她想取悦儿子，就将亡兄胡长仁的女儿胡氏打扮得花枝招展，接到了宫中，后主见到后，果然被胡氏的美貌征服，二人如胶似漆，很快，后主就封胡氏为昭仪。斛律皇后被废后，陆令萱打算拥立自己的养女弘德夫人穆舍利为皇后，而胡太后当然想让自己的侄女当皇后，双方就此僵持了下来。此时的胡太后已今非昔比，只好转而巴结陆令萱，给陆令萱送去了大量财物，请她出面在后主面前说话。陆令萱也看到后主正迷恋胡昭仪，在万般无奈的情况下，只好与祖珽一起向后主建议，册立胡昭仪为皇后。《北齐书·后主皇后胡氏传》《北史·后妃传二》均称："斛律后废，陆媪欲以穆夫人代之，太后不许。祖孝征（祖珽）请立胡昭仪，遂登为皇后。陆媪既非劝立，又意在穆夫人……"云云，从后来发生的事情上看，胡氏被立为皇后，可能是祖珽与胡太后运作的结果，陆令萱只是没有反对罢了，《资治通鉴》这一说法不知来源何处。

本月十九日，北齐后主立胡昭仪为皇后。祖珽之所以要帮助胡太后，正是他与陆令萱已经产生了矛盾。在祖珽暗示御史中丞丽伯律弹劾王子冲的同时，他也深知陆令萱在宫中盘根错节，更重要的是，后主高纬长期居住于深宫，身边是一大群佞幸小人，这些人都是陆令萱的耳目和爪牙，仅凭王子冲受贿一事就想扳倒陆令萱将十分困难，于是，他就想到了联合胡太后一党，共同打击陆令萱这个办法。除了拥立胡氏为皇后外，祖珽还请求后主任命胡皇后的哥哥胡君瑜为侍中、中领军；又征召胡君瑜的哥哥梁州刺史胡君璧进京，打算任命其为御史中丞。

祖珽先是拥立了胡皇后，继而又建议后主任命胡君瑜为中领军，面对祖珽咄咄逼人的攻势，陆令萱终于反击了，她决定还是先从后宫入手，只要说服后主废黜了刚刚册立的胡皇后，一切都迎刃而解了。于是，她瞅准时机，总在后主面前嘟囔："哪有孩子当皇太子，而母亲却是奴婢的道理？"暗示应该立穆舍利为皇后，可是，后主正迷恋胡皇后，陆令萱试图离间胡皇后的计划并没有成功。陆令萱见一计不成，并没有死心，她暗中命人对胡皇后施展巫术，一二十天内巫术竟然在胡皇后身上起了效果。胡皇后开始变得精神恍惚、喜怒无常起来，时而喃喃自语，时而朗声大笑，完全成了另外一个人，后主再见到她逐渐心生恐惧，开始讨厌起来。陆令萱准确地把握着后主的心理变化，她专门命人制作了一顶华丽的金丝宝帐，配备了珍贵精美的枕席、玩具。一天，她让穆舍利穿上皇后的盛装，端坐在宝帐之内，然后，她对后主说："有一位天仙般的人下凡了，老身带你去看看。"后主进入房内，果然看得是目眩神迷。陆令萱见状，趁势说道："如此美人不当皇后，还有谁配当呢！"想起疯疯癫癫的胡皇后，再看看眼前如花似玉的穆舍利，终于后主答应了。

十月二十六日，后主下令立穆舍利为右皇后，改胡氏为左皇后。陆令萱的反击取得了初步胜利。

陆令萱撺掇着后主立了穆舍利，但只要胡皇后一天在位，逐渐形成气候的胡氏家族就会威胁陆令萱等人一天，立穆舍利为右皇后只是陆令萱反击的第一步，第二步就是想方设法废掉胡皇后了。

如今虽然后主已经厌弃了胡皇后，但似乎并无废黜胡皇后的意思，陆令萱还需要在胡太后那里下些功夫。一天，她故意在胡太后面前一脸不满，唠叨道："这算什么亲侄儿，竟然说出这种话来！"胡太后不禁茫然，追问是何缘故，陆令萱欲擒故纵，说道："说不得，说不得。"胡太后更是追问不已，最终，陆令萱这才装出一副不得已的模样，说道："胡皇后竟然对皇帝说：'太后的行径很多都不合规矩，不能以她为榜样。'"胡太后听了，大怒，将胡皇后唤来，当即命人剃去头发，送出宫去。十二月，北齐朝廷废黜胡皇后，但后主对胡皇后仍很眷恋，常常派人送去礼物探望。

胡皇后被废后，他的哥哥胡君瑜自然也被解除了中领军一职，保留了一个金紫光禄大夫的闲职；又恢复了胡君璧的梁州刺史，将其送回梁州。祖珽试图利用胡氏集团打压陆令萱的计划就此破产。王子冲贪污案也不了了之了。

# 四九五 兰陵之死

北齐后主武平四年（公元573年）一月十一日，北齐后主下诏任命并省尚书令高阿那肱为录尚书事，总知外兵及内省机密，与侍中城阳王穆提婆、领军大将军昌黎王韩长鸾执掌朝政，被称为“三贵”，他们祸国殃民，坏事做尽。二月九日，后主又立右皇后穆舍利为皇后，至此，北齐朝廷中恩幸集团、胡人集团的力量得到了巩固，祖珽试图整顿朝纲的努力就此失败。折冲将军元正烈在邺城的河里得到了一块玉玺，上写着“天皇后玺”，为石赵帝国时的遗物，后主下诏称这是因为册立了穆皇后，所以，天降祥瑞。武成帝高湛生前曾给胡太后制作了一条珍珠裙裤，费用巨大，后被火烧毁，自此，高纬又为穆皇后制作了一条，他还给穆皇后修造了一座镶满珍宝的七宝车。穆舍利的小名叫黄花，过去有童谣称：“黄花势欲落，清觞满杯酌。”后主高纬自从立了穆皇后以后，不理朝政，整日昏醉。穆舍利认陆令萱为养母后，再也不理睬自己的生母穆轻霄了。穆轻霄后来自己将脸上的刺青磨去，请求与女儿见上一面，但陆令萱命人把穆轻霄关了起来，母女二人竟没有见面。

当时，恩幸集团主要是陆令萱和她的儿子穆提婆。穆舍利被立为皇后后，陆令萱以皇后养母的身份被进位号为陆太姬，视为第一品，位在长公主之上。陆令萱与儿子穆提婆权倾内外，他们贪得无厌，卖官鬻爵，生杀予夺，随意而为。在宫内，除胡太后外，其余人等都受陆令萱的指挥；在朝廷上，朝廷重臣都对穆提婆侧目而视。

所谓的胡人集团其实也属于广义上的恩幸集团，他们以高阿那肱和韩长鸾为代表。高阿那肱是北齐初年功臣高市贵的儿子，他不仅精于骑射，而且还非常会奉承人，高湛对他十分宠爱。高阿那肱又巴结和士开，和士开对他也很亲近。高阿那肱只是一个武夫，不读史书，见识更在和士开之下，高湛让他到东宫服务，他又深受后主的宠爱。后主继位后，高阿那肱被提拔为并省尚书左仆射，封淮阴王，又晋升为并省尚书令。和士开死后，后主认为高阿那肱的见识堪与和士开媲美，遂提拔他为录尚书事，又“总知外兵及内省机密”。一次，尚书郎中源师曾对高阿那肱说：“龙见，当雩（祭神求雨）。”高阿那肱问：“龙在哪里？是啥颜色？”源师回答：“是龙星出现的意思，应当进行雩祭，并不是说真是龙出现了。”高阿那肱对汉族古典文化一窍不通，发火说：“汉儿自以为连天上星宿的事都知道！”后来，高阿那肱又被晋升为右丞相。

韩长鸾本名韩凤，后主即位后，韩长鸾晋升为侍中、领军将军，总知内省机密，“军国要密，无不经手。”韩长鸾的弟弟韩万岁，儿子韩宝行、韩宝信，均为开府仪同三司，韩万岁还兼任侍中，韩宝行、韩宝信均娶公主为妻。后主对韩长鸾非常信任，每次早朝，后主先令韩长鸾入内询问，韩长鸾出来后，才让奏事官奏事。有时候，后主不临朝，而朝廷又有紧急事务，后主就让韩长鸾入宫代为禀报。韩长鸾最讨厌汉族士大夫，只要与后主在一起，总要对汉族士大夫们说三道四；他经常腰挎宝刀，骑着快马，怒目挥拳，一副要吃人的样子。群臣向他汇报工作，动不动就受到呵斥，他还经常骂道：“汉狗们让人太讨厌了，真该杀！”但他非常看重鲜卑武官，即使是出身低贱的低级将领，他也总能屈身回护。

除了高阿那肱、穆提婆、韩长鸾三人之外，后主身边还有不少佞幸们，主要有以下几类。

一是宦官。高欢时期身边的宦官：韩宝业、卢勒叉、齐绍、秦子征等人，高湛时期的宦官：曹文标、邓长颙等人，这些人虽然被封王，但还不甚暴虐。唯独邓长颙在后主时期被任命为宰相，染指朝政。后主的贴身宦官还有陈德信等数十人，这些人狗仗人势，为非作歹，他们大多被授予中侍中、中常侍、开府仪同三司，也有加光禄大夫的。这些宦官整日追随后主左右，看着后主的眼色行事，竞相献媚，博取后主的欢心，后主一高兴，动不动就赏赐给他们上万钱。这些宦官一旦得势，就是飞扬跋扈，神虎门外有一个重臣休息室，宦官们轮休之日，从宫内出来，将马匹牵至神虎门外，扬鞭绝尘而去，朝廷重臣如唐邕、赵彦深、韩长鸾、穆提婆等人也是避让三分，不敢说三道四。

二是高欢时期的奴仆。这些人又有几十人，主要有陈山提、盖丰乐、刘桃枝等人，也都被封为开府仪同三司，或者被封王。其中何海及其儿子何洪珍尤其受到后主的宠爱，何洪珍作威作福，卖官鬻爵，败坏朝纲。后主身边的奴仆又有史丑多、胡小儿等数十人，他们也是飞扬跋扈，胡小儿高鼻深目，没有一点可取之处，却非常骄横，尤其令汉族士人非常憎恶。

三是后主身边的优伶。因懂音乐而受到后主赏识的，有沈过儿、王长通等人，其中，沈过儿被提拔为开府仪同三司，王长通年仅十四五岁，就被任命为通州刺史。

后主身边的宦官们竞相说祖珽的坏话，祖珽遂日益受到后主的疏远。后主征求陆令萱的意见，狡猾的陆令萱却一直不置可否，后主连问三遍，陆令萱这才从床上下来，纳头叩拜，边拜边说："我这个老奴婢罪该万死！起初，我听说祖珽博学多才，自以为他是个好人，所以才向陛下举荐了他，谁知，现在看起来，此人是个大奸臣。知人知面不知心，人心难测，老奴婢该死！"后主听了，遂命令韩长鸾调查祖珽有什么违法乱纪之事。

韩长鸾素来厌恶祖珽，遂查出祖珽矫诏受到赏赐等十余件事，因后主曾与祖珽发过毒誓，绝不会杀了祖珽，遂下令免去祖珽的侍中、尚书仆射之职，贬为北徐州刺史。祖珽求见后主，韩长鸾却将他推出门外，祖珽赖在地上，就是不走，韩长鸾命令武士们将他拖了出去。韩长鸾让他站在朝堂上，百般侮辱，狠狠斥责了一番。祖珽上路后，又将他召回，解除了他的开府仪同三司之职，剥夺了郡公爵位，只保留一个刺史之位。

祖珽被贬斥之后，北齐朝廷恢复正常的唯一的机会也随之丧失了，朝政日益混乱，武平四年（公元 573 年）五月二十八日，北齐朝廷任命领军将军穆提婆为尚书左仆射，侍中、中书监段孝言为尚书右仆射。段孝言是段韶的二弟，在好色方面，比他哥哥段韶有过之而无不及，曾与一群淫妇来往，被人家的丈夫发现，段孝言仗势欺人，竟将人家的丈夫打死。一次，他前去自己的宾客家留宿，要求社区值班民兵在外面站岗，民兵来得稍微晚了些，就被其拷打致死。当时，皇家园林里需要树木、花草、奇石，勒令百姓、佛寺供奉，段孝言假公济私，弄了很多拉到自己家里。祖珽执政后，为了排挤赵彦深，遂将段孝言拉来，担任侍中、吏部尚书。段孝言任用的官吏，不是给他行贿的，就是他的老朋友。一次，将作丞崔成在大庭广众之下，高声斥责段孝言说："吏部尚书是国家的，岂是姓段一家的尚书！"段孝言无言以对，只是色厉内荏地喝令退下而已。祖珽与陆令萱矛盾激化后，段孝言又依附于韩长鸾，一起诋毁祖珽。段孝言被提拔为尚书右仆射后，仍然主管吏部，更是肆意妄为。段孝言虽然奢侈好色，贪得无厌，但举止风流，整日与一帮名士混在一起，良辰美景，往往饮酒赋诗，附庸风雅，即使一些贫寒之士也多被他引为门客，受到他的资助。

兰陵王高长恭容貌俊美，而且作战非常勇敢，邙山大捷后，高长恭的威名甚盛，后主暗生猜忌之心。高长恭也意识到了，他接替段韶在汾北作战时，曾大肆聚敛财货，他的亲信尉相愿问道："大王受到国家的重托，岂能如此？"高长恭没有吭声。尉相愿接着说："莫非是因为邙山大捷，想自污吗？"高长恭回答："是的。"尉相愿说："朝廷素来猜忌大王，如果想除掉大王，即以此作为大王的罪行，这不是想避祸反而加速了灾祸的降临吗？"高长恭流下眼泪，跪着倾身问计，尉相愿回答："大王既然已经立下大功，如今又大获全胜，大王的威望太盛了。应当称病退休在家，不要再过问朝政了。"高长恭点头答应，却没有照办。等到这一年南陈宣帝北伐时，高长恭深恐再次担任主将，他叹息道："我去年脸肿，今年为何不复发了！"从此，得病了也不治疗。五月，后主命令徐之范将其毒死。临死前，高长恭对妻子郑氏说："我对皇上忠心耿耿，对上天又做了什么坏事，竟然被毒死！"郑氏说："为何不去面见皇上？"高长恭说："皇上岂是随便就能见到的！"遂饮药而死。

# 四九六 宣帝北伐（一）

去年杀斛律光，今年杀高长恭，真不知后主高纬是怎么想的。

像北周武帝宇文邕一样，高纬诛杀斛律光也让南陈宣帝陈顼喜出望外，看到北齐政治日益黑暗，陈顼决定暂时放下后梁，采取联络北周、用兵北齐的策略，收复近在咫尺的淮南地区，以减轻首都建康的压力。

斛律光被杀的第二个月，南陈使者就来到了长安；八月，北周派使者来到南陈；同月，陈宣帝颁布《班宣兵法诏》，条制十三科，作为“师出以律”的标准。与此同时，陈宣帝召集群臣商议伐齐事宜，当时，很多人都提出了反对意见，唯独镇前将军吴明彻强烈要求北伐。宣帝对群臣说：“我主意已定，你们只用推荐一个元帅就行。”大家认为中权将军淳于量在军中地位很高，于是一起签名推荐了他，尚书左仆射徐陵却说：“不然。吴明彻老家就在淮南［吴明彻是秦郡（今江苏省南京市六合区）人］，熟悉那里的风俗，况且，此人的指挥才能，当世无双。”又争论了很多天，一直决定不下来。都官尚书裴忌说：“我赞同徐仆射。”徐陵应声说道：“不仅仅吴明彻是一员良将，裴忌也是一位非常优秀的副将。”

太建五年（北齐后主武平四年、周武帝建德二年，公元 573 年）三月十六日，也就是在北齐毒死兰陵王高长恭两个月前，陈宣帝下诏晋封吴明彻为侍中、都督征讨诸军事，以裴忌为监军，率领十万陈军北上讨伐北齐。陈军兵分两路：右路吴明彻朝秦郡（今江苏省南京市六合区）杀来；左路都督黄法氍向历阳（今安徽省和县）杀来。

四月八日，南陈前巴州刺史鲁广达率领陈军在大岘（今安徽省含山县东北）与齐军会战，鲁广达率领的陈军大破齐军，西线陈军首战告捷，与此同时，吴明彻率领的东线陈军也进抵北齐秦州（秦郡）。涂水流经秦郡注入长江，北齐人在涂水中埋下大量木材，构筑木栅，阻挡陈军战舰。四月十六日，吴明彻命令猛将程文季率领勇士清除木栅，吴明彻率领大军紧随其后，包围了秦郡。程文季是程灵洗的儿子，他非常勤勉，在军中总是黎明即起，一直忙到深夜，每次作战总是担任前锋，北齐人对他十分忌惮，称其为程老虎。

北齐朝廷商议对策。封辅相请求发兵迎战，开府仪同三司王纮（曾在兰京刺杀高澄事件中挺身而斗的那位）说：“我军屡屡失利，人心不稳。如果再在长江淮河方向用兵的话，恐怕北方的突厥和西面的周军会趁机而来，则大事去矣。不如轻徭薄赋，休养生息，让朝廷内外和睦安定，自然会天下归心，我们需要通盘考虑，岂止限于对付南陈一个？”高阿那肱说：“同意王大人的坐到南边。”北齐群臣大多都坐到了南边，但最终后主不从。

赵彦深私下向秘书监源文宗询问对策：“敌人猖狂到如此地步，老弟曾任秦泾二州刺史，熟悉江淮间的情况，你说该怎么办？”源文宗回答：“朝廷的精兵肯定不会交给众将很多，众将如果只率领数千人马，不过是人家的小菜。大王深知尉破胡的人品，战败是迟早的事。朝廷对待淮南，就像是对待一支草箭一样毫不在意。我的想法是给予王琳全权，让其自行在淮南招募三四万人，王琳本是南方人，与他们风俗习惯相同，那里的人肯定会死心塌地地为他效力；而我军的边防军则驻扎在淮河以北，这样一来，肯定能够守住淮河南北。况且，王琳与南陈朝廷势不两立，肯定是不会投降陈顼的，这个道理非常明显，我认为这是上策。如果对王琳不能推心置腹，另外派他人牵制他，反而会加速灾祸的降临，千万不能如此。”赵彦深叹息说道：“老弟说的的确是克敌制胜的良策，但是，我已与他们争吵了十天，没人听从，国事已经到了这步田地，还能说什么呢！”二人遂相对流泪。源文宗是源子恭的儿子，源师的父亲。

北齐作出如下部署。

西路，北齐后主高纬派遣历阳王高景安率领五万步骑救援，在小岘（在大岘以西）构筑城池固守；

东路，又派遣开府仪同三司尉破胡、长孙洪略救援秦州。兵来将挡。

西路，黄法氍派遣左卫将军樊毅分兵驻扎在大岘，四月二十五日，两军合战，陈军再次全歼了齐军。

东线，北齐开府仪同三司尉破胡、长孙洪略出师时，北齐朝廷又以侍中王琳（与萧庄一起投降北齐的那位梁将）随军一起南下。王琳对自己的亲戚说：“今年太岁在东南，岁星又在斗牛分野，太白星已经很高了，这些天象都对客军有利，我们将丧师失地。”他又对尉破胡说：“陈军非常精锐，应当稳扎稳打，千万不要轻易出战。”但尉破胡不听。齐军从军中挑选出身强力壮的猛士作为先锋，组成苍头、犀角、大力等队，人人身高八尺，膀大腰圆，力大无穷，又有一个来自西域的胡人，精于骑射，箭无虚发，陈军非常忌惮。四月二十六日，齐陈两军在石梁（今安徽省天长市西北，北齐泾州治所）遭遇，等到两军交战之前，吴明彻对巴山太守萧摩诃说：“如果能杀了那个西域胡，肯定会重挫敌人的士气，你像关羽、张飞一般勇猛，去斩杀颜良吧！”萧摩诃说：“请告诉我那个胡人的相貌，我为大人取下他项上人头！”吴明彻遂召来认识那位胡人的俘虏，称那位胡人身穿绛红袍，手持桦皮弓，弓的两端有骨头装饰。吴明彻派人前去察看，果然见那个胡人就在对面齐军军中，他亲自给萧摩诃倒了一碗酒，萧摩诃一口喝下，飞身上马，径直杀入齐军阵营。那位胡人挺身走出阵前十几步，只见他弯弓搭箭，正要向萧摩诃射来，说时迟那时快，萧摩诃抖动猿臂，远远掷来一支飞镖，正中胡人的面门，当场倒地而死。齐军中又跳出十几位大力猛士，萧摩诃一人独战十几位猛士，又一一将其斩杀。齐军看到凶神恶煞一般的萧摩诃，无不吓得屁滚尿流，陈军趁机进攻，齐军大败，尉破胡狼狈而逃，长孙洪略战死。王琳单人匹马逃回彭城（今江苏省徐州市），北齐朝廷晋封他为巴陵郡王，下令他折返寿阳（今安徽省寿县），就地招募军队抵御陈军，又任命卢潜为扬州道行台尚书。

四月二十九日，南陈南谯太守徐槾攻克了石梁城。

五月四日，北齐瓦梁城（今江苏省南京市六合区西）投降。

五月八日，北齐阳平郡（确址不详，约在今江苏省宝应县境内）也向陈军投降。

五月九日，徐槾又率军西进，攻克了庐江城（今安徽省霍山县）。

吴明彻分军西进庐江，大约是为了屏护黄法氍的侧翼，因为，此时的黄法氍所部正全力以赴回攻历阳（今安徽省和县）。陈军用战舰、投石车将历阳团团包围，不分昼夜发起了猛攻。北齐历阳守军请求投降，黄法氍暂停了攻势，但齐军出尔反尔，继续固守。黄法氍大怒，他冒着瓢泼大雨，亲自率军攻城，用拍杆朝历阳城墙投掷巨石。在陈军的猛烈打击下，加上大雨冲刷，历阳城墙崩塌，五月十一日，陈军占领历阳，并将齐军将士全部斩杀。而后陈军乘胜北上，北齐合肥周边守军望风投降，黄法氍勒令陈军不得劫掠，他亲自安抚齐军将士，与之盟誓，而后，将其送回。

五月十四日，北齐高唐郡（确址不详，胡三省注称，今安徽省宿松县）投降。

五月十六日，陈宣帝下诏命令南豫州刺史黄法氍将治所从姑熟（今安徽省当涂县）迁至长江对岸的历阳（今安徽省和县）。

五月二十日，南陈南齐昌太守黄咏克攻克了北齐齐昌（今湖北省蕲春县）的外城。

五月二十一日，南陈庐陵内史任忠攻克了东关（今安徽省含山县西南）东西二城，乘胜又占领了蕲城（今安徽省巢湖市居巢区）。

五月二十三日，又攻克了谯郡城（今安徽省巢湖市东南）。同日，固守一个多月的北齐秦州城（今江苏省南京市六合区）终于投降。

五月二十八日，北齐瓜步、胡墅二城（均在六合区境内）投降。陈宣帝以秦郡为吴明彻的家乡，命令准备太牢（牛羊猪各一），令其回祖坟祭拜，场面煞是隆重。

六月，南陈郢州刺史李综率军攻克了滠口城（今湖北省武汉市区内）。

六月十日，任忠率领陈军攻克了合州外城（今安徽省合肥市）。

六月十五日，北齐淮阳（今地不详，疑在今安徽省凤阳县一带）、沭阳（确址不详，一说为今江苏省沭阳县）守将均弃城而逃。

六月十八日，南陈程文季再度攻克北齐泾州（石梁城，今江苏省天长市西北），并实施屠城。徐槾在四月二十九日已经攻克了石梁城，可能又被齐军夺回，此时程文季又将其夺回。

六月二十日，南陈宣毅将军司马湛陀攻克了北齐新蔡城（确址不详，南梁在滑水县侨置新蔡县，在今安徽省霍山县东北）。南梁设置镇兵将军、翊师将军、宣惠将军、宣毅将军代替东汉以来的东、西、南、北四中郎将。

六月二十八日，黄法氍终于攻克了合州（今安徽省合肥市），

六月二十九日，吴明彻也攻克了北齐仁州（今安徽省灵璧县东南）。

# 四九七 宣帝北伐（二）

七月四日，北齐朝廷派遣尚书左丞陆骞率领两万军队解救齐昌（今湖北省蕲春县），齐军从巴水、蕲水之间进军，遭遇南陈西阳太守周炅率领的部队。周炅留下羸弱之兵正面迎击敌人，他则亲率精锐从小道迂回到齐军的背后，突然发起进攻，大破齐军。周炅攻克了北齐巴州（今湖北省黄冈市）。

七月五日，吴明彻率领大军推进至峡口（今安徽省凤台县西南），攻克了淮河北岸齐军堡垒，南岸敌军弃城而逃。淮河以北的绛城（今安徽省五河县）、毂城（今安徽省灵璧县西南）的百姓纷纷响应南陈北伐军，他们杀死北齐守将，向陈军投降。

吴明彻下一步进攻的目标就是淮河重镇寿阳。寿阳不论是对南朝，还是北朝都非常重要，寿阳不仅扼守淮河中游，而且其地适宜屯田，是北朝南下、南朝北伐的理想战役策源地，尤其是对南朝的存亡至关重要，正如顾祖禹在《郡国利病书》上说的那样南朝“守江之计，必得淮南以为战地”。北齐巴陵王王琳与扬州刺史王贵显驻守寿阳外城，吴明彻判断王琳刚刚进入寿阳，人心不稳，应当立即组织进攻。

七月二十三日，陈军趁夜对寿阳外城发起了猛攻，外城陷落，齐军退守寿阳相国城和金城（内城）。二城均在寿阳城内，相国城为刘裕北伐时所建。

与此同时，各路陈军势如破竹，捷报频传，北齐淮河防线崩溃。

八月二日，北齐山阳城（今江苏省淮安市）投降。九日，盱眙城（今江苏省盱眙县）投降。十九日，南陈戎昭将军徐敬辩攻克了海安城（今江苏省东海县境内）。青州东海城（今江苏省灌云县）投降。

九月一日，北齐阳平城（今安徽省灵璧县）投降。九日，南陈高阳太守沈善庆攻克了马头城（今安徽省怀远县东北）。十一日，北齐安城（今湖北省黄冈市西）

投降。十三日，南陈左卫将军樊毅攻克了北齐广陵的楚子城（今河南省息县）。二十九日，南陈鄱阳内史鲁天念攻克北齐黄城（今湖北省武汉市黄陂区东）。十月二日，北齐郭默城（今江西省九江市东北）守将向南陈投降。

北齐朝廷又以皮景和为领军大将军，率领数十万大军南下救援，齐军推进至柤口（《水经注·沭水》称，为柤水入沭水之口，地在今江苏省沭阳县、宿迁市之间），由于淮北等地百姓纷纷响应陈军，皮景和顺便消灭了陈瑄、郑子饶等变民，等到吴明彻包围寿阳后，北齐朝廷又下诏命令他与贺拔伏恩等将一起救援。当时陈军连战连捷，声威大震，齐军尉破胡刚刚惨败，皮景和吓得不敢南渡淮河，驻扎在淮口（颍口，颍水入淮口），不敢南进半步。在北齐后主连连下诏催促下，皮景和等人才勉强渡过淮河，距离寿阳三十里，数十万齐军仍然不敢前进。

吴明彻在淝水上修筑堤坝，倒灌寿阳城，城内传染病暴发，死去十之六七。眼看寿阳唾手可得，可是齐军已来到城外，陈军众将都非常担心，说："坚城尚未攻克，敌人援军又来了，该如何是好？"吴明彻却说："兵贵神速，可你们看敌人却安营扎寨，不敢前进，自己挫伤自己的锐气，我一眼就看出他们无能为力！"十月十三日，吴明彻下令总攻，陈军从四面八方朝寿阳扑来，一举就攻下了寿阳，生擒北齐将领王琳、王贵显、扶风王可朱浑孝裕、尚书卢潜等人，送往京师。见寿阳已经陷落，皮景和赶忙率军北撤，丢下的驮马辎重不可胜计。

王琳仪态高雅，轻财爱士，为人忠义，名望甚高，吴明彻军中不少将士都曾是王琳的部下，王琳被擒后，不少人唏嘘流泪，不敢仰视，争着替他说情，送上路费。吴明彻担心有变，送走王琳后，又派人追上，在寿阳东北二十里的地方杀死了他。王琳的死讯传来，军中哭声震天动地，有一位老汉手持酒肉在尸体旁祭奠，他悲痛欲绝，放声大哭，最后将残留在地上的鲜血刮去带走；百姓们不论见过没有见过王琳的，听到这一消息后，无不伤心落泪。王琳的人头被悬挂于建康街市示众。一个月后，在王琳的旧部朱瑒的恳求下，陈宣帝答应将他的人头又送回，将王琳埋葬在寿阳八公山边，安葬当天送葬的有数千人之多。朱瑒又从小路逃归北齐，寿阳人茅智胜等五人冒着生命危险，偷偷将王琳的尸体挖出，秘密送回了邺城，北齐朝廷追赠王琳为开府仪同三司、录尚书事，谥号忠武王。

十月十五日，北齐朝廷又派一万人进抵颍口，樊毅将其击退。十九日，北齐又派兵救援苍陵（寿阳与颍口之间），又被陈军击败。后主因皮景和安全撤离，升任其为尚书令。

寿阳失陷后，后主高纬十分担忧，可是，穆提婆、韩长鸾二人不以为意，消息传来时，二人正在赌博，听后仍没停下来，只是淡淡地说了声："本来就是他家的东西，任他拿回去。"二人又开导后主说："即便是我们失去了整个黄河以南地区，仍不失为一个龟兹国，真正可惜的是人生苦短，只应及时行乐，发什么愁啊！"后主身边的一群佞臣们七嘴八舌，随声附和，后主听了，顿时转忧为喜，照旧饮酒作乐起来，下令在黎阳（今河南省浚县）修筑堡垒，真的打算丢掉黄河以南了。

十月二十四，陈宣帝下诏将寿阳作为豫州的治所，以黄城（今湖北省武汉市黄陂区）当作司州的治所。陈宣帝又任命黄法氍为征西大将军、合州刺史；他还任命吴明彻为都督豫州、合州等六州诸军事，车骑大将军，豫州刺史，派谒者萧淳风前往寿阳，在城南修筑高台，举行盛大的就职典礼，当时，吴明彻手下有二十万将士，旌旗招展，铠甲耀日，吴明彻登上高台接受任命，仪式庄重肃穆，全军将士都引以为豪。陈宣帝设宴款待徐陵，对他说："爱卿可谓慧眼识英雄。"徐陵离开座席，叩拜道："全是圣上独断于心，非为臣之力。"

占领寿阳后，陈军并没有停下攻势。

十月二十六日，在经过了五个月的围困后，陈军将领湛陀终于攻克了齐昌（今湖北省蕲春县）。

十一月十二日，北齐淮阴（今江苏省淮安市淮阴区）守军也向陈军投降。十八日，陈军威虏将军刘桃枝（与北齐杀手同名）攻克了朐山城（今江苏省东海县）。十九日，樊毅攻克济阴城（确址不详，疑在今江苏省盱眙县境内，《太平寰宇记》称，古济阴城在淮陵县东二里）。二十七日，鲁广达进攻北齐南徐州（北魏旧名、北齐改为东楚州，治所在今江苏省宿迁市），并顺利将其攻克。陈宣帝任命鲁广达为北徐州刺史，镇守此地。

十二月四日，北齐谯城（北齐谯州治所在今安徽省涡阳县）守军投降。不久，陈将任忠又攻克了霍州（今安徽省霍山县）。

此时，陈军已经越过淮河，进入淮北地区，兵锋直指北齐徐州治所彭城（今江苏省徐州市）。北齐朝廷命令皮景和率军驻扎在西兖州（今河南省滑县），作为黄河以南各路齐军的总指挥。

北齐北徐州（今山东省临沂市）的变民纷纷起兵，响应陈军，逼近州城。北齐北徐州刺史祖珽下令大开城门，命令士兵们走下城墙静坐，严禁居民擅自在街道上行走，一时间城内鸦雀无声。变民军不知就里，怀疑城内居民已经逃完，只剩下了一座空城，遂放松了警惕。祖珽突然下令城内军民擂起战鼓，大声呼喊，变民军顿时吓得四散而逃。不久，变民军又重新集结起来，向州城逼来。祖珽命令录事参军王君植率军出战，祖珽也亲自出马，指挥部队朝变民军的阵脚射箭。变民军都听说祖珽是个双目失明的瞎子，认为他自己肯定不会出战，谁知见他竟然出现在阵前，不觉大惊，遂不战而退。穆提婆明知北徐州危在旦夕，但他想借刀杀人，始终不发兵救援，祖珽只好率领孤军奋战，一边战斗，一边固守，与变民军激战十几天，终于保全了州城。不久，祖珽就去世了。

陈宣帝征召安州（今湖北省安陆市）刺史周炅入朝商议。过去，南梁定州（今湖北省麻城市）刺史天龙升归降陈朝，仍被留任定州刺史。等到周炅入朝后，天龙升献出南陈长江以北六州、七镇投降了北齐，北齐朝廷派遣历阳王高景安率军接管。陈宣帝下诏任命周炅为江北道大都督，统率诸军前去讨伐，诛杀了天龙升，将高景安击退，又收复了全部失地。

# 四九八 最后疯狂

截至陈宣帝太建六年（公元 574 年），经过近一年的作战，陈军已经收复了淮南地区，将边境线向北推进至淮河一线，陈军前锋已渡过淮河，进入淮北地区。

在北周、北齐和南陈三国之中，南陈实力最弱，疆域最小，要想转危为安，实现中兴，就必须打出一片天地来。在最初的设想里，陈宣帝延续了陈武帝、陈文帝的思路，即结好北齐，全力与北周争夺上游，消灭后梁傀儡政权，继而要么北上夺回雍州，要么西出收复益州，扭转不利态势，然而，经过几次努力，陈宣帝一直未能打下江陵，而北齐也不给力，即便是在周齐两国鏖战之际，北齐依然拒绝与南陈联手，不仅兵临长江，而且还继续扶植南陈的敌对势力萧庄、王琳等人，这让陈宣帝不得不改弦更张，换了一个思路，那就是将兵锋转向北齐。

在大战略上，陈宣帝联合北周对付北齐当然是错误的，这是因为：一是此时周齐两国已呈现周强齐弱的态势，北齐自武成帝即位后，每到秋冬季节齐人就凿开黄河河冰，即可说明这一点；二是北周对北齐、南陈两国已占尽地利；三是北齐朝廷混乱不堪，北周政治清明。当然，俗话说兼弱攻昧，打击混乱弱小的敌国自然最为有利，但这一俗语仅指一般两国之间的政治军事斗争而言，而在如今三国并存的国际环境下，需要的是诸葛亮的“联吴抗魏”之策，即两个弱国联合抗击强国，而不是相反。不过，陈宣帝在太建五年组织的北伐也并不能算错，因为：一是陈宣帝试图与北齐结盟，却遭到了北齐的拒绝，“弱弱联合”策略走不下去了；二是北齐占领长江以北，虎视建康，还扶植萧庄、王琳，对南陈同样构成现实的威胁，将北齐赶回淮北对于南陈首都建康安全具有重要意义；三是柿子拣软的捏，在西进不断受挫的情况下，选择打击北齐并无不当。

而关键是：在取得了对齐作战胜利后，下一步该怎么走的问题。是继续打击北齐，还是转而对付北周呢？正确的做法当然是，得了便宜之后，再与北齐恢复和平，甚至结盟，回到联合抗周的大方向上。然而，开弓焉有回头箭，两国一旦翻脸，哪是那么容易罢手的？

要说陈宣帝无视北周的威胁，仓促做出伐齐之战也是不客观的。从陈军战役进程上看，截至太建五年年底，陈军已经占领了寿阳重镇，但陈宣帝并没有命令陈军主力继续北上，只是派出小股部队度过淮北，而且，陈军整个战线呈现出东线进展迅速，而西线动作迟缓的态势，这绝不是偶然的，而是陈宣帝有意为之。这是因为，在陈军北伐取得一连串胜利之后，陈军越向北打，其左翼就越多地暴露在北周雍州和后梁的攻击之下，陈宣帝对此深有顾虑，他在年底召回安州刺史周炅可能就是要当面指示他在收复江北一些地区后，就要停止对北齐的进攻，而将重点放到对付北周上。

在经过一年的作战，在接下来的一年里，陈军基本上驻扎在淮河沿线，没有对北齐再发起大的攻势，也许，陈宣帝等待一个方向性的选择：是继续打北齐，还是转而打北周呢？

陈朝对北齐的打击，让北齐朝廷内部本已非常尖锐的胡汉矛盾变得更加水火不容。当南陈已经在前线开打后，北齐后主又毒死了兰陵王高长恭，已见前述，紧接着，到了六月，后主前往南苑游玩，六十多名随从的官员又被赐死，对于这一事件，《北齐书》称，这六十多名官员是中暑而死的，显然并不可信。从当时北齐朝廷的情况看，极有可能是后主身边的佞幸集团排挤异己势力的一次大规模的诛杀行动。十月，当前线齐军接连战败、齐国丧师失地时，后主高纬又打算前往晋阳，曾受祖珽信任的崔季舒和张雕商议：“寿阳被围，大军南下救援，指挥前线作战，全靠信使往还，皇上一旦前往并州，无知小民会无端惊恐，以为是前线战败，皇上是往并州避难去的，如果不去劝谏，恐怕会人心浮动。”国子祭酒张雕曾当过后主的老师，后主对他非常敬重，张雕又与后主的近臣何洪珍交好，令穆提婆、韩长鸾非常忌惮。何洪珍推荐张雕担任侍中、加开府仪同三司，负责财政方面的工作，深受后主的信赖，常称呼他为博士。张雕也是雄心壮志，打算报效国家，他时常针砭时弊，毫无顾忌，令权贵们侧目而视。

崔季舒遂与张雕以及其余官员一起联名上书劝谏。当时，朝廷权贵唐邕、赵彦深、段孝言等人有不同的看法，崔季舒与他们辩论，事情一直决定不下来。韩长鸾突然警告后主高纬说：“这些个汉臣们联名上书，口口声声是劝谏前去晋阳，实际上他们未必不是阴谋造反，应当加以诛杀。”十月九日，后主下令将署名的人全部召到含章殿内，将包括崔季舒、封孝琰、刘逖、裴泽、郭遵在内的人全部斩杀，家属全部流放边地，妇女没入宫中当女奴，小孩阉割，财产没收。十一日，后主前去晋阳。在这次大规模的屠杀汉族士大夫中，侥幸躲过一劫的是中书舍人颜之推。颜之推学识渊博，深受祖珽的倚重，后主也对他很看重，鲜卑勋贵们对他非常嫉妒，经常要加害于他，崔季舒等人的劝谏书让人署名时，颜之推借故溜回了家，他也因此活了下来。

北齐政治极端黑暗，统治者内部矛盾更加尖锐，到了第二年，即陈宣帝太建六年，北齐后主武平五年（公元574年）二月，北齐又发生了朔州行台南安王高思好叛乱事件。

南安王高思好本姓浩，本名思孝。上洛王高思宗将其养为弟弟，但对他十分刻薄。高思好历仕文襄帝、文宣帝，天保五年，他随文宣帝讨伐柔然，文宣帝见其骁勇，说：“你杀敌就如同苍鹰闯入了乌鸦群中，应当多想好事了。”遂改名思好，后逐渐被晋升为尚书令、朔州刺史、南安王。后主即位后，后主的近臣斫骨光弁出使朔州，高思好殷勤逢迎，但斫骨光弁非常傲慢，高思好是怀恨在心。武平五年二月，遂发兵造反，他给朝廷群臣们写信说：“主上从小就居住在深宫，分辨不出人情的真伪，亲昵身边凶狠狡猾的恶人，疏远忠良贤臣，致使那些个身躯不全的阉宦尊贵无比、商人丑类手握大权，残害生灵，劫掠朝市。后主善恶不分，残忍暴虐，囚禁母亲，杀死两个弟弟，重用小人，残害赵郡王高叡、左丞相斛律光等，我如今便率领义军，清除君王身边的奸臣！”

高思好的叛军行至阳曲（今山西省太原市北），高思好自称大丞相，设置百官，以行台长史王尚之为长史。晋阳军中不少士兵都说：“南安王前来，我等只需高呼万岁迎接即可。”当时，武卫将军赵海在晋阳，仓促之间无暇上奏，矫诏发兵抵御。后主听说后，命令唐邕、莫多娄敬显、刘桃枝、中领军厍狄士文率军火速赶往晋阳，二月十一日，后主率领大军随后进发。

高思好的叛军战败，高思好投河而死。其麾下亲兵共有两千多人，刘桃枝率军将他们团团包围，边招降边杀戮，两千多人无人投降，全部被杀。当时，后主行至平都（今山西省和顺县），叱奴世安从晋阳送捷报，遇见斛斯孝卿。斛斯孝卿引诱叱奴世安先吃完饭再说，叱奴世安坐下吃饭，谁知，斛斯孝卿却跑到行宫，高呼已经结束了！后主听了大喜，过了很久，叱奴世安才吃完饭，带着捷报见驾，后主说："捷报是何等重要的事，还容你四平八稳地吃饭！"遂赏赐了斛斯孝卿，赦免了叱奴世安的罪过。斛律孝卿是斛律羌举的儿子，《北史》称，他"武平末，位侍中、开府仪同三司，封义宁王，知内省事，典外兵、骑兵机密。时政由群竖，自赵彦深死后，朝贵典机密者，唯孝卿一人差居雅道，不至贪秽"。史书对斛律孝卿基本上还是肯定的，但即便是像他这样的人，还如此下作，可见，当时的北齐官场已烂到什么程度了。

韩长鸾的女儿嫁给了高思好的儿子，高思好谋反五十天前就有人向朝廷告发，韩长鸾上奏说有人诬告陷害朝廷大臣，影响极坏，不杀不足以惩戒后人，于是将那人杀死了。高思好被杀后，那人的弟弟要求朝廷给哥哥平反昭雪，并进行表彰，但韩长鸾将奏表压下，不予转呈。

北齐定州刺史南阳王高绰，残忍暴虐，喜欢将人剥得精光，让人蹲在那里假扮成野兽的样子，他再放出狼狗扑上去撕咬、吃掉。他还经常站在自己府邸的高楼上用弹弓射人。一次，他出外见到一位妇女怀中抱着一个婴儿，当场命人将婴儿从妇女的怀里夺走喂狗，妇女悲痛欲绝，高声哭喊，高绰大怒，又命人将婴儿的鲜血涂抹到妇女身上，又让狗把那位妇女吃了。高绰还经常说自己这是效仿伯父文宣帝高洋的作为。后主听说后，下令将其用铁链锁住押送到行宫。高绰被押到行宫后，后主又赦免了他，问他在地方上最开心的事情是什么。高绰回答："多弄些蝎子，把猕猴放进去观赏，看着非常开心。"后主当即下令侍从们连夜捕捉一斗蝎子，等到天明，捉到了两三升蝎子，将蝎子放到浴盆里，将一个人脱光也放了进去，只见那人在蝎子堆里辗转反侧，痛苦哀号。后主与高绰站在一旁围观，高兴得手舞足蹈，惊呼高叫，乐不可支。末了，后主又对高绰说："如此快乐的事，为何不早早派人乘坐驿马车快快报告！"从此，对高绰非常宠爱，拜为大将军，二人整日混在一起胡闹。高绰的得宠引起了韩长鸾的嫉妒，在他的离间下，后主又将高绰贬为齐州刺史。高绰临行前，韩长鸾又暗中指使高绰的亲信诬告高绰谋反，韩长鸾趁机上奏说："高绰犯的是国法，不可赦免。"后主不忍心公开诛杀高绰，遂让亲信胡人何猥萨在后园里与高绰玩相扑游戏，在游戏中将其掐死。

# 四九九 武帝灭佛

北齐有这样一个昏君，又有一群这样的佞臣，不灭亡，天理不容。

后主哪里管得了这些？他正忙着去醉生梦死呢！如今，穆舍利很快就失宠了，为了保住自己的皇后之位，五月五日，穆舍利将自己的婢女冯小怜送给了后主，称之为“续命”。这个冯小怜不仅聪慧狡黠，而且能歌善舞，还善弹琵琶。后主对她非常宠爱，拜其为淑妃，二人坐则同席，出则并马，发誓要同生共死——后主就喜欢婢女，穆舍利是斛律皇后的婢女，而冯小怜又是穆舍利的婢女！

后主高纬平日里笨嘴拙舌，不喜欢与群臣相见，除非遇到身边最亲昵的幸臣们，他从不开口说话。他还胆小如鼠，不敢让人直视自己，即使三公、尚书令、录尚书事等朝廷重臣汇报工作，也不得抬头与后主对视，都是三言两语说个大概，就吓得匆匆离去。他的父亲武成帝高湛也是穷奢极欲，后主生下来就是锦衣玉食，他认为当皇帝天经地义就该如此，他宫中的宫女们都是身穿绫罗绸缎，吃的是山珍海味，制作一件裙子的费用竟高达一万匹布的价钱，每位宫女都竞相比着吃穿，争奇斗艳，无休无止。后主还修建了大量宫殿，美轮美奂，他的兴趣又变化无常，经常是建好的宫室很快就又下令拆掉重建。工匠们夜以继日地在工地上劳作，甚至是隆冬腊月也不得不用开水搅拌泥土。后主曾下令在晋阳的西山上开凿巨大的佛像，夜里燃起上万盆的油灯，光芒照耀晋阳宫中。每次帝国出现叛乱、灾祸，后主从不知道查找自身的问题，寻找改革朝政的办法，却是烧香拜佛，自以为这样就可以修德免灾。他喜欢弹奏琵琶，亲自创作了一个《无愁曲》，数百侍从在一边合唱，百姓们都称他为“无愁天子”。后主还在华林园设立了一座贫苦儿童村，他穿上破烂衣服假扮成一个要饭的，到村里乞讨，以此为乐。又克隆出西部边境的各个城池，命人身穿黑色军服，假扮成北周军队进攻，他则率领内侍们在城内坚守。

太建六年（北齐后主武平五年，公元574年），虽然南陈大规模的进攻停了下来，但陈军依然没有放弃对北齐淮北地区的蚕食。一月二十三日，北齐广陵（今河南省息县）内城守军终于向陈军投降。到了第二年（太建七年）一月二十日，陈军左卫将军樊毅又攻克了北齐的潼州（今安徽省泗县）。二月，樊毅又相继攻克了北齐下邳（今江苏省睢宁县古邳镇）、高栅（今江苏省宿迁市西南）等六座城池。《陈书·萧摩诃传》也称："七年，又随明彻进围宿预，击走齐将王康德，以功除晋熙太守。"从陈军一系列迹象来看，在暂停一年之后，陈军正在逐步清除北齐淮北的零星据点，准备一举夺得淮北重镇——彭城！

当陈军接连取得胜利之时，北周武帝宇文邕也在死死盯着双方的战局。

就在陈军北伐的这两年里，宇文邕也没有闲着。太建四年（北周武帝建德元年，公元572年）六月，北齐左丞相斛律光被杀后，八月二日，北周武帝就派司城中大夫杜杲出使南陈。当时，陈宣帝对杜杲说："如果贵国想与我们联合讨伐齐国，应该先把襄阳（今湖北省襄阳市）、邓县（今河南省邓州市）还给我们。"杜杲回答："我们两国联合对付齐国，难道仅仅是我国的得利？假如贵国确实想得到城池，也应该从北齐手里夺取，现在双方尚未结盟，你们就想索要汉水地区，使臣我不敢奉命。"从双方的这番言语中，我们起码可以得到以下信息：一是当时北周就已经产生了联合南陈，共同对付北齐的打算；二是后来形成的周陈联手进攻北齐，是北周最先提出的，当时，陈宣帝并不积极，还提出了相应的条件。

北周武帝提出这一方案是基于现实的考虑，从周齐几次交手的情况看，周齐两国国力相差不多，周军并没有得到多少便宜，假如没有南陈的牵制，单靠周军的力量要想灭掉北齐确实不易。如果南陈先与北齐交恶，待双方精疲力竭后，北周再趁势灭掉北齐，而后，再转兵进攻南陈，统一大业就容易实现了。

除了联络南陈外，宇文邕还加快了军队建设，树立自己在军队中的绝对权威，为下一步的伐齐之战做好准备。同年十一月十二日，他来到位于长安以东的羌桥，接见驻扎在长安以东各地军队都督以上的将领们，逐一进行犒赏；十二月四日，他又驾临斜谷（今陕西省眉县南），接见长安以西的都督们，同样进行了赏赐。

当年，突厥木杆可汗去世，去世前，木杆可汗没有将汗位传给儿子大逻便，而传给了弟弟佗钵可汗。佗钵可汗任命摄图为尔伏可汗，治理汉国的东部地区；以弟弟褥但可汗之子为步离可汗，居住在汉国的西部。北周与突厥和亲，每年向突厥进贡十万匹绸缎；居住在长安的突厥人经常高达上千人，他们锦衣玉食，花天酒地。北齐也惧怕突厥骚扰，与北周争相巴结他们。佗钵可汗更加骄横，他经常对部下说："只要南方的两个孩儿一直对我孝顺，就不用担心会受穷！"

宇文邕并不喜爱突厥公主阿史那皇后，神武公窦毅娶了宇文邕的姐姐襄阳公主，生下一个女儿，周武帝对这个外甥女非常喜爱，特意养在宫中。一天，这位聪明绝顶的小姑娘偷偷对舅舅宇文邕说："四方尚未平定，突厥还很强，请舅舅以苍生为念，压抑一下自己的情感，对皇后加以抚慰。只要我们得到了突厥的帮助，那么，江南和关东就不能对我们构成威胁了。"宇文邕完全接受了。窦氏的父亲窦毅听说后，对妻子襄阳公主说："我们的女儿如此有才有貌，不可随便找个人就嫁了，应当替她找一个好丈夫。"后来，夫妻二人替女儿择偶，命人在屏风上画了两只孔雀，前来求婚的贵族子弟，窦毅就给他们发两支箭，约定只要射中了孔雀的眼睛，就答应这门婚事。求婚的贵族子弟前前后后有几十人都射不中，唯独李昞的儿子李渊两发两中，窦毅遂将女儿嫁给了李渊。窦氏嫁给李渊后，生下李建成、李世民、李玄霸、李元吉四个儿子，她在李唐建立之前就去世了，后被追尊为太穆皇后。

在随后的一年里，当陈军与齐军鏖战之时，北周显得平静了许多。北周武帝建德二年（陈宣帝太建五年，公元 573 年）九月十九日，北周十五岁的皇太子宇文赟娶大将军、随公杨忠之女杨丽华为太子妃。宇文赟喜欢与一些下等人搅在一起，左宫正（东宫总管）宇文孝伯向周武帝建议："皇太子为天下万民所瞩目，可是，品德、学识无人知道，臣担任东宫的属官，确实是有责任的。如今，皇太子年纪尚轻，请陛下精心选择一些正人君子担任太子的良师益友，慢慢改变太子的脾气爱好，如若不然，将后悔莫及。"宇文邕听了，顿时严肃起来，说："爱卿一家世代耿直，忠于职守，我听了你的话，确实如此啊！"宇文孝伯又说："提建议并不难，难就难在陛下是否会接受。"宇文邕说："还有谁比爱卿你更配称作正人君子呢？"于是，周武帝又任命尉迟迥的侄儿尉迟运担任右宫正（东宫副总管）。

一次，宇文邕曾问万年县的县丞乐运："你说皇太子是个什么样的人？"乐运回答："中等才质的人。"宇文邕听了，回过头去对齐公宇文宪说："群臣为了讨我欢心，都说太子聪明睿智，只有乐运一人忠诚正直啊！"然后，他又问乐运中等才质的人有什么特点。乐运回答："就像齐桓公那样，管仲辅佐的话，就能建立一番霸业；如果换了竖貂辅佐，国家就会出现动乱，既能为善，又能作恶。"

宇文邕说："我明白了。"于是，他慎重选择了一群东宫官员，又提拔乐运为京兆丞。乐运的话传到宇文赟耳中，宇文赟非常不满，一直对乐运怀恨在心。

为了强国，北周武帝宇文邕开始盘算着废除佛教。同年十二月二日，北周武帝召集文武百官以及和尚、道士，他亲自登上高座，命令与会人士辩论儒教、道教、佛教三者孰优孰劣，最终，他将三教排序如下：儒教、道教、佛教。

第二年（建德三年，陈太建六年，公元574年）五月十七日，宇文邕又下诏严禁佛教和道教，将两教的经书、塑像全部焚毁，勒令和尚、道士还俗，与此同时，北周还要求查禁种类繁多的祭祀，凡是不符合儒家经典的祭祀一律废除。不久，周武帝又下令兴建通道观，负责整理儒教经典，统一儒教教义。

# 五〇〇 一伐齐国

在周武帝统一意识形态的同时，他还进一步巩固了自己的统治地位。

当初，他将弟弟卫王宇文直的府邸选作了太子宫，让宇文直另选宅第。宇文直遍观各处，没有一个中意的，最后选定了已经废弃了的陟屺佛寺，打算作为府邸住下。齐王宇文宪对他说："弟弟你的儿女们都已长大成人，应当挑选面积大点的宅院，这座佛寺太狭小了，不合适吧？"宇文直对哥哥强夺自己的宅邸很是不满，他愤愤说道："我自己尚且不被包容，还说什么子女！"一次，宇文直跟随宇文邕打猎，却走乱队列，宇文邕当众将其鞭打了一顿，从此以后，宇文直对哥哥更加恼火。

北周武帝建德三年（陈宣帝太建六年，公元 574 年）七月二日，北周武帝前往云阳（今陕西省泾川县西北）视察，宇文直认为时机已到，遂发动叛乱。二十七日，他率领党羽袭击肃章门，负责留守长安的长孙览吓得逃奔云阳，尉迟运恰巧在肃章门内，他当即与卫兵们一起关闭大门，宇文直的叛军涌到门外，砍断了尉迟运的手指，尉迟运勉强将肃章门关上。叛军无法攻进门去，遂纵火焚烧大门，尉迟运担心大火熄灭后，叛军会闯进宫来，遂下令将宫中的木材、床板等投入火中，并浇灌上原油，让火烧得越来越大。过了很久，大火仍未熄灭，宇文直只好退去。尉迟运见状，趁机率领留守部队追击，大破叛军，宇文直率领一百多名骑兵逃出长安，逃亡荆州。

七月三十日，宇文邕回到长安，八月三日，他派人抓获了宇文直，将其废为平民，囚禁起来，不久，又把他杀掉了。

处理宇文直之变后，宇文邕马不停蹄，前往同州（今陕西省大荔县）、蒲州（今山西省永济市），视察边境防务，他还下令边境各城要加强战备，增加粮食储备，扩充兵力。北齐人听说后，也相应地增加了防御。柱国于翼建议说："在边境上小打小闹，双方互有胜负，无关大局。不如解除戒严，与之恢复友好关系，等到对方放松警惕后，我们再趁着他们没有防备，出其不意，才能一举将他们消灭。”宇文邕听从了。

勋州刺史韦孝宽上书提出了灭齐的三个方案，他在奏疏上说：“臣在边境多年，自信能够看出敌人的弱点，如果不利用天赐良机，我们的进攻将难以成功。我们往年进攻，白白浪费资财，寸功未立，其原因就是没有把握住时机。为什么我要这么说？淮南地区，曾是肥沃的土地，南陈小朝廷那么弱小，竟然能够一举收复了那里，北齐连年发兵救援，却是大败而还。由此说明，现在，北齐内部已经离心离德，外部则叛乱不断，到了黔驴技穷的境地了。《左传》说过：‘敌人内乱，机不可失。’如今，我们大军如果取道轵关（今河南省济源市西，为太行山第一陉）东下，道路平坦，部队可以从容东进，并与陈军互为犄角，同时，命令广州（今河南省鲁山县）方向的军队从三鸦（今河南省鲁山县西南）关出击；招募山南（伏牛山以南）的精锐，沿着黄河顺流而下；另外派遣北山（指今陕北）的匈奴族部众切断北齐并州（今山西省太原市）、晋州（今山西省临汾市）之间的交通要道。除了这几支部队外，还要命令他们招募北齐境内的勇士，以高官厚禄为诱饵，让他们充当我们的先锋。如此一来，我军从多路向敌人境内发起进攻，风驰电掣，直扑邺城。敌人必定会望风奔溃，我大军肯定会摧枯拉朽，势如破竹，一举灭掉齐国，这实在是天赐良机啊！其二是中策。如果我们继续等待时机的话，应当与南陈一起进一步分散敌人。从三鸦关以北一直到万春（今山西省河津市）以南沿着两国边境线，要大规模进行屯田，储备军粮，招募将士。陈军一旦在东南发起进攻，双方陷于僵持，我们就乘虚袭击，打破敌人的防御阵线。他们如果前来救援，我们就坚壁清野，等到他们撤离后，我们再卷土重来。我们用我们的边防军去对付他们的中央军，我们不费吹灰之力，他们却不停地奔波劳顿，不出一两年，他们内部肯定会发生变乱。另外，北齐君主昏庸残暴，政令不一，卖官鬻爵，唯利是图，沉溺酒色，残害忠良，举国上下已沸反盈天，无法忍受了。由此可见，他们的灭亡可指日而待，然后，我们再趁机进攻，一定能一举将其灭亡。下策是：昔日勾践灭亡吴国，尚且等待了十年；周武王伐纣，也出兵两次。如果陛下想让北齐君主继续他的罪恶，并等待更佳的时机，臣则认为应该采取与之和好的政策，与他们保持通商关系，养兵蓄锐，相机行事，这是制敌的长远之策，届时将水到渠成，自然能兼并了他们。”

周武帝宇文邕看了韦孝宽的奏表，将开府仪同三司尹娄谦召进内殿，说："我将要用兵，你看该先进攻哪个国家？"尹娄谦回答："北齐君主受家奴弄臣的摆布，昏庸无能，他们的大将斛律光已经因谗言而被杀，如今，北齐上下离心离德，百姓道路以目，齐国容易被击败。"尹娄谦的话说到了宇文邕的心坎里，他听了，禁不住笑了起来。

三月二日，宇文邕派遣尹娄谦与小司寇元卫出使齐国，实地进行考察。

起初，宇文邕只是与齐王宇文宪、内史王谊（王盟侄孙）一起讨论伐齐事宜，又派纳言卢韫前往安州（今湖北省安陆市），征询安州总管于翼的意见，其余人等一概不知。到了七月二十四日，宇文邕才在大德殿召集大将军以上的高级将领，将这一决定通知了大家。他对大家说："如今，我将从几路出兵，水陆并进，北面封锁太行道路，东面掐住黎阳险阻，如果我军一举攻克了河阴（今河南省孟津县东），那么，兖州、豫州可以传檄而定。然后，再养精蓄锐，在洛阳地区等待敌人的到来，只需一战，即可击破敌人，大家以为如何？"周武帝的方略还是长期以来两国相争的老策略，即争夺洛阳地区，并在洛阳地区进行一场决定生死的大战。众臣纷纷表示同意。

七月二十五日，北周武帝宇文邕正式下诏宣布伐齐，他任命柱国、陈王宇文纯，荥阳公司马消难，郑公达奚震（达奚武之子）为前三军总管，以越王宇文盛、周昌公侯莫陈崇、赵王宇文招为后三军总管。命令齐王宇文宪率领两万军队朝黎阳（今河南省浚县）杀来；随公杨坚、广宁公薛迥率领三万水军从渭河进入黄河，顺流而下；梁公侯莫陈芮率领两万军队封锁太行道（今河南省与山西省之间的交通）；申公李穆率领三万军队封锁河阳道（今河南省孟州市的道路）；常山公于翼率领两万军队向陈州（今河南省项城市）、汝州（今河南省汝州市）杀来。七月三十日，周武帝宇文邕亲自率领六万人马直扑河阴（今河南省孟津县）。杨素请求率领他父亲的旧部担任先锋，宇文邕同意了。

以上兵力约为十八万人。

周武帝宇文邕将率领主力直扑河阳（今河南省孟州市）。内史上士宇文弓文建议："北齐建国至今，已历数代，虽说无道，但方镇大员们中间还是不乏能人。今日出兵，关键要选择攻击方向。河阳（今河南省孟州市）是一个重要的交通枢纽，敌人驻扎有大量的精兵，我们全力进攻这里，恐怕难以奏效。依臣之见，不如进攻汾曲（指晋州，今山西省临汾市），那里敌人守军较少，且地势较为平坦，容易攻克。用兵之地，再没有比这里合适的了。”民部中大夫赵煚（音：窘）建议：“河南、洛阳四面受敌，即使占领了此地，也无法守住，因此，我建议从黄河以北直指太原，端掉敌人的巢穴，可一战而定天下。”遂伯下大夫鲍宏建议：“我强敌弱，我治齐乱，不用担心不会成功。但是，先帝屡屡出兵洛阳，敌人有了防备，所以，才屡屡失利。我认为，大军进攻汾、潞二州，直扑晋阳（今山西省太原市），出其不意，这似乎是一条上策。”三人的意见都是反对进攻洛阳，主张在山西用兵，但周武帝均未听从。

周军进入北齐境内后，秋毫无犯，严禁砍伐树木、践踏庄稼，违者斩首。

八月二十五日，宇文邕亲自率军进攻北齐河阴大城（今河南省孟津县东），将其攻克。齐王宇文宪率部攻克了武济（今河南省孟津县），转而包围了洛口（洛水注入黄河处），又攻克了东、西二城，用火船焚烧了北齐在洛口附近架设的黄河浮桥。当晚，北齐永桥大都督傅伏从永桥（在今河南省武陟县）火速西上，赶到中潬城（在今河南省孟州市西南黄河河心岛上）增援。北周军队已经攻克了南城，包围了中潬城，连续进攻了二十天，仍然无法得手。北齐洛州刺史独孤永业固守金墉城，宇文邕亲自率军攻城，也没有攻下。独孤永业连夜赶制两千个马槽，北周人听说后，认为北齐援军可能很快就要到达了。

九月，北齐右丞相高阿那肱率军从晋阳南下，抵御周军。齐军行至河阳（今河南省孟州市）后，正巧宇文邕生病了，周军遂开始西撤。齐军也焚烧了自己的战舰，傅伏对行台乞伏贵和说：“周军已经疲惫，我请求率领两千精兵前往追击。”但乞伏贵和没有答应。周军其余各路也都取得了胜利，攻克北齐三十余座城池，也都全部丢弃西撤。只有药王城（在今河南省济源市境内）地势险要，留下仪同三司韩正驻守，但不久韩正就投降了北齐。

# 五〇一 周室隐患

宇文邕的第一次伐齐，历时一个多月，可以说是无功而返。

可以说，不论是韦孝宽的第一条计策，或是宇文邕实际上采取的方案，都有不尽合理之处。韦孝宽的第一条计策的核心是：以主力部队从轵关东进，沿黄河北岸谷地一路杀向邺城。这一招的前提是：北线能够牵制住晋阳齐军，切断太行山南下的通道，南线又能牵制住洛阳、豫州的齐军，但这显然是十分冒险的，一旦南北两线无法牵制住齐军，则周军主力后方以及侧翼立即暴露在齐军的夹击之下，势必陷于有去无回的险地，因此，韦孝宽的计策是不足取的。宇文邕批判地采纳了韦孝宽的建议，但并没有将首攻目标放在邺城，而是放在了洛阳，这一方案相对于韦孝宽的建议来说要稳妥了很多。但从实战的结果来看，原计划以齐王宇文宪之军前突至黎阳的设想显然又是不现实的，也是建立在成功堵住晋阳齐军南下的假设上，而实际情况可能是：周军虽然取得了一系列的胜利，但并没有实现原初的设想，即未能完全封锁住晋阳齐军南下的通道，这样一来，齐王宇文宪的区区两万人马就不敢往前继续深入了，遂加入了洛阳战场，而这又回到了两国历次洛阳会战的老路上。

史称，周军之所以撤兵是宇文邕病了，其实，也许并不可信。实际情况可能是：周军虽然总兵力不少，但由于原计划用于堵截的部队很多，因而极为分散，而齐军援军到来后，在洛阳战场这一局部地区，周军已并不占据优势，为了防止邙山惨败的重演，宇文邕不得不明智地主动撤离了。另外一个因素可能是：趁着周军东下之际，吐谷浑可能在北周西部发动了攻势，周武帝不得不回师，对付吐谷浑。

在周军退去后的次月，即闰九月，南陈车骑大将军吴明彻率军对北齐彭城发起了进攻，十一日，吴明彻率领陈军在吕梁（今江苏省徐州市东南）大破数万齐军。此后，陈军虽然一直包围着彭城，却迟迟无法攻克，陈军的北伐行动也就此停了下来。

在周军撤离六个月后，到了第二年，即北周武帝建德五年，北齐后主武平七年，陈宣帝太建八年，公元576年二月十二日，北周武帝宇文邕又命令太子宇文赟率军巡视西部，并讨伐吐谷浑。上开府仪同大将军王轨、太子宫宫正宇文孝伯随行。军务全由二人处理，太子宇文赟只是挂个名而已。周军进抵青海，一直打到伏俟城（今青海省都兰县）。吐谷浑王夸吕逃走，周军俘获吐谷浑境内的残余部众后，于同年八月凯旋。

宇文邕对儿子宇文赟非常严厉，每次朝会，太子与其余大臣一样要早早起床在殿外等待，即使隆冬腊月或者酷暑盛夏，均不得休息。武帝还因宇文赟嗜酒，下令严禁往东宫内送酒，只要是武帝知道儿子有错，立即命人棍棒伺候。他还曾当面对宇文赟说："自古以来有多少太子被废掉的？难道说我其余几个儿子们都不配当太子吗？"并下令东宫官员将太子的言行记录下来，每月上报。宇文赟害怕父亲，遂刻意掩饰自己的本性，矫揉造作，谨言慎行，有很长一段时间，宇文邕没再听到儿子的过失。但这次西征吐谷浑让宇文赟心情大好，远离老父，自己一人说了算，他仿佛是一个久困樊笼的小鸟，一路上把这次出征当作了一次旅游，在军中是胡作非为，坏事干尽。宫尹（太子宫副总管）郑译、王端等人都受到宇文赟的宠爱，他们也都成了宇文赟的帮凶。等到周军回到长安后，王轨向武帝宇文邕做了汇报，宇文邕听后大怒，将宇文赟和郑译等人痛打一顿，并将郑译等人革职，太子宫中宇文赟的其余亲信们也都受到了相应的处罚。事后，宇文赟又找到郑译，两人依旧亲昵异常。郑译对宇文赟说："也不知什么时候殿下能登上大位？"宇文赟听了，非常高兴，更加宠爱郑译。

郑译是北魏胡太后情夫郑俨的侄孙，他不仅精通音律，而且还擅长骑射，郑译的堂祖父郑文宽与宇文泰是连襟，郑文宽当时无子，宇文泰遂令郑译作为他的后代，因此，对郑译也很爱护，常令其与自己的儿子们相处。《隋书·郑译传》对这次事件有不同的记载，称，出师前，宇文赟很担心，他问郑译："我的三弟秦王宇文贽是皇上最喜爱的儿子，而王轨则是皇上最信任的臣子，这次出师，会不会再次出现秦始皇太子扶苏的事？"郑译回答："希望殿下能够恪守儿子之道，不必多虑。"回师后，因在太子面前不庄重而被武帝免职。

王轨曾对小内史贺若弼说："太子肯定无法担当重任。"贺若弼表示同意，并请王轨向武帝禀报。一次，王轨陪侍武帝，说道："皇太子在仁爱、孝顺方面并没有特殊之处，还屡屡犯错，恐怕处理不好陛下的家事。臣愚钝无知，说话没什么说服力，陛下总是说贺若弼是个文武双全的奇才，他也是这么认为的。”武帝扭头询问贺若弼，可是，狡猾的贺若弼却回答：“皇太子在东宫修养自己的品德，我从未听说他有什么过失。”出宫后，王轨责备贺若弼说：“你我平时无话不谈，如今当着皇上的面，你为何要出尔反尔？”贺若弼却说：“这就是你的不对了。太子是国家的储君，岂能轻易在这个问题上说三道四？弄不好就会面临灭族大祸，我本来以为你会秘密向陛下陈说，哪能公开讨论此事！”王轨沉默了很久，才说：“我一心为国，遂没有为自己打算。刚才当着众人的面说这事，确实不合时宜。”后来，王轨参加武帝举行的内廷宴会，借着给武帝敬酒，捋着武帝的胡须说道：“可爱的老爷子啊，只可惜后嗣太弱了啊！”武帝深以为然。不久前，武帝曾问右宫伯宇文孝伯：“我儿子近来咋样？”宇文孝伯回答：“太子害怕陛下，近来没什么过失。”酒宴结束后，武帝责备宇文孝伯说：“你经常对我说：‘太子没犯错。’今日王轨这么说，可见你是说谎了。”宇文孝伯跪下叩头说：“臣听说，父子之间的事，外人很难插言。臣知道陛下不能忍痛割爱，所以才闭口不言了。”武帝知道他内心的想法，他沉默了很久，才说：“我把儿子交给你了，你努力啊！”还有一次，王轨突兀地对武帝说：“皇太子不是社稷之主，普六茹坚（杨坚）有反臣之相。”武帝听了，很不高兴，说道：“如果天命所在，我也无可奈何！”杨坚听了，非常害怕，更加谨小慎微起来。

杨坚长相奇特，畿伯下大夫来和曾对杨坚说：“大人目光像星星一样明亮，当为天下之主，但愿您要控制好心态，不要随便杀人。”武帝对杨坚很好，齐王宇文宪对武帝说：“普六茹坚相貌非同寻常，臣每次见到此人，不知不觉之间会手足失措，此人恐怕不会久居人下，请早早杀了他。”武帝也心生疑虑，询问来和，来和却回答：“随公只是一个守节之人，可以委派他镇守一方，如果让他领兵打仗的话，将战无不胜。”杨坚与郑译是同学，二人私交很好。

一个无能的太子宇文赟，一个太子的岳父、野心勃勃的杨坚，还有一个游离于太子宇文赟、杨坚之间的贪婪诡诈的郑译，这都是未来北周帝国的隐患。

王轨目光如炬，将这些都看得是清清楚楚，武帝虽然有七个儿子：李氏生宇文赟、汉王宇文赞，库汗姬生秦王宇文贽、曹王宇文允，冯姬生道王宇文充，薛世妇生蔡王宇文兑，郑姬生荆王宇文元。他也知道宇文赟不成器，但次子汉王宇文赟更不咋样，而其余几个孩子年龄都非常小，因此，宇文赟的太子之位一直没有被废。

这也是武帝无奈的选择吧……

# 五〇二 二次伐齐

刚刚进入建德五年（北齐后主武平七年，陈宣帝太建八年，公元 576 年），当太子宇文赟还在西征之时，周武帝就已经筹划着对北齐发动第二次进攻了。在这一年的一月四日，他就离开长安，前往同州（今陕西省大荔县）视察，十二日，又赶往河东的涑川（发源于今山西省绛县，在永济市附近注入黄河），然后返回长安。到了四月七日，他再度前往同州。

等到太子宇文赟班师后，到了九月，他对群臣说："去年，因我得病，遂未能消灭敌人。上次，我们深入敌境，已经目睹了敌情，感到他们行军打仗，完全等同儿戏。况且，他们的朝廷日益昏乱，一群无知小人把持朝政，致使民怨沸腾，朝不保夕。上天赏赐的礼物，如果拒绝接受，将会受到上天的惩罚。上次进攻黄河以南地区，只是攻击了敌人的脊背，未能扼住敌人的咽喉。晋州（今山西省临汾市）本是高欢的发迹之地，地理位置非常重要，如今，我军进攻那里，敌人必定会来救援；我们严阵以待，一定取得胜利。然后，再乘着战胜之威，一直向东杀去，定能直捣敌人的巢穴，统一天下。"众将都不愿再战，宇文邕说："机不可失。胆敢动摇军心的，定斩不饶！"于是，第二次伐齐的决定就这样作出了。

十月四日，宇文邕亲自率军开始伐齐。他命令越王宇文盛、杞公宇文亮（宇文导之子）、随公杨坚为右三军，以谯王宇文俭、大将军窦泰、广化公丘崇率领左三军，又命齐王宇文宪、陈王宇文纯为前锋。十月十一日，北齐后主高纬正与冯淑妃在祁连池［今山西省宁武县管涔山上，《北史·冯淑妃传》称，猎于三堆（今山西省静乐县）］打猎，晋州告急，从清晨到中午，三道告急文书从前线传来。右丞相高阿那肱说："大家兴头正高，边境上小小的冲突，不过是家常便饭，何必要急着禀报！"到天黑时，又有来使称："平阳（今山西省临汾市）已经陷落！"这时，高阿那肱才让禀报。后主听了，就要下令折返，冯淑妃请求再打一围，后主同意了，因后主的名字叫高纬，当时就有人认为冯淑妃说打围不吉祥，十八日，后主回到了晋阳（今山西省太原市）。

宇文邕率领周军直抵晋州，大军驻扎在汾曲（今山西省临汾市南），他作出以下部署。

一是派遣齐王宇文宪率领两万精锐骑兵继续北上，前突至雀鼠谷（今山西省介休市西南）。雀鼠谷，北起今山西省介休市，中经灵石县，南达霍州市，谷长七十余公里，汾河流经河谷，河谷两边为陡峭的悬崖，是晋阳南下的要道。宇文邕派遣宇文宪率军扼守雀鼠谷，就是为了阻击齐军从晋阳南下救援晋州。

二是派遣陈王宇文纯率领两万步骑防守千里径（今山西省霍州市东南十里）。千里径是北魏平阳太守封子绘开凿的一条道路，是连接晋阳的另一条重要通道。由于雀鼠谷两岸悬崖陡峭，河流湍急，很难突破，一般取道千里径。宇文邕派遣宇文纯驻守此地，承担与宇文宪同样的任务。

三是命令柱国宇文盛率领一万步骑驻守汾水关（今山西省灵石县东南）。宇文盛所部承担的任务与上述两将相同，又可以随时对他们进行支援。

四是派遣郑公达奚震率领一万步骑驻守统军川。顾祖禹的《读史方舆纪要》卷四十二称："土军川在（石楼）县西五十里，源出团圆山。有土军谷，亦曰吐京谷，西达于大河，县境诸水，悉流合焉。或讹为统军川。"石楼县远在西北，且是吐京胡的辖地，与周军在晋州的作战影响不大，顾祖禹的说法应当是错误的，统军川当另有其地。据《周书·达奚震传》称："五年，又从东伐，率步骑一万守统军川，攻克义宁、乌苏二镇，破并州。"其中，义宁是山西省沁源县县治，因此，统军川地望当在今山西省霍州市以东地区，即在雀鼠谷的东部。

据现代学者考察，雀鼠谷、千里径、统军川三者是由西向东的三条大体平行的南北通道，统军川间道由山西省洪洞县南境溯洪安涧河河谷东北行，略循当今323省道干线公路至该河源头，折东循沁河上源河谷东北行，再折西北循浊漳河西源，越过武乡、祁县交界处分水岭后，循昌源河河谷一线，直至今山西省祁县东观镇。学者们的考证大约是正确的，即达奚震驻守的统军川在雀鼠谷和千里径以东，并不在西边的石楼县境。由此也可以解释，宇文邕派遣的这四位将领的任务都是为了阻击来自晋阳方向的北齐援军，确保晋州战役的胜利。

除了阻击晋阳方向的齐军外，宇文邕又派遣大将军韩明率领五千步骑把守齐子岭（今山西省垣曲县东）。焉氏公尹升率领五千步骑驻守鼓钟镇（今山西省垣曲县北六十里）。齐子岭，另一说是指在今山西省沁水县东南二十里的夫妻岭，为阳城至沁水的交通要道。鼓钟镇，《水经注》称：“（教水）南历冶官西，世谓之鼓钟城。”杨守敬注称：“（尹升所守的鼓钟镇）盖即鼓钟城，城在教水东。当在今垣曲县之东北。”因此，宇文邕部署的这两路，是为了防守从洛阳、河内地区而来的北齐援军。

宇文邕又分出两支部队。

一是派遣凉城公辛韶率领五千步骑守卫蒲津关（今山西省永济市）。显然，是为了保护大军后方的安全。

二是命令赵王宇文招率领一万步骑从华谷（今山西省稷山县西北二十里）北上，进攻北齐汾州（今山西省吉县）的各个城池。该部的任务是扫清晋州以西地区的残余敌人。

宇文邕命令内史王谊统领各军朝平阳城发起了猛攻。北齐行台仆射海昌王尉相贵固守城池。

十月十九日，北齐军队在晋阳集结完毕。二十五日，北齐后主率领大军从晋阳出发直扑晋州。

周军必须在北齐援军到来之前拿下平阳城，只有这样，才能将主力与担任阻击的部队会合，迎头痛击北齐援军，如果在北齐援军到来之前不能拿下平阳，一旦齐军在突破周军阻击阵地、突进到平阳城下后，与城内守军里应外合，周军处境将非常不妙。

宇文邕每天都亲自来到城下督战，城内渐渐受不住了。十月二十五日，就在北齐援军南下当天，北齐晋州行台左丞侯子钦等人趁夜打开了平阳城门投降。二十七日，驻守平阳北城的北齐晋州刺史崔景嵩夜里派人出城请求投降，北周王轨率军前去接应。天色未亮，北周将领段文振手持长枪，与数十人率先爬上了城墙，与崔景嵩会合，一起闯入尉相贵的住所，劫持了尉相贵，然后，他们登上了城墙，大声呐喊，齐军群龙无首，四散溃逃，周军遂攻克了北城，俘虏尉相贵以及八千多名齐军。

北上的宇文宪所部相继攻克了洪洞（今山西省洪洞县）、永安（今山西省霍州市）两座城池，已进抵雀鼠谷南口，但是，守卫此地的齐军焚烧了桥梁，固守险要，周军无法继续向前推进。宇文宪遂率军驻扎在永安城内，另外派遣永昌公宇文椿率军驻扎在鸡栖原（今山西省霍州市东北三十里），砍伐柏树立下大营。

显然，承担扼守雀鼠谷的宇文宪所部并没有达到目的。

十月二十八日，就在平阳陷落的第二天，北齐后主命令一万人马从千里径南下，又分军向汾水关杀来，他则亲率大军扑向鸡栖原。驻守汾水关的宇文盛向宇文宪告急，宇文宪亲自率军前去救援，北齐军见北周援军到来后，即行退去，宇文盛追击，将齐军击破。不久，鸡栖原上的宇文椿也来告急，宇文宪又率军救援。周军与齐军在鸡栖原对垒，一直等到日暮也没有交手。此时，周军已经攻克了平阳，如果再不将散于各处的军队收缩起来，势必被北齐大军各个击破，因此，宇文邕下令宇文宪等人撤退，宇文宪遂率军趁夜退去。齐军见周军柏木构筑的帐篷还在那里，一直没有发现周军已经悄悄撤离了，等到第二天才知道。后主命令高阿那肱率领先锋部队先行，自己随后进发。

十月二十九日，北周武帝宇文邕任命开府仪同大将军梁士彦为晋州刺史，率领一万精兵驻守平阳。

十一月四日，北齐后主高纬率领齐军进抵平阳。宇文邕见齐军声势浩大，打算暂时撤退，避开齐军的锐气。开府仪同大将军宇文忻（宇文贵之子）劝说道：“陛下圣明威武，趁着敌人荒淫纵恣，何必担心不会胜利！假如北齐出现一位明君，君臣齐心协力，即使是商汤、周武王再世，也难以扫平他们了。如今，敌人君主昏庸，臣下愚蠢，军无战心，即使有百万之众，也不过是送给陛下的礼物而已。”军正王韶也说：“北齐政治昏乱，已经经过了两世，上天眷顾我们，一战就扼住了他们的咽喉。取乱侮亡，正在今日，现在撤军，我实在无法理解。”宇文邕虽然认为二人说得有理，但仍然率军撤离了。

宇文邕命宇文宪率军殿后，齐军追击，宇文宪与宇文忻各自率领一百骑兵与齐军交战，斩杀了齐军猛将贺兰豹子等，齐军退去。宇文宪领军渡过汾河，在玉壁追上了宇文邕。宇文邕命令宇文宪率领六万大军驻扎在涑川，声援平阳，又将各军都留在河东地区，这才回到了长安。

# 五〇三 平阳大战

北齐大军反过来又包围了平阳。

北齐后主高纬亲自指挥齐军不分昼夜对平阳城发起了猛烈的进攻，平阳城墙的墙垛全部被摧毁，剩余下来的城墙仅有六七尺那么高，两军有时短兵相接，有时你来我往，骑马拉锯交战，城内周军情况非常危急，外援迟迟不到。梁士彦慷慨地说道："我们今天就死在这里，我要死在你们前头！"于是，周军将士忘掉了恐惧，他们视死如归，拼死抵抗，喊杀声震天动地，无不以一当百。齐军稍稍退却，梁士彦命令妻子和将士们的子女昼夜整修城墙，三日整修完工。

北齐军队开挖地道，再次对平阳发起猛攻，城墙塌陷十余步，北齐军队打算趁势攻进城去。谁知后主高纬却下令暂停进攻，他竟然呼唤冯淑妃到军前观看这一激动人心的时刻！冯淑妃梳妆打扮完毕，等到她磨磨蹭蹭来到阵前时，北周守军又争分夺秒用木材将缺口堵上了，齐军遂无法攻下了。

这个荒唐的高纬根本不知道自己在干什么，旧俗称，晋州城西的石头上有仙人留下的足迹，冯淑妃想去参观，中途要经过一座桥梁，后主担心这座桥梁在城上守军弓弩的射程范围，就下令挪用攻城的木材在远处又建造了一座桥梁。后主与冯淑妃从新建成的桥梁上经过，新桥却突然倒塌（估计是怨愤的士兵们故意为之），后主和冯淑妃等到深夜才回到营中。后主认为是冯淑妃有保驾之功，将要晋封她为左皇后，又命人前去晋阳取皇后的服饰。

十一月十八日，宇文邕回到了长安。第二天，刚刚到长安的他又下诏，以北齐包围了晋州，将重新率领众将发兵进击。二十一日，他下令将北齐俘虏放还。二十二日，也就是他回来的第五天，宇文邕又从长安出发，二十七日，他渡过了黄河，与河东的周军会合。

十二月三日，宇文邕抵达高显（今山西省闻喜县），派遣宇文宪率领六万人马先向平阳进发，四日，宇文邕率领的周军主力抵达了平阳。六日，各路周军全部到达，共计有八万余人，在平阳近郊构筑阵地，东西绵延二十余里。

此时，平阳周军已经苦苦支撑了噩梦般的一个月零两天。

宇文邕在北齐大军到来时，不敢与齐军正面决战，而是选择了撤离，显然是因为他对两军大规模的正面作战没有把握。在两国之间历次大规模作战中，虽然周军总是先发起进攻，但败多胜少，宇文邕不敢赌一把，实际上，如今的北齐军队虽然战斗力仍然很强，但怎奈有个昏庸的皇帝，有道是将熊熊一窝，估计宇文邕在折返长安的路上一直反复思索，最终他还是选择了孤注一掷！

北齐在围攻平阳时，因宇文宪就在不远的汾河南岸，为了防备宇文宪率军偷袭，齐军在平阳城南开挖了长长的壕沟，壕沟东起乔山西至汾水。周军到来后，北齐后主率领齐军主力在壕沟以北列阵，宇文邕命宇文宪飞马前去查看敌情。不久，宇文宪复命说："容易得很！待我击破他们后再吃饭！"宇文邕听了非常高兴，说道："真的像你说的那样，我就没什么可担忧的了！"宇文邕骑着平常骑的马，带上数名侍从，到各军巡视，每到一个部队，都叫出主帅的姓名，安慰勉励一番。周军将士们听到皇帝竟然知道自己的名字，都非常感动，士气大振。战前，官员请求宇文邕换上战时用马——皇帝平常骑的马尤其温顺，到了战时要换上快马。宇文邕却说："我自己骑上良马，又将跑到哪里去呢？"宇文邕原本打算率军逼近齐军，但由于有壕沟的阻挡，只好停了下来。就这样，周、齐两军隔着壕沟从清晨一直相持到了傍晚，始终没有交手。

北齐后主高纬征询高阿那肱的意见："是战还是不战？"

高阿那肱回答："我军人数虽多，但能够作战的不足十万。其中，生病、受伤以及到附近砍柴负责烧饭的又占去三分之一。过去，神武皇帝进攻玉壁，敌人援军来后，神武皇帝就下令撤军了。我们今日率领的将士岂能比得上神武皇帝之时！不如不战，退守高梁桥（今山西省临汾市东北）为好。"

武卫将军安吐根（原为安息胡人）却说："这一撮小蟊贼，看我骑马将他们挑入汾河里去！"

后主犹豫不决。

就在这时，一群宦官们在后主跟前七嘴八舌地说道："他们来的是天子，我们也是天子，他们尚且能远道而来，我们为何要守住壕沟，示弱于他呢！"

后主听了，说道："这话说得对！"

于是，他下令齐军填埋壕沟，率军南下。宇文邕大喜，部署各军准备迎头痛击。

两军刚一交手，后主与冯淑妃并马在远处观战。这时，只见齐军东面（左翼）稍稍后退，冯淑妃见状顿时吓得花容失色，惊呼道："败了！"身边的录尚书事城阳王穆提婆也连连催促道："陛下赶紧走！赶紧走！"高纬遂带上冯淑妃一行人逃奔高梁桥。开府仪同三司奚长劝谏说："部队作战时一会儿前进，一会儿后退，这都非常正常。如今，我军仍然完好无损，陛下脱离大军，又想跑到哪里去！陛下的马蹄一动，军心必然大乱，再难重新振作了！请陛下速速回去安慰军心！"武卫将军张常山随后赶来，他也说："部队已经收拢完毕，非常严整，我围城部队也坚守阵地，没有松动。陛下应该速速回去，如果不相信臣的话，请派内臣前去查看！"高纬打算听从他的话，但穆提婆碰了碰高纬的胳膊肘，小声说道："这话不可信。"于是，高纬遂与冯淑妃一行人向北逃命，绝尘而去。

后主脱离战场后，齐军军心大乱，顿时崩溃，被斩杀了近万人，数百里之内，漫山遍野都是齐军丢弃的辎重兵器，唯独安德王高延宗所部没有损失。

后主逃到洪洞，冯淑妃正对镜梳妆，突然间，后面有人高喊周军来了，于是，后主再次北逃。途中，从晋阳来的宦官们取回了皇后袆衣（祭祀用）、翟衣（朝见用）等，后主停下马来，让冯淑妃又穿上后，才放马而去。行至高壁（今山西省灵石县东南二十五里），后主留下高阿那肱率领一万人马驻守，余下的军队驻守洛女砦（确址不详，当在今灵石县境内）。后主与冯淑妃回到了晋阳。当时，北齐洛州刺史独孤永业尚有三万人马，他听说晋阳失陷后曾上书请求从洛阳向周境发起进攻，但他的奏表石沉大海，一直接不到朝廷的指示，独孤永业非常愤怒。

十二月七日，宇文邕进入平阳城。梁士彦见到宇文邕后，他抚摸着宇文邕的胡须，哭着说道："臣差一点就再也见不到陛下了！"宇文邕也感动得流下了眼泪。

虽然取得了平阳大战的胜利，但宇文邕并没有一举荡平北齐的信心，他看到周军将士已经十分疲惫，再次打算就此罢手，撤军回国。梁士彦拉住宇文邕的马缰绳劝谏道："现在，齐军已经溃败，人心动摇，趁着他们胆战心惊，乘胜进攻，肯定能够成功。"宇文邕同意了，他握住他的双手，对他说："我得到了晋州，这是平定齐国的基础，如果无法固守，大事就不可能成功。我并不担心前面的事，唯恐后方有变，你要用心给我守好！"遂决定追击齐军。众将都不愿再战，一再请求撤军，宇文邕说道："你们诸位如果还有疑虑，我将独自前往。"众将遂不敢再说。

十二月九日，宇文邕率领周军进抵汾水关。宇文邕率军朝高壁杀来，高阿那肱望风而逃，宇文宪率军进攻洛女砦，将其攻克。

后主高纬逃到晋阳后，既忧且惧，不知如何是好。

十二月十日，他下诏大赦。他向群臣询问对策，大家都说："应当轻徭薄赋，安慰民心；搜集残兵，背城死战，只有如此，才能解救帝国。"但此时的后主已经吓得魂不附体，哪能听得进去？他打算留下安德王高延宗、广宁王高孝珩驻守晋阳，他自己则逃往北朔州（今山西省朔州市），如果晋阳失守，他就逃到突厥，群臣没一个同意的，但后主不从。

十二月十一日，后主下诏命令安德王高延宗、广宁王高孝珩招募军队。高延宗进宫觐见，后主告诉他自己将要逃往北朔州的打算，高延宗哭着劝谏，但后主不听，暗中派人把皇太后胡氏、太子高恒先送到北朔州。有人称高阿那肱引诱周军前来，后主命侍中斛律孝卿调查，斛律孝卿认为是诬陷；到晋阳后，高阿那肱的心腹又告发他谋反，后主又认为是诬陷，遂斩杀了告发人。

十二月十二日，北周大军已经越过了雀鼠谷天险，北周武帝宇文邕与齐王宇文宪在介休（今山西省介休市）合兵一处。北齐开府仪同三司韩建业献出城池投降，开府仪同三司贺拔伏恩等三十多名宿卫近臣叛逃周军，宇文邕均一一进行了封赏。

当夜，后主打算北逃，但众将不从，他只得勉强留在了晋阳。

# 五〇四 晋阳之战

十二月十三日，周军即进抵晋阳城下。

当天，后主再次宣布大赦，改元隆化。他任命安德王高延宗为相国、并州刺史，统率山西全部的军队。此时，他逃离晋阳的主意已定，遂对高延宗说：“并州就算哥哥你的了，我今日逃了！”高延宗说：“陛下念及江山社稷，请千万不要轻举妄动，臣为陛下出死力战斗，必定能击破敌人！”穆提婆在一旁说道：“陛下主意已定，大王不得总是阻挠！”当晚，后主遂率领亲随砍开五龙门，逃出城外，原本打算北逃到突厥，但很多随从官员都不愿意，途中纷纷逃散。领军将军梅胜郎拦住后主的坐骑劝谏，遂折回朝邺城而来。当时后主身边只有高阿那肱等十几人骑着马跟随，稍后又有广宁王高孝珩、襄城王高彦道陆续加入，一行共有数十人。

穆提婆一出城就投降了周军，后主得知后，勒令其母陆令萱自杀，将其家属不分老幼全部诛杀，没收全部家产。宇文邕以穆提婆为柱国、宜州刺史，并下诏对北齐群臣说：“如果你们竭尽全力，又深知天命，前来投奔，我将对你们加官晋爵。原来叛逃到你们那里的我军将士，不论贵贱，一概免罪。”从此，北齐各地官员纷纷投降。

并州将士们对安德王高延宗说：“大王不自立为帝，我们大家实在是不会替大王出生入死的。”

十二月十四日，高延宗在不得已的情况下只好登基称帝，他下诏称：“武平（指后主高纬）软弱无能，国家大事全由宦官们控制，如今，又砍开城门连夜逃去，下落不明。我被诸位王公大人们推举，登上了皇帝宝座。”大赦，改元德昌。他一面任命晋昌王唐邕为宰相，齐昌王莫多娄敬显、沭阳王和阿于子、右卫大将军段畅、开府仪同三司韩骨胡等人为将帅；一面派人前往突厥求援。

高延宗即位的消息传来，并州军民纷纷前来投靠。高延宗将晋阳宫中的财物以及宫中美女全部拿出来赏赐给将士们，并没收了十余家宦官的家财。他见到每一位士兵都要亲自握住他们的双手，一一称名道姓，哽咽流泪，城内将士都愿意为他效命，晋阳城内军民同仇敌忾，即使是妇女孩童也都登上房顶，投掷石头砖块，共同抵御周军。

十二月十五日，北周武帝宇文邕来到了晋阳城下。北齐特进、开府那卢安生守太谷（今山西省太谷县），率领一万齐军投降了周军。

十二月十六日，北齐后主高纬逃到了邺城。当他听说安德王高延宗称帝的消息后，对近臣们说："我宁可让北周得到并州，也不愿安德王得到。"他身边的佞臣们纷纷说："是这个理。"

周军以战胜之威团团包围了晋阳，放眼望去，晋阳城外全是身穿黑色战袍的周军，如同黑云一般。高延宗命令莫多娄敬显、韩骨胡二人把守城南，和阿于子、段畅负责城东，他亲自率军在城北抵御北周齐王宇文宪。高延宗素来肥胖，大肚子下垂着，走起路来非常笨拙，但此时，他仿佛变了一个人，手持长矛来回督战，奔走如飞，无人能挡。尚书令史沮山亦肥大多力，手持长刀紧随其后，杀伤了很多周军，激战中，武卫将军兰芙蓉、綦连延长均战死在沙场。

就在高延宗在城北与敌人激战时，驻守城东的和阿于子、段畅二人竟然率领一千多骑兵出城投降了！北周武帝宇文邕亲自率军来到城东，对东城门发起了猛攻，傍晚时分，周军终于攻进了东门，闯入城中，纵火焚烧了佛寺，顿时火光冲天，亮如白昼。得知东门失守后，高延宗和莫多娄敬显率领城北的军队迂回到东门，尾随周军之后，前后夹击，周军顿时大乱，争相向城外逃去，由于城门狭窄，周军自相践踏，反而堵住了去路。齐军在他们身后猛砍猛杀，杀死了两千余人。

宇文邕身边的卫士几乎全部战死，齐军还在后面追杀，而晋阳城东街道狭窄，地形复杂，眼看无路可走，宇文邕是命悬一线。承御上士张寿牵着马，刚刚投靠周军的贺拔伏恩用鞭子猛抽马后，在贺拔伏恩和另外一名北齐降将皮子信的引导下，一直折腾到当夜四更，宇文邕才侥幸逃出城外，差一点丢掉了性命。

齐军获胜后，高延宗判断宇文邕已经被杀，命人在尸体里寻找长胡须的，但没有找到。得胜后的齐军顿时松懈了下来，将士们纷纷涌向酒坊喝酒，个个喝得酩酊大醉，高延宗也无法制止。

宇文邕逃出城后，饿得无法忍受，打算就此逃离，众将大多也劝说撤回。齐王宇文宪和柱国王谊劝谏，认为这样逃走，反而无法幸免，降将段畅又反复说晋阳城内守备非常空虚。宇文忻也反对撤回，他愤怒地说道："陛下攻克晋州，乘胜来到此地。如今，北齐皇帝已经逃走，关东各地已经动摇，自古用兵从未有这样威风的。昨天攻入城中，将士轻敌，稍有不利，何足介怀！大丈夫理当死中求生，败中取胜，现在，已成摧枯拉朽之势，陛下为何要丢掉这大好形势呢！"宇文邕这才停下马，命令吹响号角停止攻击，集合军队，不久，士气又振作了起来。

十二月十七日凌晨，宇文邕率领周军再次进攻东门，此时，齐军将士大多还在酣醉之中，周军再次攻克了东门，接着又攻克了南门。高延宗率军苦战，打得精疲力竭，逃到城北，被周军生擒。宇文邕从马上下来，握住他的双手。高延宗推辞道："死人的手岂敢碰天子？"宇文邕回答："你我是两国的皇帝，我们之间并无个人恩怨，只是为了百姓幸福才大动干戈。不要害怕，我绝不会加害于你的。"又让他穿好衣服，对他很尊重。唐邕等人也都投降了周军，只有莫多娄敬显逃奔邺城，后主高纬任命其为司徒。

高延宗十二月十三日奉命守卫并州，十四日称帝，十五日宇文邕来到晋阳，就发起了进攻，十六日，高延宗反击成功，但到十七日凌晨早饭时就被俘了。过去，在高都郡（今山西省晋城市）有座山上的悬崖绝壁上，突然出现一行黑字，写着："齐亡延宗。"如今，有人认为是应验了。还有人称，高延宗的年号德昌，是只得两日，也就是在位仅两天的意思。

高延宗刚称帝时，曾向瀛洲（今河北省高阳县）刺史任城王高湝送去书信，称："主上出逃，社稷重大，大臣劝进，我不得已暂时负责一下。战事平定后，就将皇帝宝座归于叔父。"高湝说："我是臣子，岂能接受这种书信！"遂将使者押送到了邺城，交由后主处置。

十二月十八日，宇文邕宣布大赦，废除北齐的种种法律制度，物色贤能之士，予以提拔任用。当初，北周使者尹娄谦出使北齐，目的是探听北齐的虚实，他的参军高遵向北齐泄露了这一秘密，北齐遂将尹娄谦扣押在晋阳。宇文邕占领晋阳后，召见了尹娄谦，对其安慰了一番，并把高遵抓住交给尹娄谦，任他随便处置。尹娄谦叩头请求赦免了高遵，宇文邕说："你可以当着众人的面，朝他脸上吐口水，让他知道羞愧。"尹娄谦说："以高遵所犯的罪，不是吐口水就足以惩处的。"宇文邕听后，就作罢了。尹娄谦还像以往那样对待高遵。

北齐后主下令要拿出重赏招募将士，可是，到最后他自己竟然不拿出财物。

广宁王高孝珩建议道："命令任城王高湝率领幽州的军队从土门（井陉关，在今河北省井陉县西）西进，扬言要进攻并州，独孤永业率领洛州军队西入潼关，扬言要进攻长安，我率领京畿部队从滏口（今河北省武安县南）西进，迎击敌人。敌人听说我军三路杀来，必然会逃离。"他又建议后主将宫中的宫女、珍宝拿出来赏赐给将士们，后主听后很不高兴。斛律孝卿请后主亲自勉励将士们，他提前给后主撰写了演讲稿，并一再告诫说："陛下在演讲时应当表现得慷慨激昂，这样才能振奋人心，起到激励将士们的作用。"高纬出宫后，当着将士们的面，一向笨嘴拙舌的他紧张之余竟然忘记了稿子的内容，看到将士们一脸严肃，他突然放声大笑起来，他身边的弄臣们也跟着哈哈大笑。将士们个个愤怒地说："他自己尚且这样，我们还着什么急！"人人全无斗志。后主只好对大家加官晋爵，从大丞相以下，太宰、三师（太师、太傅、太保）、大司马、大将军、三公（太尉、司徒、司空）等高官，全部增加员额，有的增至三人，有的增到四名，高官数不胜数。

# 五〇五 占领邺城

关于这场北周未必能胜利、反而大胜、不仅大胜、最终还灭亡了北齐的战争，后人大多将北齐的灭亡归结到红颜祸水上来，唐代李商隐写了两首著名的《北齐》诗，其一，“一笑相倾国便亡，何劳荆棘事堪伤。小怜玉体横陈夜，已报周师入晋阳。”其二，“巧笑知堪敌万几，倾城最在着戎衣。晋阳已陷休回顾，更请君王猎一围。”对于这两首诗再说两句，过去有人曾由其一中的“小怜玉体横陈夜”句，演绎出后主让冯小怜裸体躺在床上、命群臣观赏的香艳荒淫的故事，这完全是瞎编的；关于其二“晋阳已陷休回顾”句，当时传话的是晋州陷落，而不是晋阳陷落，李商隐原诗采用史料有误。后主十月十八日回到了晋阳，晋州（平阳）是十月二十七日陷落的，后主与冯小怜在天池（祁连池）打猎时，连晋州尚未陷落（可能是传话人故意误传），更不用说晋阳了。

实际上，主要原因还在于后主高纬的无能。从北周武帝宇文邕的临场表现来看，他与此前谥号带武的皇帝：汉武帝刘彻、光武帝刘秀、魏武帝曹操、宋武帝刘裕、道武帝拓跋珪、太武帝拓跋焘、神武帝高欢（不提晋武帝司马炎）相比，还相差一个档次，他身为统帅起码犯了犹豫不定、勇气不足又仓促冒进等大忌，至于最终消灭了北齐，实在是北齐后主太弱了，北齐换一个稍有头脑的皇帝也不至于亡国，甚至会把犹豫不决的宇文邕打得有来无回。

听说后主回到了邺城，朔州行台仆射高劢（高欢堂弟高岳之子）率军护送胡太后、太子高恒从土门道回到了邺城，后主下令高劢统领兵马，保护太后。当时，那些个佞幸宦官们仍然毫无收敛，一路上，他们还是放纵苍鹰、猛犬残害百姓们家的鸡、猪，高劢发现后立即逮捕了宦官仪同三司苟子溢示众，将要就地斩杀，胡太后下令，高劢才免其一死。刘文殊私下对高劢说：“苟子溢这帮人整天在太后、皇帝身边，一句话就能带来富贵、灾祸，对他们岂能这样？难道您不担心会有后患吗？”高劢一甩衣袖，慷慨地说道：“自从献武皇帝（指高欢）以来，抚养士卒，亲近贤臣，行军打仗从未失利。如今，北周已经攻入并州，达官贵人纷纷叛降，正是这帮家伙专权乱政的结果，让我朝廷内外离心离德。今日如果能杀了这家伙，就是我明天被杀，也心甘情愿。大王是与皇室联姻，应当与皇家同心同德，突然说出这种话，岂是我对你的期望！”刘文殊生平不详。

十二月二十日，胡太后一行回到了邺城。

十二月二十二日，北周武帝宇文邕将北齐晋阳宫中的两千名宫女以及宫中珍宝全部赏赐给将士们，并对有功将士一一加官晋爵。宇文邕询问高延宗攻取邺城之策，高延宗推辞道：“亡国的大夫没有资格讨论国家的生存问题，这不是臣所知道的。”宇文邕再三强迫，高延宗只好回答：“如果任城王高湝守卫邺城，结果我就不知道了。如果后主自己防守，陛下将会兵不血刃占领邺城。”

十二月二十九日，宇文邕以上柱国陈王宇文纯为并州总管，负责后方安全，以齐王宇文宪为先锋，下令周军向邺城杀来。

听说周军马不停蹄朝邺城而来，北齐后主将各位朝廷重臣召入朱雀门，赏赐酒肉，询问对策，结果，一个人说一个办法，吵吵嚷嚷，没有定论，后主也是无所适从。当时，邺城城内的高官显贵们都是惊慌不安，全无战心，人们不分昼夜一个接着一个逃出城外，投降周军。高劢说道：“如今出城叛逃的都是一些官员显贵，至于普通士兵们还没有离叛之心，我请求将五品以上官员的家属软禁在三台之内，并威胁说：‘如果战败，就焚烧了三台。’这些官员顾念妻子儿女，肯定会拼死与周军作战，况且，我军连连战败，敌人已经非常轻视我们，现在，背城一战，一定能够取胜，这是上策。”后主最终没有采用。

望气的占卜师说，将要发生改朝换代之事，后主听了，召集尚书令高元海等人商议，按照天统年间其父武成帝高湛禅位的先例，将帝位传给了太子高恒。

几天后，就是新年。

陈宣帝太建九年（北周武帝建德六年，公元 577 年）一月一日，时年八岁的北齐太子高恒即皇帝位，改元承光，大赦，尊时年二十二岁的后主高纬为太上皇帝，皇太后胡氏为太皇太后，皇后穆舍利为皇太后，任命广宁王高孝珩为太宰。

司徒莫多娄敬显、领军大将军尉相愿在千秋门设下埋伏，阴谋斩杀高阿那肱，废黜幼主，拥立广宁王高孝珩为帝。恰巧，高阿那肱从另外一条路上朝，二人的政变没有成功。高孝珩请求率军抵御周军，他对高阿那肱说：“朝廷不给我军队让我西进迎战敌人，还不是害怕我高孝珩要造反吗？我高孝珩如果击破了宇文邕，一直打到了长安，就是背叛了朝廷，又与我国有什么相干！今日情况如此危急，竟然还这样猜忌！”高阿那肱和韩长鸾担心将高孝珩留在京师会发生意外，遂任命其为沧州（今河北省南皮县）刺史。尉相愿抽出佩刀，悲愤欲绝，他猛砍柱子，叹息道：“大事去矣！还有什么好说的！”——从后来莫多娄敬显、尉相愿二人的表现，二人这次政变的目的可能并非要拥立高孝珩，而是想在诛杀高阿那肱之后，劫持后主投降北周。

后主命令长乐王尉世辩（高欢姐夫尉景之孙、尉粲之子）率领一千多骑兵西去侦察，尉世辩穿过滏口（今河北省武安县南），登上高冈眺望，远远望见一群乌鸦飞起，黑压压的一片，他们认为那就是铺天盖地而来周军黑色的军旗，当即吓得魂不附体，掉转马头，打马驰回。此时，齐人已成惊弓之鸟，尉世辩等人一路狂奔，一直到邺城西郊的紫陌桥都不敢回头。后主命令尉世辩侦察，不仅没有起到任何好作用，相反，更加重了邺城城内的恐慌气氛，在这种情况下，黄门侍郎颜子推、中书侍郎薛道衡、侍中陈德信等汉人通过宦官邓长颙劝说后主南逃陈国，并劝说他招募一千余名流落在邺城的江南人作为卫队，取道青州、徐州前往陈国，后主同意了。但高阿那肱是鲜卑人，不愿投降陈国，说道：“江南人不可信，不用招募。”他劝说后主将珍宝先运到青州，暂时守住三齐之地，观察一段形势再说，真不行的话，再从海路去陈国。后主听从了。

一月三日，太皇太后胡氏、皇太后穆舍利先从邺城出发，朝济州（今山东省茌平县）而来。九日，刚刚即位九天的幼主高恒也离开了邺城。

一月十五日，周军先头部队即进抵邺城西郊的紫陌桥。一月十八日，周军来到邺城城下。十九日，包围了邺城，焚烧邺城西门。齐军出城迎战，周军奋勇杀敌，大破齐军。后主放弃邺城外城，留下武卫大将军慕容三藏（慕容绍宗之子）驻守邺城皇宫，率领一百多名骑兵出城东逃。周军进入邺城，北齐王公大臣全部投降。

周军进入邺城后，慕容三藏仍然率领麾下抵抗，后力屈投降，宇文邕召见他，说道：“慕容三藏父子忠义，应当加以褒奖。”遂晋升其为仪同三司大将军。领军大将军鲜于世荣是高欢时期的老将军，宇文邕过去曾给他送去玛瑙酒杯，进行拉拢，鲜于世荣将酒杯打碎。周军进入邺城后，鲜于世荣跑到三台之上，不停地擂鼓，周军抓住了这位老人，鲜于世荣拒不投降，遂被杀死。宇文邕下令逮捕了莫多娄敬显，斥责道：“你有三条死罪：你从晋阳逃往邺城，丢下老母，却带上爱妾，这是不孝；表面上对北齐忠心，暗中却里通外国，给我写信，这是不忠；既然已经投靠于我，却首鼠两端，这是不信。你这样一个不孝、不忠、不信之人，留你何用！”遂将其斩首。宇文邕派遣将军尉迟勤率军追击北齐后主。

一月二十日，宇文邕进入邺城。北齐国子博士熊安生学富五车，深通五经，北周实行的是《周礼》，武帝天和三年，曾派尹公正出使北齐，与北齐人谈及《周礼》，北齐接待人员应对不了，遂将尹公正安排到宾馆里歇息，让熊安生前来讨论。熊安生穷根探源，一一解释了尹公正的疑惑，令其大为叹服，尹公正回朝向周武帝禀报，周武帝对熊安生十分敬重。听说宇文邕入城后，熊安生让家人打扫庭院。家人感到非常奇怪，询问原因，熊安生说：“北周皇帝尊重儒教，一定会来见我的。”果然，宇文邕很快就驾临了他的家中，不让熊安生叩头，亲自握住他的双手，拉着他坐了下来，周武帝说：“我未能做到去掉军力的境界，感到很惭愧。”熊安生回答：“黄帝尚进行过阪泉之战，何况陛下是恭行天罚呢！”周武帝又说：“北齐苛捐杂税繁重，百姓民不聊生，我想革去弊端，将政府仓库以及三台内的财物赏赐给百姓们，你看如何？”熊安生回答：“过去周武王伐纣，将鹿台的钱财、巨桥的粮食都散给百姓，陛下这一打算，可与之媲美。”周武帝又问：“我与周武王相比如何？”熊安生回答：“武王伐纣，将纣王的人头高悬在白旗之上；陛下平定齐国，兵不血刃，我认为陛下的谋略更上一层。”周武帝大喜，赏赐给他很多财物，并下令有关部门配备给他四匹马拉的轻便小车，让其随自己一起回长安。周武帝又派小司马唐道和向北齐中书侍郎李德林宣读诏书，称：“我平定齐国最大的收获是得到了你。”将其召入宫中，让内史宇文昂询问齐国的风俗习惯、朝中人士的善恶，将他留在内廷三天才送回。李德林在北齐时曾奉命撰写《齐史》，没有完成，后其子李百药继承父志，于唐太宗贞观十年（公元 636 年）完成了北齐史，即《北齐书》。

# 五〇六 灭亡齐国

一月二十一日，北齐后主高纬渡过了黄河。

当天，他让幼主高恒禅位给远在瀛州（今河北省高阳县）的大丞相任城王高湝；又代替高湝下诏：尊自己为无上皇，幼主为宋国天王。而后，他命令侍中斛律孝卿将禅让文书以及皇帝玉玺送到瀛州，斛律孝卿一离开济州（今山东省茌平县），直接就去邺城投降了。

北齐洛州刺史独孤永业听说邺城陷落后，也派遣儿子独孤须达向北周投降，北周任命其为上柱国，封应公。一月二十二日，北周武帝宇文邕任命越王宇文盛为相州总管，镇守邺城。

北齐后主将胡太后留在济州（今山东省茌平县），命高阿那肱率军驻守济州关，负责侦察周军的动向。他带上穆皇后、冯淑妃、幼主高恒、韩长鸾、邓长颙等几十人骑马仓皇逃奔青州（今山东省青州市）。他又让宦官田鹏鸾西去侦查，田鹏鸾被周军俘获，询问齐主下落。田鹏鸾欺骗周军说："已经南逃，估计已逃离国境了。"周军不信，对他严刑拷打，即使打断手脚，田鹏鸾态度也是无比坚决，最后，他被周军打断四肢而死。

后主来到青州后，当即就要南逃陈国。而高阿那肱暗中与周军联络，约定生擒后主等人，遂连连给后主写信说："周军尚在远处，我已下令烧毁了黄河桥梁，切断了道路。"后主信以为真，因此松懈下来。周军来到济州关，高阿那肱不战而降，突破济州关后，周军日夜兼程，朝青州扑来。周军突然到来，后主等人惊慌失措，他将黄金装入袋子里系在马鞍上，与皇后、淑妃、幼主等十余人骑马南逃，一月二十五日，他们逃到南邓村（今山东省临朐县南），被北周大将军尉迟勤追上，全部束手就擒，与在济州被俘的胡太后一起送往邺城。后主传位给太子后，孙正言偷偷对人说："我在武定中担任广州士曹，曾听襄城人曹普演说过：

‘高王诸儿，阿保当为天子，至高德之承之，当灭。’”阿保就是天保的意思，指文宣帝高洋；德之是德昌的意思，即高延宗的年号；承之是幼主的年号承光，至此，谶言竟然应验了。

至此，北齐帝国从公元550年建立，到本年灭亡，共计经历六位皇帝，延续了二十八年。

一月二十六日，北周武帝宇文邕下诏：“死去的斛律光、崔季舒等人应当加以追赠，并给他们改葬，他们的子孙根据规定授予官职，被没收的家财以及罚为奴婢的家人，一律归还。”他还指着诏书上斛律光的名字，说道：“此人如果活着，我岂能来到邺城！”二十七日，他又下诏：“北齐邺城的东山、南园、三台游乐区均予以摧毁，拆除下来的木材、砖瓦等建筑材料，还能使用的，全部散给百姓。皇家园林的土地一并交给平民耕种。”

二月三日，宇文邕在北齐皇宫太极殿宴请出征的将士们，根据个人的功劳分别予以赏赐。

二月四日，北齐后主高纬被送到了邺城，宇文邕亲自走下台阶迎接，按照对待客人的礼节接待了他。

北齐广宁王高孝珩来到沧州（今河北省南皮县），率领五千余人前往信都（今河北省冀州市），与任城王高湝会合。二人共同商议中兴大业，开始招募军队，集结了四万人马。北周武帝宇文邕派遣齐王宇文宪、柱国杨坚率军北上，前去讨伐，并命高纬给高湝写信劝降，但高湝不从。

齐王宇文宪的大军行至赵州（今河北省赵县），抓获了两个高湝派来的间谍。宇文宪集合众将，让二人一一看过，然后，他对两人说：“我所争夺的目标很大，不仅仅是你们二位，现在我放了你们，顺便让你们当我的使者。”于是，他给高湝写信说：“你的间谍被我军的巡逻骑兵抓获，军中的虚实我全让他们二位看了。继续与我为敌，这不是上策，这无须占卜就看得清清楚楚；固守信都也是下策，因为，我们不会允许。我已经命令各军多路并进，你我见面的时间不会太远，大战即将到来，我希望你能当机立断！”

宇文宪来到信都后，高湝在城南列阵抵御。高湝的领军将军尉相愿谎称出战，却率部就势投降了周军。尉相愿是高湝的心腹，他临阵投敌，让高湝的军心士气受到很大打击。高湝又急又气，下令将其妻子儿女全部斩杀。第二天，双方再战，宇文宪率领周军将齐军击败，临阵俘虏斩杀了三万人，活捉任城王高湝、广宁王高孝珩。

宇文宪对高湝说："任城王何苦到了这步田地？"

高湝回答："我乃神武皇帝之子，兄弟十五人，如今侥幸活到今日。遇到社稷倾覆，今日被杀，我问心无愧！"

宇文宪佩服他的胆气，下令将他的妻子儿女又交还给了他。

宇文宪还亲自给广宁王高孝珩擦洗伤口，敷药包扎，高孝珩叹息说道："自从神武皇帝以来，我的叔父、兄弟们没有一个活过四十岁的，这是命啊！后主没有远见，宰相又不是栋梁之材，只可惜我不能掌握兵权，实现我的雄心壮志啊！"

北周武帝宇文邕任命北齐降将封辅相为北朔州（今山西省朔州市）总管。北朔州是北齐的北方重镇，士卒骁勇，前长史赵穆、司马王当万等人密谋劫持封辅相迎接瀛州刺史任城王高湝，因高湝很快就被俘了，遂转而迎接定州刺史范阳王高绍义（文宣帝高洋第三子）。封辅相以及他的下属韩阿各奴等数十人都是北齐叛臣，从肆州（今山西省忻州市）以北二百八十多座城池都服从封辅相的统领，等到范阳王高绍义来到后，又全部响应了他。高绍义与灵州刺史袁洪猛率军南下，打算收复并州，行至新兴（今山西省忻州市）后，他们发现新兴守军已经投降了北周，高绍义前锋的两位仪同三司级的将领当即率众投降了。周军又进击显州（今山西省原平市北），活捉了刺史陆琼，又相继攻克了反叛的各个城池。高绍义遂率部退守北朔州。北周东平公宇文神举率领周军进逼马邑（北朔州治所，今山西省朔州市），高绍义战败，率领余众三千多人北逃突厥。高绍义下令："愿意南还的，随便。"于是，有一多半人拜别而去。突厥佗钵可汗经常说北齐文宣帝高洋是位英雄好汉，当高绍义来到突厥后，佗钵可汗见其长着一个巨大的脚踝，与高洋相似，因此，对他非常看重，下令突厥境内的北齐人全部隶属于他。

自此，北齐的行台、州郡、军镇，除了东雍州（今山西省新绛县）行台傅伏、营州（今辽宁省朝阳市）刺史高宝宁仍在抵抗外，其余全部投降了北周。高宝宁是北齐宗室疏远的一支，有胆有识，他长期镇守和龙（辽宁省朝阳市），深受当地各族百姓的拥护。北周共得到北齐五十个州、一百六十二个郡、三百八十个县，户口三百零三万两千五百户，两千万零六千八百八十六人。宇文邕在河阳（今河南省孟州市）、幽州（今北京市）、青州（今山东省青州市）、南兖州（今安徽省亳州市）、豫州（今河南省汝南县）、徐州（今江苏省徐州市）、北朔州（今山西省朔州市）、定州（今河北省定州市）八个地方分别设置了总管府，相州（今河北省临漳县）、并州（今山西省太原市）两个州设置行宫以及中央六府的办事处。

周军攻克晋阳后，北齐曾派遣开府仪同三司纥奚永安向突厥求救，等到他来到突厥后，北齐已经灭亡了。佗钵可汗把纥奚永安的座次排在吐谷浑使者之下，纥奚永安说：“如今，北齐已经灭亡，纥奚永安活着还有什么意思！我打算闭气自杀，又恐天下人认为我大齐没有死节之臣，请求赏赐给我一把刀，让我自杀，好让远近都知道。”佗钵可汗赞赏他的忠诚，赏赐给他七十匹马，将其送回。后梁皇帝萧岿前往邺城拜见宇文邕，宇文邕设宴款待萧岿，酒喝多了，宇文邕亲自弹奏起琵琶。萧岿见了，赶紧从座位上站起身来，翩翩起舞，边跳边说：“既然陛下亲自抚琴，臣岂敢不像百兽一样跳舞！”宇文邕大喜，赏赐给萧岿很多礼物。

二月十二日，北周武帝宇文邕开始从邺城西还。

宇文邕去年十月四日开始伐齐，十月二十七日攻克平阳，十一月四日留下梁士彦后，大军撤离，十二月六日平阳大战，十二月十七日占领晋阳，十二月二十九日进军邺城，到本年一月二十日就占领了邺城，一月二十五日抓获北齐后主高纬，前前后后仅仅经历三个多月的时间，北周就灭了北齐。可以说，这既出乎宇文邕的预料，也出乎北齐后主高纬的预料，更出乎南陈宣帝陈顼的预料，可谓奇迹。

# 五〇七 灭齐之后

北周武帝建德六年（陈宣帝太建九年，公元577年）三月九日，西返途中的宇文邕下诏："关东每个军区需要各推荐两名精通儒家经典且有实际才能的人，如果遇到卓尔不群的奇才，则不在此限。"

周军攻克平阳生擒尉相贵之后，北齐政府任命东雍州刺史傅伏为行台右仆射，北周曾派人前去劝降，傅伏不从。周军占领晋阳后，宇文邕又命韦孝宽继续劝降傅伏，韦孝宽遂派傅伏的儿子携带上大将军委任状、武乡公的公爵证书以及两个玛瑙酒杯送给了傅伏。傅伏拒绝接受，他对韦孝宽说："侍奉君主只有一死，决无二心。我这个儿子为人臣不能尽忠，为人子不能尽孝，人人痛恨，请你速速将他杀掉，教育天下百姓。"武帝宇文邕平定邺城返回，途经晋州，又派高阿那肱等一百多人隔着汾河召唤傅伏。傅伏领军出城，隔着汾河与他们相见，问道："陛下现在何处？"高阿那肱回答："已经被俘了。"傅伏仰天大哭，率众入城，在大堂上面北哭泣，过了很久，才出城投降。

宇文邕见到傅伏，问道："为何不早早投降？"

傅伏流着眼泪回答："臣一家三代作为齐国的臣子，接受齐国的俸禄，却不能自杀殉国，我愧对天地。"

宇文邕拉着傅伏的双手，说道："为人臣的就该如此。"遂把自己吃剩下的羊肋骨赏给傅伏，说道："骨头永远相亲，肉却会疏离，所以将骨头赏给你。"并让其担任宫廷宿卫，授予上仪同大将军之位。又说："如果马上授予你高官，恐怕那些刚刚归降的人们会产生非分之想，好好侍奉我，不愁不会富贵！"过了几天，宇文邕又问傅伏："上次你救援河阳，得到了什么赏赐？"傅伏回答："晋升一级，加授特进、永昌郡公。"宇文邕扭头对高纬说："我练兵三年，只为夺取河阴，正是由于傅伏擅长防守，我无法攻破，才不得不撤军而去。你当时论功行赏，为何如此微薄啊！”

四月三日，经过将近两个月的跋涉，武帝终于回到了长安。他在太庙前面举行盛大的献俘仪式，令高纬站在前面，北齐王公大臣依次站在高纬身后，再后面陈列着北齐的车马、旗帜、器物。宇文邕组织最壮观的仪仗队（大驾。次于大驾的是法驾），排列六军，高奏凯歌，将高纬等“战利品”献给太庙的祖先们，沿途旁观的有上万百姓，均高呼万岁。四月六日，宇文邕又封高纬为温公，北齐诸王三十余人也都被分别加封了不同的位号。宇文邕与群臣饮酒，命高纬起身跳舞。高延宗见此情形，不禁悲从中来，屡屡想要喝下毒药自杀，却被身边的婢女苦苦劝阻下来。

宇文邕任命李德林为内史上士，从此，北周帝国的各类诏书以及选拔关东人士的工作，都交由李德林处理。宇文邕曾对群臣说：“我经常听到李德林的大名，又看过他给北齐写的诏书、檄文，真的将此人比作天上之人，谁能想到如今我竟然能让他为我服务！”神武公纥豆陵毅回答：“臣听说麒麟凤凰，是王者的祥瑞，只能靠德行感动，他们才会不招自至。麒麟凤凰，就算得到了，也没什么用处，哪能像李德林这样，不仅是祥瑞，而且得到了还有用处！”宇文邕大笑，说：“你说得对！”

五月五日，宇文邕任命谯王宇文俭为大冢宰；八日，任命杞公宇文亮为大司徒，郑公达奚震为大宗伯，梁公侯莫陈芮为大司马，应公独孤永业为大司寇，郑公韦孝宽为大司空。五月十七日，宇文邕前往方丘祭祀，他下诏称：“用于皇帝临时休息的会义、崇信、含仁、云和、思齐等殿，都是晋公宇文护专权时建造的，奢侈豪华，超过了正殿，都要予以拆毁，将拆下的材料赏赐给贫民。以后，在工程建设上最关键的是要简朴。”二十六日，他又下诏：“并州以及邺城的华丽宫殿也都照此办理。”

北周闪电般地灭掉了北齐，但摆在北周武帝宇文邕面前，还有很多事要做。接下来，他还是对新占领区不放心，六月二十六日，宇文邕就开始了东巡，七月十五日，他来到洛阳，八月二日，在他的主持下，确定了统一的度量衡，颁布全国。过去，北魏消灭北凉后，将所有的百姓都罚为奴隶，这些人就成了世代为奴的隶户，北齐建立后，仍然予以保留，宇文邕灭齐后，为了拉拢北齐人心，他下诏：“罪恶不牵连到子嗣，这古有明文。设置隶户却恰恰与这项原则背道而驰，一个人一旦被罚为奴隶后，他的一百代子孙都是奴隶，处罚无穷无尽，法律怎么能公平！全国所有的隶户全部恢复自由，成为自由民。”从此，中国北方再无奴隶户。九月八日，宇文邕再次下诏，称：“平民百姓以上，只允许他们穿着绸缎、棉布、丝布、绢绫、纱、绢、绡、葛、布九种料子制作的衣服，其余全部予以禁止。至于参加朝会、祭祀，不限。”

十月九日，宇文邕来到了邺城。

也就在同月，宇文邕就部署有关部门诬陷温公高纬与宜州刺史穆提婆谋反，将二人的宗族全部赐死，高纬死时二十一岁。北齐后主高纬其实就是一个自幼长于深宫的公子哥，不知稼穑艰难，不通人情真伪，史称：他“未尝有帷薄淫秽，唯此事颇优于武成（其父高湛）”。他对爱妃冯小怜应该是真心的，被俘后，他唯一的请求就是让周武帝把冯小怜还给他，周武帝说：“我对天下都看得很轻，像脱掉一双鞋子一样，更何况是一个老女人呢！”当即就将冯小怜还给了高纬。

如今，距离北齐亡国仅仅过去八个多月，宇文邕对高纬等人安抚的话似乎言犹在耳，但此时，高纬已经失去了利用价值，宇文邕就迫不及待地动手了。牵扯到的北齐宗室众人纷纷辩解并无谋反之事，唯独高延宗知道这不是有无谋反的问题，他卷起衣袖，泪流满面，一言不发，顺从赴死，刽子手们将毒椒塞入他的口中，将其残害。北周宗室唯独高纬的六弟高仁英是个精神病、十一弟高仁雅是个哑巴被流放到蜀地，其余北齐宗亲全部流放到了西部，死于当地。高纬被处死后，高纬的原配皇后胡氏也改嫁了；穆皇后不知所终；宇文邕的十一弟、代王宇文达，素来简朴，不好声色，宇文邕遂将冯小怜赏赐给了他。宇文达得到冯小怜后非常宠爱，但冯小怜一直对后主念念不忘，一次她弹琵琶，琵琶弦却断了，遂作诗一首：“虽蒙今日宠，犹忆昔时怜。欲知心断绝，应看胶上弦。”宇文达的王妃李氏是北周元老陇西李穆的侄女、李贤的女儿，后来，李氏与冯小怜发生矛盾，宇文达差一点把李氏打死。隋朝建立后，隋文帝杨坚把冯小怜赏赐给了李氏的哥哥李询，李询把冯小怜当作女仆，让她身穿布裙舂米。最后，李询的母亲又逼迫她自杀了。高纬的母亲胡太后流落到长安，史称，她本性不改，“齐亡，入周，恣行奸秽”。北齐其他后妃们的处境都很悲惨，贫穷得以卖蜡烛为生。

到本年年底，宇文邕又分别下诏称：“自从永熙（东西魏国分裂之时，距今四十四年）年间以来，关东百姓以及攻克江陵时被掳掠到关中为奴的，全部恢复自由。”又下诏：“后宫只设两名妃子，三名世妇，三名御妻（只要八个小老婆），其余全部裁减。”宇文邕又下诏颁布施行《刑书要制》，规定：“携带武器抢劫的，赃物达一匹布的；没有携带武器抢劫，赃物达五匹的；监守自盗二十匹的；小偷小摸以及用欺骗手段骗取公共财物达到三十匹以上的，里正、族长在政府征丁、征税中，隐瞒五个男丁或者三百亩田地的；一律处死。”

并州是高欢的龙兴之地，为了进一步削弱北齐势力，宇文邕还下令将并州四万户军民迁移到关中，并撤销了并州宫以及中央六部在并州的办事机构。

宇文邕在灭亡北齐后所采取的一系列措施都是有针对性的，可谓是恩威并用：选拔北齐境内的才能之士，是为了安抚士大夫阶层；废除隶户，是为了拉拢底层百姓；诛杀高纬等人、迁移并州军民则都是为了防止北齐死灰复燃。宇文邕之所以如此，是虽然他顺利地灭掉了北齐，但他所面临的国内国际环境并不乐观：在国内，并州的稽胡在两国交战时趁势而起；并州不断有人发动叛乱，局势还非常动荡；东北的北齐营州刺史高宝宁联络契丹、勿吉等部时刻想收复旧土，他拥立逃往突厥的范阳王高绍义为皇帝；突厥佗钵可汗支持高绍义复国，意欲发兵南下；南方的陈宣帝也想趁北周立足未稳，拿下淮北地区。

在这种十分险恶的情况下，宇文邕果断诛杀了后主高纬等北齐宗室，可能也是无奈之举吧。

# 五〇八 彭城惨败

北周占领晋州后，乘胜前进，齐军丢弃的铠甲兵器，扔得到处都是，周军无暇收拾，居住在山间的稽胡趁机出山，将这些铠甲兵器取走，遂趁乱拥立原稽胡首领刘蠡升的孙子刘没铎为主，号称圣武皇帝，改元石平。

周武帝消灭齐国后，就打算讨平稽胡，计划深入稽胡的老巢，彻底将他们消灭。齐王宇文宪说："稽胡的分支很多，且山路非常艰险，我们一次出兵，难以彻底把他们消灭，只需将他们的首领斩杀，其余部众予以安抚即可。"宇文邕听从了，遂命令宇文宪为行军元帅，都督各军前去讨伐。周军进抵马邑（今山西省朔州市）后，兵分数路对稽胡发起了进攻。刘没铎派遣将领天柱驻守河东（离石水以东），穆支驻守河西，依托险要抵御周军。宇文宪命令谯王宇文俭率军进攻天柱，滕王宇文逌进攻穆支，共歼灭稽胡一万多人。赵王宇文招进击刘没铎，将其生擒，稽胡残余部众全部投降。

稽胡被消灭后不久，东寿阳（据《北周地理志》称，即东受阳，今山西省寿阳县）当地百姓造反，五千多人袭击并州城，并州刺史东平公宇文神举平定了叛乱。

由于并州局势危急，宇文邕遂于当年的十二月二十二日从邺城来到了并州，组织将当地四万户军民迁到了关中。随后，他又于第二年一月十四日回到了邺城，不久，又开始返回长安。

宇文邕匆匆忙忙在邺城、长安、晋阳、洛阳几地穿梭，这是因为，他不仅要应付稽胡、民变，还得应对突厥、高绍义以及虎视眈眈的陈宣帝。

说到陈宣帝，我们还记得，他在太建五年（公元 573 年）北伐齐国，一年之内即占领了淮南之地，此后，陈军并没有长驱直入，继续北上，将兵锋直抵黄河南岸，陈宣帝可能基于如下考虑：

一是担心北周从江陵、襄阳抄自己的后路；

二是继续观察北周、北齐之间的反应，意欲坐山观虎斗；

三是再继续北进，陈军将丧失擅长的水战，担心被北齐军队诱而歼之，因此，采取了稳扎稳打的战术。

就当时的情况而言，陈宣帝的做法并无多少值得指责的地方。但事态的发展出乎所有人的预料，北周武帝宇文邕仅用三个多月的时间竟然灭掉了貌似强大的北齐帝国，北齐如此脆弱，北周如此幸运，结局让陈宣帝措手不及。

如今北齐已经灭亡，北周宇文邕捡到了一个大便宜，是继续按兵不动，还是趁机夺取彭城？陈宣帝决定将徐州和兖州地区拿下。他征求五兵尚书毛喜的意见，毛喜回答："我们占领淮南不久，百姓们还需要安抚，北周刚刚吞并北齐，兵锋甚锐，难与争锋，况且，离开我们熟悉的河流湖泊，来到骑兵制胜的陆地，以我之短击敌之长，臣以为不如保境安民，结好北周，这是长久之计。"宣帝不从。中书通事舍人蔡景历也劝谏说："部队已经疲惫，主帅骄傲轻敌，不宜出兵。"宣帝听了，勃然大怒，认为他扰乱军心，将其贬为豫章内史，不久，又将其免职。

太建九年（北周武帝建德六年，公元577年）十月，就在宇文邕灭亡北齐半年之后、再次来到邺城之时，南陈宣帝就下诏命令南兖州刺史、司空吴明彻都督各路陈军共计三万余人对彭城发起了进攻，并命吴明彻的世子戎昭将军、员外散骑侍郎吴惠觉暂时负责后方事务。但此时的彭城已经变成北周的重镇，守将是曾成功防守了平阳城、现任徐州总管的梁士彦。吴明彻的陈军推进至吕梁（今江苏省徐州市东南二十五公里），梁士彦率领周军迎战，吴明彻屡屡将其击败，在一次战斗中，陈军骑将萧摩诃坠下马来，副将周罗睺单骑冲入万众之中，将萧摩诃救出重围，勇冠三军。十月十九日，两军再次交手，萧摩诃率领七名骑兵，杀入周军阵中，亲自夺取周军的大旗，陈军遂再次大破数万周军。梁士彦退入彭城城内，固守待援，陈军遂将彭城重重包围了起来。周武帝派遣宇文忻率众争夺吕梁，两军在龙晦（今地不详）交战。当时，宇文忻有数千精锐骑兵，萧摩诃率领十二名骑兵深入周军，纵横奋击，斩杀了很多敌人。

吴明彻命令陈军在清水上设置堤坝，抬高水位，倒灌彭城，陈军的大型战舰布满彭城城下，朝彭城发起了猛烈的进攻。北周武帝一方面处置并州事务，另一方面命令上大将军王轨为行军总管，率领周军前来救援。王轨并没有直接奔向彭城，他率军昼夜兼行，来到彭城东南的淮口［清水（即泗水）注入淮河河口，在今江苏省淮安市淮阴区西南］。王轨率领周军来到淮口后，构筑防御长墙，用铁锁连接数百个车轮，投入泗水之中，并在泗水两岸分别构筑了两座城池。这里是陈军战舰北上的枢纽，切断了这里等于堵住了陈军南撤的道路，也切断了陈军粮道。

消息传到陈军军中，陈军将士顿时惶恐不安起来。谯州刺史萧摩诃对吴明彻建议说："我听说王轨刚刚封锁了泗水下游，他在两岸构筑的城堡尚未完工，此时，大人如果派军迎击，他肯定不敢抵抗。我军的水道不被敌人切断的话，敌人就不强大，一旦他们建好了城池，我们就完蛋了。"

吴明彻这个过去的常败将军，如今刚刚取得了寿阳大捷，已被胜利冲昏了头脑，认为彭城指日可下。见萧摩诃竟然对自己指手画脚，他气得白胡子都翘了起来，说道："冲锋陷阵，那是将军你的事；至于规划谋略，那是老夫的事！"萧摩诃吓得不禁脸色大变，狼狈退下。

到太建十年（北周武帝建德七年，公元 578 年）二月，仅仅十天时间，王轨已经将陈军的退路完全切断了。

切断陈军的退路之后，周军增援部队开始源源不断来到彭城近郊，并企图破坏陈军的堤坝，让陈军战舰搁浅在彭城城下，吴明彻这时才担心起来，他又眼看仅凭借区区三万人马无法攻下彭城，开始想到撤退，但为时已晚。众将商议掘开泗水上构筑的堤坝，把马匹放在小船上撤退。骑兵将领裴子烈说："如果掘开堤坝，小船必定会倾覆，不如让骑兵部队先走。"

当时，吴明彻得了严重的背痛病，萧摩诃再次恳请道："如今，我军求战不得，进退无路。如果偷偷撤军，并不羞耻。请大人率领步兵，乘坐马轿缓缓前行，我率领数千铁骑在大军的前后左右护卫，我保证大人会平安回到京师。"

吴明彻说道："老弟的这条计策的确不错。但是，我们的步兵太多，我又为统帅，必须殿后，慢慢前行。老弟的骑兵部队还是先期出发，在前面开道吧！"

于是，萧摩诃率领两千骑兵趁夜先出发南下了。

二月二十七日，吴明彻下令掘开堤坝，希望趁着水位升高，战舰能顺利通过淮口周军的障碍。可是，等到陈军的战舰行至淮口时，河面变得宽阔，水位也随之下降了，陈军战舰被水下的车轮阻挡，无法通过。王轨率领周军将陈军团团包围，吴明彻率领的三万陈军全部投降，吴明彻本人也被周军生擒。当时，周军在陈军南撤的必经之路上埋伏下层层伏兵，萧摩诃率领八十名精锐骑兵冲在最前面，其余骑兵随后跟进，杀出一条血路，等到第二天清晨，他们这支部队顺利回到了淮河南岸。

此战，唯有萧摩诃、任忠、周罗睺三将把部队安全带回。战后，萧摩诃被晋升为右卫将军；任忠被晋升为宁远将军、霍州刺史，不久，又晋升为左卫将军；周罗睺被晋升为光远将军、钟离太守。

彭城惨败，让陈国的精锐部队损失殆尽，而且，陈周之间关系恶化。彭城惨败后，陈宣帝对毛喜说："你的话应验了啊！"当天，又征召因反对北伐被免官的蔡景历，任命他为征南将军咨议参军。被俘后的吴明彻被周武帝封为怀德公，享受大将军待遇，但吴明彻不久就忧愤成疾而死，时年六十七岁。

三月八日，陈宣帝任命中军大将军、开府仪同三司淳于量为大都督，统率水陆诸军事；镇西将军孙瑒为都督荆州、郢州各军，防御长江中游地区；平北将军樊毅为都督清口（泗水入淮口）上至荆山（今安徽省怀远县西南）沿淮各军，负责清口至寿阳一带的防御；宁远将军任忠为都督寿阳、新蔡、霍州沿淮各军，负责寿阳以上的防御。

四月二十一日，南陈平北将军樊毅率领陈军渡过淮河，正对清口周军的城池构筑新城，此举立即引起周军的强烈反应，二十五日，在周军的猛烈攻击下，陈军清口城失守，被赶回南岸。

彭城大捷极大地刺激了周武帝，让他相信苟延残喘的南陈已无法对北周帝国构成实质威胁，如今的北周帝国完全能够应付得了两面作战，因此，就在彭城大捷后不久，他就将注意力转向了北方，在他看来，对自己最具威胁的是不断侵扰帝国的突厥，五月二十三日，北周武帝宇文邕亲自率领大军正式北上讨伐突厥，派遣柱国原公姬愿、东平公宇文神举等人五路北上。

# 五〇九 武帝驾崩

北周武帝组织的北伐并没有进行下去。

五月二十七日，他突然感到不适，留在了云阳宫（今陕西省淳化县西北）。三十日，武帝宇文邕下诏命令各军停止行动，并用驿马车火速将宗师宇文孝伯召到云阳宫，武帝亲自握住他的双手，嘱咐道："我自忖肯定是活不成了，我将后事托付给你。"当夜，武帝下令任命宇文孝伯为司卫上大夫，统率禁卫军，并命令他火速赶回京师，以防不测。

六月一日，武帝病情加重，从云阳宫开始往长安返回，当天夜里，他就去世了，年仅三十六岁。此时距他诛杀堂兄宇文护仅仅过去六年，距他灭亡北齐仅一年零五个月，距他诛杀北齐宗室也仅仅七个多月。历史总有惊人的相似之处，历史学家们常把北周武帝宇文邕与五代十国时期的后周世宗柴荣相比：北周武帝灭北齐，与后周世宗灭北汉相似；北周武帝击败南陈，夺取淮南（此时，武帝已经派军南下，但周军夺取淮南在武帝死后），与后周世宗击败南唐相似；北周武帝击败南陈后，即部署伐突厥，又与后周世宗击破南唐后，讨伐契丹相似；而两人均在北伐时患病，不治身死；二人死后，国家就被外人篡夺，更是如出一辙！其实，北周与北齐也极其相似，在北周武帝之前都是兄弟沿袭，而到了北齐武成帝高湛和北周武帝宇文邕开始父死子继，而恰恰国家都在他们的儿子手里丢掉了，且北齐后主与北周宣帝年轻轻地都当上了太上皇……

六月二日，时年二十岁的太子宇文赟即位，尊皇后阿史那氏为皇太后。宇文赟就是北周历史上的宣帝。

武帝宇文邕虽然建立了赫赫功业，但对儿子宇文赟非常严厉，宇文赟行为稍有不当，就被父亲痛打一顿，因此，宇文赟对父亲没有丝毫好感。宇文邕的灵柩还未下葬，宇文赟就毫无悲伤之情，他抚摸着身上被棍子打的伤痕，破口大骂：

"你死得太晚了！"他一个个看过父亲宫中为数不多的宫女、嫔妃们，强令她们给自己侍寝。六月二十三日，他将父亲安葬在孝陵，谥号武皇帝，庙号高祖。安葬后，宇文赟就下诏全体国民脱去丧服，换成日常衣服，他本人与后宫男女也是如此。京兆郡丞乐运上书认为过于短促，但宇文赟不从。

即位后的宇文赟立即进行了人事调整。他先把自己的心腹郑译从吏部下大夫越级提拔为开府仪同大将军、内史中大夫，先让其在自己服丧期间全权负责朝政。其次，以司卫长孙览领兵辅政。长孙览在武帝当藩王时，就与武帝私交很深，等到武帝即位后，被破格晋升为车骑大将军。从长孙览的态度上来看，他作为外姓，不过多地涉足皇室内部的纷争，还是比较听命于宇文赟的。在宇文赟服丧期间，宗室诸王也都在皇宫大内里面服丧，长孙览担心诸王在皇宫内会发动政变，奏请宇文赟让开府仪同三司大将军于智负责监视。

等到服丧期满后，宇文赟立即就将屠刀伸向那些可能威胁到自己地位的人的头上了。

周武帝宇文邕最为亲近的人当属宇文孝伯、王轨、宇文神举、齐王宇文宪、尉迟运等人了，尤其是前三者直接参与了武帝诛杀宇文护之举。如前所述，宇文孝伯与武帝同年同日生，又是同学，在宇文护专权时期，二人可以说是患难与共，二人是同族兄弟，宇文孝伯在武帝临终之际受托孤重任，可见武帝对他是多么器重；王轨性格质朴正直，武帝对他也非常放心；宇文神举与宇文孝伯一样也是宇文邕的同族兄弟。这三个人在武帝生前经常说宇文赟的坏话，令宇文赟恨之入骨。齐王宇文宪很会来事，在宇文护专权时期，仍能在武帝和宇文护之间周旋，武帝亲政后，虽然给予他大冢宰的高位，但实际上剥夺了他的权力，宇文宪深知武帝对自己有所猜忌，更加小心翼翼；等武帝地位巩固之后，还是倚重他，经常让他领兵打仗，而宇文宪的声望也与日俱增。在此期间，宇文孝伯、王轨、宇文神举等人之所以在武帝面前不断说太子宇文赟的坏话，是否另有所图呢？史称，宇文邕的其他几个儿子都非常年幼，宇文赟的次弟、汉王宇文赞才能低劣，早已被排除，《隋书·郑译传》称，当时王轨等人是想让武帝另立三子、秦王宇文贽，但是，实际上，宇文贽的年龄也很小，那么，宇文孝伯等三人心中是否有拥立齐王宇文宪的意图呢？北周建立以来，一直采取的兄终弟及的继承规则，三人如果想要拥立宇文宪也在情理之中，不过，在经过一番试探之后，正如宇文孝伯对武帝说的那样，当时他说武帝不能忍痛割爱，所以说自己也不便再插言了。在发现武帝不可能废掉太子宇文赟的情况下，齐王宇文宪转而“潜思屏退”，就在武帝生前部署北伐时，宇文宪却以生病推辞挂帅出征。当时，武帝听了，脸色大变，说道：“如果你不去，我还能让谁去？”宇文宪吓得赶紧说道：“我当然愿意陪伴陛下，这确实是我的本意，但是，我确实是重病在身，不适合领兵了。”于是，武帝就同意了。尉迟运在平定卫王宇文直的叛乱中立下大功，委任他为右宫正，与长孙览留守京师，辅佐太子宇文赟，二人可以说都是武帝的心腹，但尉迟运在担任宫正期间，经常劝谏宇文赟，宇文赟不仅毫不感激，反而对尉迟运疏远起来了，甚至怀疑尉迟运也是王轨一伙的，对他怀恨在心。

不过，如今王轨、宇文神举都领兵在外，对于宇文赟而言，迫切需要解决的问题是先稳定住朝廷，处理好宗室诸王，也就是自己的几个叔叔们。如今，宇文泰的十三个儿子，其长子宇文毓（周明帝）、次子宇文震、三子宇文觉（周孝闵帝）、四子宇文邕（周武帝）、宇文俭、宇文通已死，仅剩下宇文宪、宇文招、宇文纯、宇文盛、宇文达、宇文逌六个了。在宇文毓的这六个叔叔中，唯独齐王宇文宪名气最大，也最让宇文赟感到不安，因此，他首先把矛头对准了宇文宪。宇文赟对宇文孝伯说：“你能替我除掉齐王，我就把他的官让给你当。”宇文孝伯跪下叩头说道：“先帝遗诏，不许滥杀骨肉。齐王是陛下的叔父，功劳很大，品德高尚，是社稷的重臣。陛下如果无缘无故加害于他，臣又顺从陛下，那么，臣就是一个不合格的臣子，而陛下也成了不孝之子了啊！”宇文赟听了很不高兴，开始疏远了宇文孝伯，并与于智、郑译等心腹秘密，让于智前往宇文宪家中问安，并借这次拜访之机控告宇文宪阴谋作乱。

六月二十八日，宇文赟派遣小冢宰宇文孝伯前往宇文宪府上说：“现在，我打算晋升叔父您为太师，九叔（宇文宪以下几人排行不详）为太傅，十一叔为太保，你看如何？”宇文宪谦让，说自己才能不够。宇文孝伯回来复命后，宇文赟又让宇文孝伯折返回来，对宇文宪说：“请王叔晚上与诸王一起到宫里来一下。”当天晚上，宇文宪与诸王一起入宫后，来到殿门外，宇文赟只将宇文宪召入殿内。宇文宪进入大殿后，即被宇文赟提前埋伏下的武士们控制住了。宇文宪毫不屈服，申辩自己的清白。宇文赟让于智进屋对质，宇文宪目光如炬，与于智唇枪舌剑。有人在一旁对宇文宪说：“以大王如今的处境，何必多说！”宇文宪说：“我地位尊贵，辈分又高，一旦到了这一步，死生有命，岂能还想活命？只是还有年迈母亲，恐怕母亲会错误地怨恨我啊！”随即他把笏板扔到地上，遂被勒死，时年三十五岁。宇文赟又召集宇文宪的下属，让他们证明宇文宪确实有罪。参军李纲誓死不从，坚持认为宇文宪是无辜的，有关部门将宇文宪的尸体运出，只有李纲拍着棺材号啕痛哭，亲自安葬后，哭拜而去。在诛杀宇文宪后，宇文赟又杀死了上大将军王兴、上开府仪同三司独孤熊、开府仪同大将军豆卢绍三位宇文宪的心腹，宇文赟冤杀了宇文宪，就声称王兴等三人与他同谋，当时的人们都说这三人是陪伴宇文宪死的。

诛杀宇文宪后，宇文赟为了犒劳于智，遂晋封他为齐公。

闰六月十日，宇文赟晋封杨坚的女儿杨丽华为皇后。十六日，又晋升赵王宇文招为太师，陈王宇文纯为太傅。在随后的几个月里，他又相继任命小宗伯斛斯徵为大宗伯，亳州总管杨坚为上柱国、大司马，大司徒宇文亮为安州总管，上柱国长孙览为大司徒，王谊为大司空［不久改任襄州总管，大司空由毕王宇文贤（宇文赟伯父明帝宇文毓之子）继任］，宇文椿为大司寇，晋封最小的弟弟（七弟）宇文元为荆王；又尊自己的生母李娥姿为帝太后。

# 五一〇 清除四臣

宇文赟即位后，北方的局势并不稳定。

兴风作浪的还是突厥、高绍义和并州稽胡这三股势力，这三股势力相互配合，一起与北周为敌。

闰六月，北齐范阳王高绍义听说宇文邕死去的消息，以为这是上天在帮助自己，当时，幽州人卢昌期在范阳（今河北省涿州市）起兵，迎接高绍义，高绍义带着突厥军队一起南下，高宝宁也率领数万军队前来。北周派遣柱国大将军宇文神举率军讨伐卢昌期。高绍义听说幽州总管出兵在外，城内空虚，遂转攻幽州（今北京市），宇文神举派大将军宇文恩率领四千人解救，高绍义击败宇文恩，斩杀周军两千余人。但宇文神举的大军攻克了范阳，生擒并诛杀了卢昌期。高绍义听说后，给卢昌期发丧，然后北撤，回到突厥境内。高宝宁的数万大军行至潞水（今北京市通州区北运河），听说卢昌期已死，也只得撤回了和龙（今辽宁省朝阳市）。

九月，汾州稽胡率刘受逻千起兵造反，宇文赟下诏命令上柱国、越王宇文盛为行军元帅，与宇文神举合兵一处将其消灭。当时，突厥与稽胡联合，派骑兵援救，宇文神举又将其击败。

到了十一月，突厥又骚扰北周边境，包围了酒泉（今甘肃省酒泉市），杀死俘虏北周官民。

虽然如此，但宇文赟采取了与父亲相反的做法，他暂时将北方放在一边，决定先趁南陈彭城大败后不利的形势，一鼓作气荡平江南，于是，在十二月二十七日，他命令河阳总管滕王宇文逌为行军元帅，发兵南下，进攻南陈。宇文赟这么做自有他的道理：宇文赟本人天生对突厥帝国充满好感，从内心深处不愿与突厥为敌，这是其一。其二，当时的南陈帝国已经非常破败，趁机一举将其消灭，完成统一大业，这符合兼弱攻昧的原则。

吴明彻在彭城惨败，南陈三万精兵毁于一旦，对南陈的影响是巨大的，帝国时刻面临着分崩离析的威胁。陈宣帝除了慌忙布置淮河防御外，九月十一日，他又在建康南郊的娄湖修筑方明坛，十四日，让次子、扬州刺史、始兴王陈叔陵担任王官伯，与朝廷群臣发誓赌咒，要求大家效忠国家。二十日，陈宣帝又亲临娄湖，与大家一起发誓赌咒，二十一日，他又让使者携带与朝廷群臣的盟誓副本，前往全国各地，让地方大员们也发誓赌咒。

北周宣帝大成元年（南陈宣帝太建十一年，公元 579 年）一月一日，北周宣帝宇文赟在露门（宫城正门）接受百官的朝贺，从这一天开始，北周群臣才开始穿上汉族服饰，大赦，改元为大成。宇文赟设置了四辅官：他任命大冢宰越王宇文盛为大前疑，相州总管蜀公尉迟迥为大右弼，申公李穆为大左辅，大司马随公杨坚为大后承。

宇文赟刚即位时，认为武帝颁布的《刑书要制》刑罚太重了，将其废除，又多次实施大赦。京兆郡丞乐运上书认为："《虞书》上说：'对过失犯和意外事故，予以宽大处理。'《吕刑》也说：'对存疑的重刑犯，可以从轻处罚，直至赦免。'这样说的原则是：存疑的重刑犯从轻处罚，存疑的轻刑犯赦免。遍查经典论著，我还没有发现不论罪轻罪重，全部予以大赦的记载。陛下岂能屡屡颁布大赦命令，让罪犯逃避惩罚呢？"但宇文赟没有采纳。不久，百姓们开始随意犯法，宇文赟也自以为奢侈淫乱，不愿听到百官劝谏，打算用严厉的手段制造恐怖气氛，威吓百官，于是，又制定了《刑经圣制》，处罚更为严厉，他还命令亲信暗中监视百官的一举一动，稍有过失即行诛杀。

过了新年，宇文赟就开始肆意淫乐起来了，经常在大殿之上观看各色杂耍游戏，夜以继日，无休无止，他还命人挑选民间女子纳入后宫，整日在后宫内游玩饮宴，有时十几天不出宫理事，公卿大臣奏事全交由宦官传达。宇文赟居住的宫殿，各种装饰都镶嵌着金银珠宝，非常华丽。乐运命人把棺材抬到宫门之外，当面指责宇文赟的八条过失："一是独断专行，遇事不与各位宰相商量；二是搜罗美女纳入后宫，仪同三司以上人家的闺女不让擅自出嫁，令贵族平民都牢骚满腹；三是陛下一进入后宫，就几天不出来，群臣奏事都要转托宦官们代奏；四是下诏施行宽刑政策，但不到半年，比原来的更加严厉；五是武帝艰苦朴素，而陛下则奢侈浪费；六是将百姓们上缴的赋税来养活那些个杂耍艺人；七是群臣上书字写错的，就大加责罚，堵塞了进言献策之路；八是天象示警，却不能听取建议，改良政治。如果不改正这八条错误，我看我们周帝国就要灭亡了！”宇文赟看后，不禁大怒，将要处死乐运。群臣都非常害怕，不敢解救。内史中大夫元岩叹息道：“人们尚且愿意与臧洪这样的义士一起去死，何况是当今的比干呢！如果乐运被杀，我将与他一起去死！”他请求觐见，对宇文赟说：“乐运不顾生死，不过是为了换取后世的美名罢了，陛下倒不如安慰他一番，将他打发回家，显示陛下的宽广胸怀。”宇文赟听了也受到触动，第二天，他召见乐运，对他说：“我昨晚思考了爱卿提出的问题，爱卿的确是位忠臣。”留下他在宫中进餐后，才让他回家。

二月，宇文赟下诏以洛阳为东京，征发关东各州的军队修筑洛阳宫室，每天保持有四万在工地上劳动，并将相州（今河北省临漳县）六府（中央六部办事机构）迁至洛阳。同月，宇文赟又把屠刀伸向了徐州总管王轨、上柱国尉迟运、宇文孝伯、宇文神举四人。

王轨听说郑译当权后，就预感到自己大祸临头了，他对亲信们说：“先帝在时，我说的话确实都是为了江山社稷，如今，事已至此，下一步我的结局已定。这里紧邻淮南，与南陈相连，要是我替自己的身家性命着想，则易如反掌。可是，我不能忘了忠义二字，何况我深受先帝厚恩，岂能因为得罪了嗣君就忘恩负义、叛逃敌国？我只有坐在这里等死，希望千年以后的后人们能明白我的苦心！”

宇文赟无意间问郑译：“我脚上留下的伤痕，是何人所为？”郑译回答：“源于王轨、宇文孝伯二人。”遂把王轨捋武帝胡须，称武帝后嗣不堪重任一事告诉给了宇文赟。宇文赟就命内史杜虔信前去徐州诛杀王轨，元岩不肯在诏书上署名。御正中大夫颜之仪（颜之推弟弟）恳切劝阻，但宇文赟不从，元岩接着劝谏，脱去头巾重重叩头，三次拜伏于地，又三次站起身来上前。宇文赟说道：“你要与王轨结为一党吗？”元岩回答：“臣并非要与王轨结党，只是担心陛下滥杀无辜，会令天下失望啊！”宇文赟大怒，命侍从左右开弓，猛掴元岩的耳光。王轨遂在徐州被杀，元岩也被罢职在家，王轨在朝廷上很有声望，且立下大功，无罪被杀，听说的人无不扼腕叹息，为之流泪。

王轨死后，尉迟运也担心大祸临头，私下对宇文孝伯说：“我们肯定没有好下场，你说该怎么办？”宇文孝伯回答：“如今，高堂之上还有老母亲，地下有武帝，你我身为臣下、儿子，就是知道这个结局又能怎么样呢？况且，既然当了人臣，本来就应为名节而死，不采纳我们的劝谏，我们岂能不死？你要想保全性命，还是离开京城远点会稍好些。”于是，尉迟运请求出京，担任秦州（今甘肃省天水市）刺史。

杀死王轨后，宇文赟拿齐王宇文宪的事责难宇文孝伯，他说："你知道齐王谋反，为何不报告？"宇文孝伯回答："我只知道齐王宇文宪忠于国家，被一群小人陷害，我也知道我说出这话，陛下肯定不会采纳，所以就保持沉默。况且，先帝临终时嘱咐臣，只让臣要好好辅佐陛下。如今，我劝谏陛下，陛下却拒不采纳，我实在是辜负了先帝的重托。假如陛下以此当作我的罪过，我死也甘心。"宇文赟听了，顿时非常羞愧，不禁低下头去，一言不发，命人将宇文孝伯送出，在家中将其赐死。

接着，宇文赟又派人前往并州，将宇文神举毒死。尉迟运来到秦州后，不久也忧愁发病而死。

处死了四位朝廷重臣，宇文赟终于出了一口恶气。接下来，不知出于何种原因，他又将河阳总管滕王宇文逌率领的南下大军召回，中止了南伐战争，同月，北方的突厥也向北周派来使者请和，宇文赟以赵王宇文招的女儿为千金公主，嫁给佗钵可汗，并命佗钵可汗送来高绍义，但佗钵可汗不从。

# 五一一 周取江北

北周宣帝大成元年（南陈太建十一年，公元 579 年）二月二十日，刚刚即位九个多月的北周宣帝宇文赟就将皇位传给了年仅七岁的太子宇文阐，大赦，将仅用了一个多月的年号又改为大象元年，他自称天元皇帝，所居住的宫殿称为天台，帽穗由皇帝一般的十二条增至二十四条，其余服饰、仪仗均比过去的皇帝多了一倍。皇帝宇文阐居住的宫殿称正阳宫，设置纳言、御正、卫将军等官职，与天台一样。宇文阐尊嫡母杨丽华为天元皇太后。

宇文赟此人大错没有，说他奢侈浪费，那也是相比简朴的武帝而言的，不过，他却非常自以为是，毫无忌惮，国家制度说改就改。他自比上帝，不许他人提到“天”“高”“上”“大”之类的词，官名有此类的一律去掉，把姓高的人改为姜，高祖一律称为长祖。他还感觉自称朕不过瘾，改称天，并下令群臣朝见他之前，要吃三天斋饭，前一天要沐浴。他与亲信们在一起讨论的不是如何治理好国家，而且整天研究怎么改变制度、兴修宫室，比如，他下令要求天下制作车轮必须用一块完整的木头，不得拼接；还下令除宫女之外，禁止天下妇女梳妆打扮、搽脂抹粉。宇文赟还肆意游乐，经常是早出晚归，侍从们个个无法忍受。还喜欢让京城内的少年身穿女人服装，入宫歌舞，他与后宫嫔妃一起观看取乐。宇文赟为人猜忌、吝啬，很少赏赐给他人财物，经常派人暗中监视群臣们的行动，稍有错误，就鞭打一顿。公卿大臣经常挨打，宇文赟规定，凡是打人一律打一百二十下，称之为天杖，后来又增加到二百四十下。对后宫的宫女宦官们也是如此，就连他宠幸过的皇后、嫔妃也难免在他心情不好时遭到毒打。朝廷内外笼罩在一片恐怖气氛中，人人惶恐不安，整日担惊受怕，大家都一心想着免受责罚，再也不敢劝谏了。

四月一日，宇文赟册立妃子朱满月为天元帝后。朱满月比宇文赟大十余岁，因她是宇文阐的生母，才被立为帝后。

五月，宇文赟制定襄国郡为赵国，济南郡为陈国，武当、安富二郡为越国，上党郡为代国，新野郡为滕国，食邑各一万户，命令剩下的五个叔叔赵王宇文招、陈王宇文纯、越王宇文盛、代王宇文达、滕王宇文逌离开长安，前去封国。

七月一日，他又任命杨坚为大前疑，司马消难为大后承。七月七日，他命年仅七岁的儿子宇文阐娶司马消难的女儿司马令姬，立司马令姬为正阳宫皇后。接着，他又尊生母李娥姿为天皇太后，改朱满月为天皇后，立妃元氏为天右皇后，陈氏为天左皇后，与天元皇后杨丽华合在一起，共立了四个皇后。

与突厥建交后，北周解除了北方边患，于是，宇文赟在瞎折腾的同时，他又想起了南陈。到了九月，他就迫不及待地任命徐州总管韦孝宽为行军元帅，率领行军总管杞公宇文亮、郕公梁士彦率领周军入侵南陈的淮南地区，但同时，他又派使者前往南陈进行友好访问。

韦孝宽派遣杞公宇文亮率军进攻黄城（今湖北省武汉市黄陂区），郕公梁士彦进攻广陵（今河南省息县），韦孝宽率众进攻寿阳。

十一月十一日，周军包围了寿阳。

南陈宣帝下诏开府仪同三司、南兖州刺史淳于量为上游水军都督，中领军樊毅为都督北讨诸军事，左卫将军任忠为都督北讨前军事，前丰州刺史皋文奏率领步骑三千，增援阳平郡（今安徽省灵璧县南）。十一月十六日，任忠率领七千步骑前往秦郡（今江苏省南京市六合区），十九日，仁威将军鲁广达率军进入淮河；樊毅率领两万水军从东关（今安徽省含山县西南）进入焦湖（巢湖），武毅将军萧摩诃率部朝历阳（今安徽省和县）进发。

从陈军的行动上，可以看出：一、彭城大败后，陈军兵力捉襟见肘，因此，主力部队并没有集结在沿淮一线，而是退守京师，沿淮防线十分薄弱；二、周军南下后，陈军才出动，行动非常迟缓，这可能与宇文赟派出友好使者麻痹了陈宣帝有关。

陈军刚刚出动，到了十一月二十一日，包围寿阳仅十天的周军韦孝宽所部就攻克了寿阳重镇，南陈刺史吴文育率军打算挖开围堰放水，但韦孝宽已提前派兵驻守，陈军只好退去。与此同时，北周杞公宇文亮、梁士彦也分别攻克了南陈黄城和广陵，周军顺利占领了长江中游、淮河上游和中游三座城池，接着，二十四日，周军又继续南下，乘胜攻克了霍州（今安徽省霍山县），直到此时，陈宣帝才任命始兴王陈叔陵为大都督，统率救援各路陈军。

十二月八日，南陈南兖州（今江苏省扬州市）、北兖州（今江苏省淮安市淮阴区）、晋州（今安徽省潜山县）三州以及盱眙郡（今江苏省盱眙市）、山阳郡（今江苏省淮安市）、阳平郡（今安徽省灵璧县）、马头郡（今安徽省怀远县东南）、秦郡（今江苏省南京市六合区）、历阳（今安徽省和县）、沛郡（疑为南沛郡，今安徽省天长市西北）、北谯郡（今安徽省全椒县西北）、南梁郡（今安徽省全椒县东南）九郡百姓逃回江南，北周又攻取了谯郡(今安徽省蒙城县西北)、北徐州（今山东省临沂市东南）。从此，长江以北之地又全部落入北周之手。

陈军用了一年时间才从北齐手里夺取的淮南之地，仅过去六年，就又被北周仅仅用了一个多月就夺得了，南陈国力军力由此可知。

十二月十六日，陈宣帝派遣平北将军沈恪、电威将军裴子烈镇守南徐州（今江苏省镇江市），开远将军徐道奴镇守栅口（今安徽省无为县东），前信州刺史杨宝安镇守白下（今江苏省南京市西北）。二十一日，他又任命中领军樊毅为都督荆州（今湖北省公安县）、郢州（今湖北省武汉市）、巴州（今湖南省岳阳市）、武州（今湖南省常德市）四州水陆诸军事，防御长江中游。

贞毅将军周法尚是大都督周炅的儿子，他与长沙王陈叔坚（陈宣帝第四子）素来不和，陈叔坚遂向陈宣帝进谗言，污蔑周法尚将要谋反。陈宣帝信以为真，逮捕了周法尚的哥哥、定州刺史周法僧，并发兵将要进攻周法尚。周法尚的部下都劝其投奔北周，但周法尚犹豫不决，长史殷文则说：“乐毅之所以离开燕国，也是迫不得已啊！”于是，周法尚遂投奔到北周，周宣帝宇文赟大喜，拜其为开府、顺州刺史，封归义县公，赏赐五匹骏马、六名歌伎、五百段绸缎。陈宣帝陈顼派樊毅的弟弟樊猛率军讨伐。周法尚部将韩朗向樊猛诈降，说：“周法尚的部下都不愿投降北周，人人私下商议着要返回江南，如果大军前去，必当临阵倒戈。”樊猛信以为真，率军直扑周法尚的驻地。周法尚假装恐惧，边打边撤，将樊猛引诱至伏击圈内，当樊猛所部进入伏击圈后，周军伏兵一时俱起，陈军大败，樊猛只身逃脱，所部将近八千余人被全部歼灭。

周宣帝宇文赟当太上皇的这一年可谓是春风得意，北方的突厥主动求和，南方周军又顺利夺取了淮南，将南陈边境又压回了长江南岸，北周对南陈的战略态势更为有利。当听说周军在江南获胜后，兴奋之余，宇文赟亲自驾驶驿马车，让他的四位皇后以及数百名文武官员都乘坐驿马车跟在后面，一路狂奔，日行三百里。他规定四位皇后的驿马车必须并驾齐驱，如有先后，总要重重责罚车夫。因此，人马疲惫，累倒在道路上的比比皆是。

# 五一二 天元之死

周军迅速就占领了南陈淮南之地，这极大地刺激了周宣帝宇文赟，他很快就部署要大举伐陈，统一中国，然而，由于宇文赟的很快死亡又让南陈小朝廷苟延残喘了九年。

如前所述，宇文泰的长兄宇文颢有三个儿子：宇文什肥、宇文导、宇文护。宇文导生下五个儿子：宇文广、宇文亮、宇文翼、宇文椿、宇文众，因此，宇文亮与周宣帝宇文赟是堂兄弟关系。宇文亮的叔父宇文护被堂叔、武帝宇文邕杀死后，宇文亮担心受到武帝的猜忌，整日喝酒，对世事不管不问；宇文亮的儿子宇文温娶妻尉迟繁炽，这个尉迟繁炽是尉迟迥的孙女，长得貌美如花。尉迟繁炽以皇族成员的身份入宫朝拜，宇文赟见后，淫心大起，遂将尉迟繁炽灌醉，将她强奸。消息传到军中，宇文亮深感不安，开始阴谋发动叛乱。

三月，周军南伐部队开始北返。宇文亮率部回到豫州（今河南省汝南县），他对长史杜士峻说："主上荒淫骄纵，社稷将要倾覆，我既然是宗室大臣，不忍看到国家覆灭。如今，我们如果趁机偷袭元帅韦孝宽，兼并他的部队，而后推举我的叔父辈为主，一路向西，谁敢不从！"当夜，遂率领数百骑兵偷袭韦孝宽的大营。不巧，宇文亮的封国官员茹宽窃听到了二人的密谋，火速来到韦孝宽的大营告密，韦孝宽遂提前做好了准备，宇文亮来到后，被韦孝宽击败，三月三日，韦孝宽率军追击，将宇文亮斩杀，宇文温也受到牵连被杀。宇文亮父子死后，宇文赟如愿以偿，公然将尉迟繁炽召入宫中，拜为长贵妃。

尉迟繁炽入宫后，宇文赟又打算再把她立为皇后，他询问小宗伯辛彦之，辛彦之回答："皇后与天子相互对应，不该有五个。"太学博士何妥却巴结道："过去，帝喾就有四位皇后，虞舜有两位妃子，前代圣王的老婆哪有定数？"宇文赟听了大喜，当即将辛彦之免官。宇文赟下令以陈月仪为天中太皇后，尉迟繁炽为天左太皇后，与杨丽华、朱满月、元乐尚三人共计五个皇后。宇文赟给自己这五位年轻的皇太后们专门建造了五个大帐，每人各居其一，将皇家宗庙的祭祀用具放在前面，他亲自朗读祭文；还命御用的五辆大车载着自己的五位皇后，他自己则与侍从们步行跟在后面。宇文赟还有一个奇怪的爱好，那就是喜欢把鸡与瓦片一起倒悬在车上，看到鸡哀鸣、扑腾，并与瓦片相撞发出响声，他认为这是人生最大的乐事。

一个人正冷眼旁观着宇文赟的一举一动，此人就是宇文赟的岳父、大前疑、随公杨坚。宇文赟令赵王宇文招等五个叔父各归封国后，杨坚就对大将军、汝南公宇文神庆说："天元实在没有积德，我观察他的相貌，也不是长寿之相。各位藩王势单力薄，又让他们回到藩国，这不是巩固国本的长久之计。他自剪羽翼，国运岂能长久？"宇文神庆（《隋书》称宇文庆）是宇文神举的弟弟，武艺绝伦，杨坚与他私交甚深。宇文赟即位之初就毒死了哥哥宇文神举，宇文神庆当然对宇文赟不会亲近，从杨坚说给宇文神庆的这番话里可以看出，自从宇文赟即位后，杨坚就开始伺机倾覆北周政权了。

在宫内，作为宇文赟正妻的杨丽华性格柔顺、贤淑，一点都不嫉妒，其余四位皇后以及其他后宫嫔妃们对她都很敬重喜爱；在宫外，杨丽华之父杨坚身为大前疑，位居四辅之首，位高权重，这让宇文赟渐生猜疑。一次，宇文赟对杨丽华大发雷霆，将要降罪于她，可是，杨丽华毫不示弱，宇文赟大怒，当即下令要将她赐死。杨丽华的母亲独孤氏亲自来到宫内谢罪，跪在殿门外不停叩头，一直将头磕得流血，宇文赟这才放过了杨丽华。独孤氏当然不仅仅是心疼自己的女儿，她深知女儿被杀事小，整个杨氏家族随之覆灭事大。

宇文赟还对杨丽华说："我一定要将你家满门抄斩！"当即召杨坚觐见，并对身边的侍从们说："只要看见他脸色变了，就杀了他！"杨坚入宫后，神色与平时一样，宇文赟才放过了他一马。

杨坚之所以能够逃过一劫，与宇文赟的心腹郑译不无关系。郑译与杨坚也是同学，从小二人关系就很铁，郑译内心诡诈，他见杨坚相貌堂堂，也想把杨坚当作自己的靠山，而杨坚对郑译的人品更是心知肚明，见郑译深为宇文赟所倚重，也极力拉拢郑译，让其在宇文赟面前替自己说好话。杨坚也知道宇文赟开始猜忌自己，内心非常不安，曾在永巷对郑译说："我想离开中央到地方去，大人请稍加留意！"郑译说："大人名望，天下归心，我正想依靠大人，大人吩咐的事，我岂敢忘记！我会赶紧去办！”

无巧不成书。正在杨坚为自己的处境头痛之时，宇文赟打算派郑译率军平定江南。郑译请求派一人担任主帅。宇文赟说：“你意下如何？”郑译回答：“平定江南之后，如果不是皇亲国戚，就难以镇抚，可以让随公杨坚去一趟，并担任寿阳总管。”宇文赟同意了。杨坚就要离京，而恰在这时，宇文赟却驾崩了，杨坚也对外宣称自己得了严重的脚病，没有成行。

五月十日深夜，宇文赟在盛大的仪仗队的簇拥下来到了天兴宫，第二天，却突然感到不适，遂回到了宫中。当天，宇文赟召小御正刘昉、御正中大夫颜之仪入宫，打算交代后事，但宇文赟的喉咙已哑，无法说话。刘昉遂与领内史郑译、御饰大夫柳裘、内史大夫韦谟、御正下士皇甫绩商量让杨坚辅政，杨坚推辞，刘昉说：“你要当就当，不当，我自己就当了。”杨坚遂听从了，对外宣称杨坚是受遗诏辅政，入宫侍奉医药。二十三日，北周朝廷征召赵王宇文招、陈王宇文纯、越王宇文盛、代王宇文达、滕王宇文逌入朝，二十五日，宇文赟病危，当晚就死去了，时年二十二岁。此时，距离他即位整整两年，距他当上天元皇帝也只有一年零三个月。

《资治通鉴》称，宇文赟是五月十一日回宫后，当天晚上就去世了，依据是《隋书·高祖》，但《周书》记载却与之大相径庭。与《资治通鉴》对照来看，宇文赟的死非常可疑，极有可能是杨坚一手策划的毒杀事件，疑点如下。

一是发病地点可疑。宇文赟头一天晚上突然前往天兴宫，原因不明，仅仅过去一夜，宇文赟就在天兴宫得了重病，也就是说，宇文赟身体不适不是在宫中，而是在宫外，这就难以排除被他人毒杀的可能，这是因为，毕竟宫内门禁严密，下手起来相对困难。

二是病因不详。宇文赟正值壮年，突然就得了重病，却病因不详，也本身就十分可疑。

三是病情可疑。宇文赟发病后嗓子就哑了，无法说话。根据《周书》的记载，宇文赟从发病到死亡共计十五天之久，并非《资治通鉴》说的一天，也就是说，在这十五天里，宇文赟意识还是清醒的，却无法说话！且当天杨坚就进入宫中，宇文赟无法说话就不能表态，就丧失了话语权，实际上，自从杨坚进入的当天就已经牢牢地控制了一切。

四是记载可疑。《资治通鉴》所称刘昉等人拥戴杨坚为辅政大臣，杨坚坚决推辞云云，完全是照搬《隋书·刘昉传》的记载，而这一记载却漏洞百出，尤其刘昉说的那段杨坚不干、自己就当的话，更是匪夷所思。刘昉不过是一个区区小御正，比颜之仪的官都小，怎能说出这话？《隋书》不过是替隋文帝杨坚回护罢了，而这恰恰让人更加怀疑当时的真实情况可能是：宇文赟生病回宫后，杨坚就进宫了，并控制了宫中的事态。另外，《资治通鉴》记载，丁未日（二十三日）发丧，而《周书》记载同一天，杨坚征召五王进京，但此时宇文赟还没死，直到二十五日宇文赟才死！

五是杨坚的举动可疑。原本杨坚已经被任命为扬州总管，不日就要离京上任，但突然他自称得了严重的脚病，推迟上任，而恰恰在这时，宇文赟就得了急病，这两件看似寻常的事，如果连起来想，就不能不让人心生疑窦。真实的情况可能是：杨坚最初可能感到离京外任会避祸全身，但转念一想，看看王轨、宇文神举、尉迟运等人的结局，感到即使自己到了地方上也安全不到哪里，甚至会任人宰割，于是，他决定还是留在京师，加紧了弑君步伐。

六是宇文赟生前对身边人无恩，刘昉等人虽然是他的亲信，但这些人整日战战兢兢，唯恐得罪，因此，他们加入杨坚集团，也乐于看到宇文赟被害。

不过，由于史料缺乏，我们也只能提出我们的疑问而已，并无确切的证据证明宇文赟是杨坚所杀的。

# 五一三 静帝即位

在宇文赟未死时，刘昉等人就矫诏任命杨坚为总知中外兵马事。

刘昉等人将诏书起草好，交给颜之仪。颜之仪知道这不是宇文赟的意思，拒不签字，他厉声说道："主上驾崩，嗣子年幼，宰相应由宗室亲王担任，如今，赵王宇文招年龄最大，论德行都非他莫属。你们诸位大人深受主上厚恩，应当多想想该如何尽忠保国，为何突然将国家大权交给外人？颜之仪宁可一死也决不做欺骗先帝之事！"刘昉等人知道颜之仪不会屈服，就代替他签名。

京师内外警卫军将领们见到诏书，都接受了杨坚的指挥，杨坚也由控制内廷，继而控制了京师军队。杨坚又担心诸王在外地会作乱，就谎称千金公主将要出嫁突厥，征召五王入朝祝贺，他又向颜之仪索要玉玺，颜之仪严肃地说道："这是天子之物，自有主人，宰相为何索要！"杨坚大怒，命人把颜之仪拖出去，将要杀掉，但他转念一想，颜之仪名望很高，就把他贬为西部边境一个郡的郡守。

刘昉、郑译二人之所以推出杨坚，本指望由杨坚担任大冢宰，郑译自任大司马，刘昉当个小冢宰。但是，杨坚技高一筹，他派邗国公杨惠去拉拢御正下大夫李德林，传去话说："朝廷命我担任总知文武事，责任重大，如今，我想引大人一起共事，请千万不要推辞。"李德林满口答应，并表态说："愿以死拥护大人。"杨坚大喜。他私下询问李德林："你看我该当个什么官？"李德林回答："应该当大丞相、假黄钺、都督中外诸军事，不然的话，就无法压服众人之心。"假黄钺，可以代行皇帝之权，比刘昉等人让杨坚当的总知兵马事要高了很多。

于是，五月二十三日，北周朝廷正式发丧，周静帝进入天台宫，大赦，停下洛阳宫的建设。二十六日，尊阿史那太后为太皇太后，李太后为太帝太后，杨丽华为皇太后，朱满月为帝太后，陈后、元后、尉迟后出家为尼。以宇文赟次弟、汉王宇文赞为上柱国、右大丞相，以杨坚为假黄钺、左大丞相，宇文赟三弟秦王宇文贽为上柱国。百官全部听从左丞相杨坚，以周静帝原来的正阳宫为丞相府。

杨坚曾任大司武（大司马），卢贲为司武上士，见杨坚不是常人，遂倾心投靠了杨坚。此时，周宣帝刚刚驾崩，杨坚虽被任命为左大丞相，但群臣意见不一，人心浮动，杨坚遂把卢贲带在身边。杨坚将去正阳宫，百官不知该不该随之前往，杨坚暗中命令卢贲前去集合禁卫军，然后，他召集群臣们说道："想升官发财的，就跟我来！"群臣正三三两两，交头接耳，犹豫不定，正在这时，卢贲率领禁卫军来到现场，群臣在威逼之下不敢再有异议了。大家只好随着杨坚出了皇宫东门崇阳门，一起来到正阳宫宫门外，卫士闭门将大家挡在门外。卢贲上前解释，但东宫卫士拒绝听命，卢贲素来主管禁卫军，他当即大怒，高声呵斥，卫兵们才退了下去。杨坚遂命卢贲负责丞相府的保卫工作。杨坚入居丞相府后，任命郑译为丞相府长史，刘昉为丞相府司马，二人原本想与杨坚同朝为官，如今杨坚听从了李德林的建议，竟将二人当作了自己的下属，二人对李德林非常怨恨。

卢贲对杨坚说："北周的气数已尽，上天人事都归于大人，请早早应天顺民。上天给予的不接受，将会受到惩罚。"杨坚深夜召见太史中大夫庾季才问道："我受到先帝顾命，如今，天时人事，你看我该怎么办？"庾季才回答："天道精妙，人难以洞察。以人事考量，预兆已非常明显。我庾季才即使不说什么，大人又怎能像许由那样去当一个抛弃江山的隐士呢？"杨坚沉默很久，说："确实如此。"杨坚的妻子独孤伽罗（独孤氏）也劝杨坚道："大事如此，现在已经是骑虎难下，努力吧！"内史下大夫高颎有胆有识，足智多谋，杨坚想把他拉进丞相府，派杨惠传话。高颎听了，兴奋地说："愿意接受大人的指挥。如果大人失败，我全家即使被灭门也在所不辞。"杨坚遂任命其为相府司录。

当时，汉王宇文赞入住皇宫，与周静帝朝夕相处。刘昉特意挑选了几个美貌的歌伎送给宇文赞，宇文赞非常高兴。刘昉趁机劝他说："大王是先帝的弟弟，为众望所归。嗣君年幼，岂能担当大事！如今，先帝刚刚驾崩，人心不稳，大王暂时回到自己家中，等到局势安定以后，再入宫当天子，这是万全之策啊！"宇文赞年纪很轻，又素来没有见识，听了刘昉的话，竟然信以为真，愉快地离开了皇宫。宇文赞离开皇宫后，周静帝就被完全控制在杨坚的心腹手中了。

为了争取民心，杨坚下令废除了周宣帝时期的严酷政策，删减过去的法律，重新颁布了新的《刑书要制》，在全国颁布实施，他还崇尚节俭，身体力行，受到朝廷内外的一致称赞。不久，他又下令取消了佛教、道教禁令，在禁止传教时期，仍然信教的和尚、道士可以重新回到寺庙、道观里。

在西魏孝武帝大统十六年（公元 550 年），宇文泰建立府兵制时，杨坚之父杨忠就为十二大将军之一，其岳父独孤信则为八大柱国之一。但在北周建立之初，赵贵、独孤信阴谋诛杀晋公宇文护，反被宇文护杀掉。由于杨坚之父杨忠曾是独孤信的部下，两家又是姻亲关系，所以，杨忠一家在宇文护执政的相当长时间里，是不得志的，宇文护曾试图拉拢杨坚，但杨忠制止儿子加入宇文护集团，从而更加引起了宇文护的不满，据《隋书·高祖纪》载："宇文护执政，尤忌高祖（杨坚），屡将害焉。"不过，塞翁失马，焉知非福。杨坚一家主动与宇文护疏远，也让一直韬光养晦的周武帝宇文邕看在眼里，并主动提出给太子宇文赟娶了杨坚的长女杨丽华为妻，因此，在周武帝亲政以后，对杨坚"益加礼重"，并没有听信齐王宇文宪和王轨的谗言杀害杨坚，不过，也没有给予他过多的权势，杨坚在武帝时期也仅仅做到亳州总管一类的官职。到武帝去世后，杨坚以宣帝宇文赟岳父之尊被拜为上柱国、大司马，在仕途上迈了一大步，又晋升为大后丞、右司武，不久又晋升为大前疑。周宣帝每次出外巡行，杨坚都负责留守京师。虽然如此，但由于周宣帝共立了五位皇后，五家外戚之间相互倾轧，拉帮结派，致使周宣帝对杨丽华也非常不满，竟声称要杀掉杨坚，因此，杨坚在周宣帝死后地位并不牢固，正如王夫之在《读通鉴论》中说的那样："（杨）坚虽有后父之亲，未尝久执国柄，如王莽之小惠偏施也；抑未有大功于宇文，如刘裕之再造晋室、灭虏破贼也；且未尝如萧道成仅存于诛杀之余，人代为不平而思逞也；坚女虽尸位中宫，而失宠天元，不能如元后之以国母久秉朝权也。"王夫之把杨坚与历史上通过篡位夺取政权的王莽、刘裕、萧道成三人相比，又把杨丽华与久秉国权的汉元后相比后，指出杨坚篡位时既没有像王莽那样完全笼络住了朝廷群臣，也不像刘裕那样为东晋建立过大功，更不像萧道成那样以一位被宋明帝诛杀的幸存者的形象能赢得众人的同情，杨丽华在后宫中的地位也不像王莽的姑姑王政君那样，因此，赵翼在《廿二史札记》中也说："古来得天下之易，未有如隋文帝者。"

种种迹象表明，杨坚与周宣帝宇文赟的死不无关系，他在静帝即位前后实际上已经发动了一场政变。这场政变之所以能够成功，主要是：一、武帝、宣帝时期北周政治严苛，已经失去了民心；二、北周宗室诸王被贬斥到地方，中央宗室力量薄弱；三、杨坚拉拢了大部分宣帝身边的亲信，能够借遗诏之名把持朝廷军政大权；四、静帝年幼、杨丽华的特殊身份等因素也起到了一定的作用。然而，杨坚深知，虽然控制了朝廷，但分散在各地的地方大员未必会买自己的账。除了将五王骗回京师外，他还想到了威望很高的相州总管尉迟迥。

他派遣尉迟迥的侄儿、魏安公尉迟惇携带皇帝诏书前往相州，征召尉迟迥入朝参加宣帝的葬礼。五月二十八日，杨坚以皇帝的名义任命上柱国韦孝宽为相州总管，又以小司徒叱列长叉为相州刺史，先命其前往邺城上任，韦孝宽随后进发。

# 五一四 尉迟举兵（一）

如前所述，尉迟迥也是北周宗亲，他的母亲就是宇文泰的姐姐昌乐大长公主，他是周宣帝的姑家表叔、周静帝的表叔祖。从外戚身份来说，周宣帝宇文赟最宠爱的皇后、霸占的西阳公宇文温之妻尉迟繁炽就是尉迟迥的孙女。并且，尉迟迥很早就平定了益州，为西魏、北周政权立下了大功，因此，不论从哪方面看，尉迟迥都比杨坚强很多。

杨坚的担心并非毫无根据。当初，宣帝派计部中大夫杨尚希前去安抚关东，杨尚希来到相州后，宣帝驾崩的消息传来，他也参加了尉迟迥主持的悼念会。会后，杨尚希对身边的亲信们说："蜀公哭泣时没有悲痛之情，眼睛里隐隐透出丝丝的不安，他肯定会有别的打算。我们再不离开此地，将要大祸临头了。"当晚，他就与随从从小路逃离了邺城。第二天一大早，尉迟迥发觉后，即命令骑兵追赶，没有追上。杨尚希回到长安后，就向杨坚报告了尉迟迥那里的情况，杨坚命他率领三千人马驻守潼关。

接替尉迟迥担任相州总管的韦孝宽行至朝歌（今河南省淇县），尉迟迥派遣大都督贺兰贵携带书信问候韦孝宽。韦孝宽在与贺兰贵的谈话中，发现尉迟迥形迹可疑，遂谎称得病，缓缓前行，又派人前往邺城寻医问药，暗中侦察城内的动静。韦孝宽的侄儿韦艺时任魏郡（治所也在邺城城内）太守，是尉迟迥的死党，尉迟迥遂派他前来迎接韦孝宽。韦孝宽询问韦艺尉迟迥葫芦里究竟卖的什么药，但韦艺没有吐露实情。韦孝宽大怒，当即下令随从要杀了韦艺，韦艺只好将尉迟迥的计划和盘托出。得知尉迟迥将要举兵的实情后，韦孝宽立即与韦艺一起西去。他们每经过一座驿站，就把驿站里的马匹带走，并吩咐驿站长说："蜀公就要来了，你们要速速准备丰盛的酒肉。"果然，尉迟迥不久就派遣仪同三司大将军梁子康率领数百骑兵追来，一行人每到一个驿站，都是大吃大喝一顿，驿站里又没有可以换乘的马匹，遂耽误了很多时间，韦孝宽等人也得以安全回到长安。

杨坚又命令候正（侦查官）破六韩裒前往邺城，劝说尉迟迥，并暗中给相州总管府长史晋昶等人写信，命他们暗中防备。尉迟迥得到密报后，遂诛杀了晋昶和破六韩裒等人，然后，他召集文武官员和邺城军民，登上邺城北门城楼，号召大家说："杨坚凭借着自己是皇太后之父的身份，挟持幼主，作威作福，其险恶用心，路人皆知。我身为将相，又与皇室有舅甥之亲，与国家休戚与共，先帝让我镇守此地，就是为了让我起到安定国家的作用。如今，我想与诸位一起召集义士，匡扶国家，安定百姓，你们看怎么样？"众人深受感动，纷纷响应，于是，尉迟迥自称大总管，代行皇帝职权，组成临时政府。当时，赵王宇文招已经进京，尉迟迥遂迎立宇文招的小儿子为皇帝，以其名义发号施令。

青州总管尉迟勤是尉迟迥的侄儿，他刚接到尉迟迥书信时，还把书信转呈了朝廷，但不久，就又服从了尉迟迥。尉迟迥统辖下的相州（今河北省临漳县）、卫州（今河南省淇县）、黎州（今河南省浚县）、洺州（今河北省永年县）、贝州（今河北省清河县）、赵州（今河北省隆尧县东）、冀州（今河北省冀州市）、瀛州（今河北省河间市）、沧州（今河北省南皮县）以及尉迟勤统辖的青州（今山东省青州市）、齐州（今山东省济南市）、胶州（今山东省诸城市）、光州（今山东省莱州市）、莒州（今山东省沂水县）等地全部叛乱，有数十万军队。除此之外，荥州（今河南省荥阳市）刺史邵公胄、申州（今河南省信阳市）刺史李惠、东楚州（今江苏省宿迁市）刺史费也利进、潼州（东魏治所在今安徽省泗县、西魏治所在四川省绵阳市，此处当为泗县）刺史曹孝远、徐州（今江苏省徐州市）总管司录席毗罗占据兖州（今山东省兖州市）、前东平郡守毕义绪占据兰陵（今山东省枣庄市峄城区），均响应尉迟迥。怀县永桥（今河南省武陟县西南虹桥镇）镇将纥豆陵惠也举城投降了尉迟迥。

尉迟迥派人劝诱大左辅、并州刺史李穆，李穆逮捕了他的使者，将书信原封不动送交朝廷。李穆的儿子李士荣认为父亲统辖之地地势险要，且统领天下精兵，暗中劝李穆响应尉迟迥，但李穆不从，不过，李穆也是心存观望。杨坚派内史大夫柳裘来到并州，给李穆分析利害关系，又将李穆在朝中担任左侍上士的另一个儿子李士浑回到并州，转达自己愿与李穆深交的诚心。李穆让李士浑给杨坚带回一把熨斗，说："希望您能手持大权以安定天下。"并给杨坚送去了只有皇帝才能佩戴的系有十三个金环的腰带。杨坚大喜，再次派李士浑到韦孝宽那里转述李穆的意思，坚定韦孝宽的信心。李穆的侄儿李崇时任怀州（今河南省武陟县）刺史，原本有归顺尉迟迥之心，当他得知李穆已经投靠了杨坚，不禁叹息说道：“我们李家一门有数十人身居高官显职，国家有难却不能解救，还有什么脸面活在天地之间！”不得已也归顺了杨坚。尉迟迥劝诱徐州（今江苏省徐州市）总管源雄（北魏大臣源贺曾孙）、东郡（今河南省滑县）太守于仲文（于谨之孙），但二人均不从命。尉迟迥还命人北上，与高宝宁联络，并通过高宝宁联系突厥，希望能得到突厥的帮助；他还与南陈联系，答应将淮南之地割给南陈，以换取南陈的支持。

六月十日，杨坚调集关中军队，任命韦孝宽为行军元帅，郕公梁士彦、乐安公元谐（杨坚同学兼密友）、化政公宇文忻（杨坚同学兼密友）、濮阳公宇文述、武乡公崔弘度（崔楷之孙）、清河公杨素、陇西公李询（李穆侄儿）等人均为行军总管，东出讨伐尉迟迥。与此同时，尉迟迥命令大将军石逊进攻建州（今山西省晋城市），建州刺史宇文弁投降；派遣西道行台韩长业进攻潞州（今山西省长治市），活捉了潞州刺史赵威，任命当地人郭子胜为刺史。投降尉迟迥的原永桥镇将纥豆陵惠率军袭占了巨鹿（今河北省邢台市），并趁势北上进攻恒州（今河北省正定县）。上大将军宇文威进攻汴州（今河南省开封市）；莒州刺史乌丸尼等率领青州、齐州的军队包围了沂州（今山东省临沂市）；大将军檀让攻克了曹州（今山东省曹县）、亳州（今安徽省亳州市），驻扎在梁郡（今河南省商丘市）。席毗罗的军队号称有八万之众，驻扎在蕃城（今山东省滕州市），攻陷了昌虑（今山东省滕州市东南）、下邑（今安徽省砀山县）二地。李惠从申州率军进攻永州（今河南省信阳市北），一举将其攻克。

尉迟迥的儿子尉迟谊担任朔州（今山西省朔州市）刺史，李穆投靠杨坚后，即发兵北上将其抓获，送交了长安；同时，他还派兵进攻刚刚被尉迟迥任命为潞州刺史的郭子胜，也将其擒获。李穆稳居山西，不仅堵住了尉迟迥进攻山西的通道，而且也让其无法放心大胆地继续西进。于是，在尉迟迥得知徐州总管源雄、东郡太守于仲文不降的消息后，他决定派宇文胄从石济（今河南省滑县西）渡过黄河，宇文威从白马（今河南省滑县）渡过黄河，两路夹击于仲文。于仲文弃城西逃，尉迟迥诛杀了他的妻子儿女。尉迟迥又命令檀让抢夺黄河以南的各个城池，杨坚任命于仲文为河南道行军总管，命其调派洛阳的驻军前去讨伐檀让，又命令杨素率军进攻宇文胄。广州（今江苏省扬州市）刺史于颤是于仲文的哥哥，素来与总管赵文表不和。一天，他谎称得了心脏病，引诱赵文表前去探病，亲手将其杀死，污蔑赵文表与尉迟迥勾结。杨坚因尉迟迥尚未平定，只好顺水推舟，对于颚安慰了一番，并顺势任命其为吴州（今江苏省扬州市）总管。

除了河北、山东、河南北部响应尉迟迥之外，郧州（今湖北省安陆市）总管司马消难也起兵响应尉迟迥，七月二十六日，杨坚任命柱国王谊为行军元帅，前去讨伐司马消难；益州总管王谦也拒绝听从杨坚，率领益州军队进攻始州（今四川省广元市），杨坚任命梁叡（梁御之子）为益州总管。梁叡来到汉川（今陕西省汉中市），无法前进，杨坚遂任命其为行军元帅前去讨伐王谦。

# 五一五 尉迟举兵（二）

此时，北周境内一片大乱：以长安为基点，东北（尉迟迥）、东南（司马消难）、西南（王谦），另外，豫州（今河南省汝南县）、荆州（今河南省邓州市）、襄州（今湖北省襄阳市）三地的山蛮也趁机发动叛乱，攻破郡县。

先说东北方向主战场。

尉迟迥派遣儿子尉迟惇率领八万步骑（《资治通鉴》称，十万）驻扎在武陟，七月，韦孝宽率领的朝廷军队也来到了河阳（今河南省孟州市），尉迟迥任命的仪同薛公礼等人包围了怀州（今河南省沁阳市），韦孝宽派兵将叛军击退。但此后，众将迟疑，就不肯先行了。元帅长史李询密报杨坚："梁士彦、宇文忻、崔弘度均接受了尉迟迥的贿赂，军中不稳，人心大变。"并请求派遣朝廷重臣前来担任监军。得报后，杨坚非常担心，与郑译商议，打算另外派人替换这三人。李德林建议说："大人与众将都是朝廷的贵臣，过去并无从属关系，如今仅仅是凭借着代行皇帝职权的威势，才让他们替大人效力，怎么能断定后派去的人会对大人尽力、而先派去的人就心存不轨呢？况且收受贿赂的事本来就真假难辨，如果要替换他们，为了防止他们逃跑，还需要采取强制措施，这样一来，包括郧公韦孝宽在内的前线将领们都会惊恐不安。况且，临阵换将，自古就是兵家大忌，正是因为这个原因，乐毅才离开了燕国，赵括也令赵国破败。以在下之见，不如把一个深通谋略、素来为众将信服的心腹派到军中，查看军中的真实情况，即便这些人怀有二心，也必然不敢乱动。"杨坚听了，顿时恍然大悟，说道："如果你不提醒一下，几乎坏了大事。"杨坚打算派崔猷之子、内史崔仲方前往军中，可是，崔仲方以老父在关东，不便前往予以拒绝；杨坚又分别征询刘昉、郑译的意见，他说："现在需要一人去统领大军，你们二人谁愿意走一趟？"刘昉推辞自己从未在军中干过，不懂军事，郑译则以老母年事已高为由，都不愿前往。杨坚很不高兴，府司录高颎主动请缨请求前往，杨坚顿时大喜，当即派其前去。高颎接到命令后，称忠孝不能两全，仅仅派人给母亲打声招呼后，就乘坐驿马车出发了。

与此同时，周军又继续向前推进到永桥城。众将均请求攻下此城，韦孝宽反对道："永桥城城池虽小，但十分坚固，如果攻不下来，会挫伤我军的锐气。如今，只要我们击破他的大军，他们还能有什么作为！"于是，韦孝宽置永桥城于不顾，直接率军推进到武陟，安营扎寨。恰巧，当时沁水河水暴涨，韦孝宽的军队与尉迟惇的军队隔河相持。

高颎来到军中后，李询与他同心协力，维护大军的稳定。李询还多次劝说弟弟李崇，李崇这才死心塌地归顺了朝廷方面。虽说李询曾密报宇文忻也接受了尉迟迥的贿赂，但宇文忻与杨坚私交甚深，高颎到后，也将他引为心腹，部队的重大行动只与他一人商量、定夺，高颎的到来，统一了朝廷军队的步调，稳定了军心，避免了朝廷军队在大战之前就自行崩溃的危险……

高颎命令朝廷军队在沁水之上架设浮桥，准备渡河与叛军决一死战。尉迟惇命令叛军在沁水上游放下火船，试图烧毁浮桥，但高颎已提前命令部队在水中构筑了"土狗"（一种在水中堆积的前高后低、前尖后宽的土堆，用来防止火船烧毁浮桥），尉迟惇的计谋没有得逞。尉迟惇见状，遂命令部队稍稍向后退却，打算趁朝廷军队渡过一半后再给予致命一击。可是，对岸的韦孝宽见敌军退后，立即下令擂鼓，全军很快就渡过了沁水。过河后，高颎又下令烧毁了浮桥，将军队置于死地，断了士兵们后撤的念头，接着，朝廷军队就向叛军发起了进攻，梁士彦命令自己的仆人梁默（骁勇异常，后为隋朝柱国）等几个人冲在最前面，梁士彦紧随其后，叛军大败。朝廷军队乘胜追击，尉迟迥又派遣三千精锐骑兵，提前埋伏在野马冈（今河南省安阳市北三十三里），企图伏击朝廷军队。宇文忻率领五百骑兵前去偷袭，将这三千叛军几乎斩杀殆尽。朝廷军队又追杀到草桥（今地不详），再次大破叛军，尉迟惇单人匹马狼狈东逃。

韦孝宽遂率领大军进抵邺城城下，驻扎在西门豹祠的南面。

八月十七日，尉迟迥以及两个儿子尉迟惇、尉迟祐率领邺城十三万军队，在城南排下阵势,尉迟迥亲自率领一万头裹绿头巾、身穿锦袄的精兵,号称"黄龙兵";尉迟迥的弟弟尉迟勤也率领五万青州军队，奔赴邺城支援，已有三千骑兵抵达了战场。尉迟迥是一位久经沙场的老将，虽然他年事已高，但依然身披铠甲，亲临战场，他手下的军队都是来自关中的子弟兵，都愿意为他死战，邺城有数万百姓在一旁观战。双方激战中，叛军逐渐占据了上风，朝廷军队开始向后退却。就在这千钧一发之际，宇文忻说："情况不妙了！看我用上诡计破他！"于是，他下令所部向一旁观战的百姓射箭，顿时，数万百姓纷纷逃走，相互践踏，哭喊声惊天动地。宇文忻遂命令部下相互转告："敌人败了！"不明真相的双方将士都信以为真，朝廷军队军心大振，趁着叛军晕头转向之际，又发起了猛烈的反攻，叛军大败，尉迟迥等人退入了邺城。韦孝宽遂命令军队将邺城团团包围，并马上就组织了攻城战。李询、贺娄子干（后为隋朝名将）率先登上了邺城城墙，朝廷军队遂攻克了邺城。

邺城城破后，贺娄子干与崔弘度一起追赶尉迟迥，尉迟迥狼狈逃到碉楼之上。崔弘度的妹妹嫁给了尉迟迥的儿子，崔弘度从斜坡上径直冲上碉楼，尉迟迥拉满强弓，就要朝崔弘度射来。崔弘度赶忙脱下头盔，对尉迟迥说："你还认识我吗？今日我们各为其主，就不能再存私心了，但我会顾及亲情，约束部队凌辱你的家人。事已至此，请你早早了断，你还等什么呢！"尉迟迥自知无力回天，遂将弓箭摔到地上，对杨坚破口大骂，然后自杀而死。崔弘度对弟弟崔弘升说："你去割下他的脑袋。"崔弘升上前斩杀了尉迟迥。韦孝宽下令将邺城小城内负隅顽抗的叛军士兵们全部活埋。尉迟勤、尉迟惇、尉迟祐三人向东逃往青州，途中，就被开府仪同大将军郭衍追上擒获。杨坚认为尉迟勤起初并没有参与叛乱，特意赦免了他；申州（今河南省信阳市）刺史李惠在尉迟迥失败前就向朝廷投降，杨坚也恢复了他的官爵。

与东北主战场紧密相连的是黄河以南战场。

新任河南道行台于仲文率军抵达蓼堤（又名蓼堤岭，梁孝王迁睢阳时建，堤生蓼草远望如岭而得名，在今河南省睢县西北），前锋距离叛军大将军檀让盘踞的梁郡（今河南省商丘市）仅有七里。檀让拥兵数万，于仲文率领老弱病残之军前去挑战，两军交手后，佯装败北，远远退去。檀让见朝廷军队如此不堪一击，遂产生麻痹心理，不做戒备，不料，这正好坠入于仲文的计谋之中，于仲文很快就又卷土重来，大破檀让，生擒叛军五千余人，斩杀七百人。于仲文乘胜进攻梁郡，叛军守将刘子宽弃城而逃。接着，于仲文率军北上，进攻曹州（今山东省曹县），生擒叛军曹州刺史李仲康。檀让率领余部退守成武（今山东省成武县），于仲文率军偷袭檀让，再次将其击败，并顺势占领了成武。叛军大将席毗罗率领十万人马，驻扎在沛县（今江苏省沛县），将要进攻源雄的徐州。席毗罗的妻子在金乡（今山东省金乡县），于仲文攻克曹州后，即派人假装是席毗罗的使者对金乡城主徐善净说："檀让明天中午将来金乡，传达蜀公尉迟迥的命令，并将犒赏将士们。"金乡军民听了都很高兴。第二天，于仲文选拔一队精兵，让他们身穿叛军的衣服，打着尉迟迥的旗帜，朝金乡而来。徐善净望见以为是檀让到了，遂打开城门，出城迎接，被于仲文当场拿下，金乡城又被朝廷军队夺得。众将都劝于仲文屠城，于仲文却说："这座城池是席毗罗的根据地，我们应该对他们的妻子儿女予以宽大处理，这样一来，他们的士兵们自然就会瓦解。如果实施屠城，他们就绝望了。"众人听了，都认为说的对。席毗罗凭借着自己军队压倒性的优势，又杀回金乡，于仲文预先设下埋伏，大破席毗罗之军，席毗罗的士兵们争相逃命，落入洙水（泗水支流之一）中淹死的不计其数，洙水为之不流。此战，于仲文俘获了檀让，押送到长安；斩杀了席毗罗，将人头也送到了朝廷。清河公杨素也在石济击破宇文胄，将其斩杀。黄河以南的叛乱也被平定；韦孝宽在占领邺城后，又分兵进攻河北、山东从叛的州郡，一一将其平定。杨坚下令把相州治所从邺城迁到安阳，并摧毁了邺城城墙、民居；又从相州里分出一部分郡县，设置毛州（今山东省定陶县）、魏州（今河北省大名县）。

尉迟迥举兵时年事已高，他以小御正崔达拏为长史。崔达拏是北齐大臣崔暹之子，北齐文宣帝高洋将哥哥高澄嫡长女乐安公主（东魏孝静帝姐姐元仲华所生）嫁给了他，后来，高洋问乐安公主："婚后崔达拏对你咋样？"乐安公主回答："对孩儿非常敬重，只是他妈妈讨厌孩儿。"高洋听了大怒，当即将崔达拏的母亲召入宫中杀掉，把尸体扔到漳河内。北齐灭亡后，崔达拏又杀死乐安公主，为母亲报仇。崔达拏是一名文士，并无多少谋略，很多举措都不合适，尉迟迥从举事到失败共计六十八天。

十月，韦孝宽得胜回朝，十一月二十五日，韦孝宽就去世了，终年七十二岁。

# 五一六　平定大乱

东南战场。

司马消难举兵后，以开府田广等人为心腹，杀掉总管长史侯莫陈杲、郧州刺史蔡泽等四十余人，即以他统辖的郧州（今湖北省安陆市）、随州（今湖北省随州市）、温州（今湖北省京山县）、应州（今湖北省广水市）、土州（今湖北省随州市东北）、顺州（今湖北省随州市北八十里）、沔州（今湖北省汉川市）、澴州（今湖北省安陆市东北）、岳州（今湖北省孝感市）九州以及鲁山（今湖北省武汉市汉阳区东北）、甑山（今地不详）、沌阳（今湖北省武汉市汉阳区西）、应城（今湖北省应城市）、平靖（今湖北省广水市境内）、武阳（今湖北省广水市东北一百三十里）、上明（今湖北省松滋市西）、涢水（今湖北省随州市境内）八个军镇归顺了南陈，并派儿子司马永来到南陈充当人质，请求陈军支援。

八月六日，南陈宣帝下诏任命司马消难为大都督、总督九州八镇诸军事、司空，赐爵随公。第二天，陈宣帝又任命镇西将军樊毅为都督汉水、沔水诸军事；命令南豫州刺史任忠率军进攻历阳（今安徽省和县）；超武将军陈慧纪为前军都督，进攻南兖州（今江苏省扬州市）。

八月十七日，南陈通直散骑常侍淳于陵攻克了北周临江郡（今安徽省和县东北）。

后梁主萧岿派中书舍人柳庄来到长安，大约是参加宇文赟的葬礼。杨坚拉着柳庄的双手，说道："过去，我从征江陵，深蒙梁主的眷顾，如今，君主年幼，世事艰难，我被推举为顾命大臣。梁主长期尽忠朝廷，在艰难时刻更应同舟共济。"当时，后梁诸将竞相劝说梁主起兵，与尉迟迥合谋，他们认为这样一来，不仅可以尽忠周朝，而且还能夺取山南地区，梁主犹豫不决。恰巧柳庄回来了，向萧岿汇报了杨坚的话，并说："过去，刘表、袁绍、王凌、诸葛诞都是一代雄杰，占据险要之地，手握重兵，可是，他们没有成就一番功业，相反很快就落得个身首异处的下场，其原因就在于曹操、司马氏都是挟天子，居京师，名正言顺。尉迟迥虽然是一员老将，却已昏庸糊涂，司马消难、王谦都是常人下才，并无统一天下的才能，周朝将相都顾念各自的身家性命，竞相向杨氏效命。以臣的观察，尉迟迥等人终归要被消灭，而杨坚也一定会取代北周，不如保境安民，以观其变。”梁主非常赞同，后梁才决定保持中立。等到尉迟迥失败的消息传来，后梁主萧岿对柳庄说：“如果听从了大家的话，我们国家早已覆亡了啊！”

八月二十日，南陈智武将军鲁广达攻克了北周的郭默城（今江西省九江市东北）；二十三日，淳于陵攻克了北周祐州城（今地不详）。

司马消难举兵后，派遣开府仪同三司大将军段珣包围了顺州，顺州刺史周法尚力不能支，弃城而逃。北周讨伐军统帅王谊率领四名行军总管杀到勋州，司马消难乘夜率部南撤，以鲁山、甑山二镇投奔了南陈。樊毅救援不及，北周亳州总管元景山将陈军击退，樊毅掳掠当地百姓而去。元景山与北周南司州刺史宇文弼率军追击，与樊毅在漳口（漳水注入涢水处）一天之内三战三胜。樊毅退守甑山镇，北周军队全部收复司马消难统领的郡县。

勋州的山蛮共同推举头领兰雒州为主，依附司马消难。王谊派遣众将分兵围剿，一月之内全部讨平了乱党。陈纪、萧摩诃等人率领陈军进攻广陵，也被北周吴州总管于颤击破。

九月五日，北周将领王延贵率众救援历阳，陈将任忠将其击败，生擒了王延贵。

如前所述，司马消难与杨坚之父杨忠私交很好，杨坚以叔父尊称司马消难。司马消难原配夫人是高欢的女儿高氏，在北齐时，他对高氏非常敬重，等到叛逃到北周后，态度大变，对高氏不理不睬。司马消难到勋州上任时，把高氏及其三个儿子留到了长安，只带上自己的宠妾、爱子。高氏对杨坚说：“荥阳公变化多端，如今只带上新宠，不顾妻子，请你对此要有所考虑，早做准备。”司马消难叛逃后，高氏因有言在先，她和她的儿子们没有受到牵连。八年后，隋文帝杨坚平定陈国，司马消难又回到北方，免去死罪，配为乐户，二十天后，又将其赦免，杨坚仍念及旧恩，特意予以召见。不久，司马消难就死去了。

再说西南战场。

王谦举兵后，他所统辖的益州（今四川省成都市）、潼州（今四川省绵阳市）、新州（今四川省三台县）、始州（今四川省剑阁县）、龙州（今四川省江油市东北）、邛州（今四川省邛崃市）、青州（今四川省乐山市）、泸州（今四川省泸州市）、戎州（今四川省宜宾市西）、宁州（西宁州，今四川省西昌市；南宁州，今云南省曲靖市）、汶州（今四川省茂县西北）、陵州（今四川省仁寿县东）、遂州（今四川省遂宁市）、合州（今重庆市合川区）、楚州（今重庆市）、资州（今四川省资阳市）、眉州（今四川省眉山市）、普州（今四川省安岳县）十八州及嘉州（今四川省乐山市）、渝州（今重庆市）、临州（今地不详）、渠州（今四川省渠县）、蓬州（今四川省营山县）、隆州（今四川省阆中市）、通州（今四川省达州市）、兴州（今陕西省略阳县）、武州（今甘肃省陇南市武都区西北）、庸州（今重庆市黔江区）十州军民大多纷纷响应。沙州（今四川省广元市）氐族首领杨永安也聚众响应王谦。

益州总管长史乙弗虔、益州刺史达奚惎劝王谦观察形势后再作决断，隆州刺史高阿那肱（原北齐后主亲信）替王谦出谋划策，他说：“大人亲自率领精锐部队，径直进攻散关（今陕西省宝鸡市西南），益州百姓由此知道大人确实是要勤王，肯定会尽力为大人效命，这是上策；出兵梁州、汉川（指今陕西省汉中市），坐观天下局势，这是中策；守住益州，屯兵自卫，这是下策。”王谦之父王雄虽是北周名将，但王谦自己除了对人恭敬、为人谨慎外，并无其他才能，他兼用了高阿那肱的中策和下策。史称，高阿那肱“才伎庸劣，不涉文史，识用尤在士开之下”，王谦又用了他的中下策，结果可想而知了。

得知王谦叛乱后，杨坚即以新任益州总管梁睿为行军元帅，调派利州（今四川省广元市）、凤州（今陕西省凤县）、文州（今四川省梓潼县西北）、秦州（今甘肃省天水市）、成州（今甘肃省成县）数州的州兵合计二十余万人进攻益州。王谦命令众将据守险要抵抗，梁睿率军屡屡将其击败，益州军队军心涣散。王谦又命令达奚惎、高阿那肱、乙弗虔等人率领十万大军进攻利州，在嘉陵江上构筑堤坝，倒灌利州城。城内将士不足两千余人，利州总管豆卢勣指挥将士们不分昼夜顽强抵抗，苦苦支撑了四十天之久，并时不时出兵击败达奚惎等人，不久，梁睿率领的讨伐军进抵利州，达奚惎等人听说后随即仓皇退去。梁睿趁势从剑阁（剑门关）深入益州腹地，逼近成都。达奚惎、乙弗虔二人见大势已去，遂暗中与梁睿联络，答应献出城池，将功折罪。王谦对此毫不知情，还令二人负责成都的城防，他亲自率领五万精兵，背靠城池排下阵势，又命达奚惎、乙弗虔的两个儿子分别率领左右两翼。部队出城后，刚行进了数十里就瓦解了。王谦率领手下二十名骑兵狼狈逃往新都（今四川省成都市新都区），被县令王宝抓获。

达奚惎、乙弗虔献出成都投降。十月二十六日，梁睿斩杀了王谦、高阿那肱，杨坚认为达奚惎、乙弗虔是首谋，也将二人斩首，至此，益州的叛乱也被平定。

这场被称为三方叛乱的大乱被迅速平定，原因如下。

一是杨坚居于优势，叛军处于劣势。他挟天子以令诸侯，“以顺讨逆”，看起来名正言顺，拥有很大的号召力，加之他手握朝廷重兵，举全国之力对付三方势力，可以说优势是十分明显的。虽然三方叛乱开始时声势浩大，但其最大的不足是兵力分散，举事时间不一，提前没有同谋，事后缺乏协同，单就地利而言，尉迟迥、司马消难二人虽然地广兵多，但无险可守，王谦虽然身居益州险地，但利州不服从于他，实际上也没有剑阁之利，且兵力相对薄弱，因此，他们的失败也是必然的。

二是杨坚措施得当，叛军失误连连。杨坚在尉迟迥起兵之前就已经采取了诸多预防性措施，召回北周五王就是最重要的一步，其后，在平定叛乱中，他又采取了武力威胁与利益拉拢两手策略，首先集中精力打击尉迟迥一路，极力争取中间力量，甚至是一些已经参与叛乱的人士。比如，他成功说服了并州刺史李穆，不仅迟滞了叛军的进军步伐，而且令叛军不得不顾及自己的侧翼安全，从而不敢放心大胆西进；他还说服了徐州总管源雄等人，同样起到牵制尉迟迥兵力的作用，为正面战场取得胜利奠定了基础；在司马消难参与叛乱、杨坚已命令王谊发兵南下后，他还命令成功说服了李穆的柳裘再次前去安陆，试图说服司马消难。在讨伐尉迟迥之初，不少将领心存观望，杨坚听取了李德林的正确建议，稳定了军心。在明知于颛擅自诛杀上级的情况下，审时度势，没有追究于颛的罪责，反而任命其为吴州总管。

三是叛军没有拥有杰出才能的人。史称：（尉迟迥）“末年衰耄，惑于后妻王氏，而诸子多不睦”。其所用之人崔达拏则是“无筹略，举措多失纲纪，不能有所匡救”。司马消难“性贪淫，轻于去就”。（王谦）“性恭谨，无他才能”。高阿那肱等人更是“才伎庸劣”，正如后梁柳庄所云，他们都是常人以下才能的人，并无“匡合之才”，这些人在和平时期靠着机缘巧合、人际关系、阿谀逢迎还能尸位素餐，盘踞高位，但要靠他们自己在乱世中建立功业，无异于缘木求鱼。

四是外援不力。不论是尉迟迥还是司马消难都向南陈求救了，尉迟迥还向突厥求救，南陈国力实在太弱，已自顾不暇，勉强出兵江南，也是浅尝辄止，一遇到北周大军就又缩回了江南，岂能对他们有实质性的帮助？突厥虽然强大，但北周刚刚把千金公主嫁给佗钵可汗，两国正值蜜月期，杨坚借机向突厥索要高绍义，佗钵可汗起初不从，杨坚又派贺若谊给佗钵可汗行贿，于是，佗钵可汗带着高绍义，谎称到南方边境上打猎，让贺若谊将其捉住，七月，高绍义被送到了长安，后高绍义又被流放到益州死去。在这种情况下，突厥当然不会答应尉迟迥的请求。

# 五一七 篡周建隋

在前方平定叛乱的同时，杨坚也成功地阻止了后方“五王”的政变。

还是在尉迟迥起兵之初，雍州牧毕王宇文贤就看出杨坚将要倾覆北周社稷，与五王密谋诛杀杨坚，但事情败露，为杨坚所杀。宇文贤是宇文毓的长子，是宇文阐的堂伯父。当时，杨坚为了息事宁人，掩饰了五王参与密谋这一情节，没有追究五王。

等到尉迟迥起兵后，赵王宇文招又密谋杀死杨坚，他提前安排儿子宇文员、宇文贯以及内弟鲁封、亲信史胄，他对宇文员、宇文贯二人说：“等到我俩饮宴之时，你们送上瓜果，我趁机杀了他！”又把武器藏在床席之下，后院也埋伏了壮士。然后，宇文招邀请杨坚到自己家中饮宴。为防万一，杨坚自己携带酒肉来到了宇文招的家。宇文招将其引入自己的卧室之内，杨坚的亲随们都坐在屋外，不得进入，只有杨坚的从祖弟开府仪同大将军杨弘、大将军元胄、元胄的弟弟元威、陶彻坐在门边。杨弘、元胄均武艺绝伦，是杨坚的心腹。

等杨坚进入宇文招的卧室后，宇文员等人已佩刀也在屋内，站在宇文招的两旁。二人酒酣耳热之际，宇文招屡屡用刀扎起瓜果送给杨坚，想趁机将其刺死，杨坚却毫无察觉。在门口的元胄感到不对劲，遂闯入屋内，说道：“相府有事，不可停留太久。”宇文招呵斥道：“我与丞相交谈，你来干什么！”勒令他退下。元胄圆睁双眼，满脸怒气，手握刀柄，护卫在杨坚一旁。宇文招见元胄不退下，为了缓和了一下气氛，就询问他的姓名，元胄如实回答。宇文招说：“你难道不是昔日侍奉过我哥哥齐王的吗？确实是位壮士！”遂赏赐给元胄一杯酒，说道：“我哪里会有恶意？你竟然如此猜疑！”宇文招见已经失去了亲自行刺的机会，就假装呕吐，起身将要进入后堂，元胄担心宇文招一旦脱身，会出现意外，扶着他回到座位上，如此两三次。宇文招又称喉咙发干，命元胄去厨房取水，但元胄置之不理。正在这时，滕王宇文逌后到，杨坚走下台阶前去迎接，元胄趁机附耳对杨坚小声说："情况很不对劲，请速速离开此地！"杨坚尚不觉悟，回答："他们又没有兵马，又能兴起什么风浪？"元胄说："兵马都是他们家的，一旦他们先下手，大事去矣。元胄我不怕死，可是这样死去，又有什么意义？"杨坚又回到屋里坐下。元胄听到屋后有身穿铠甲的声音，赶忙请求说："相府公务繁多，大人岂能一直逗留在此！"遂扶着杨坚走下坐床，拉着他走出屋外。宇文招从后面追上，元胄挡在房门口，不让宇文招出屋。等到杨坚走到大门，元胄也从后面赶了上来。宇文招懊恼没有及时发动，后悔得把自己的手指敲出了鲜血。七月二十九日，杨坚污蔑宇文招与宇文盛谋反，诛杀了宇文招、宇文盛及其儿子们。

北周宗室多次想趁机杀死杨坚，都督李圆通常常严密保护，北周宗室无隙可乘，无法得手。

十月，杨坚又诛杀了五王之一的陈王宇文纯及其儿子们。

十二月二十日，杨坚又诛杀了代王宇文达、滕王宇文逌及其儿子们。

至此，五王全部被杨坚清除，宇文泰的儿子们也都死掉了。

杨坚辅政之初，他自己的地位尚不稳固，因此，对黄公刘昉、沛公郑译非常礼遇，给二人赏赐了很多财物，假装把二人视为自己的心腹，对二人是言听计从，二人的权势也迅速膨胀，被人称为"黄、沛"。但等到二人推辞不当监军后，杨坚开始对他们不满起来，逐渐疏远了他们，高颎从军中回到朝廷后，受到杨坚的宠信。当时，虽然平定了尉迟迥，但司马消难、王谦还没有被消灭，杨坚仍忧心忡忡，可是，刘昉、郑译自恃功劳，无所顾忌。刘昉整日无所事事，饮酒昏醉，经常误事，杨坚遂任命高颎为相府司马，取代了刘昉。杨坚不便公开废黜郑译，暗中命令部下不得向郑译请示汇报，郑译整日坐在办公室，却无事可做，遂诚惶诚恐找到杨坚，叩头谢罪，并请求辞职。杨坚念及旧情，对其劝慰一番，仍让其留任。

在清除五王的同时，杨坚又进一步巩固了自己的地位。八月，北周朝廷任命汉王宇文赞（周静帝宇文阐二叔）为太师，申公李穆为太傅，宋王宇文实（周明帝宇文毓第三子，过继宇文震为子）为大前疑，秦王宇文贽（周静帝宇文阐三叔）为大右弼，燕公于寔为大左辅，神武公窦毅为大司马，齐公于智为大司空，九月，又以小宗伯杨惠为大宗伯。九月十日，北周朝廷将周静帝的皇后、司马消难之女司马令姬废为平民。司马令姬远离了祸福无常的宫廷，后来，她改嫁给隋朝司州刺史李丹为妻，过起了寻常日子，一直活到唐太宗贞观年间。九月二十八日，杨坚任命世子杨勇为洛州总管、东京小冢宰，统辖原北齐全境。三十日，他又废除左右丞相，自任大丞相。

十二月十二日，杨坚以周静帝的名义下诏，在北周时期改为胡姓的全部又改回汉姓，杨坚也从原来的普六茹坚改称杨坚。第二天，北周静帝又下诏晋升杨坚为相国，总百揆，去掉都督中外、大冢宰称号，进爵位为随王，以安陆等二十个郡为随国，享受向皇帝汇报时不称名报姓的待遇，给予九锡之礼。杨坚认为随字藏着一个“辶”，有随之而走的意思，为了让自己的基业世代相传，他只接受了随王爵位和十个郡。

到这一年（北周静帝大象二年，公元580年）年底，距离周宣帝宇文赟死去仅仅过去一年零十个月，周静帝宇文阐名义上的外公（宇文阐不是杨丽华亲生）杨坚就已经做好了篡夺北周皇位的一切准备工作了，杨坚取代北周只差了一个程序而已。

第二年（公元581年）一月，北周朝廷下令改元为大定元年，二月四日，杨坚才正式一股脑接受相国、总百揆、九锡之礼，开始设置随国的文武百官。六日，北周静帝宇文阐又下诏晋封随公王妃独孤伽罗为随王妃，世子杨勇为太子。同月，开府仪同大将军庾季才劝说随王杨坚应以当月的甲子日（十四日）应天顺民，接受上天的任命。太傅李穆、开府仪同大将军卢贲也劝说行动。于是，北周静帝宇文阐（时年九岁）下诏要将皇位传给时年四十一岁的外祖父杨坚，宣称自己将离开皇宫，住在外面。十四日，周静帝又命令兼太傅杞公宇文椿（宇文导第三子，周静帝同族叔父）手捧文书，大宗伯赵煚携带皇帝玉玺，将皇位让给了杨坚。杨坚头戴远游冠，接受文书、玉玺，改戴白纱帽，身穿黄袍，登上了临光殿，再改穿皇帝龙袍、戴上冕帽，接受百官的朝贺，宣布大赦，改元为开皇元年。命人手持奏表到南郊祭祀上天，并派遣少冢宰元孝矩代替世子杨勇镇守洛阳。元孝矩是北魏汝阴王拓跋天赐的曾孙、元修义的孙子，是西魏孝武帝元修的堂叔，当初，他看到宇文泰将要威胁到西魏江山，曾要与其为敌，后来宇文泰为侄儿宇文护娶了元孝矩的妹妹为妻，对两家关系骤然亲密起来。等到北周建立后，宇文护辅政，元孝矩更是春风得意，宇文护被周武帝宇文邕杀死后，元孝矩也受到牵连，被流放到益州。元孝矩在益州屡立战功，又被晋升为益州总管司马。杨坚看重元孝矩的门第，为世子杨勇娶了元孝矩的女儿为妻，对其非常宠信。

少内史崔仲方劝隋文帝杨坚废除北周设置的官职，恢复汉魏官位，杨坚同意了，于是，隋朝设置了太师、太傅、太保（“三师”），司徒、太尉、司空（“三公”），又设置了尚书省（国务院）、门下省（监督院）、内史省（即中书省、立法院）、秘书省（图书档案馆）、内侍省（宫廷管理局）五省，御史台（检察院）、都水台（水利部）二台，太常（祭祀）等十一个寺（部门），左右卫（左右禁卫军）等十二府（司令部）。又设置了上柱国到都督等十一个档次的荣誉军职，以犒赏有功将领；特进到朝散大夫等七个档次的荣誉文职，以授予德高望重的文武官员。改过去的侍中称号为纳言。任命相国司马高颎为尚书左仆射，兼纳言，相国司录虞庆则为内史监，兼任吏部尚书，相国内郎李德林为内史令。

二月十五日，杨坚追尊父亲杨忠为武元皇帝，庙号太祖；母亲吕氏为元明皇后。十七日，立王后独孤伽罗为皇后，杨勇为皇太子。不久，又封周静帝为介公，北周残存诸王全部降为公。

杨坚辅政之初，杨丽华虽然并没有插手，但因“儿子”宇文阐年纪尚小，担心大权被其他外戚夺去，听说父亲辅政了，也心中暗喜，后来，杨丽华知道父亲心存不轨，非常愤怒，言语之间常常透露出反感之意，等到杨坚篡位后，杨丽华更是悲愤异常。杨坚在自己的女儿面前难掩羞愧，改封其为乐安公主，过了很久，又想让她改嫁，但杨丽华发誓不从，杨坚也只好作罢。

北周从公元 557 年建立，共存在二十五年，经历了孝闵帝宇文觉、周明帝宇文毓、周武帝宇文邕、周宣帝宇文赟、周静帝宇文阐五位皇帝，至此灭亡。

# 五一八　隋初政治（一）

隋朝建立了，中国本土自西晋末年一直持续了近三百年的大分裂时代也行将结束。

登上皇位的杨坚心情自然很爽。还在他刚刚辅政时，他的好友元谐曾对他说："大人没有同党，就仿佛在水里筑起了一堵墙一般，随时都有倒塌的危险，大人努力啊！"等到杨坚登上皇位后，他对着元谐笑道："水里的墙最终证明怎么样呢？"两人言谈甚欢。杨坚与荣建绪也是多年的老友，杨坚篡位之前，正巧荣建绪被任命为息州（今河南省息县）刺史将去上任，杨坚对他说："稍微等一等，我们一同博取富贵。"荣建绪当然知道杨坚的言外之意，他严肃地回答："大人说的这话，我可不愿意听。"等到杨坚即位后，荣建绪回朝，杨坚问道："你后悔了吧？"荣建绪回答："臣不是徐广那样的官位，心情却与杨彪一样。"徐广在刘裕篡位时痛哭流涕，杨彪在曹丕篡位后拒绝了太尉高官。杨坚又笑了，他说道："我虽然听不懂书面语，但也明白你说的这话不是好话。"

与杨坚的心情截然相反，上柱国窦毅的女儿窦氏看到舅舅家的江山被杨坚篡夺，跳到堂下，捶胸叹息说道："可恨我不是一个七尺男儿，不能解救舅舅家的灾祸！"如前所述，窦氏的舅舅是北周武帝宇文邕，窦氏是静帝宇文阐的表姑。窦毅和妻子北周襄阳公主吓得赶忙捂住女儿的嘴巴，说道："你可别胡说八道，会让我家灭族的！"不过，后来窦氏的丈夫李渊最终夺取了隋朝的天下，为窦氏了却了心头之恨。

兴奋之余，隋文帝杨坚在即位之初也做了几件大事。

一是诛灭宇文氏。在杨坚即位之前，虞庆则劝杨坚将宇文氏灭门，高颎、杨惠也曲意顺从，只有李德林强烈反对，杨坚大怒，斥责道："你是个迂腐书生，不配讨论这个问题！"于是，杨坚在即位之前就已经杀尽了五王，即位不久，他又大开杀戒，一口气诛杀了宇文氏全族。赵翼在《二十二史札记》中痛斥说："窃人之国，而戕其子孙，至无遗类，此其残忍惨毒，岂复稍有人心！"他又从天道报应的角度说，杨坚的子孙也在隋朝末年的大乱中被他人诛杀殆尽，而隋炀帝又借助一个姓宇文的人（宇文化及，与宇文氏皇族并非同族）之手被杀，可见，报应天理昭彰。

二是强宗固本。要想巩固自己的统治，隋文帝杨坚就必须依靠宗室子弟，然而，杨氏宗族并非铁板一块。杨坚共有四个弟弟：杨整、杨瓒（又名杨慧）、杨嵩、杨爽，其中杨整、杨瓒是杨坚的同母弟弟，杨嵩、杨爽是异母弟。杨整的妻子是尉迟迥弟弟尉迟纲之女，杨瓒的妻子是周武帝宇文邕的妹妹顺阳公主，杨坚的妻子独孤伽罗家在杨坚发迹前已经家道中落，而杨坚的两个弟媳娘家却在北周非常显赫，一个是皇亲，一个就是皇族，因此，杨坚与他这两个亲弟弟关系并不融洽，尤其杨坚的妻子独孤伽罗与尉迟氏、宇文氏更是水火不容，关系恶劣。后来，杨坚还说过："我的这两个同母弟弟，都依仗妻子家的势力，对我非常憎恶……当时，有个医师顺着他们的意思说我一百天后将要发疯，两个弟弟窃喜，去告诉父母。父母哭着对我说：'你的两个弟弟太不像话了，不爱自己的亲哥哥。'我当时就说：'有一天我有了天下，就把他俩改姓悖。'父母去世后，两个弟弟又在晋公宇文护跟前说我的坏话，当时，我每次回到家门，心里总是非常难受，仿佛进了地狱之门，对外谎称得了气喘病，终日把自己关在阁楼里，只到吃饭时才打开阁门……当时，确实心里无法忍受，非常羡慕没有兄弟的人家。人世间贫穷人家的兄弟们都相互友爱，富贵人家的兄弟们总是钩心斗角，这都是争名夺利的结果。"杨坚这番话是他们兄弟之间关系的真实写照，至于他对父母说一旦得到天下就把弟弟们改姓的话，可能只是当时他心里的想法，说他父母同意，也不过为自己压制杨整、杨瓒家开脱而已，必然不是实情。杨整在北周武帝宇文邕平齐时在并州战死。杨瓒相貌堂堂，名气很大，被人称为杨三郎，他既是宇文邕的妹夫，因而深受宇文邕的信任，在宇文邕平齐时，特意被宇文邕安排在长安，负责后方。杨坚辅政时，曾派杨勇召杨瓒入宫辅佐，杨瓒却明确拒绝道："你当个随国公还担心无法自保呢，为何还要去干灭族之事呢！"杨坚辅政后，杨瓒担心连累到自己，曾密谋诛杀哥哥。杨坚的四弟杨嵩早死。五弟杨爽是杨坚最小的弟弟，杨坚之父杨忠死时，杨爽才六岁，长嫂如母，小杨爽就由大嫂独孤伽罗抚养，因此，杨坚对杨爽非常宠爱，此时，杨爽才十九岁。

开皇元年（公元581年）二月，在隋文帝登基的同月，他就晋封三弟邵公杨瓒为滕王，并拜为雍州牧；五弟安公杨爽为卫王，并立杨爽的生母李氏为太妃。不久，杨坚就借故将杨瓒的雍州牧拿下，交给了五弟杨爽。杨坚一生有五个儿子，均为妻子独孤伽罗所生：杨勇、杨广、杨俊、杨秀、杨谅。杨坚在晋封两个弟弟后，又晋封杨广（时年13岁）为晋王、杨俊（时年11岁）为秦王、杨秀为越王、杨谅为汉王。不久，杨坚又任命次子杨广为柱国、并州总管，三子杨俊为上柱国、河南道行台尚书令、洛州刺史，改封四子杨秀为蜀王，拜为柱国、益州总管。杨坚让宗室子弟镇守各个军事重地，目的就是加强对地方的统治。

三是加封百官。一朝天子一朝臣。即位后的杨坚开始大封功臣，对李穆、窦炽、于翼等北周时期的重臣，授予他们三师之位，继续采取拉拢策略，最大限度地减少对立面。在杨坚平定尉迟迥时，李穆的立场起到至关重要的作用，甚至决定着最终的结果，李穆转投杨坚一方，并在随后支持杨坚篡位，这让杨坚非常感激。投桃报李，杨坚即位后，专门给李穆写信说："大人不仅德高望重，而且又是我父亲的老友，不久前接到大人的来信，我不敢违背你的意思，遂于本月十三日即位。"不久，就征召李穆进京，授予其太师之位，并赐给其汇报不用自报姓名的特权；李氏子孙全部被封为仪同三司，即使襁褓中的小孩也不例外，李穆一家五品以上的高官就有一百多人。时年已七十二岁的李穆上书请求退休，杨坚却下诏拒绝说："吕尚八十岁还在辅佐周文王，张苍满头白发还担任西汉丞相，盖世英才，不受常规的限制。"但因李穆年事已高，特意下诏允许他不再上朝，朝廷遇到大事，派人到其府上咨询，后来，杨坚又特意下诏称："法律是为了防备小人，不是为君子而设的。太师李穆德高望重，只要不是谋反大罪，即使有一百条死罪，也一概不予追究。"杨坚又授予上柱国窦炽为太傅，幽州总管于翼为太尉。

负责处理朝廷具体事务的官员则全部由杨坚的亲信充任。如上所述，他即位后，除了任命高颎、虞庆则、李德林外，还任韦世康为礼部尚书，元晖为都官尚书，元岩为兵部尚书，长孙毗为工部尚书，杨尚希为度支尚书，杨惠为左卫大将军，赵煚为尚书右仆射，伊娄彦恭为左武候大将军，田仁恭为太子太师，柳敏为太子太保，孙恕为太子少傅，苏威为太子少保。

苏威是宇文泰的心腹之臣苏绰之子，从小就有美好的名声。宇文护专权时，强迫苏威与自己的女儿新兴公主结婚，苏威见宇文护专权，深恐会连累到自己，遂隐居山中寺庙，以读书写作自娱。周武帝宇文邕听说他是个贤才，曾拜其为车骑大将军、开府仪同三司，又任命其为稍伯下大夫，但苏威都称病推辞；周宣帝宇文赟拜其为开府仪同三司大将军。杨坚辅政后，高颎推荐了他，杨坚一见之下，不禁大喜，一个多月后，苏威听说杨坚将要篡位，又不辞而别，回到了山中。高颎请求将他追回，杨坚却说："此人是不想掺和我这事，暂时不管他。"杨坚任命苏威为太子少保后不久，又让他兼任纳言、度支尚书。当初，苏威的父亲苏绰因西魏财政困难，制定的税法很重，曾叹息说："如今的制度就好像拉一张弓一样，并非正常的制度。后世的君子谁能松松？"苏威对父亲生前的话铭记在心，自从他担任度支尚书后，上书隋文帝请求减免百姓的税赋，隋文帝全部采纳。慢慢地，苏威逐渐赢得了隋文帝的信任和倚重，与高颎一起执掌朝政。一次，隋文帝在盛怒之下要杀死一人，苏威闯入屋内劝谏，但隋文帝不听，将要走出房门，亲自杀了那人，可是，苏威挡在隋文帝的面前；隋文帝躲开苏威出门，苏威又左右遮挡，弄得隋文帝毫无办法，只好拂袖回到屋内。过了很久，隋文帝慢慢平息了怒气，派人将苏威召入屋内，向他道歉说："你能这样忠心、正直，我还有什么可担忧的呢？"随后赏赐给他两匹马、十余万钱。不久，隋文帝又让苏威兼任大理卿、京兆尹、御史大夫。

# 五一九 隋初政治（二）

苏威这颗冉冉升起的政治新星，让那些佐命功臣们非常郁闷。

治书侍御史梁毗弹劾苏威身兼五职，却贪图高位，甘愿处于繁重的工作压力之下，不推荐贤才接替自己。隋文帝却说："苏威整日兢兢业业，志向高远，何苦要逼他呢？"又对群臣说："苏威遇不到我，就没人能听他的；我遇不到苏威，又怎能实现他的治国理政之道！杨素口才当世无双，但说到斟酌古今的制度，协助我教化万民，无法与苏威相比。如果遇到乱世，苏威就是皇帝也请不来的商山四皓，像这种人岂能委屈了他！"苏威曾经对隋文帝说："我的亡父常常告诫我说：'只需熟读一本《孝经》就足够立身治国，何须读太多的书！'"隋文帝非常赞成。

高颎也深为隋文帝所宠信，在北周时期高颎曾被赐姓独孤氏，隋文帝经常只称其为独孤，而不称他的名字，以示敬重。高颎见苏威逐渐崛起，他上书请求辞职，将尚书左仆射一职让给苏威。起初，隋文帝打算同意，但几天后，他又改变了主意，对高颎说："苏威在前朝隐居山林，你慧眼识才，将他举荐给我。我听说能够举荐人才的要授予上等的赏赐，岂可让其辞职！"高颎、苏威齐心协力，共同辅佐隋文帝，军国事务，无论大小，隋文帝都与二人商议，然后施行，在隋朝建立后的数年里，天下很快就出现了安定的局面，史称开皇之治。

太子中庶子卢贲身为佐命功臣，见高颎、苏威执政，内心非常不满，当时，刘昉也被隋文帝疏远，于是，卢贲就联络刘昉、上柱国元谐、李询、华州刺史张宾等人密谋废黜高颎、苏威二人，由他们五人辅政。又因为晋王杨广是隋文帝杨坚最宠爱的孩子，卢贲又私下对太子杨勇说："我真想常来拜见殿下，只是担心被皇上斥责，请殿下能理解我的苦衷。"想挑拨隋文帝与太子杨勇以及晋王杨广之间的关系。不久，卢贲等人的阴谋败露，隋文帝下令彻查此事，刘昉等人将罪责都推到张宾、卢贲身上。有关部门上书要求处死二人，隋文帝念及二人的功劳，仅将二人削职为民。

此一时彼一时。显然，此时的杨坚需要的是治国理政、并对自己忠心耿耿的贤才，而卢贲等人已经失去了利用价值，况且，杨坚一直认为刘昉、郑译、卢贲等人都是喜乱乐祸之人，个人野心很大，过去，他正是利用这些人的个人野心换来了自己的利益，如果继续重用这些人，杨坚自己也不放心，疏忌他们也是自然而然的了。郑译虽然并未参与这场阴谋，但因其在杨坚最需要他的时候他选择了退缩，也被杨坚疏远。杨坚即位后，给予他上柱国的待遇，赏赐给他很多财物，让他闲居在家。郑译自从被杨坚疏远后，在家请来道士作法祈福，家中婢女告发他进行巫蛊，隋文帝将他召来问道："我又没有对不起你，你这么做是什么意思？"郑译无言以对。郑译与自己的母亲分家另居，被有关部门弹劾，遂被免职。杨坚下诏说："我听不到郑译你献的良策，却总是听到你卖官鬻爵。如果把你留在人世，也是一个不道之臣；如果将你杀了，又让地下多一个不孝的鬼魂。你这个人给人间和地狱都带来麻烦，我实在不知道该如何处置你，就赏给你一本《孝经》，让你在家熟读吧。"遂命令他与母亲居住在一起。但不久，又让他也参与修订法律了。

隋文帝做的第四件大事就是确立了三省六部制。实际上，隋文帝搞的是五省六部制，但由于五省中的秘书省和内侍省权力很小，真正掌握中枢大权的是尚书省、中书省和门下省三省，因此，又被称为三省六部制。魏晋南北朝以来，在国家的最高政权机构中，相继出现了尚书、中书（隋朝改称内史）、门下三省，但一直分工不明确，但基本上，尚书省是国家的最高行政机关，中书省负责宣布皇帝诏命，门下省，制约中书省，是皇帝身边的侍从。隋文帝在前代的基础上进一步明确了三省的具体分工，以尚书省为日常政务的最高行政机关，设置尚书令一人、左右仆射各一人，下设吏（人事）、礼（祭祀、礼宾）、兵（军事）、都官（后改为刑部、司法）、度支（后改为民部。唐代因避李世民的讳，又改称户部，负责财税、户籍）、工（工程、水利）六部，六部中各设尚书一人，由于尚书令一般虚设，左右尚书仆射与六部尚书称为"八座"。六部共有二十四曹，设置三十六个侍郎。门下省负责审查政令，有纳言两人，给事黄门侍郎四人，散骑常侍、通直散骑常侍各四人，谏议大夫七人。内史省（唐代改为中书省）负责起草皇帝诏令，设置内史监、内史令各一人；下属有内史舍人八人，负责起草诏书；通事舍人十六人，负责传达诏书。其他还有前述的御史台、都水台以及太常等十一寺，不再一一列举。但隋朝的三省六部制还不十分成熟，由于尚书省权力过重，所谓的中书省发出诏命、门下省进行审核、尚书省执行的三权分立格局还没有完全形成。

隋文帝做的第五件大事就是刚才说过的郑译参与的制定法律。北周消灭北齐后发现他们的法律还不如北齐法律完备，时而宽纵，时而严厉，杨坚在篡位之前曾就此向周宣帝建议，但没有被采纳，杨坚辅政后立即采取了轻刑政策，并起到了良好效果。杨坚篡周自立后，很快就把制定一部完备的法律提上了议事日程，他下令高颎、郑译、上柱国杨素、率更令裴政等人参考历代法律，制定《开皇律》。《开皇律》很快就制定出来了，《隋书·刑法志》称其为“刑网简要，疏而不失”，这部法律的主要特点是：1. 贯彻了轻刑原则，废除了历史上鞭刑、枭首、车裂酷刑，只要不是谋反、叛国以上重罪的，不牵连全族。规定了斩首、绞死两种死刑，一千里、一千五百里和两千里三种流放刑，一年、一年半、两年、两年半、三年五种徒刑，六十、七十、八十、九十、一百共五种杖刑，十、二十、三十、四十、五十共五种竹板刑，各类刑具也进行了统一规定，并要求在执行杖刑时中途不得换人。开皇三年，隋文帝见当年刑部档案全国尚有上万件案件，认为刑罚还是过重，又下令苏威等人重新修订了《开皇律》，修订之后，原有死罪八十一条、流放罪一百五十四条、徒刑等一千多条，仅保留五百条。2. 在篇章结构上改变了过去法律的烦琐，以《北齐律》十二篇为基础，进行了微调，共计十二篇五百条，非常精练，确定了我国古代刑法典的体例。3. 继承了《北齐律》的重罪十条，设置了“十恶”，规定十种严重危害皇权和统治秩序的重罪，不在赦免之列。4. 继承并明确了八议制度，给予八种对国家有功的人减免刑罚的特权，并创制了“例减”制度，规范了八议制度的实施。

第六件大事就是整饬吏治。岐州刺史梁彦光在岐州干得很好，隋文帝专门下诏予以表彰，给全国的地方官树立了学习的榜样。后来，梁彦光被调任为相州刺史。岐州民风淳厚，梁彦光采取无为而治的办法，从不过分打扰百姓们的生活，因此，年底考评接连成为全国第一，但是，相州曾是北齐首都，北齐灭亡后，文化程度较高的贵族和大族都被迁到了关中，剩下的都是些知识层次较低的手工业者、商贩、“乐户”，这些人唯利是图，爱打官司，惹是生非，他们给梁彦光起了一个绰号叫“戴着帽子的软蛋”，嘲讽他软弱无能。隋文帝听说后，就免去了他的官职。一年后，又任命他为赵州刺史，但梁彦光请求再去相州，隋文帝同意了。相州当地的流氓恶霸听说梁彦光又来了，都对他嗤之以鼻。谁知，这次梁彦光到任后，一改过去的作风，严厉查办案件，狠狠打击了恶霸们的嚣张气焰，全境很快就恢复了秩序。然后，梁彦光又从外地请来知名学者，在每个乡里都设立了学校，他亲自组织考试，奖勤罚懒，等到学生们被保荐为秀才、去长安当官时，他还亲自到城郊送行，并为他们筹措路费。不久，相州的整个社会风气大为改变，百姓们都对他们的刺史非常感激，不再有四处告状的了。梁彦光做的才是一个合格的地方官应该做的，核心在于教化人们，移风易俗，而不仅仅是充当一个征收赋税的机器。还有一个相州刺史樊叔略，也做得很好，隋文帝也下诏予以表彰，通报全国，并晋升其为大司农。隋文帝本人十分勤政、节俭、爱民，官吏不论大小，只要在地方上干得好，都能被他发现。新丰县令房恭懿综合考核为京畿地区第一，隋文帝赏赐给他布帛、粮食，当时，隋文帝接见雍州各地的县令，每次见到房恭懿，隋文帝必定要将他单独叫到御榻前，详细询问他治理百姓的方法，他对各州贺岁的使者们说："房恭懿忠于国家，爱护百姓，这是上天和祖先对我的保佑，我如果再不嘉奖他，上天和祖先肯定会惩罚我，你们要好好向他学习。"遂提拔他为海州刺史。从此以后，全国各地的地方官吏大都很称职，百姓们也日渐富裕起来，这也为开皇之治奠定了坚实的基础。

# 五二〇 隋初政治（三）

除了国内事务，隋文帝还念念不忘周边的南陈、吐谷浑和突厥。

《旧唐书·西戎·吐谷浑传》称："吐谷浑自晋永嘉之末（公元313年），始西渡洮水，建国于群羌之故地，至龙朔三年（公元663年）为吐蕃所灭，凡三百五十年。"从慕容吐谷浑公元313年率众离开徒河青山（今辽宁省锦州市义县），跋山涉水来到青海建立吐谷浑国，至今已历二百六十八年之久，可以说吐谷浑国完整地见证中国魏晋南北朝这一乱世。吐谷浑国至第十四任王伏连筹在位期间达到了鼎盛时期，伏连筹于公元529年前后去世，王位变动频繁，到公元535年，伏连筹的儿子夸吕即位，对外开始称可汗，并将都城从伏罗川（莫何川，约在今青海省贵德县巴卡尔河一带）向西迁往伏俟城（今青海省共和县铁卜卡古城）。其时，东西魏刚刚于前一年分裂，强盛的吐谷浑与西魏、北周之间的关系战多和少，西魏、北周夺取了吐谷浑的洮阳（今甘肃省临潭县西南）、洪和（今甘肃省临潭县）、龙涸（今四川省松潘县）等地，分别设置了洮州（治所美相，在今甘肃省临潭县西南七十里，古洮阳城）、扶州（今四川省松潘县）、廓州（今青海省贵德县附近）、覃州（今四川省黑水县附近）、芳州（今甘肃省迭部县东南）、叠州（今甘肃省迭部县附近）、宕州（今甘肃省宕昌县）、邓州（今四川省九寨沟县）。

北周武帝建德五年（公元576年），吐谷浑国内大乱，周武帝宇文邕趁机派太子宇文赟率军西征，周军占领了吐谷浑都城伏俟城，此后，吐谷浑与北周的关系仍然时好时坏，到周武帝宣政元年（公元578年），吐谷浑赵王他娄屯投降北周，吐谷浑再也不向北周朝贡了。隋开皇元年（公元581年），吐谷浑王夸吕率军骚扰隋朝西部的弘州（今甘肃省临潭县西）、凉州（今甘肃省武威市）。八月，隋文帝派遣行军元帅、安乐公元谐率领行军总管贺娄子干、郭竣、元浩等将，带着数万步骑讨伐吐谷浑。临行前，隋文帝对元谐告诫说："你受朝廷重托，统率大军西征，目的是保境安民，并非要贪图吐谷浑的荒芜无用之地、残害吐谷浑的人民。王者之师，在于能行仁义。吐谷浑人如果来到边境，你应该对他们晓以德义，进行教化，谁还敢不服从？"隋文帝的话显示了这次西征并非倚强凌弱，以大欺小，也不是为了开疆拓土，只是为了制止吐谷浑的侵扰。

当时，吐谷浑将领定城王钟利房率领三千骑兵渡过黄河，联络党项羌族部落。党项羌是西羌之一，北周灭掉宕昌羌（今甘肃省岷县南）、邓至羌（今四川省松潘县东）之后，党项羌才逐渐强盛，"其界东至松州，西接叶护"。元谐率军从鄯州（今青海省海东市乐都区）出击，直插青海，切断了钟利房的归路。

吐谷浑听说隋军将至，征发全国的军队，从曼头城（在今青海省共和县西南，胡三省《通鉴注》称："河源郡有曼头城，盖因山得名也。"日本学者佐藤长《西藏历史地理研究》称："曼头山在青海南山山脉东端的巴勒衮岭。"）到树敦城（一说在今青海省东南曼头山附近，一说在今青海省共和或曲沟）连绵不绝，两万吐谷浑骑兵部队与隋军在丰利山（在青海湖以东）遭遇，双方展开激战，吐谷浑军队败退。隋军继续向青海推进，吐谷浑可汗夸吕派遣太子可博汗率领五万精锐骑兵掩袭隋军，又被元谐率军击败，隋军追击三十余里，斩杀俘虏上万敌人，吐谷浑举国震动。元谐遂下书晓以祸福，吐谷浑名王十七人、公侯十三人各率部前来投降。吐谷浑可汗夸吕率领贴身卫队仓皇远逃。隋文帝大喜，下诏对元谐等将予以褒奖，并封吐谷浑高宁王移兹裒为大将军、河南王，让其统领降众；又任命元谐为宁州（今甘肃省宁县）刺史，留下行军总管贺娄子干镇守凉州。隋军凯旋。

第二年，吐谷浑可汗夸吕卷土重来，屡屡骚扰隋朝西部边境。开皇二年（公元582年），隋文帝命令凉州刺史贺娄子干调发凉州（今甘肃省武威市）、甘州（今甘肃省张掖市）、瓜州（今甘肃省敦煌市）、鄯州（今青海省海东市乐都区）、廓州（今甘肃省贵德县）五州之兵，深入吐谷浑国境，杀死一万多人，作战二十天后撤离。为了防备吐谷浑的侵扰，隋文帝下令贺娄子干改变陇西、河右地区不设村庄的旧俗，要求他勒令百姓修建房屋，进行耕作。但贺娄子干表示反对，他说："陇西、河右地区，地广民稀，边境不安，不能进行大规模农业生产。我亲眼看到过去进行屯田，耗费了大量人力物力，却收获很少，敌人一来，就化为乌有，徒费人力。并且，陇右百姓习惯于游牧，如果让他们屯聚在一起，反而会不安。只需要加强警戒，岂能把百姓、牲畜聚集在一起？我请求在交通要道加强防守，只用构筑一道完整的防御线，即使百姓们依然散居，也保证会万无一失。”隋文帝听从了。

开皇三年（公元583年）四月，吐谷浑又进攻临洮，隋旭州（今甘肃省碌曲县东）刺史皮子信战死。五月，吐谷浑又进攻凉州，行军元帅窦荣定将其击破。六月，吐谷浑又进攻临洮一带，汶州（今四川省汶川县）总管梁远在尔汗山（今甘肃省岷县南）将其击破。不久，吐谷浑又骚扰廓州，隋朝当地驻军将其击退。但到了第二年，吐谷浑国内发生大乱，不得不暂时停止了对隋朝边境的骚扰，这是后话暂且不提。

回过头来说一说突厥。

杨坚篡夺北周政权的同时，突厥汗国内也发生一系列变故。

杨坚篡位前，北周与突厥之间的关系刚刚走向正常化，千金公主也刚刚嫁给佗钵可汗。第二年杨坚篡位，而就在这一年，当了十年可汗的佗钵就病死了。佗钵可汗临终前，对自己的儿子庵逻说：“我听说，亲莫过于父子了，但是，我的哥哥木杆可汗临死前没有把汗位传给他的儿子大逻便，而把汗位传给了我，等我死后，你要把汗位再还给大逻便。”佗钵可汗死后，突厥当权的贵族们打算拥立大逻便为汗。但是，大逻便的生母出身低贱，而庵逻的母亲出身尊贵，国民素来就对庵逻非常看重，而对大逻便十分轻视。突厥立国后，自第一任可汗伊利可汗起一直是兄终弟及，伊利可汗土门死后，传位给弟弟逸可汗科罗；第二任逸可汗临死，舍弃自己的儿子摄图，立了弟弟木杆可汗俟斤；第三任木杆可汗死后，又舍弃儿子大逻便，立了弟弟佗钵可汗。佗钵可汗即位后，逸可汗的儿子摄图已经长大成人，为了协调各方利益，他让摄图为尔伏可汗，统领东方，而以弟弟褥但可汗的儿子为步离可汗，统辖汗国西部。

此时，突厥汗国就面临一个继承原则的问题，按照佗钵可汗的说法，要把汗位还给木杆可汗一系，但是，如果这样的话，木杆可汗的汗位又是从逸可汗（摄图之父）那里得来的，以此类推的话，这个汗位还应当由大逻便再还给摄图。尔伏可汗摄图最后一个到来，他对众人说：“你们如果拥立庵逻的话，我自然会率领众兄弟服从他的领导，但是，你们要是立大逻便，我摄图必定会严守边境，咱们就大刀长矛见吧！”摄图在堂兄弟们年纪最长，又非常骁勇，众人对他都十分忌惮，无人敢提出反对意见，遂违背了佗钵可汗的临终遗言，立了他的儿子庵逻为可汗。大逻便没有被立为可汗，心中非常懊恼，总是派人来到王庭，当面辱骂庵逻，庵逻也无可奈何，不得不将汗位让给摄图。突厥汗国贵族们商议道："在四位前任可汗的儿子们中，只有摄图最贤能。"于是，大家统一了意见，一同前往东部迎立摄图为大可汗，摄图即位后，称为沙钵略可汗，将王庭设在都斤山（众说不一，采今蒙古国杭爱山一说）。庵逻降为第二可汗，住在独洛水（今蒙古国图拉河）。沙钵略可汗摄图即位后，大逻便虽然不敢再去辱骂，但他仍然愤愤不平，他找到沙钵略可汗说："你我都是可汗的儿子，都是子承父业，可是，如今你非常尊贵，而我一无所有，这是为何？"沙钵略可汗为此非常头疼，只好任命大逻便为阿波可汗，让他统领其父木杆可汗的旧部；另外，沙钵略可汗的堂叔玷厥居住在西方，号称达头可汗。《隋书·北狄·突厥传》称：突厥民俗"父兄死，子弟妻其群母及嫂"。沙钵略可汗即位后，当又娶了佗钵可汗之妻千金公主为妻。

# 五二一　隋初政治（四）

隋文帝即位后，对突厥汗国非常冷淡，这让突厥沙钵略可汗非常不满。

隋文帝大肆诛杀北周皇族，千金公主宇文氏痛心国破家亡，日夜劝沙钵略可汗出兵替北周复仇。沙钵略可汗对群臣们说："我身为北周的女婿，如今，随公自立为帝，我却对他无可奈何，还有什么脸面与见我的可贺敦（突厥皇后称呼）呢！"遂与原北齐营州刺史高宝宁合兵一处，入寇隋朝边境。隋文帝对此非常忧虑，命令边境增修城堡、长城，并命令上柱国阴寿镇守幽州，京兆尹虞庆则镇守并州，屯兵数万防备突厥南下。

当初，奉车都尉长孙晟护送千金公主来到突厥后，佗钵可汗对他精湛的箭术非常欣赏，遂把他留在突厥国内一年多，命突厥贵族子弟们与他交往，希望他们能学到他的箭术。在突厥期间，长孙晟了解到沙钵略可汗的弟弟处罗侯很得人心，沙钵略可汗对他非常猜忌，为了自保，处罗侯暗中托心腹与长孙晟结盟，希望能争取到外援。长孙晟与处罗侯一起出外打猎，观察突厥国内的山川形势，部众强弱，一一牢记在心。此时，长孙晟已回到国内，他上书隋文帝建议道："如今，我们国内虽然安定了，但突厥还没有臣服，如果现在就出兵讨伐，时机尚未成熟，对他们置之不理，他们又经常南下骚扰，因此，就需要我们制订缜密的计划，运用巧妙的谋略对付他们。西方的达头可汗玷厥与沙钵略可汗摄图相比，兵强马壮，却地位较低，名义上虽然服从沙钵略可汗的领导，但二人之间的裂痕已经形成，我们派人从中进行挑拨，他们之间必定会发生内斗。处罗侯是摄图的弟弟，包藏祸心，势力虚弱，他曲意争取人心，赢得了突厥国内人们爱戴，这也引起了摄图的猜忌，处罗侯内心十分不安，表面上与世无争，表现得一团和气，但其实他的心中深怀恐惧。阿波可汗大逻便首鼠两端，身处沙钵略可汗与达头可汗两者之间，惧怕沙钵略可汗，受到他的挟持，但他是谁强跟着谁，并无坚定的立场。如今我们应当采取远交近攻的策略，让强者分裂，与弱者联合。我们向达头可汗玷厥派出使者，与阿波可汗大逻便联合，那么，沙钵略可汗摄图就不得不撤军，防备自己的右翼；我们再结交处罗侯，再联合奚部落（居住在西辽河以南的乌桓人）、霫部落（居住在西辽河以北的匈奴人），那么，沙钵略可汗摄图又得分散兵力，防备自己的左路。这样一来，他们内部自相猜疑，十几年以后，我们再寻找机会，可一举将其平定。”隋文帝看了，不禁大喜，遂召见长孙晟。长孙晟又口述突厥国内的山川形势，用手画出地理位置，用笔写下部落的强弱虚实，了若指掌，隋文帝啧啧称奇，全盘采纳了长孙晟的建议。

隋文帝派遣太仆元晖从伊吾路前往西方，面见达头可汗，赏赐给他狼头大旗。达头可汗的使者来到隋朝，隋文帝又故意将位次放在沙钵略可汗使者的前面。隋文帝又以长孙晟为车骑将军，从黄龙道北上，送给奚部落、霫部落、契丹部落大量财物，让他们当向导，辗转来到处罗侯的领地，与他诚恳结交，并劝诱他归顺隋朝。隋文帝的反间计施行以后，果然引起了突厥汗国内部的矛盾和猜忌。

开皇二年（公元582年）一月十七日，隋文帝又在并州设置北道行台，以晋王杨广为尚书令，在益州设置西南道行台，以蜀王杨秀为尚书令，在洛阳设置河南道行台，以秦王杨俊为尚书令、洛州刺史。由于三王年少，隋文帝又替他俩选拔了忠贞而有才干的人士担任僚佐，以灵州刺史王韶为并省右仆射，鸿胪卿李雄为兵部尚书，左武卫将军李彻统领晋王府军事；又以兵部尚书元岩为益州总管府长史。王韶、李雄、元岩三人都以正直骨鲠闻名于世，杨广、杨秀总想生活奢侈一点，但王韶、元岩就是不从，或者闯入内院强烈反对，或者锁在内室，自我囚禁，弄得杨广、杨秀都非常害怕，遇事总是先征求他们的意见，不敢违法乱纪。隋文帝听后，非常高兴。

四月十七日，隋大将军韩僧寿率领隋军在鸡头山（今甘肃省平凉市西崆峒山）击破突厥，上柱国李充也在河北山（阴山）击破突厥军队。

五月十六日，高宝宁引导突厥军队南下，分路大规模入侵隋朝。突厥调发五位可汗的军队，共计四十万大军攻进了长城。

六月十四日，隋上柱国李光在马邑（今山西省朔州市）击败突厥军队；西线，突厥军队又朝兰州（今甘肃省兰州市）杀来，与隋朝凉州总管贺娄子干率领的隋军在可洛峐（今甘肃省武威市东南）地区遭遇。面对敌强我弱的严峻形势，贺娄子干先采取守势，依托险阻扎下大营，切断了突厥军队的水源，等到突厥军队疲惫之时，贺娄子干趁势发起进攻，将其击败，迟滞了达头可汗的进攻。

十月三日，隋文帝命令太子杨勇领兵驻扎在咸阳（今陕西省咸阳市），防备突厥来犯。十二月十三日，隋文帝再派虞庆则领兵驻扎在弘化（今甘肃省庆阳市），抵御突厥。

行军总管达奚长儒率领两千人马与突厥沙钵略可汗的大军在周槃（今甘肃省庆阳市南六十公里处）遭遇。当时，突厥军队有十余万之众，隋军大为恐惧。达奚长儒却毫无惧色，边打边撤，隋军受到突厥军队的冲击，散而复合，四面苦斗，不分昼夜激战三天，一共经历了十四次大战。隋军将士们的兵器全部被打坏，士兵们只好用拳头与敌人搏斗，手上的骨头都暴露在外面，杀伤敌人上万。突厥军队见吃不下这块硬骨头，最终撤离了战斗。达奚长儒身上五处受伤，其中两处为贯通伤，战士死亡十之八九。隋文帝下诏晋升达奚长儒为上柱国，用不完的功勋又转而授予他的儿子。《资治通鉴》对周槃之战的描述出自《周书·达奚长儒传》，但这些记载颇令人生疑：一、如果兵器都没有了，而对方又有兵器的话，那不是待宰的羔羊？岂能继续用拳脚与全副武装的敌人搏杀？二、达奚长儒率领的是两千人的小部队，死亡十之八九，仅剩下二三百人，几乎是全军覆没，在这种情况下，十余万大军的突厥军队岂能撤离？三、史料对隋军杀伤敌人的数量、敌军数量也都值得怀疑。除非达奚长儒遇到的突厥军队并非十余万，或者只是沙钵略可汗十余万大军中的一支小分队，才稍稍显得可信一些。

《隋书·突厥传》无意间道出了实情："上令柱国冯昱屯乙弗泊（今青海湖），兰州总管叱李长叉守临洮（今甘肃省岷县），上柱国李崇屯幽州（今北京市），达奚长儒据周槃，皆为虏所败。"因此，真实的情况可能是：隋朝防线全线瓦解，各路隋军均遭到惨败，也许是出于鼓舞士气的原因，隋文帝才有意树立达奚长儒这面旗帜。

当时，突厥大军从木硖（今宁夏回族自治区固原市西南）、石门（今宁夏回族自治区固原市）两路杀来，武威（今甘肃省武威市）、天水（今甘肃省天水市）、安定（今甘肃省泾川县）、金城（今甘肃省兰州市）、上郡（今陕西省绥德县）、弘化（今甘肃省庆阳市）、延安（今陕西省延安市）的牲畜全部被突厥人劫掠一空。

沙钵略可汗还打算继续深入，但达头可汗不从，擅自率军离去。长孙晟又说服沙钵略可汗的儿子染干，让染干谎称："铁勒等部落造反了，将要偷袭王庭。"沙钵略可汗担心后方，这才下令撤军。

发生在开皇二年的突厥与隋朝的战争，隋朝损失惨重，这也引发了次年隋文帝对突厥的北伐。暂且不提。

回过头来说说隋文帝即位后对南陈的态度。

尉迟迥、司马消难叛乱，让南陈站在了杨坚的对立面，在杨坚篡位之后，即部署军队准备大规模入侵南陈，一举灭掉江南这个小朝廷。开皇元年三月八日，隋文帝登基还不足一个整月，就匆忙任命开府仪同三司贺若弼为吴州总管，镇守广陵；任命和州刺史韩擒虎为庐州总管，镇守庐江（今安徽省庐江县）。隋文帝有吞并江南之志，向高颎询问合适的将帅，高颎向隋文帝推荐了二人，隋文帝命二人暗中做好讨伐陈国的准备。

同年九月二十四日，南陈将军周罗睺率军攻克了隋朝的故墅（今江苏省和县东），萧摩诃进攻长江以北。二十六日，隋文帝任命上柱国长孙览、元景山为行军元帅，发兵大规模南侵，命尚书左仆射高颎指挥各路大军。

眼看隋、陈两国就要全线开打，但到了这一年的年底，隋朝北方形势大坏，突厥开始南下，隋文帝不得不抽调军队北上抵御，这场讨伐陈国的战役中途夭折了，但两国边境依然进行了一些零星战斗。第二年一月，隋元景山率军从汉口出击，派开府仪同三司登孝儒率领四千人马进攻甑山，南陈派将军陆纶率领水军救援，但被隋军击败。南陈涢口、甑山、沌阳（三地均在今湖北省武汉市一带）守将都弃城而逃。一月二十四日，南陈派使者前往隋朝求和，并归还了去年占领的故墅。双方又实现了和解。

# 五二二 宣帝驾崩

隋文帝开皇二年（公元582年）是南陈宣帝陈顼太建十四年。

刚刚过了元旦，当江北隋军声称将要大举南下这一紧张时刻，在位十四年的陈宣帝却在这一年的一月五日突然得病了！当即，皇太子陈叔宝、始兴王陈叔陵、长沙王陈叔坚一起被召入宫中，伺候老父。

陈宣帝是个高产父亲，一生共有四十二个儿子，可能是创了中国历史之最——唐玄宗生了三十个儿子；宋徽宗生下八十个子女，但男孩只有三十八个；清康熙帝生下五十五个孩子，男孩也只有三十五个等等。这四十二个孩子是太子陈叔宝（陈宣帝皇后柳敬言所生）以及他的同父异母弟弟们，他们分别是：始兴王陈叔陵、豫章王陈叔英、长沙王陈叔坚、宜都王陈叔明、建安王陈叔卿、河东王陈叔献、新蔡王陈叔齐、晋熙王陈叔文、义阳王陈叔达、新会王陈叔坦、淮南王陈叔彪、巴山王陈叔雄、始兴工陈叔重、浔阳王陈叔俨、岳阳王陈叔慎、武昌王陈叔虞、湘东王陈叔平、临贺王陈叔敖、沅陵王陈叔兴、阳山王陈叔宣、西阳王陈叔穆、南安王陈叔俭、南郡王陈叔澄、岳山王陈叔韶、太原王陈叔匡、新兴王陈叔纯、巴东王陈叔谟、临海王陈叔显、新宁王陈叔隆、新昌王陈叔荣，还有陈叔叡、陈叔忠、陈叔泓、陈叔毅、陈叔训、陈叔武、陈叔处、陈叔封八人没有来得及封王，另有三名没有取名就夭折的孩子。

这一年，陈叔宝虚岁三十岁，据他在太建元年被立为皇太子已过去了整整十三年。在他被立为皇太子次年，当他十八岁时，其父陈宣帝为他娶了沈君理的女儿沈婺华为妻，沈婺华的母亲是陈霸先的女儿会稽公主，因此，陈叔宝与沈婺华是堂姑表兄妹关系。沈婺华端庄沉静，聪慧机敏，博览群书，文笔很好，而陈叔宝也喜欢舞文弄墨，夫妻二人可谓是志同道合。四年后，陈叔宝的侍妾孙姬为他生下了第一个儿子陈胤，产后即去世，陈胤就由太子妃沈婺华抚养，这一年，陈叔宝二十一岁。陈叔宝当太子期间，他与李爽、张正见、贺澈、阮卓、萧诠等十四人效仿建安七子、竹林七贤组成文友会，欲创新一代诗风。

陈叔宝作品较多，明代人编辑有《陈后主集》，逯钦立先生辑校的《先秦汉魏南北朝诗·陈诗》中，收录了他99首诗歌，比较全面反映了他的作品风貌。陈叔宝的诗歌主体风格是绮丽、明艳，为大家耳熟能详的就是那首《玉树后庭花》："丽宇芳林对高阁，新装艳质本倾城。映户凝娇乍不进，出帷含态笑相迎。妖姬脸似花含露，玉树流光照后庭。"后来的学者们也都将注意力集中到陈叔宝等人写的艳情诗、宴饮诗上，并将其作为亡国之音的典型进行鞭挞。但实际上，陈叔宝的诗歌涵盖边塞诗、咏物诗、山水诗、写景诗等等，内容十分丰富，不乏清新之作，也有不少脍炙人口的名句。比如："天回浮云细，山空明月深。"（《同江仆射同游摄山栖霞寺》）"野雪明岩曲，山花照回林。苔色随水流，树影带风沈。"（《献岁立春光风具美泛舟玄圃各赋六韵诗》）"月色含城暗，秋声杂塞长。何以酬天子，马革报疆场。"（《饮马长城窟行》）"寒云轻重色，秋水去来波。待我戎衣定，然送大风歌。"（《幸玄武湖饯吴光太守任惠诗》）《三妇艳诗十一首》分别写出大、中、小三位妇女各自的不同感受，也令人回味。

《陈书·后主本纪》"史臣曰"称："后主昔在储宫，早标令德，及南面继业，实允天人之望矣。"也就是说，陈叔宝在当太子期间名声很好，在人们眼里，他是一位合格的储君，然而，美好的名声让另一个人感到非常妒忌，这个人就是他的次弟始兴王陈叔陵。陈叔陵机警善辩，从来不会轻易服气他人，对下属也是非常严厉苛刻，如果有谁胆敢稍微顶撞了他，他必定要将此人陷于大罪。太建三年，他被任命为湘州刺史，地方官吏听到他要来，都吓得面如土色。他是个夜猫子，每晚都召集一群人说一些民间的趣事，他又不喜欢喝酒，只是一边说笑一边吃，就这样，总是闹到第二天清晨或者中午才睡觉，到傍晚再重新开始。有人避之唯恐不及，他就杀了人家的妻子儿女，由于他没时间审理案件，一些犯有杖刑的轻刑犯长期被羁押在大牢里，甚至被关上几年。地方官害怕他，谁也不敢向陈宣帝反映，陈宣帝一直不知。后来，陈叔陵被晋升为扬州刺史，回到建康，为了博取美名，每次上朝，他总是手捧一本书，坐在车上或骑在马上假模假样地朗读，一副扬扬自得的样子，可是，一回到家中，就把书本扔到一边，手持斧头杂耍。他还有个怪癖，就是喜欢盗墓，只要是出外游玩，遇见墓志铭上的墓主姓名自己知道的，就下令身边的人掘开坟墓，取出墓内的器皿、骸骨，亲自把玩，藏于仓库之中。太建十一年，其生母彭氏去世，陈叔陵请求将彭氏葬到梅岭。东晋的王公大臣死后大多都葬在那里，他也早看中了东晋太傅谢安的墓地，遂将谢安的灵柩从墓地移出，葬下了彭氏。安葬之初，陈叔陵故作悲痛，自称刺出鲜血写下了《涅槃经》，为其母祈福，但不到十天，他就让厨师给他做大鱼大肉，又暗中召来亲信们的妻子女儿，供其奸淫。陈宣帝知道后，非常生气，但因素来偏爱他，只是口头上训斥他一通，并没有进行严厉的处罚。

《北史·陈本纪》称，后主“梁承圣二年十一月戊寅，生于江陵”。《宣帝诸子传》称，陈叔陵“梁承圣中，生于江陵”。承圣是梁元帝萧绎的年号，只用了三年，即公元 552 年到 554 年，因此，作为次子的陈叔陵与哥哥陈叔宝年龄相差无几，要么二人同岁，要么陈叔陵仅比陈叔宝小一岁。但该传又称陈叔陵“太建元年（公元 569 年），封始兴王，奉昭烈王祀。位都督、江州刺史，时年十六。”逆推陈叔陵也是承圣二年生的，因此，二人仅仅差生月，是同岁。恃宠而骄的陈叔陵根本没有把仅比自己大一点的皇太子陈叔宝看在眼里。新安王陈伯固是陈文帝陈蒨的第五子，他虽然长相一般，个头不高，但口才很好，又懂得一些玄学，出口往往出人意表，诙谐幽默，令陈宣帝、陈叔宝都非常喜爱。陈叔陵见不得别人比自己得宠，还是在地方上任职时，他听说陈伯固很得宠，顿时心生妒忌，让人暗中搜罗陈伯固的罪过，意欲进行中伤。陈伯固知道后，非常害怕，等到陈叔陵回京后，主动讨好，按着陈叔陵的意思，装作一副正直的模样，当面指责当朝的诸位大臣们。陈伯固喜欢打猎，而陈叔陵爱好掘墓，二者都是户外活动，陈叔陵每次出去掘墓也总与陈伯固一起，二人逐渐捐弃前嫌，成了一对无话不谈的朋友。当然，他们的目的就是拿掉皇太子陈叔宝，将陈叔陵推上皇位。陈伯固时任侍中、中军将军，在宫中听到一些秘密，立马都报给了陈叔陵。

然而，一直到陈宣帝病危之前，他们二人并没有找到陈叔宝任何把柄。眼看老爹行将死去，陈叔陵决定铤而走险，等老爹驾崩之后，他决心亲自动手杀了哥哥！主意已定，他对典药师说：“切药刀太钝了，你去把它磨利！”

太建十四年（公元 582 年）一月十日，陈宣帝去世，他在位十四年，终年五十三岁。陈宣帝在位期间，重用毛喜、袁宪、孔奂和徐陵等几位大臣，江南倒也安定，但是，由于陈朝群臣沿袭了南朝以来士大夫不亲庶务的恶习，朝廷实权转移到一些地位相对较低的人手里，政府效率并不高，江总曾回顾道：“太建之世，权移群小，谄嫉作威，屡被摧折，奈何命也。”加上南陈国力所限，陈宣帝不顾客观实际，曾出兵企图夺回江陵，遭到失败，又与北齐交恶，既得淮南，又想要河南，结果是连淮南也丢掉了。史称，他“德不逮文，智不及武”。当属确论。

# 五二三 后主即位

陈宣帝遗诏丧事从简，不要惊动百姓。

但陈宣帝突然去世，让一个人措手不及，他就是陈叔陵。仓促之际，陈叔陵命令侍从出宫去拿来他的宝剑，可侍从也不理解他的本意，从宫外拿来了他的朝服和木剑，陈叔陵见状勃然大怒。当时，陈叔陵的四弟陈叔坚也在一旁，见状，顿时心生疑窦，暗中监视他的下一步行动。

长沙王陈叔坚的爱好又与陈叔陵不同。陈叔坚从小强横狡黠，凶残暴虐，还痴迷占卜、巫术之类的，他与始兴王陈叔陵都广招宾客，明争暗斗，二人关系非常恶劣，每次上朝，二人的仪仗队总是各不相让，卫队因争道曾大打出手，有人在械斗中竟被打死，最后只好分道而行。因此，当他听说陈叔陵索要佩刀时，就怀疑二哥心存不轨。

第二天一大早，陈国为陈宣帝举行小殓仪式，将陈宣帝的尸体清洗干净，换上衣服，放入棺材内。陈叔宝拜伏在父亲的灵柩旁，失声痛哭。就在这时，陈叔陵突然从陈叔宝的身后冲上前来，手中拿出早已藏在袖中那把切药刀，拼尽全力，朝陈叔宝的后脑勺砍去，陈叔宝顿时被打得暂时休克，倒在地上。陈叔陵举起切药刀准备再砍，说时迟那时快，在惊愕之余，陈叔宝的生母、皇后柳敬言本能地用身体扑到陈叔宝的身上，将儿子保护起来，陈叔陵又砍了柳皇后几下。陈叔宝的乳母乐安君吴氏抱住陈叔宝的胳膊，陈叔宝才从地上爬了起来。陈叔陵又伸手拉住陈叔宝的衣袖，陈叔宝奋力挣脱。陈叔坚一个箭步冲了上来，从后面掐住陈叔陵的脖子，夺取他手中的切药刀，将其牵到房柱旁，用长袖将他暂时固定到柱子上。当时，吴氏已经搀扶着陈叔宝远远躲开了，陈叔坚捆绑住陈叔陵后，去寻找陈叔宝，问道："现在就杀了他，还是等等再杀？"但惊恐之余，陈叔宝只顾着逃命，竟然一句话都说不出来。陈叔陵素来身强力壮，就在陈叔坚离开的一会儿工夫，他就强行挣脱束缚，一路狂奔，从云龙门逃出宫外，乘车逃回东府。回到东府后，他立即命人切断了青溪通往东府的道路，打开东府的监狱，释放囚犯，赏赐给他们财物，组成军队；又派人前往新林征调所属部队赶来，然后，他亲自穿上铠甲，戴上白布帽子，登上东府城西门，号召百姓响应自己。他又派人去请诸王前来，与自己一起叛乱，只有新安王陈伯固单人匹马赶来，其余诸王无人响应。一番折腾，陈叔陵只凑够了一千多人，仅靠这点人马无论如何都是无法攻下宫城的，他只好退而求其次，打算暂时固守东府城。

当时，隋军声称要大举南下，陈军主力部队都调派在长江沿线防守，京师非常空虚。陈叔坚禀报柳皇后，命太子舍人司马申以太子陈叔宝的名义征召右卫将军萧摩诃入宫接受命令，率领数百步骑前往东府城西门外，讨伐陈叔陵。陈叔陵见状，不禁惊恐不安，派记室参军韦琼将自己的仪仗乐队送给了萧摩诃，说："事成之后，一定让大人当宰相。"萧摩诃假装从命，回复道："还是需要大王的心腹将领前来，我才敢接受。"陈叔陵信以为真，让自己的亲信戴温、谭麒麟来到萧摩诃的军中，二人一到，萧摩诃就喝令左右拿下，送到台城斩首，并将二人的人头拿回来示众。

陈叔陵见自己的两名心腹大将一时俱死，顿时六神无主，自知大势已去，他返回内院，将王妃张氏以及另外七名爱妾全部投入井中，他自己率领数百人从秦淮河小桥渡河，打算逃往新林，再从那里北渡长江，叛逃隋朝。行至白杨路，被朝廷军队阻拦，陈伯固见状，慌忙躲入一条小巷想溜，陈叔陵拔出佩刀，催马赶上，陈伯固只好又回到队伍里，但此时陈叔陵的部队很多人都丢盔卸甲，各自逃散了。萧摩诃的部将陈智深骑马迎面冲来，一枪将陈叔陵刺于马下，陈仲华上前手起刀落，一刀将他的头颅砍下，陈伯固也为乱兵所杀。

陈叔陵发动的这场未遂政变从这天早晨四点左右开始，一直折腾到上午十点左右才结束。南陈朝廷下令将陈叔陵的儿子们全部赐死，将陈伯固的儿子们都废为平民。陈叔陵的亲信韦琼（韦粲之子）、前衡阳内史彭暠（陈叔陵舅舅）、咨议参军兼记室郑信、典签官俞公喜全部被斩首。

一月十七日，陈叔宝登基即皇帝位，大赦。十九日，陈叔宝任命长沙王陈叔坚为骠骑将军、开府仪同三司、扬州刺史；萧摩诃为车骑将军、南徐州刺史，封绥远公；查抄的始兴王陈叔陵家的金银财宝全部赏赐给了萧摩诃；镇西将军、荆州刺史樊毅进号征西将军；平南将军、豫州刺史任忠进号镇南将军；护军将军沈恪为特进、金紫光禄大夫；平西将军鲁广达进号安西将军；仁武将军、丰州刺史章大宝为中护军。又任命司马申为中书通事舍人。二十一日，陈叔宝尊生母柳皇后为皇太后。当时，陈叔宝的伤情未愈，躺在承香殿内静养，不能处理朝政。柳太后驾临柏梁殿，亲自处理朝政，等到不久，陈叔宝病愈后，才将大权归还。二十五日，陈叔宝封太子妃沈婺华为皇后，二十七日，封十五弟陈叔俨为浔阳王，十六弟陈叔慎为岳阳王，十七弟陈叔达为义阳王，十八弟陈叔能为巴山王，十九弟陈叔虞为武昌王。侍中、中权将军、开府仪同三司鄱阳王陈伯山（陈文帝陈蒨第三子，陈叔宝堂兄）进号中权大将军，军师将军、尚书左仆射晋安王陈伯恭（陈文帝陈蒨第六子，陈叔宝堂兄）进号翊前将军、侍中，翊右将军、中领军庐陵王陈伯仁（陈文帝陈蒨第八子，陈叔宝堂兄）进号安前将军，镇南将军、江州刺史豫章王陈叔英（陈叔宝三弟）进号征南将军，平南将军、湘州刺史建安王陈叔卿（陈叔宝五弟）进号安南将军。以侍中、中书监、安右将军徐陵为左光禄大夫，领太子少傅。

后主即位后，即于当月二十四日派使者出使隋朝求和，当时，突厥已经与北线隋军交手，并酝酿着大举南下，隋文帝不得不将精力从南线转移到北方，正巧，南陈求和的使者来了，高颎也建议按照礼仪，不应讨伐正办丧事的国家，隋文帝就腿搓绳，二月十五日下诏命令高颎等人班师回朝。

隋军退去，忙着应对大举入侵的突厥，这让刚刚经历了一场巨变的陈朝得以喘息一下。刚刚即位的陈后主颇为勤政，仅在三月就连下三道诏书。第一道为"辛亥诏"，他要求各级官吏要以农为本，劝课农桑，鼓励农业生产。第二道为"癸亥诏"，他要求九品以上的官员每人要举荐一名贤才。癸亥颁发的另外一道诏书中，他鼓励各级官吏大胆上书，提出意见建议。到了四月，他又下了"庚子诏"，提倡勤俭节约，反对奢侈浪费；要求有关部门制定法令，禁止僧侣尼姑道士利用旁门左道，扰乱社会秩序，并严禁传播各类不良书籍。"癸卯诏"，称："过去，我们收复了淮南，并出兵淮北，当时，青州、徐州不少地方的豪强都向我们送来了人质，表示归顺，后来，这些地区又沦陷了，而人质们却滞留在我们这里。少数民族与我们自己国家的人们是一样的，怎能眼睁睁地看着他们妻离子散？对于留在人质宾馆里的人质以及保人们，可以赏赐给他们衣服食物，给他们配备船只，随他们返乡；如果有人愿意留在这里或者已经在我国当官不愿返乡的，也随他们的便。"

四月二十三日，陈后主封皇长子陈胤为太子。

九月五日，陈后主在太极殿举办佛教“无碍大会”，舍身、舍御用衣服、舍御用车马,并宣布大赦;又晋封长沙王陈叔坚为司空,骠骑将军、扬州刺史不变。

第二年（隋文帝开皇三年，公元583年）一月三日，南陈改元至德。在陈后主登基的这一年里，北方的隋文帝正为抵御突厥倾国之兵而忙得焦头烂额，刚立新君的陈国相对要平静得多。不过，在这种平静背后，也隐隐露出一点不和谐，问题就出在大权在握的长沙王陈叔坚身上。

陈叔坚的秉性其实与陈叔陵相差无几，由于陈叔坚有救驾之功，在陈叔宝即位后，即对他委以重任，再加上陈叔宝即位后病情并未痊愈，朝廷大权都落入陈叔坚之手了。陈叔坚一朝大权在握，就忘乎所以，独断专行，骄纵不法，陈后主逐渐对他产生了猜忌。陈后主的心腹都官尚书孔范、中书舍人施文庆以及管斌等人，都是陈后主当太子时太子宫中的旧人，对陈叔坚都非常憎恶，整日寻找陈叔坚的过错，向陈后主汇报，至德元年一月，陈后主就任命陈叔坚为江州刺史，想把他逐出朝廷，又以江总为吏部尚书。但陈后主的这一任命仅仅是个缓兵之计，命令下发后，他一直没放陈叔坚离京上任，直到这一年的八月，他又突然下令留任陈叔坚在京担任司空，等于是转了一个大弯，陈叔坚的扬州刺史丢了，江州刺史也没拿到。陈叔坚受到猜忌后，内心非常不安，想挽回后主对自己的恩宠，借助于旁门左道，刻一个木偶，身穿道士服装，内设机关，能跪拜，日夜让木偶跪拜祈福。到了这一年年底，有人向陈后主上书告发，陈后主召见陈叔坚，将他囚禁在西省，将要杀了他，先派宦官宣布他的罪状。陈叔坚回答：“我的本意并没什么，只是想能亲近皇上而已，既然我已经犯了大罪，罪该万死。我死以后，肯定会在地下见到陈叔陵，请皇上能再发布一道斥责他的诏书，让我带上，好在九泉之下将他好好斥责一番。”陈后主听了，想起陈叔坚的功劳，遂赦免了他，只是免去了他的司空一职。

# 五二四 孜孜求治

多难兴邦。

虽然陈后主即位前后也经历了一场不大不小的风波，但与篡位的隋文帝相比，可谓是小巫见大巫了。杨坚篡位前后，不仅经历了惊心动魄的宫廷争斗，而且还顺利地挫败了五王的阴谋，平定了三方之乱，紧接着，他进行了一系列的改革，又应对了突厥的倾国进攻。在一个接一个严峻的考验下，刚刚建立的隋帝国并没有被击垮，相反，让帝国君臣的执政能力更强，帝国政治也更加清明。

除了客观情况，这与隋文帝和他的妻子独孤皇后二人也有着直接的关系。他们两个都是饱经世事，隋文帝登基以后，“薄赋敛，轻刑罚，内修制度，外抚戎夷。每旦听朝，日昃忘倦，居处服玩，务存节俭，令行禁止，上下化之。”隋文帝虽然节俭，但对于有功之臣赏赐起来毫不吝啬；每次出外巡视，路上遇到拦驾鸣冤的，必定会停下来亲自询问；他还经常派人出宫暗访民间的疾苦、官吏的表现。一次，关中出现饥荒，隋文帝派亲信到民间察看百姓们的生活，有人将百姓们吃的豆渣子、杂糠呈上，隋文帝拿着这些食物，流着眼泪让群臣们看，深刻反省自己，很长时间不吃酒肉。还有一次，隋文帝对一名郎官发火，在殿前亲自鞭打这人。谏议大夫刘行本（南梁降将刘璠的侄儿）劝谏道：“这人素来清廉，过错又小，请陛下网开一面。”但隋文帝置之不理。刘行本上前又说：“陛下没有认为臣无能，才将臣安排在陛下身边，如果臣说的在理，陛下岂能不听？如果臣说的不对，就要以理说服我，岂能瞧不起我而不搭理我呢！”当即，他放下笏板拂袖而去。隋文帝收回怒容，向刘行本道歉，并赦免了那位郎官。

隋文帝之所以能励精图治，与他身边有一位贤内助不无关系。独孤伽罗年幼就失去了双亲，而杨坚在家中也与弟兄们关系不睦，她十四岁嫁给杨坚后，两个惺惺相惜的人相依为命，伉俪情深，杨坚曾对独孤伽罗发誓一辈子不养育异母孩子。二人有着共同的生活情趣，他们都非常节俭，杨坚即位后，独孤皇后仍然保持了艰苦朴素的本色。一次，给隋文帝配制止泻药，需要一两胡粉，遍寻宫中竟然没有；还有一次，独孤皇后想赏赐给柱国刘嵩妻子一件彩领衣服，宫中竟然也没有一件。隋文帝杨坚不喜读书，可是独孤伽罗喜欢读书，通达古今，弥补了杨坚的不足，夫妻二人每次讨论问题，独孤皇后的见解总是与杨坚的暗合，令杨坚对妻子非常敬重。隋文帝每次上朝，独孤皇后总要与他一起乘上车辇，送到前殿外才回内宫。又让贴身宦官到前殿观察隋文帝处理政务的情况，遇到隋文帝处事不当时，独孤皇后随时进行劝谏，等隋文帝下朝后，独孤皇后又前去迎接，夫妻二人一起吃饭睡觉，感情非常融洽，被宫中并称为"二圣"。独孤伽罗虽然贵为皇后，但为人谦恭低调，有关部门上奏称："《周礼》规定：'群臣们的妻子都由皇后选择。'请求恢复古制。"但独孤皇后反对说："这可能就是妇人干政的开始，我们要防微杜渐。"大都督崔长仁是独孤皇后的姑表兄弟，犯法应当处死，隋文帝因独孤皇后的原因想赦免了他，可是独孤皇后说："国有国法，岂能顾及私情！"崔长仁竟被处死。一方面由于独孤皇后低调，另一方面，隋文帝杨坚也是以外戚身份得以篡位，他本人也对外戚干政非常敏感，对外戚看得很严，独孤皇后的兄弟们也不过做到将军、刺史一级。杨坚的外祖父姓吕，素来出身贫贱，北齐灭亡后，杨坚曾派人四处寻访，最后也没找到下落。等到他即位后，隋文帝终于找到流落民间的舅家表弟吕永吉，才追赠外祖父吕双周为太尉，赐爵齐郡公，由吕永吉继承爵位。吕永吉的叔父吕道贵为人顽劣、呆笨，隋文帝虽然对其赏赐了很多金钱，但不让他与朝廷大臣交往，后来，拜为上仪同三司，外派担任济南太守，不久，济南郡建制撤销，吕道贵一直赋闲在家。

隋文帝夫妇二人深厚的人生积淀，让他们勤勉地看护着刚刚建立的隋帝国，相反，陈后主却没有切身感受。当隋文帝在开皇三年（陈后主至德元年，公元583年）二月同意了南陈求和以后，到了四月二十二日，南陈郢州城主张子讥派人向隋朝投降，隋文帝以两国恢复了友好关系，拒绝接纳。二十四日，隋文帝派遣兼散骑常侍薛舒、兼通直散骑常侍王劭出使南陈，在国书的结尾，隋文帝很谦虚地自称姓名、顿首。然而，对隋文帝的一系列好意，陈后主并没有意识到这不过是人家的权宜之计，他回信的措辞上显得非常骄傲，书信的最后称："我设想你的统治范围内也还好吧，我这里的宇宙安静清泰。"隋文帝看到陈后主的回信，非常不满，在朝廷上展示给群臣们看，上柱国杨素认为自己的君主受到了侮辱，做臣子的就应该去死，跪地再三叩头请罪。虽然看到陈后主的来信，隋文帝非常不悦，但如今，他还有更重要的事情要做。

在隋文帝看来，南陈小朝廷不过是疥癣之疾，而真正的心腹大患则是突厥。他要先把南陈放在一边，集中精力先搞定突厥再说。精力充沛的隋文帝在策划北伐的同时，还进行了另外一件大事——修筑新都。

也许是冤杀的宇文氏皇族太多，也许是出于篡夺了外孙之位，良心不安，隋文帝自打住进皇宫之后，就发现宫中经常出现一些鬼怪，加上又感到北周长安城规模太小，不利于长治久安。纳言苏威建议隋文帝在原长安城附近另外修筑一座新都，隋文帝又觉得国家刚刚建立，突厥又在边境骚扰，显得有些为难，当夜，他又召见苏威、高颎入宫密议。第二天，通直散骑常侍庾季才上书称："臣仰观天象，又察看谶言书，如今必定有迁都之议。况且，自从汉朝修建此城以来，已经过去了八百多年，水质已变得又咸又苦，不适宜人类饮用。请求陛下顺应天意人心，实施迁都计划！"隋文帝看了庾季才的奏表，不禁愕然，对高颎、苏威二人说："真个是神了！"太师李穆也上书支持迁都，隋文帝看后，说道："上天无所不能，已经降下预兆；太师众望所归，也有这个意思，由此可见，此事并非是不可行的。"

开皇二年（公元 582 年）六月二十四日，隋文帝正式下诏命令高颎等人在龙首山（汉代长安城东南）兴修新城。因宇文忻的弟弟、太子左庶子宇文恺心灵手巧，隋文帝任命他为营建新都的副总监。

宇文恺是一位建筑设计大师，在宇文恺的主持下，这座新都城的宫城、皇城到年底仅仅用半年时间基本上就完成了，到第二年三月十八日，隋文帝正式入住新城，因隋文帝曾被封过大兴公，因此，他将这座城命名为大兴城。

周朝都城镐京在今陕西省西安市西边，秦朝都城咸阳在今西安市北面，汉代都城长安在今西安市偏北，隋文帝修筑的大兴城在今西安市市区以及南郊大部分、东西郊一部分。大兴城选址合理，这里三面临水，一面傍山，水源丰富，宇文恺还在城南开挖了永安渠、清明渠，城东开挖了龙首渠引水入城，解决了城市的用水问题；全城由宫城、皇城、外郭城三部分组成，由北而南沿中轴线建设，总面积达 83 平方公里，规模宏大，气势雄伟，比长安旧城和北京旧城都大了许多。宫城在中轴线北部，城内分为三部分：中部为大兴宫，为皇帝办公、居住的处所；东部为东宫，为太子居所；西部为掖庭宫，为宫女学习技艺之所。宫城以南是皇城，为朝廷办事机构所在地。外郭城为百官以及平民的住所。

隋大兴城规划完整合理，建筑速度极快，这在当时是无与伦比的，在我国古代建筑史上具有里程碑的意义。

隋文帝开皇三年（陈后主至德元年，公元 583 年）三月，隋文帝入住大兴城后，他又下令：将百姓成年年龄从北周时期规定的十八岁推迟为二十一岁，从此，成年男丁年满二十一岁后才开始服兵役、劳役；每年以十二个梯次进行轮调，每一轮由过去的三十天缩短为二十天；服役人员要缴纳的绢，也由原来的一匹减为半匹；北周末年实施的盐酒专卖制度也一并废止。秘书监牛弘上书说："经过战乱，不少经典书籍都散失了，北周朝廷搜集来的图书也仅有一万多卷，消灭北齐后，除去重复的也不过增加了五千多卷。只有圣明之世才会颁布搜集天下图书的命令，要建立一个强盛的国家，再没有比这件事更重要的了。岂能让大量珍贵的图书流落民间，而不纳入皇家！必须依法进行强行收购，并给献书者以适当的奖励，这样一来，肯定会搜集到珍贵的经典，国家图书馆也会充实起来。"隋文帝同意了，三月十九日，他下诏求购天下图书，每献一卷书，朝廷赏赐给一匹绸缎。

# 五二五 讨伐突厥（一）

鉴于去年突厥大规模南侵，造成隋朝财产的巨大损失，隋文帝决心给突厥一点颜色看看。

就在他入住大兴城不久，开皇三年四月，隋文帝下诏称："过去，北魏衰微，灾难不断，周齐两国，分居一方。突厥与两国都建立了关系，周国有东顾之忧，害怕突厥与齐国结为同盟；齐国也有西顾之忧，也担心突厥与周国交往太深。两国都认为突厥的好恶将决定本国的国运，不仅仅担忧会招致突厥与另外一国一起打击自己，而且也考虑到减少本国与突厥边境上的防御力量，以便集中精力对付对方，因此，两国争相盘剥本国百姓，将国家的财物送给突厥，中原百姓为之穷困劳顿。即便如此，突厥仍然劫掠边境，杀害吏民，这种事情常年发生，恶贯满盈，不止今日。我受上天之命，养育万方百姓，登基以后，怜悯百姓们的疾苦，决定革除过去的弊端。我认为，大肆从百姓身上搜刮财物，去送给豺狼，而豺狼们又不会感恩戴德，这等于在资助豺狼们继续作恶，这种做法违背了上天的旨意，也不是帝王该做的事情。因此，我即位以来，以礼仪对他们加以限制，不在他们身上花费毫无意义的财物，对我们的百姓实施轻徭薄赋的国策，让国家和百姓们都逐渐富足起来；把过去送给豺狼们的财物，赏赐给我们的将士们，也让日夜为了生计而奔波在道路上的百姓们能够有一个休养生息的机会，使得他们有时间从事正常的农业生产。今非昔比，安定帝国边境、克敌制胜的方略，早已确定下来了，可是，愚蠢的突厥人不明事理，竟然将如今的我国比作战国之时，还沉溺于昔日的骄横之中，来与我们结下今日的仇恨。前不久，他们倾巢出动，来侵犯我北部边境，我部署军队进行截击，目的是诱敌深入，寻找时机一举将其全歼；敌人遇到我边镇将帅率领的小股部队，就已经溃败，还没等我大军北上，敌人就匆匆逃窜了。况且，他们的可汗一共有五个，相互之间矛盾重重，表面和睦相处，内心却相互猜忌；他们残忍暴虐，与东边、西边各国都有着血海深仇。突厥北面的契丹也一直虎视眈眈，时刻在寻找机会要给予他们致命一击。前不久，达头可汗进攻酒泉，他的后方于阗、波斯、挹怛三国同时背叛；沙钵略可汗进攻周槃，他内部酋长薄孤、束纥罗也都蠢蠢欲动。往年，利稽察（似为沙钵略可汗堂弟地勤察的异音）被高丽、靺鞨的军队击败，娑毗设又为纥支可汗所杀，突厥的近邻们都想报仇雪恨。突厥部众种类繁多，各怀异心，心怀怨恨。他们国内连年出现灾异，要么野兽说话，要么人说出神灵之言，称国家将要灭亡；每年冬天打雷，引发大火；他们的生命线就是水草，可是去年一年竟没有下雨下雪，山川枯涸，草木烧尽，蝗虫肆虐，饥饿、传染病而死的百姓和牲畜过半。旧居之地已赤地千里，只好迁徙到漠南地区苟延残喘，这大概是上天已经厌弃他们，将他们驱赶到我们的刀斧之下吧，如今，正是讨伐他们的良机！”最后，隋文帝对将帅们指出这次北伐的目的是：“诸将今行，义兼含育，有降者纳，有违者死。异域殊方，被其拥抑，放听复旧。广辟边境，严治关塞，使其不敢南望，永服威刑。卧鼓息烽，暂劳终逸，制御夷狄，义在斯乎！”

于是，隋文帝任命卫王杨爽、河间王杨弘、上柱国豆卢勣、窦荣定、左仆射高颎、右仆射虞庆则均为行军元帅，兵分八路，出塞讨伐突厥。

隋初北部防线大致有两条：第一道屏障东起临渝（今山海关），沿燕山山脉向西，至阴山山脉、贺兰山脉、宁夏一带的沙漠；在第一道屏障背后，是依次排列的几个重镇：幽州（今北京市）、马邑（今山西省朔州市）、平凉（今甘肃省平凉市）、金城（今甘肃省兰州市）、武威（今甘肃省武威市）。突厥南下在东线可以穿过临渝、卢龙、居庸关进攻幽州；中路可以南下马邑，进而威胁晋阳；西路既可以直接南下绥州（今陕西省绥德县），亦可以西进包围平凉；更西则分别进攻武威、金城等地。隋军北伐也可以从这几路北上或者西进，基于上述地形，隋文帝作出如下部署：

一是以卫王杨爽（杨坚异母弟）为行军元帅，都督行军总管李充、李元节等四将从马邑出塞（朔州道），承担打击沙钵略可汗本部的任务。

二是以河间王杨弘（杨坚堂弟）为行军元帅，都督柱国豆卢勣等将率领数万人马从灵武道（今宁夏回族自治区灵武）出塞，担负打击突厥别部的任务。

三是以幽州总管阴寿为行军元帅，率领数万步骑从卢龙塞（今河北省迁安市以北）出击，负责打击高宝宁。

四是以秦州总管窦荣定为行军元帅，率领九总管三万步骑，从凉州道（今甘肃省武威市）出击，主要战役目的是进攻突厥阿波可汗大逻便。

这四路大军每一路又一分为二，相互呼应，合称为八路。

四月十二日，中路卫王杨爽所部出塞后，即与沙钵略可汗大军在白道（今内蒙古自治区呼和浩特市以北）遭遇。李充对杨爽建议道："周齐时期，如同战国，华夏分崩离析，由来已久。突厥南侵，两国大将都以能保全军队为上策，无人敢于拼死抵抗，因此，多年以来，突厥是胜多败少，所以，对中原军队十分轻视。如今，沙钵略可汗率领全国的大军，又占据险要位置，肯定不会把我们放在眼里，也不会严加戒备，我军以精锐骑兵奔袭，一定能够获胜。"众将都表示怀疑，只有长史李彻赞同，杨爽遂交给李充五千精锐骑兵，出其不意，掩袭突厥。果然不出李充所料，突厥军队在隋军的突袭下顿时大乱，几乎被隋军全歼。逃亡中，沙钵略可汗脱下金色铠甲扔掉，隐藏在草丛之中才得以脱身。当时，突厥军中缺粮，溃逃中的突厥士兵不得不敲碎野外动物尸体的骸骨充饥，再加上瘟疫流行，死亡惨重。

中路杨爽主力隋军旗开得胜，西路平凉道的杨弘也与突厥军队遭遇，隋军也大破敌人，杀敌数千。

东路幽州总管阴寿一路出塞后，高宝宁自知不敌，向突厥求救。沙钵略可汗正与中路隋军交手，无力分兵，四月十三日，高宝宁放弃和龙（今辽宁省朝阳市），向北逃窜，隋军完全占领营州全境。阴寿班师回幽州，留下开府仪同三司成道昂驻守和龙。高宝宁又派遣儿子高僧加率领骑兵骚扰和龙近郊，不久，又引导契丹、靺鞨军队反攻，成道昂苦战数日，才将高宝宁击退。阴寿为此非常头疼，遂拿出重金悬赏高宝宁的首级，又派人离间高宝宁的心腹赵世模、王威等人，一个多月后，赵世模率领高宝宁的残余部众向隋军投降，高宝宁逃奔契丹，后为部下赵修罗所杀。自此，北齐帝国残余在北齐灭亡六年后彻底被消灭。

五月，秦州总管窦荣定（窦炽之子）率领的西路隋军在凉州与突厥阿波可汗的军队遭遇，双方在高越原（疑在今甘肃省武威市西北）相持。当地没有水源，士兵们渴得要死，以致刺出马血喝下解渴，十之二三的将士被活活渴死。窦荣定仰天长叹，祈祷上天能降下大雨，令人惊奇的是，老天竟然真的降下了大雨，隋军因此士气大振，于是，窦荣定率军出击，突厥军队屡战屡败。前上大将军史万岁武艺绝伦，因犯罪被流放到敦煌担任一名普通守边士兵，他来到窦荣定的大营，请求为国效力，窦荣定很早就听说过史万岁的大名，一见之下，非常高兴。五月二十五日那天，两军将要会战，窦荣定派人对阿波可汗说："士兵们又有什么罪过而让他们在战场上白白送死？你我倒不如各派一名勇士，一决雌雄！"阿波可汗答应了，遂派一名突厥武士骑马出战。窦荣定命史万岁跨马驰出大阵，上前一刀将敌将斩杀，提着人头回到本阵。突厥大惊，不敢再战，遂请求结盟而退。

长孙晟当时在窦荣定的军中担任偏将，他派人挑拨阿波可汗说："沙钵略可汗摄图每次南下都是大获全胜，而您阿波可汗大逻便刚刚与隋军交手就大败而回，这是突厥的耻辱。况且，您与摄图势均力敌，如今，摄图连胜而您却屡败，摄图为国人推崇，而您却给国家带来耻辱，摄图必定要归罪于您，趁机实施他吞并您领地的阴谋，请您自己考虑一下是否能抵御他？"等阿波可汗的使者来到隋军军中后，长孙晟又说："现在，达头可汗已经与我们隋朝联合，而摄图也无能为力，可汗为何不依附天子，再联络达头可汗，三方相互联合，这才是可汗的万全之计，这不是比丧师失地、受到摄图的追究、蒙受羞辱要强吗？"阿波可汗想想有理，遂派人随长孙晟来到长安求和。

沙钵略可汗摄图素来猜忌阿波可汗，当他从白道败归后，途中听说阿波可汗竟然与隋朝结盟了，这让他勃然大怒，遂率军袭击阿波可汗的大本营北牙，大破阿波可汗北牙驻军，并杀死了阿波可汗的生母。阿波从前线回来后，无处可去，只得向西投奔达头可汗。达头可汗听了阿波可汗的哭诉，不禁大怒，遂派遣阿波可汗率领本部人马向东杀来，一路上，阿波可汗的旧部相继回归，人数增至十万骑兵，遂与沙钵略可汗交战，屡屡将沙钵略可汗击败，并收复了原有的领地，兵势比以前更强了。贪汗可汗素来与阿波可汗私交很好，沙钵略可汗夺去他的部众，将其废黜，贪汗可汗也逃奔到达头可汗那里。沙钵略可汗的堂弟地勤察也与沙钵略可汗有矛盾，他率领本部人马投奔阿波可汗。当初如果不是摄图从中作梗，大逻便早就当上了大可汗，正是因为摄图的威胁致使突厥贵族们违背了佗钵可汗的遗言，没有将汗位传给大逻便，但汗位在佗钵可汗儿子庵逻的手上并不长，就转到了摄图那里，这不能不让大逻便认为这一切都是摄图从中捣的鬼，两人的矛盾由来已久，根本难以调和。突厥汗国内部沙钵略可汗摄图与阿波可汗大逻之间的内战愈演愈烈，双方都向隋朝派来使者请求支援，隋文帝乐得看到他们打得你死我活，谁的请求都不应允。

# 五二六 讨伐突厥（二）

开皇三年（公元583年）六月十四日，隋行军总管梁远在尔汗山（今青海省青海湖以东）击破吐谷浑。隋军对吐谷浑军队的打击，是对此前吐谷浑军与达头可汗联合进攻隋朝的报复。

沙钵略可汗摄图在西部受到阿波可汗大逻便的挤压，六月，他率领突厥军队大举南下，骚扰隋朝的幽州。五月份的时候，原任幽州总管阴寿去世，隋朝任命广宗公李崇（李穆侄儿）接任幽州总管。李崇接任后，屡屡击破突厥军队，霫部落、奚部落和契丹部落争相归附。当这次突厥大军前来时，李崇率领三千步骑迎战，转战十几天，隋军将士不少都战死沙场，李崇只得边打边撤，退守砂城（今北京市大兴区北），突厥骑兵将砂城团团围住。砂城城墙多处崩塌，年久失修，难以守御，隋军整日苦战，又没有吃的，每天夜里，李崇命令部队趁夜抢来突厥军中的牲畜，让将士们填饱肚子，突厥人遂严加戒备，夜里也是严阵以待，此后，饥肠辘辘的隋军夜里再去偷营，总是落入敌人的埋伏中，大多阵亡了，天明，逃回的隋军尚有一百多人，但大多数身负重伤，无法继续作战了。突厥人派人前来劝降，说："如果你们来降，将封为特勒（公爵）。"李崇自知无力回天，他对将士们说："李崇我战败辱国，罪该万死，今日，我将以死报效国家。你们等我战死后，可以暂时投降敌人，随后再寻找机会逃回国内，见到皇上后，请转告我的本意。"说完，他提刀冲了出去，又杀死了两名突厥士兵，被乱箭射死。七月，隋文帝任命周摇接任幽州总管，命李崇的儿子李敏继承广宗公爵。

李敏娶了乐平公主（杨坚长女、周宣帝宇文赟皇后）杨丽华的女儿宇文娥英，虽然此时已经是隋朝的天下，但杨坚对自己的女儿一直心存愧疚，特意下诏允许宇文娥英出嫁时的礼仪与皇帝的女儿一样。婚后不久，李敏将要入宫觐见隋文帝，乐平公主对李敏说："我把整个天下都给了当今皇上，我只有你这一个女婿，将替你争取一个柱国（正二品）的官位，如果皇上给你其他官职，你千万不要接受。”等到李敏觐见后，隋文帝授予他仪同三司（正四品）、开府（从三品），李敏均没有道谢。隋文帝最后说道：“公主对我有大功，对她的女婿我怎能吝惜官职呢！如今授予你柱国！”听后，李敏这才起身叩头、起身。

八月十六日，隋文帝派遣尚书左仆射高颎率军从宁州道（今甘肃省宁县）出击，内史监虞庆则率军从原州道（今宁夏回族自治区固原市）出击，进攻突厥。此次出兵的战役意图及打击目标均不详，也许是为了牵制沙钵略可汗在幽州方向的骚扰。

隋军这次对突厥的打击持续了数月，取得了辉煌的战果，而隋军最大的战果还不在战场上，而是成功地离间了突厥汗国内部，起到了四两拨千斤的效果。

第二年（开皇四年，南陈后主至德二年，公元 584 年）二月，达头可汗向隋朝投降。数月后，因沙钵略可汗摄图多次被隋军击败，又受到阿波可汗大逻便自西向东、契丹等部落由东向西的夹击，只好向隋朝请求和解。北周千金公主也上书隋文帝请求改姓杨氏，作为隋文帝的养女。隋文帝派遣开府仪同三司徐平和出使东突厥，封千金公主为大义公主。晋王杨广请求趁机灭掉摄图，但隋文帝没有答应。

沙钵略可汗给隋文帝写信道：“龙年（该年为甲辰龙年）九月十日，从天生大突厥天下贤圣天子伊利俱卢设莫何始波罗可汗致书大隋皇帝：使者开府徐平和前来，转达了陛下的意思，我已完全了解。皇帝是我妻子的父亲，就是我的岳父，我是你女儿的丈夫，等于也是你的儿子。两国地域不同，但道理是一样的。从今往后，我们亲上加亲，子子孙孙，一直到万世都不会间断，上天做证，我终不会违背誓言。我国的所有牲畜，都是皇帝的，皇帝那里的丝绸，也是我国的财物，彼此之间再无隔阂。”隋文帝回信道：“大隋天子给大突厥伊利俱卢设莫何沙钵略可汗下书：接到你的书信，知道你对我的一片真心，既然是你的岳父，今日，我把你看作与我的儿子没有什么不同。既然我们是亲戚，就在正常的使者之外，如今，我特意派遣大臣虞庆则前往你处看望我的闺女，兼看望看望你。”于是，隋文帝派尚书右仆射虞庆则为正使、车骑将军长孙晟为副使出使沙钵略可汗领地。

摄图接见虞庆则等人时，集结了军队，炫耀武力，又拿出大量珍宝，展示自己的财富。他高坐在大帐之内，声称自己生病，不能起身迎接，并说：“就连我的叔父伯父，我见到他们也从不向他们叩头。”虞庆则以礼仪将他斥责一通。千金公主在一旁劝说虞庆则道："可汗豺狼性格，过分与他争执，他会吃人的！"长孙晟见双方僵持不下，就对摄图说："突厥可汗与我大隋皇帝都是大国天子，可汗不起身，我们岂敢强迫？不过，可贺敦是我大隋皇帝的女儿，那么，可汗就是大隋的女婿，为何不尊敬岳父？"摄图遂笑了起来，对身边的群臣们说："那得向岳父叩头。"遂站起身来，跪下叩头，接过诏书顶在头上，可是，不久，摄图又觉得非常羞耻，与其群臣聚在一起放声大哭。虞庆则又让摄图在给隋文帝回信时称臣，摄图回头询问群臣："什么叫臣？"回答："臣就是我们说的奴仆。"摄图说："能当上大隋太子的奴仆，这都是虞仆射的功劳啊！"赏赐虞庆则一千匹马，又把自己的堂妹嫁给了他。关于摄图称臣这一段记载，后世学者大多认为是《隋书》的夸耀之词，未必就是实录。

此时，阿波可汗所居之地东起都斤山，西越金山（阿尔泰山），龟兹（今新疆维吾尔自治区库车县）、铁勒（今新疆维吾尔自治区北部）、伊吾（今新疆维吾尔自治区哈密市）以及西域各族都臣服于他，力量逐渐强大，号称为西突厥，五月，隋文帝也派使者上大将军元契出使西突厥，进行安抚。

七月，沙钵略可汗摄图为达头可汗玷厥所困，又受到契丹的威胁，遂派人向隋朝告急，请求允许自己率众度过沙漠南下，暂时在漠南的白道川（白道附近的山谷之间）避难。隋文帝同意了，命令晋王杨广率军救援，并赏赐给其衣服、食品、车马、仪仗。在白道川休整后，摄图又率军西进，进攻阿波可汗大逻便，将其击败，可是，阿拔国（应为铁勒的一个部落，《读史方舆纪要》称，其地在突厥之西南）乘虚抄了摄图的后路，抢掠了他的妻子儿女们。隋军帮助摄图北上又击败了阿拔国，将缴获的战利品全部送给了摄图。沙钵略可汗摄图大喜过望，遂立下誓言，发誓与隋国以大沙漠为边界，他上书隋文帝说："天无二日，土无二王。大隋皇帝才是真正的天子，我岂敢再继续盗用天子名号！从今往后，我甘心情愿归顺，永做藩国。"并将儿子库和真送到长安当作人质。

八月二日，库和真来到长安。隋文帝下诏说："过去，沙钵略虽然与我国实现了和解，但与我们仍然是两个国家，如今，既然他已经向我称臣，我们就是一家了。"遂举行隆重的仪式向太庙里的祖先牌位报告，并向天下公布这一好消息。为了尊重摄图，凡是给予摄图的诏书都不直呼其名。隋文帝还在内殿设宴款待库和真，让他拜见独孤皇后，赏赐给他很多财物。沙钵略可汗大喜，从此以后，每年都向隋朝朝贡。

从开皇三年开始，隋文帝采取恩威并用、分化瓦解、分而治之的办法，离间了突厥内部，经过两年的努力，大大削弱了突厥汗国的实力，基本上消除了突厥汗国对隋朝的威胁，维护了北部边疆的安全。

# 五二七 励精图治（一）

《旧唐书·太宗本纪》记载，上（指唐太宗李世民）谓房玄龄、萧瑀（后梁明帝萧岿之子、隋炀帝萧皇后的弟弟）曰："隋文何等主？"对曰："克己复礼，勤劳思政，每一坐朝，或至日昃。五品已上，引之论事。宿卫之人，传餐而食。虽非性体仁明，亦励精之主也。"上曰："公得其一，未知其二。此人性至察而心不明。夫心暗则照有不通，至察则多疑于物。自以欺孤寡得之，谓群下不可信任，事皆自决，虽劳神苦形，未能尽合于理。朝臣既知上意，亦复不敢直言，宰相已下，承受而已。朕意不然。以天下之广，岂可独断一人之虑？朕方选天下之才，为天下之务，委任责成，各尽其用，庶几于理也。"

仁者见仁。虽然唐太宗李世民站的角度不同，但不论如何，隋文帝的勤政是人所共知的，在中国历史上的皇帝中间也是很少见的。这几年里，隋文帝一面忙碌着对付突厥，一面还在继续着他的改革。

开皇三年四月，隋文帝下令将三省六部中的度支尚书改称民部尚书，都官尚书改称为刑部尚书；又命尚书左仆射负责吏部、礼部、兵部三部事务；尚书右仆射负责民部、刑部、工部三部事务；废除光禄寺、卫尉、鸿胪寺以及都水台四个机构；根据外部形势的变化，十月，他又下令废除了河南道大行台，以秦王杨俊为秦州总管，统辖陇右各州；原河南道行台民部尚书杨尚希建议："我看当今的郡县与古代时期相比要多出一倍，有的不足百里之地，就设置了好几个县；有的不足一千户人家，却设置了两个郡。官员数量增加，朝廷要支出的俸禄也随之增加，与此同时，朝廷从百姓那里征收的赋税却在逐渐减少，人民少而官员多，就好比是十只羊就有九个牧羊人。如今，应该保留要害部门的官员，淘汰冗官，合并小郡，这样一来，国家就不会再浪费资财，而由于职位变少，朝廷所选拔的人才也会百里挑一，更容易选拔出真正的人才。"苏威也请求废除多余的郡县，隋文帝同意了，十二月一日，他下诏废除全国的郡，只保留州一级的建制。到南北朝中后期，由于种种原因，不论是北朝抑或南朝都设置了大量郡县，在隋文帝篡位前北周境内就有二百一十一个州，五百八十个郡，每个州郡管辖的地域都非常小，虽然加强了对地方的控制力，但也极大地增加了人民的负担。

在这一年，隋文帝还视察了长安城内的粮食储备，认为都城内的粮食储备还是不足，于是，他下诏命令西自蒲州（今山西省永济市）、陕州（今河南省陕县），东到卫州（今河南省卫辉市）、汴州（河南省开封市），关东地区沿黄十三个州招募男丁负责运输，将关东地区以及汾州（今山西省汾阳市）、晋州（今山西省临汾市）的粮食运往长安；他又下令在卫州设置黎阳仓，陕州设置常平仓，华州（今陕西省华县）设置广通仓，洛州（今河南省洛阳市）设置河阳仓，四个国营粮仓之间可以相互转运，确保帝国后方的粮食安全。当时，不少州刺史是武将担任，很少有称职的，治书侍御史柳彧上书称："过去，东汉光武帝刘秀与云台二十八将披荆斩棘，平定天下，等天下太平之后，这些武将们并没有被光武帝授予实职。我看到任命和千子为杞州（今河南省杞县）刺史的诏书，和千子担任赵州（今河北省赵县）刺史的时候，赵州百姓传唱歌谣称：'老禾不早除，余种秽良田。'和千子是员武将，骑马打仗是其所长，治理百姓却一窍不通，如果皇上认为需要安抚年老的有功之臣，自然可以赏赐给他大量财物，如果让他出任刺史，国家损失实在是太大了。"隋文帝看了，连连称善，遂免去了和千子的刺史一职。柳彧还认为每年正月十五日晚上民间都要燃放花灯，通宵游戏，他又上书请求予以禁止，他说："我看到京师以及地方上每年正月十五晚上，大街小巷里都挤满了人流，人们聚集在一起游戏，锣鼓喧天，火炬照地，拿出全部家财，争奇斗艳。一家老小，不分贵贱，男女混杂，僧俗不分。奸淫盗窃案件由此而生，长期以来人们一直延续这种陋俗，浑然不觉，这无益于教化百姓，反而确实是有害的，请求予以禁止。"隋文帝同意了。

开皇四年（陈后主至德二年，公元 584 年）一月，前华州刺史张宾、仪同三司刘晖等人制定出《甲子元历》，隋文帝于同月二十九日下诏颁布天下。由于渭河含沙量太大，河床深浅不一，运粮船只非常危险，六月二十二日，隋文帝下令太子左庶子宇文恺率领工程技术人员、民工，开凿一条从大兴城东郊到潼关三百多里的水渠，将渭河水引入这条水渠内，取名广通渠，渠水内水势平稳，从此以后，关中漕运全依赖这条运河。民部尚书长孙平又上书称："命令百姓们每年秋后每家缴纳一石以下粮食，具体应缴数额按照贫富差异浮动，就地储存起来，由政府委派专人管理，等到灾荒之年到来时再发放给灾民，定名为义仓。”隋文帝同意了。

开皇五年（陈后主至德三年，公元585年）五月二十九日，隋文帝下诏在全国各地设立义仓。当时，民间很多人谎报年龄，有的称年过六十，有的称不足十岁，以逃避赋税劳役，关东地区是北齐的旧地，这种情况更加普遍。隋文帝要求在全国范围进行了一次大规模的人口普查，要求基层户籍人员要亲自“阅其貌以验老小之实”，并加大了对基层统计户籍人员的惩处力度，一旦发现户籍与实际情况不符，里正（二十五家为一里）、党长（一百家为一党）全部发配到边地；他还规定，堂兄弟之间都要分门别户，防止藏匿户口，经过这次人口普查，隋朝户籍上新“增加”出人口共计一百六十四万人。与此相配合，高颎又认为，百姓的各种赋税、劳役都与户籍制度密切相关，而各地在确定每户等级时却没有一个统一的标准，每年一月五日，各地县令要到每家每户按照朝廷公布的统一标准，确定每家每户的等级，作为缴纳赋税、承担徭役的依据，输籍法的核心是轻税法，让百姓们心里明白，他们如果作为政府在籍农民向政府缴纳的赋税远比依附于豪强地主要少得多，促使普通百姓脱离豪强的庇护，成为自由民，输籍法不仅杜绝了官吏徇私舞弊的现象，也增加了政府的收入，史称“自是奸无所容矣”。从此以后，每年各州向中央政府缴纳的赋税，黄河以南的经潼关、黄河以北的经蒲坂，运粮车船浩浩荡荡，数月络绎不绝。

在加强经济基础建设的同时，隋文帝还十分重视上层建筑方面的建设。在建构了三省六部制后，隋文帝又强化了中央对地方的控制，开皇六年（陈后主至德四年，公元586年）二月，隋文帝又下诏命令全国各地州刺史的高级佐官如长史、司马等，每年年底要进京亲自向皇上述职。他还从改革文风入手，进而营造一种朴实无华的社会风气，他要求各类公文都要有事说事，不得片面追求浮华的文辞，让人读了半天如堕云雾之中，空无一物，不知所云。泗州刺史司马幼之的奏表文辞华丽，却让隋文帝读起来生厌，他下令将司马幼之交付有关部门治罪，以期杀一儆百。治书侍御史李谔也痛斥当时文风浮华轻薄，他上书称：“曹魏三曹崇尚文辞，不深入研究身为君主应该学习的治国理政的大道，而喜欢这些雕虫小技，上行下效，遂成为社会风俗，这一恶习一直延续到东晋，到了齐梁更是达到了无以复加的程度：人们竞相为一个韵脚的神奇而苦心孤诣，争相夸耀自己文中出现的一个巧妙的用语；连篇累牍，却让人不知所云，堆积如山，文章中不过是些风花雪月。民间以此来判断一个人才能的高低，朝廷也凭借这来提拔重用官吏，有了这一刺激，人们对此更加喜爱，于是，上自公卿子弟，下到民间顽童，六十甲子都数不清，就开始学习五言诗了，至于儒家的经典论著却弃之一边，未尝入耳。人们以骄傲怪诞为清高，以随心所欲当作功劳，指斥儒家太古板，会写诗作赋的就认为是君子，这样一来，人们的文章越来越烦琐，而朝政却越来越腐败，这都是因为知识分子们抛弃了圣人的做法，把没用的东西当作有用。如今，朝廷上虽然颁布了这一诏书，我听说在偏远的地方上却积习未改：对于仁孝的人排斥在外，不予录用，而将那些文章华丽、辞藻轻薄的人当成人才，选拔出来充当官吏，送到朝廷，这都是因为刺史、县令们不听诏命的缘故。我请求陛下派人进行调查，对于顶风违抗的地方官员要严加惩处。”又上书称：“现在的士大夫们为了地位，不顾廉耻，拼命往上爬，我请求抓几个典型予以处理，以扭转不良的世风。”隋文帝下令将李谔的奏表全文复制，颁布天下。隋文帝还命令礼部尚书牛弘制定《五礼》（吉、凶、军、宾、嘉礼），共计一百卷，开皇五年一月十一日，隋文帝下诏命令实施新的礼仪。

# 五二八 励精图治（二）

隋文帝事必躬亲，孜孜不倦，这种精神固然可嘉，对百姓来说也是件好事，但一个国家事务繁重，仅靠一个人的精力是无法应付得了的。

治书侍御史柳彧上书劝谏说：“自古圣王莫过于尧舜，他们不亲自处理琐碎的小事，被世人称为圣明。舜委任五位贤臣，尧向四位智囊咨询，二位圣王无所事事而把天下治理得井井有条，这就是所谓的圣王在寻访贤人时才辛苦，而贤才们发挥作用后就安逸了。近来，我观察陛下留心治国之道，不顾疲倦，另一方面也是由于群臣担心受到陛下的责怪，不敢擅自决定，才请求陛下指示，送上来的奏章太多的缘故，以致一些建筑工程上遇到的小事、赏赐的一点财物等等，都要向陛下汇报，陛下一天忙到晚，废寝忘食，群臣动不动就送上奏章，劳累陛下批复。我恳请陛下稍微少处理些琐碎的事务，除非遇到军国大事必须陛下裁决的，至于其他琐事就责成有关部门妥善处理，这样，陛下将身体安康，我们做臣子的也能继续享受到被陛下抚育的恩典。”隋文帝看后，称赞道：“柳彧是位正直的人，是国家的瑰宝啊！”礼部尚书杨尚希也劝谏道：“周文王因勤政而短寿，周武王因安乐而延年，我请求陛下能抓大放小，责成宰相们处理一些琐事。帝王不宜亲自处理那些烦琐小事。”隋文帝虽然认为二人说得有理，却担心大权旁落，没有听从。

开皇五年，隋朝虽然暂时消除了北方来自突厥汗国的威胁，但隋文帝对北方边境安全并没有掉以轻心。就在沙钵略可汗称臣后不久，开皇五年，隋文帝就命令司农少卿崔仲方率领三万男丁，在朔方、灵武修筑长城；第二年二月，他又命令崔仲方征发十五万人在朔方以东的险要之处修筑了数十座城池，加强了边境防御。第三年二月，隋朝又调发十万多人再次修筑长城，前后修了二十天。

北方边境暂时安定，西部边境也开始向好。西部的吐谷浑国一直与隋朝为敌，但到开皇四年以后，吐谷浑军队不再骚扰隋朝边境，原来吐谷浑国内也出了问题。吐谷浑可汗慕容夸吕年龄近百岁，在位已经四十多年了，由于他喜怒无常，经常废黜杀死自己立下的太子，最近被立为太子的那位儿子担心难逃被杀的命运，遂密谋逮捕夸吕向隋朝投降。他暗中派人来见隋军边防军将领，秦州总管河间王杨弘打算派兵接应，但上报给隋文帝后，隋文帝没有答应。吐谷浑太子的阴谋最终暴露，又被夸吕杀掉，夸吕遂将最小的儿子慕容诃立为太子。叠州刺史杜粲请求趁机发兵进剿吐谷浑，但隋文帝又没有同意。也就在开皇六年（陈后主至德四年，公元 586 年）这一年，新任太子慕容诃又担心被杀，打算率领本部一万五千户归顺隋朝，使者来到长安，请求隋文帝发兵迎接。隋文帝说："吐谷浑风俗与中国大不一样，父亲不慈祥，儿子又不孝顺，我以德行教化他人，哪有助纣为虐的道理！"遂对使者说："父亲有错，当儿子的应该劝谏，岂能采取非法手段，身受忤逆的恶名！普天之下都是我的臣子，只要你们各行善事，我也就满意了。慕容诃如果想归顺于我，只需学会做臣子、做儿子的道理，我不会发兵远征，帮助他去做坏事！"慕容诃遂打消了原意。

在外患渐渐消除之后，隋文帝又开始有计划地剪除那些佐命功臣们了。

隋文帝的不少佐命功臣都是北周重臣，与隋文帝同朝为官多年，在隋文帝看来，这些人未必会对隋朝一直忠心，他最先拿王谊开刀。王谊素来刚正，周武帝临终前，曾对太子宇文赟嘱咐道："王谊是社稷之臣，不可让他远离朝廷。"但宇文赟即位后讨厌王谊的个性，把王谊外调为襄州总管。杨坚辅政后，王谊被调任郑州总管，不久率军讨平了司马消难和襄州山蛮的叛乱。杨坚在登基前后，极力拉拢王谊，将自己的第五女兰陵公主嫁给了王谊的儿子王奉孝，并经常到王谊家中饮宴，但隋朝建立后，王谊的一些想法与隋文帝及其新贵们相左。苏威建议户口增加，而土地不足，打算减少功臣们的封地，分给百姓们，苏威的提议直接触动到那些佐命功臣们的切身利益，实际上是隋文帝打击佐命功臣们、巩固中央集权的措施之一，王谊却反对说："功臣们都是经过祖上数代劳苦，才蒙朝廷赏赐了一些封地，陛下突然把封地削去，我看这不合适。按照我的意思，正担心朝廷群臣不尽心竭力，建立功勋，哪能担心百姓们没有土地呢？"隋文帝碍于情面，没有批准苏威的建议。开皇元年十月，隋文帝曾到岐州巡视，王谊劝谏说："陛下刚刚君临万国，人心不稳，为何要去巡视？"隋文帝开玩笑说："过去，我与你名望地位相同，今日你竟当了我的臣下，心里可能会感到羞耻吧。我这次出行，就是为了耀武扬威，压服你的内心而已。”王谊笑着退下。不久，王奉孝就死了，第二年，王谊上书认为兰陵公主年纪尚轻，请求改换吉服。御史大夫杨素弹劾说王谊是想将兰陵公主置于不义的境地，要求依法惩处，隋文帝虽然下诏没有处理，但从此以后开始稍稍疏远了王谊，王谊心存怨恨。不久，就有人告发王谊谋反，隋文帝下令进行调查，调查人员上报称王谊虽然说了一些无礼之言，但的确没有谋反的证据，隋文帝也没再继续追究。当时，上柱国元谐也被隋文帝疏远，二人经常来往，发些牢骚，一名胡僧告发，群臣上奏称王谊大逆不道，罪该处死，开皇五年三月六日，隋文帝遂下诏将其赐死。在隋文帝赐死王谊的诏书中，并没有王谊谋反的确切证据，只是说“此而赦之，将或为乱”，完全是隋文帝猜忌旧臣一手导演的一个冤案，王谊临死前，隋文帝还专门让大理正赵绰对王谊说：“时命如此，将若之何！”也就是说：世事如此，我也无可奈何。其实，虽说岐州出巡前隋文帝给王谊说的是玩笑话，但从中也透露出他对旧臣们的担忧——他需要的是没有根基的新贵们。王谊被杀后，也牵连到了元谐，但经过调查，也没有证据证明元谐要谋反，隋文帝虽然没有处理元谐，但从此也开始疏远了他。

到了第二年，即开皇六年，又发生了梁士彦等人谋反案。上柱国梁士彦在讨伐尉迟迥的战斗中立下了赫赫战功，战后，为了安抚梁士彦，隋文帝暂时命其代替尉迟迥担任相州刺史，但实际上，隋文帝对梁士彦心存猜忌，这是因为，在尉迟迥起兵之初，梁士彦等人与尉迟迥暗中往来，心存观望。梁士彦担任相州刺史没多久，就被隋文帝召回京师，又没有委任新的官职，只让其在家闲居。上柱国宇文忻从小就与隋文帝是好朋友，他深通兵法，善于用兵，在邺城之战中，宇文忻在危急时刻命令部队向在一旁看热闹的邺城百姓射箭，引起骚乱，隋军借机扭转了战局，如果没有宇文忻急中生智，隋军平定尉迟迥也不会那么迅速。平定尉迟迥后，隋文帝夸奖宇文忻道：“尉迟迥拿出关东全部的军队，率领百万之众前来，而你算无遗策，战无全阵，你确实是天下的英杰啊！”遂加封宇文忻为英国公。宇文忻在隋军军中享有很高的声望，军中出现一件好事，即使不是宇文忻所为，将士们也相互传言：“这必定是英公干的！”隋文帝听了，也开始对宇文忻心生猜忌，将其免官。偏偏宇文忻与梁士彦私交很好，经常往来，而柱国刘昉也被疏远，三人都心怀不满，密谋发动政变。

宇文忻曾对梁士彦说：“帝王岂是一姓专有？众人帮助他，他就是帝王。大人先在蒲州举事，我一定会被皇上派去讨伐，两军阵前，再合兵一处，则天下可定。”不料，二人的阴谋却被梁士彦的外甥裴通告发。隋文帝不露声色，真的任命梁士彦为晋州刺史，暗中观察他的举动。梁士彦非常高兴，对刘昉等人说：“这是天意啊！”又请求将仪同三司薛摩儿任命为自己的长史，隋文帝也一并答应。不久，隋文帝确信梁士彦等人确实阴谋作乱，遂趁群臣朝谒之机，命身边卫士在众人中间将梁士彦、刘昉、宇文忻等人拉出，隋文帝说：“你们怎敢谋反？”刚开始，梁士彦等人还矢口否认，这时，薛摩儿也被抓来，隋文帝命其与梁士彦等人当庭对质。薛摩儿将事情的来龙去脉说得一清二楚，并说：“梁士彦的二儿子梁刚苦苦劝谏，三儿子梁叔谐却说：‘当野兽就要当百兽之王！’”梁士彦脸色大变，扭头对薛摩儿说道：“是你杀了我！”

开皇六年闰八月二十八日，隋文帝下令将梁士彦、刘昉、宇文忻等人全部处死，几人的叔侄、兄弟都免去死罪，废为平民。九月三日，隋文帝身穿丧服，驾临射殿，命令百官射取三家没收的财物，以警示后人。

# 五二九 败亡前夜（一）

开皇七年一月三日，陈后主将年号改元为祯明元年。

此时，隋文帝已经稳定了国内外，开始将目光转向了南方的两个国家——附属国后梁和南陈，而南陈后主对此却浑然不觉。

其实，陈后主并不是个暴君，也没有干多少坏事，《陈书》“史臣曰”称：“鼎玉迁变，非唯人事不昌，盖天意然也。”强调陈国的最终灭亡，不仅仅是人的问题，还有所谓的天意——也就是客观形势使然。不过，适者生存，这一法则在乱世中表现得尤其明显，面对咄咄逼人的隋朝，局处一隅的南陈君臣还优哉游哉，骄奢淫逸，这本身就是一种得过且过、不负责任的态度，也是一种罪过。

至德二年（隋文帝开皇四年，公元 584 年），当隋文帝下令开凿广通渠、怀柔沙钵略可汗摄图时，南陈后主却忙着在光昭殿前修筑了三座阁楼，分别取名为临春阁、结绮阁、望仙阁，各高数十丈，各有数十间套房，阁楼的门窗、柱子、屋檐、栏杆都是用沉香木或檀香木制成，用黄金、玉石、珍珠、翡翠镶嵌其中，外面悬挂珠帘，屋内设有宝床、宝帐，衣服、玩物非常豪华。微风吹过，香气随风飘荡，数里之外都能闻到。三个阁楼下面又开挖池塘，修建假山，种植了各种奇花异草。

陈叔宝住在临春阁，他宠爱的贵妃张丽华住在结绮阁，龚贵嫔和孔贵嫔则合住在望仙阁，三座阁楼之间有双层走廊相连。另有王美人、李美人、张淑媛、薛淑媛、袁昭仪、何婕妤、江修容七人，都深得陈叔宝的宠爱，轮流侍奉。陈叔宝又在宫女中挑选懂文学的袁大舍等人担任女学士。尚书仆射江总虽然身为宰相，却不处理政务，整天与都官尚书孔范、散骑常侍王瑳等十几个文士，在内庭侍奉陈后主饮宴、赋诗，时人将这群人称为“狎客”。后来，江总在自叙生平时，说到（自己）“历升清显，备位朝列，不邀世利，不涉权幸……官陈以来，未尝逢迎一物，干预一事。悠悠风尘，流俗之士，颇致怨憎，荣枯宠辱，不以介意。太建之世，权移群小，谄嫉作威，屡被摧黜，奈何命也。后主昔在东朝，留意文艺，夙荷昭晋，恩纪契阔。嗣位之日，时寄谬隆，仪形天府，厘正庶绩，八法六典，无所不统……弱岁归心释教，年二十余，入钟山就灵曜寺则法师受菩萨戒。暮齿官陈，与摄山布上人游款，深悟苦空，更复练戒，运善于心，行慈于物，颇知自励，而不能蔬菲，尚染尘劳，以此负愧平生耳。”单纯从个人品行上说，这些人未必不是一个好人，拿江总来说吧，与其说他是陈国的宰相，毋宁说他更像是一个恬淡自守的隐士，整天围着陈后主风花雪月，不知老之将至，固然对他们自己而言是享受了生活，但对于陈帝国的百姓和陈朝的国祚而言，无疑是一种灾难。陈叔宝每次饮酒，就让众位嫔妃、女学士与这群狎客们一起作诗，相互酬答，选择其中艳丽的谱成曲子，挑选一千余名宫女练习传唱，其中，较为著名的曲子有《玉树后庭花》《临春乐》等，诸如“璧月夜夜满，琼树朝朝新”之类的句子，大抵是赞美张贵妃、孔贵嫔容貌美丽的。陈朝君臣纸醉金迷，酣歌畅饮，通宵达旦，习以为常。

八年前，还是在太建八年，陈叔宝刚刚入主东宫时，他迎娶了孔贵嫔和龚贵嫔，两年后，二十六岁的他又见到了龚贵嫔的侍女张丽华。张丽华本来是兵户人家的女儿，家境非常贫寒，父兄都以织席为生，将张丽华卖入太子宫中，被分配到龚贵嫔那里当侍女。当年，张丽华年仅十岁，陈叔宝见到后非常喜爱，两年后，张丽华生下儿子陈深，陈叔宝对她更是宠爱异常。随着年龄的增长，张丽华出落得更加漂亮，她头发有七尺那么长，乌黑发亮，她神采奕奕，举止优雅，容貌端庄，顾盼之间，光彩照人。一次，她站在结绮阁上凭栏远眺，宫中看到的人都惊为神仙。她还非常聪慧，博闻强记，又善于团结他人，主动向后主推荐宫女，后宫佳丽无不对她非常感激，到处称颂她的美德。张丽华还懂得一点巫术，在宫中聚集一些女巫，跳舞祈祷，祭祀旁门左道的鬼神，期间，她还借机打听民间的一些事情，民间发生的风吹草动，张贵妃都会提前知道，然后报告给陈后主，因此，陈叔宝对张贵妃更加敬重。

陈后主在温柔乡里舒舒服服，不愿处理政事，整天不上朝，百官见不到皇帝面，奏疏都是通过蔡临儿、李善度两个宦官代为转达。陈后主总是斜靠椅垫，把张丽华抱在膝盖上，批阅奏疏，与张丽华一起讨论决定。有时，皇帝的指示很多，蔡临儿、李善度无法一一记清，张丽华就拿出纸笔，一条条再写下来，没有一项遗漏。宦官、外戚人家做出不法之事，都向张贵妃求情，张贵妃就让蔡临儿、李善度二人先来禀报，张贵妃再从容说出处理办法；朝中大臣有不服的，趁机加以陷害，陈后主也都是言听计从。于是，张贵妃、孔贵嫔家权势如日中天，宦官亲幸们内外勾结，炙手可热，卖官鬻爵，货贿公行，执政大臣们无不争相巴结，陈朝政治一片黑暗。

孔范与孔贵嫔结为兄妹。陈后主已经习惯了过着今朝有酒今朝醉的生活，不喜欢听到自己的过失，每次遇到这种情况，孔范总是曲意解释，加以颂扬，让陈叔宝龙颜大悦，对孔范宠爱有加，言听计从。群臣中有上书劝谏的，总要寻找出一点过错加以贬斥。陈后主刚刚即位时，曾想起用侍中、吏部尚书毛喜为仆射，司马申不喜欢毛喜的正直、强硬，对陈后主说："毛喜是我的内兄，先帝在时他曾说陛下你贪酒，请求把东宫官员都逐出宫外，陛下难道忘记了吗？"陈后主就作罢了。陈后主被陈叔陵打伤后，曾休养了很长一段时间，等到痊愈后，他在后殿安排酒会，召来江总等人参加饮酒赋诗以示庆祝。酒醉后，陈后主又想起了毛喜，命毛喜前来。当时，陈宣帝刚刚下葬，毛喜见状一脸不高兴，想劝谏吧，看到陈后主已经喝醉了，他不愿参加这种聚会，在抬脚上台阶时，就假装心脏病发作，倒在台阶之下，众人见状，一阵忙乱，宴会就此打住，毛喜也被人送到省内歇息。第二天，陈后主酒醒后，对江总说："我后悔请毛喜了，他其实并没有什么病，就是想来搅局，让我丢丑。"遂与司马申商量说："这人非常自负，我打算允许鄱阳王陈伯山兄弟随意复仇，你看如何？"陈伯山是陈文帝陈蒨的第三子，在陈叔宝父亲陈宣帝陈顼篡位过程中，毛喜作为陈宣帝的心腹全程参与了此事，陈伯山的哥哥废帝陈伯宗、始兴王陈伯茂等人的死多少都与毛喜有关。司马申说："此人最终不会听命于您的，我同意这么办。"中书通事舍人傅縡强烈反对说："如果允许他们复仇的话，那陛下把先帝又置于何地呢？"陈叔宝想想也是，就说："就给毛喜一个小郡，不让他来坏了我的好事算了。"遂将毛喜贬为永嘉太守。

陈后主也意识到像江总等人只会写诗作赋，并无多少实际才干，因此也重用了一些所谓的能人。中书舍人施文庆读过一些书，聪敏能干，熟悉政务，又懂心算，曾在东宫待过一段时间，受到陈后主的青睐。施文庆又举荐了沈客卿、阳慧朗、徐哲、暨慧景等一帮人，称他们有实际才能，陈后主一一起用。沈客卿熟悉朝廷典故，又能言善辩，被陈后主任命为中书舍人，兼管金帛局。过去，军人、士人都不用缴纳商业税，因陈后主大肆营建宫室，很快就入不敷出了，沈客卿建议不分军人还是士人全部征税，并增加征收额度，陈后主同意了，于是，任命阳慧朗为太市令（负责市场管理），暨慧景为尚书金、仓都令史（负责财政管理）。二人出身小吏，办事认真负责，核算账簿，分毫不差，但陈后主此举增加了百姓们的负担，也引起了大家的不满。沈客卿具体负责增加收入这件事，在他的努力下，每年陈国的收入都比以往增加了数十倍以上，陈后主大喜，更加觉得施文庆知人，对他更加宠信，军国之事不分大小，都要征求他的意见。

# 五三〇 败亡前夜（二）

傅縡也是陈叔宝的东宫旧人。

等到陈叔宝即位后，傅縡被任命为秘书监、右卫将军兼中书通事舍人。傅縡自恃才高，意气用事，因此，惹来众人的怨恨。施文庆和沈客卿遂一起诬陷傅縡收受了高丽使者的贿赂，陈后主将傅縡打入大牢。

傅縡入狱后，在狱中给陈后主上书，称："君主，理当恭敬地侍奉上帝，像爱护自己的儿子一样爱护臣民，节制自己的欲望，远离献媚的佞人，天不亮就起床处理政务，日落西山却忘记了吃饭，这样的话，恩德普及万民，福气也能传之子孙。近段时间，陛下酒色过度，不知道虔诚地祭祀宗庙的大神，却热衷于向淫荡混乱的鬼神献媚，身边全是一群小人，宦官和家奴把持朝政，见到忠直之士就像对待仇人那样，把百姓的生命视同小草一般。后宫宫女穿着绫罗绸缎，长长的裙裾一直拖到地上，马厩里到处都是糟蹋的粮食，百姓们却流离失所，僵死的尸体随处可见，朝廷上货贿公行，国库空空如也，如今，国家已经神怒人怨，众叛亲离，臣恐怕江东的王气就要结束了！"陈叔宝祭祀祖先时，总谎称生病，派人代劳，因此，傅縡提到这一点。

陈叔宝看罢，勃然大怒，但过了一会儿，他认真想想，觉得傅縡说的全是出于一片忠心，情绪稍稍平静了下来，派人对傅縡说："我打算赦免了你，你以后会改错吗？"傅縡回答："臣的心就像是臣的脸，臣的脸庞如果能够改变，臣的心也就能改变。"听了傅縡的回答，陈叔宝更加恼火，他命令宦官李善庆一查到底，遂将傅縡在狱中赐死了。

当时，江南到处出现异常事件，临平湖（今浙江省杭州市西北）长期淤塞，忽然充盈了。民间一直传言："此湖塞，天下乱；此湖开，天下平。"西晋消灭东吴之前，此湖也忽然充盈了。陈后主心里非常厌恶，亲自来到佛寺，卖给佛寺为奴，希望能化解这场灾难；他又下令在建康修筑一座大皇寺，寺内建造七层佛塔，尚未建成，佛塔就被大火焚毁了。大市令章华出身不高，一直郁郁不得志，他上书劝谏道："过去，高祖（指陈霸先）南平吴越，北伐胡虏，世祖（指陈蒨）东定吴会，西破王琳，高宗（指陈顼）收复淮南，开疆拓土，三位先帝可以说已经竭尽全力了，才建立了这些功勋。陛下即位五年来，不想想先帝创业的艰难，不知道天命可畏，沉溺于酒色之中，甘愿受弄臣们的摆布；祭祀宗庙，自己不到场，晋封三位妃子时却有时间亲临；文武老臣弃之草莽之中，奸佞小人升于朝廷之上。如今，国家的疆域一天比一天缩小，隋军就在长江北岸，陛下再不改弦更张，臣将要看到麋鹿将要游于姑苏了（伍子胥警告吴王夫差的话）！"陈叔宝见了奏章，再次大怒，当日就下令将章华斩首。

孔范自认为文武双全，群臣不及，曾从容对陈后主说："武将们出身行伍，哪里有深谋远虑！"陈后主又问施文庆，施文庆害怕孔范，只好表示同意，司马申也表示赞同。从此以后，武将们稍有过失，就被夺去兵权，另派去文臣接管军队，又夺去了任忠的私人部队，交给了孔范和蔡征，于是，陈朝文武官员离心离德，再也没有真正为国事操心的人了。

南陈朝廷乌烟瘴气，后宫里也好不到哪去。

陈叔宝有了新欢，忘了旧爱，迷恋张丽华后，就开始对沈婺华冷淡起来了，等到陈叔宝即位后，后宫之中大小事务全由张贵妃处理。沈皇后生性淡泊，从未表现出一丝怨恨、嫉妒之色。一次，陈叔宝来到沈婺华的房中，坐了一会儿，他就起身要走，沈皇后也没挽留，陈叔宝问："你这么也不说句挽留我的话？"当即写下一首《戏赠沈后》："留人不留人，不留人亦去。此处不留人，自有留人处。"沈皇后看了，也写了一首答诗："谁言不相忆？见罢倒成羞。情知不肯住，教遗若为留。"陈叔宝的那句"此处不留人，自有留人处"，一直流传至今。沈婺华的内心肯定是哀怨的，但似乎她对陈叔宝已经心凉了，一切都无可无不可了。

皇太子陈胤虽然聪慧，喜欢文学，但经常犯错，太子詹事袁宪再三劝说，陈胤就是不听。当时，沈皇后已经失宠，而沈皇后的贴身侍从们经常去东宫，太子也数次派人到沈皇后那里，这引起了陈叔宝的警觉，怀疑陈胤会怀恨在心，因此，内心非常厌恶。张贵妃、孔贵嫔二人经常在陈叔宝跟前说沈皇后和太子陈胤的坏话，孔范等人也帮助说话，终于说动陈叔宝废掉陈胤，另立张贵妃生的儿子陈深为太子。陈叔宝一共有二十二个儿子：陈胤、陈嶷、陈彦、陈深、陈虔、陈祗、陈兢、陈庄、陈恮、陈蕃、陈恬、陈总、陈观、陈明、陈纲、陈统、陈冲、陈洽、陈绦、陈绰、陈威、陈辩。前十一子在南陈灭亡前已封王，后十一子还没来得及封王。

到陈后主祯明二年（隋文帝开皇八年，公元588年），陈后主对吏部尚书蔡征、袁宪说出自己将要废黜陈胤、另立陈深的打算，蔡征见风使舵，表示同意，而袁宪却极力反对，说道："皇太子是国家的储君，万民归心，你蔡征又是什么人，胆敢轻易谈论废立大事！"但陈叔宝主意已定，六月三日，下令废太子陈胤为吴兴王，立扬州刺史、始安王陈深为太子。陈深从个人品格上似乎比陈胤要好一些，他也非常聪慧，长得相貌堂堂，举止庄重，即使是身边侍从也从未见过他狂喜或者发过火。陈叔宝听说袁宪曾经劝谏过陈胤，当天就提拔他为尚书仆射。

陈胤被废后，陈后主又想废掉沈皇后，改立张丽华为皇后，但还没来得及实施，陈国就灭亡了。

当陈叔宝还在温柔乡里继续做着他的春秋大梦时，隋文帝杨坚已将利爪伸向了江南。从陈后主祯明元年（隋文帝开皇七年，公元587年）开始，隋朝周边局势持续向好：吐谷浑内乱不止，突厥又四分五裂。这一年年初，沙钵略可汗就去世了，因儿子雍虞闾懦弱，沙钵略可汗临死前将汗位传给了一直以来他心存猜忌的弟弟、叶护（太子）处罗侯。雍虞闾派人前去迎接处罗侯，处罗侯却说："我突厥从木杆可汗以来，大多以弟弟接替兄长的汗位，以旁支夺去嫡系的继承权，这失去了先祖们的继承办法，大小可汗之间不相敬畏。你理应继承汗位，我不会服从你的！"雍虞闾说："叔父和我的父亲是大树的躯干，同根连体，而我不过是树的枝叶，岂能让树干顺从枝叶、让叔父屈从我这个后辈呢！况且，又有亡父之命，岂能违背！请叔父不必多虑！"使者在双方之间穿梭多次，最终，处罗侯才答应即位，号称莫何可汗，以雍虞闾为叶护，并派人向隋朝说明原委。

隋朝派车骑将军长孙晟持节前往汗国，承认了莫何可汗的正统性，并赏赐给他鼓乐、旗帜。莫何可汗处罗侯骁勇善战，又足智多谋，他携带隋朝的旗帜率军西击阿波可汗大逻便；阿波可汗的部众看到隋朝的旗帜，认为隋军也参战了，纷纷望风溃散。不久，莫何可汗就生擒了阿波可汗，上书隋朝指示该如何处理。

隋文帝让群臣商议对策。乐安公元谐建议派人前往突厥，就地将阿波可汗斩首；武阳公李充请求将阿波可汗押送到长安，斩首示众。隋文帝征求长孙晟的意见，长孙晟回答："假设阿波可汗背信弃义，当然应将其正法，如今，是他们兄弟之间相互吞并，阿波可汗并没有辜负我们。趁其走投无路，却将其取来诛杀，这恐怕不是招徕远方的良策。不如让阿波可汗和莫何可汗都共生共存的好。”高颎也说：“骨肉相残，这是教化的蠹虫，应让他存活下去，以示宽大。”隋文帝听从了。不久，莫何可汗在西征途中中箭身亡，突厥部众又推举摄图之子雍虞闾为可汗，号称都蓝可汗。

北方安定之后，隋文帝就将目光转向了江南。由近及远，他先处理残存的后梁政权。

过去，后梁虽然名为一国，但北周朝廷在江陵设置有江陵总管，后梁的军政大权全在北周的江陵总管手里。在尉迟迥之乱中，后梁与北周中央（杨坚集团）保持一致，杨坚篡位后，对此非常感激，就撤销了江陵总管。开皇二年（公元582年），刚刚即位的隋文帝又为二儿子、晋王杨广娶了后梁明帝萧岿的女儿萧氏为妻，两家结成了亲家。萧氏就是后来隋炀帝的萧皇后，她是萧衍的曾孙女，世系如下：萧衍—萧统—萧察—萧岿—萧氏。一段时期，隋文帝还曾打算把自己最心爱的第五女兰陵公主嫁给萧岿的儿子萧玚，但此事因故没有结果，兰陵公主遂嫁给了王谊之子王奉孝。

到开皇五年（公元585年）六月，当突厥沙钵略可汗正被阿波可汗逼得走投无路、向隋文帝求援之时，后梁明帝萧岿也去世了，共在位二十四年。萧岿去世后，他的儿子萧琮即位，是为后梁后主。萧琮宽和仁爱，文武双全，他即位后，也想有所作为，当年即派大将军戚昕率领水军偷袭南陈的公安，但没有成功。隋文帝见萧琮不是一个无能之主，遂采取釜底抽薪的办法，先征召萧琮的叔父、太尉吴王萧岑入朝，拜为大将军，封怀义公，将其扣留到了长安；又下令在江陵恢复了江陵总管，监视后梁的动向。

萧琮即位一年后，就到了南陈后主祯明元年，此时，突厥沙钵略可汗也去世了，莫何可汗处罗侯即位，消灭了阿波可汗大逻便，突厥对隋朝的威胁已基本消除。同年八月，隋文帝故技重演，征召后梁后主萧琮入朝。萧琮率领后梁群臣二百余人从江陵出发，十八日，萧琮一行来到了长安。

等萧琮君臣前脚离开江陵，隋文帝立马派武乡公崔弘度率军“协防”江陵。隋军来到都州（今湖北省宜城市），后梁后主萧琮的叔父、太傅安平王萧岩、弟弟荆州刺史义兴王萧瓛等人担心隋军袭占江陵，遂于同月十三日派遣都官尚书沈君公前往南陈荆州刺史陈慧纪处请求归降。九月二十八日，陈慧纪率领陈军来到江陵城下。十九日，萧岩等人率领后梁军民十余万人投奔了南陈。萧岩是明帝萧岿的弟弟，他的孙子萧铣（隋炀帝萧皇后的堂侄）在隋末大乱中趁势起兵，占领了今湖北省、湖南省、江西省、广东省等大片土地，自称梁王，后被唐军消灭。

隋文帝听说后，即废除了后梁帝国，派尚书左仆射高颎前去安抚江陵遗民，各派十户百姓负责守护后梁宣帝萧察、明帝萧岿的坟墓；拜后梁后主萧琮为柱国，赐爵莒公。南梁帝国从梁元帝萧绎死后，又延续了三十六年，至此灭亡。

# 五三一　统一中国（一）

陈后主祯明元年（隋文帝开皇七年，公元587年）十一月五日，陈后主任命刚刚归降一个多月的后梁太傅萧岩为开府仪同三司、东扬州（今浙江省绍兴市）刺史；荆州刺史萧瓛为吴州（今江苏省苏州市）刺史，而此时，隋文帝正在巡视同州（今陕西省大荔县）途中，他已经开始筹划消灭南陈的计划了。

隋朝建立以后，内史令李德林经常对隋文帝建议先消灭南陈，这次，隋文帝出巡时，正巧李德林因病没有从行。隋文帝在同州命人征召李德林前往一起商议，并在诏书末尾亲笔写道："带上伐陈的计划。"当时，高颎因事回京，隋文帝又对高颎交代说："如果李德林病重不能前来，你要到他家中把伐陈的计划带来。"李德林接到命令后，即带病来到同州，隋文帝把李德林的计划交给晋王杨广研究。等到隋文帝从同州返京时，他在马上举着马鞭，指着南方，对李德林说道："等到消灭了南陈，我将用七种珍宝来打扮你，让关东没有一个能比得上你的！"

隋文帝又询问高颎的意见，高颎回答："由于地理位置的原因，长江以北收割较晚，而江南的水田成熟要早一些。估算他们将要收割庄稼的时候，我们征召一部分军队，扬言要渡江偷袭，他们肯定要集结军队防御，足以让他们耽误了农时。一旦他们集结了军队之后，我们就解散，反复几次，等我们再集结军队时，他们肯定会习以为常。趁着他们犹豫不定，我军就渡过了长江，一旦我军登上南岸，将士气百倍。另外，江南地下水很浅，无法挖地窖，各种物资都储存在屋子里，而屋子又都是竹木结构的，我们暗中派人渡江放火，等到他们重修后，再放火焚烧，这样一来，不出几年，他们物资就会被烧光。"隋文帝采纳了。

当时，隋朝群臣如杨素、贺若弼以及光州刺史高劢、虢州刺史崔仲方等人都争相向隋文帝献计。崔仲方上书称："如今只须在武昌以下的蕲州（今湖北省蕲春县）、和州（今安徽省和县）、滁州（今安徽省滁州市）、方州（今安徽省六合县）、吴州（今江苏省扬州市）、海州（今江苏省连云港市）等地，加派精锐部队，秘密进行渡江训练；在益州（今四川省成都市）、信州（今重庆市奉节县）、襄州（今湖北省襄阳市）、荆州（今湖北省荆州市）、基州（今湖北省钟祥市）、郡州（今湖北省宜城市）等地，加速建造战舰。蜀水（长江上游）、汉水（汉江）是南陈的上游，是两国必争之地。虽然南陈在流头（今湖北省宜昌市附近）、荆门（今湖北省枝江市）、延洲（今湖北省枝江市长江小岛）、公安（今湖北省公安县）、巴陵（今湖北省岳阳市）、隐矶（今湖北省岳阳市东北）、夏首（今湖北省武汉市汉阳区）、蕲口（今湖北省蕲春县西）、湓城（今江西省九江市西北）等地都聚集了战舰，但一旦发生战斗，肯定要在峡口（西陵峡口）和汉口（今湖北省武汉市）两地进行决战。如果敌人命令精锐部队逆流而上的话，我下游各军就要乘虚渡江；如果敌人屯兵自守的话，我上游各军就要顺流而下，这样一来，敌人纵使有九江五湖之险，也无以自守，就是有三吴、百越之兵，也难以自存了。”隋文帝遂调任他为基州刺史。

晋州刺史皇甫绩上任前对隋文帝说南陈有三点必定灭亡的理由：“一是以大吃小；二是以有道伐无道；三是接纳叛臣萧岩，我方在理。陛下如果发兵，我愿意尽我微薄之力！”隋文帝安慰他一番后，让他上任去了。陈后主接纳萧岩，不过是给了隋文帝一个口实而已，即便不接纳萧岩，隋文帝依然能够找出其他的理由来。不过，陈后主接纳萧岩，加快了自己的灭亡，隋文帝得知陈后主接纳萧岩后，勃然大怒，他对高熲说：“我为天下百姓的父母，岂能因为一条长江的阻隔而不去拯救那里的人民呢！”下令各地大张旗鼓地建造战舰。有人建议秘密建造，隋文帝却说：“我正要大张旗鼓地替天行道，有什么密可保的！”让人把造船的木屑全部倒入长江，说道：“如果他能因害怕而改过自新，我还有什么可说的！”杨素在永安（今重庆市奉节县）建造一种叫作五牙的巨型战舰，高一百多尺，左右前后设置了六个拍杆，各高五十尺，战舰上有五层楼，可容纳八百名战士；小一点的叫作黄龙，可容纳一百名战士，更小的还有平乘、蚱蜢等名目。

看到隋朝将要大举入侵，祯明二年（隋文帝开皇八年，公元 588 年）一月，陈后主派遣散骑常侍袁雅等人出使隋朝；又派遣散骑常侍周罗睺率军驻扎在峡口，入侵隋朝的峡州（今湖北省宜昌市西北）。三月三日，隋文帝派遣兼散骑常侍陈尚贤等人来到陈国。九日，隋文帝下诏称：“陈叔宝占据手掌大一块地盘，却穷奢极欲，将百姓们搜刮一空，让百姓们日夜劳作；斩杀直言之臣，灭掉无罪之家；

作恶多端，祭祀邪神；宫女出行，竟要净衔；自古昏乱之君，无人能比。君子远离，小人得志；天灾不断，妖孽丛生；百姓噤若寒蝉，道路以目。而且，他还违背盟约，扰乱边疆，昼伏夜出，鸡鸣狗盗。普天之下，都是我的臣子，每次听到他加诸百姓头上的恶行，我都痛心不已。如今，我命令发兵讨伐，一举荡平吴越！”又指责陈叔宝有二十条大罪，复制三十万份，派人到江南各地散发。

经过近一年的充分准备，到了这一年的十月二十三日，隋文帝下令在寿春设立淮南行省，以晋王杨广为尚书令，全面负责伐陈事宜。二十八日，隋文帝驾临太庙祭祀，祈求祖先保佑伐陈胜利，正式下达了进攻命令，以晋王杨广、秦王杨俊、清河公杨素为行军元帅。晋王杨广率军从六合（今江苏省南京市六合区）出发，秦王杨俊从襄阳（今湖北省襄阳市）南下，杨素从永安（今重庆市奉节县）东下，荆州刺史刘仁恩率军从江陵（今湖北省荆州市）出击，蕲州刺史王世积从蕲春（今湖北省蕲春县）出击，庐州总管韩擒虎从庐江（今安徽省庐江县）出击，吴州总管贺若弼从广陵（今江苏省扬州市）渡江，青州总管燕荣从东海南下，参战的隋军共计有九十位行军总管，率领五十一万八千余人，全部由晋王杨广统一指挥，浩浩荡荡向南陈杀来。东到大海，西至巴蜀，隋军战旗绵延数千里。隋文帝任命尚书左仆射高颎为晋王元帅长史，尚书右仆射王韶为司马，具体负责处理军中事务。高颎问行台吏部郎中薛道衡：“这次出征，你看能否平定江东？”薛道衡回答：“一定能。东晋初年，郭璞曾说过：‘江东与中国分裂三百年以后，又将与中国合二为一。’如今时候已到（东晋司马睿公元316年立国至今已二百七十三年），这是其一；我们皇上勤俭辛劳，而陈叔宝骄奢淫逸，这是其二；国家的安危全靠宰相，南陈宰相江总整日饮酒写诗，提拔小人施文庆执掌朝廷，而武将们任忠、萧摩诃不过是匹夫之勇而已，这是其三；我们正义且国力强盛，而他们非正义又弱小，估算他们的兵力不过十万，西到巫峡，东至大海，如果他们分兵防守，就会兵力分散，毫无用处，如果他们集中兵力重点防御，就会顾此失彼，这是其四。我军这次出动将席卷江南，这一点你不用担心。”高颎回答：“听了你的分析，让我豁然开朗。我一直以为你是只是个饱学之士，谁料到您还有如此深刻的谋略！”

十一月二日，隋文帝亲自为出征将士践行，十日，他来到定城（今陕西省潼关县），检阅远征大军，并宣布军中纪律，目送大军奔赴前线。

一场结束中国南北朝分裂的终极之战就此打响了！

# 五三二 统一中国（二）

陈后主接纳萧岩，直接招致了隋文帝大举南伐，而萧岩对于陈后主而言，如同侯景之于梁武帝，实在是一个烫手的山芋。

受降如受敌。萧岩率领江陵十余万军民，这个数目不可谓不多，一旦萧岩等人在南陈内部捣乱，建立起一个国中之国，甚至引发一场类似于梁末的大乱，那就得不偿失了。陈后主需要花费大量的精力安置这些降众，第一，他将江陵降众分散安置到各地；第二，在任命萧岩为东扬州刺史、萧瓛为吴州刺史的同时，又不得不任命领军将军任忠出任吴兴郡，监视二人；第三，为了展示帝国的实力，威服新归附的江陵人士，他又下令江州刺史南平王陈嶷、南徐州刺史永嘉王陈彦率领两州原来部署在长江江面上的战舰回京，参加明年元旦举行的大阅兵。因此，在隋军大举南下时，长江中下游江面上竟然没有一艘陈军战舰，而上游各州军队由于被南下的隋军阻挡，也未能回到建康。

陈叔宝的十二弟晋熙王陈叔文，为人轻脱阴险，沽名钓誉，从至德二年以来就担任湘州刺史，到祯明二年五年任期届满，陈后主以施文庆为都督、湘州刺史，配给他两千精兵让其前去上任，又征召陈叔文为侍中、宣毅将军。施文庆担心自己离开朝廷后，有人会在背后说自己的坏话，就推荐同党沈客卿取代自己的位置。施文庆出发前，就与沈客卿共同掌管朝廷机要事务，护军将军樊毅对尚书仆射袁宪说："京口、采石矶都是军事要地，两地各需要部署五千精兵，配备两百艘金翅快速战舰，沿江巡逻。"袁宪与骠骑将军萧摩诃都认为有这个必要，于是，二人与群臣共同商议后打算正式向陈后主提出。施文庆担心这样一来就抽不出多余的军队随自己赴任了，将会推迟行期，而沈客卿也一心巴望着施文庆能早一天离京，自己好单独把持朝廷，于是，二人对群臣们说："大家如果真有此意，难以一一当面向陛下陈说，只须写成奏表，我们将立即转呈陛下。"袁宪等人认为二人说得有理，遂将奏表交给二人带入后宫。在转呈奏表时，二人对后主说："边境告急，这是家常便饭，边境守军足以抵挡，如果从禁卫军中拨出精兵，恐怕会引起民间的动荡。"等到隋军已兵临长江后，间谍的谍报纷至沓来，袁宪等人心急如焚，反复恳请。施文庆却说："新年元旦朝会庆典即将到来，到南郊祭祀之日，太子身边需要跟随大量军队，如果分出军队，这两件大事都要取消了。"陈后主说："如今暂且分出军队也好，如果北边无事，我们就用水军充当南郊的护卫，这又有什么不行的！"施文庆又说："这样让邻国听了，就会认为我们懦弱。"又给江总送去大量财物，江总又从中游说。陈后主不想明确拒绝，但又迫于群臣的压力，遂又将此事交付外廷重新讨论，两种意见谁也说服不了谁，一直没有定论。

陈叔宝也没有想到大祸即将临头，他从容对侍臣们说："天子之气在我们这边。北齐军队三次南下，北周两次，无不败退而还，如今，他杨坚又能怎样！"都官尚书孔范说："长江天堑，自古以来一直隔绝南北，今日隋军岂能飞渡？边将们想升官发财，才谎报军情，我经常不满意我的官位，假如隋军真的要渡江，我一定能当上太尉了！"有人虚报隋军死亡了大量战马，孔范装腔作势地说道："这即将是我们的马了！为何要死掉呢！"一副小人嘴脸。惹得陈后主哈哈大笑，遂放松戒备，饮酒、赋诗、听乐，与往常一样。边境传来的告急谍报，施文庆和沈客卿都按下不报。

以武昌为界，隋军部署分为东、西两个战场，武昌以东地区为东部战场，由晋王杨广直接指挥；武昌以西为西部战场，由秦王杨俊直接指挥，两个战场均由晋王杨广统一指挥。

东部战场：晋王杨广直接统率行军总管宇文述、元契、杜彦、张默言、韩擒虎、贺若弼、燕荣等将，总兵力在三十万人左右。

其中，由东向西，东线战场又兵分四路：

最东一路是青州总管燕荣所部，从朐山沿着东海沿岸一直南下，迂回到太湖附近登陆，切断三吴地区与建康之间的联系，以防陈叔宝在建康城破后向东南方向逃跑；

次之是吴州总管贺若弼所部，率领杨牙、员明等七位行军总管，率领八千甲士，从广陵（今江苏省扬州市）渡过长江直扑京口（今江苏省镇江市），在占领京口后，从东而西杀向建康；

中路晋王杨广直属部队从寿春南下，进抵六合；

西路是庐州总管韩擒虎所部，从横江（今安徽省和县渡口）南渡长江，直扑对岸的采石矶，过江后由西南而东北杀向建康，与贺若弼部一起对建康形成夹击之势。

西部战场：秦王杨俊为山南道行台尚书令兼任行军元帅，直接指挥西线战场，都督杨素、崔弘度、刘仁恩等三十名行军总管，共计兵力十余万人。

其中，由东向西又兵分四路：

最东一路是蕲州总管王世积所部，直扑九江（今江西省九江市）、豫章（今江西省南昌市）、庐陵（今江西省吉安县）等地，肃清江西之地，切断长江中游武昌敌军与下游建康之间的联系；

中路为秦王杨俊主力，由襄阳顺汉水南下，直扑武昌，以夺占该军事要地为目标，进而瓦解湘州等地；

次西一路为荆州刺史刘仁恩所部，从江陵出击，接受信州总管杨素的指挥，配合杨素作战；

最西一路为信州总管、行军元帅杨素所部，他从永安（今重庆市奉节县）穿越三峡，顺流而下，与刘仁恩部会合后，进击南陈巴陵（今湖南省岳阳市）重镇，再分兵进击湘州等地，并与武昌城下的秦王杨俊会师。

先说东线战场：

战前，陈后主已任命侍中、骠骑大将军萧摩诃担任南徐州刺史，镇守京口，但因祯明三年（公元589年）的元旦大典，萧摩诃被召回京师，京口防御遂十分松懈。

祯明三年（隋文帝开皇九年，公元589年）的一月一日，陈后主在建康大会群臣，当天，建康城内浓雾弥漫，雾气蹿入鼻孔，又酸又辣。在整个典礼上，陈后主昏昏欲睡，一直到下午才醒，也就是在这一天，东路贺若弼所部从广陵渡过了长江！

渡江前，贺若弼以酒祭祀江神，他说：“我亲耳聆听圣上的方略，率领大军吊民伐罪，除暴安良，苍天、长江可以做证。如果苍天、江水保佑良善，降灾于淫人，祈求让我军顺利渡过长江；如若不然，我贺若弼落入长江，死于鱼腹也在所不辞！”起初，贺若弼将军中的老马与南陈交换，购买了南陈大量战船，然后藏匿起来，又购买了五六十条破船，停放在港口内。南陈间谍侦察后，判断隋军并无战舰。贺若弼又命令沿岸边防军在轮换时要大张旗鼓，全部在广陵集结，南陈认为隋军将要南渡，遂整军备战，结果却发现这仅仅是隋军的一次正常换防，后来，再遇到隋军集结，陈军就习以为常了，不再戒备。为了进一步迷惑陈军，贺若弼还经常率领军队在长江北岸打猎，搞得人欢马叫，动静很大。基于上述几点，这次等到隋军真正渡江时，陈军反而毫无察觉，更不要说戒备了。

无独有偶，也正是在同一天（大年三十）深夜，庐州总管韩擒虎也率领五百精兵从横江偷偷渡过长江，登上了南岸的采石矶，陈军守军因过新年狂欢，都喝得烂醉如泥，隋军顺利夺占了南岸渡口。同日，晋王杨广率领大军驻扎在六合的桃叶山（瓜步镇）。由此可见，隋军这次声势浩大的渡江作战，初战并非一场面对面的大规模水战，而是一次成功的偷袭。将决战放在南岸，这是隋军知己知彼、扬长避短、反复权衡之后得出的结果，它巧妙地避开了与陈军在长江上进行胜负难料的大规模水战，让长江天堑失去了作用。

隋军韩擒虎所部占领采石矶桥头堡之后，一月二日，采石守将徐子建即派人飞马告急，三日，陈后主召集群臣商议对策，四日，陈后主下诏宣布，将率领大军，御驾亲征，并宣布了戒严令。任命骠骑大将军萧摩诃、护军将军樊毅、中领军鲁广达均为都督，司空司马消难、湘州刺史施文庆为大监军，派遣南豫州刺史樊猛率领水军从白下（今江苏省南京市西北）出击，散骑常侍皋文奏率军镇守姑熟（今安徽省当涂县）。又拿出重金悬赏，鼓励将士奋勇杀敌，并规定僧人、道士、尼姑全部参加战斗。

# 五三三 统一中国（三）

一月六日，渡过长江的隋军贺若弼所部在经过六天激战后，终于攻克了长江下游军事重镇京口，生擒南陈南徐州刺史黄恪。隋军号令严肃，秋毫无犯，一名将士私自到民间买酒，贺若弼得知后立即下令将其斩首。隋军俘虏的六千陈军，贺若弼下令全部予以释放，每人发放干粮，一一安抚遣散，他还让这些俘虏们带上隋文帝的诏命，交给他们在回乡途中进行散发，于是，陈国民心士气全部瓦解。

与萧摩诃一样，南豫州刺史樊猛也在建康参加典礼，留下儿子樊巡代行南豫州刺史一职。一月七日，渡过长江的韩擒虎所部转攻姑熟（今安徽省当涂县），经过半天战斗，隋军即攻陷了姑熟，活捉樊巡一家老小。前往增援姑熟的皋文奏也被击败，江南百姓素来听说过韩擒虎的威名，前往韩擒虎军营拜谒的人日夜不断，络绎不绝。

驻守新蔡（侨置郡县，在今湖北省黄梅县）的鲁广达之子鲁世真与弟弟鲁世雄率领所部投降了韩擒虎，并派人到建康给鲁广达送去书信劝降，鲁广达来到廷尉府请罪，陈后主没有追究，再三劝慰，又赏赐给他黄金，让他回到了军营。樊猛与左卫将军蒋元逊率领八十艘青龙战舰在白下城附近巡逻，抵御来自六合方向晋王杨广率领的大军。此时，樊猛的家眷已被韩擒虎俘虏，陈后主担心樊猛怀有二心，打算让任忠接替他，先让萧摩诃前去劝说，樊猛听了一脸的不高兴，后主担心激出变故，只好作罢。

贺若弼攻克京口之后，立即分兵把守曲阿（今江苏省丹阳市），切断了三吴地区增援建康的通路。第二天（一月七日），贺若弼即率领军队火速向建康进发，与此同时，南线的韩擒虎也开始北上，两军分道朝建康扑来。陈军沿岸各个堡垒均望风奔溃。陈后主急令司徒豫章王陈叔英率军驻扎在朝堂，萧摩诃驻扎在建康城东北的乐游苑，樊毅驻守建康城西北的耆阇寺，鲁广达驻扎在城东的白土冈，忠武将军孔范驻扎在城东南的宝田寺，一月十五日，吴州刺史任忠率军从吴兴（今浙江省湖州市）赶赴建康，驻扎在建康南面的朱雀门。

此时，隋军贺若弼部已经来到建康近郊，驻扎在建康城东北的钟山，在白土冈以东被鲁广达的陈军阻挡。晋王杨广也从中路派遣行军总管宇文述率军试图从六合渡江，直扑石头城，却被陈军樊猛、蒋元逊阻挡，没有得手。杨广听说韩擒虎已经从采石矶渡过了长江，遂分出一部分兵力，派行军总管杜彦增援韩擒虎，杜彦与韩擒虎合兵一处，共计步骑两万人驻扎在新林（今江苏省南京市西南）。与此同时，西线最东路的隋蕲州总管王世积也率领水军向九江方向进击，在蕲口（蕲水入长江口）击破南陈大将纪瑱，完成了切断长江中下游陈军的任务，陈国军民惊恐不安，纷纷投降。

隋军在短短的不足半月时间里即顺利完成了战役第一阶段任务，突破长江天堑，兵临建康城下了。晋王杨广向隋文帝禀报各路战果，隋文帝大喜，设宴款待群臣。

当时，建康城内尚有十余万甲士，但陈后主素来胆小如鼠，吓得只在后宫哭泣，也不知道出宫安抚将士们，将军国事务全部交给施文庆一人处理。施文庆自知众将对自己非常不满，担心将帅们立下战功，遂对陈后主说："这些人一直以来就牢骚不满，素来对陛下不服，在这一紧要关头，岂能全听他们的！"因此，众将们的请求，陈后主一概不听。建康城内尚有上百名宗室子弟，陈后主担心出现内乱，又将他们全部召入皇宫，派陈叔英暗中监视。贺若弼刚刚攻下京口时，萧摩诃请求率军迎战，但陈后主不从，等到贺若弼推进到钟山后，萧摩诃又说："贺若弼悬军深入，营垒未立，趁其立足未稳，出兵掩袭，一定能将其击破！"

司马消难对陈后主说："贺若弼如果在高山上点燃烽火，与韩擒虎遥相呼应，一起擂起战鼓，京师人心必定大乱。请火速派兵北上占据钟山，南下切断秦淮河，将将帅们的妻子儿女扣为人质，重重赏赐有功人员。陛下率领一万精兵守住台城，不过十日，隋军粮食吃尽，贺若弼、韩擒虎的人头将会献于宫阙之下。"孔范想立下战功，对后主说："司马消难狼子野心，任蛮奴（任忠的小名）不过是个淮南的低贱之人，他们的话都不可信。"陈后主遂没采纳二人的建议。

陈后主将萧摩诃、任忠召入内殿商议，任忠说："兵法上说：'客军速战有利，主军持重有利。'如今，我们足食足兵，应当固守台城，沿秦淮河构筑工事，隋军即使前来挑战，我们也固守不战，然后，分兵切断长江水路，令渡过长江的隋军与江北隋军大本营失去联系。配备给我一万精兵，三百艘金翅战舰，径直扑向隋军六合大本营，江北敌军必然判断江南敌人已经被我歼灭，肯定会士气低落。淮南当地豪强都是臣的老相识，听说我带兵前往，必然会群起响应。臣再扬言将率军北上徐州，切断敌人的退路，隋江北各军必定会不战而退，等到春季江水上涨，上游周罗睺等将的部队必定会顺流而下救援京师，这是上策。”陈后主又没听从。第二天，陈后主突然高叫道：“胜负一直不决，令我胸中烦闷，可让萧郎（指萧摩诃）领军出击！”任忠叩头苦苦劝阻。孔范又说：“与敌人决一死战，我请求为陛下在燕然山上刻石颂扬功勋！”陈后主遂对萧摩诃说：“大人可为我一战！”萧摩诃回答：“从来将帅出战，都是为国为家，今日我领兵一战，还是为了我的妻子。”陈后主与萧摩诃的妻子私通，陈后主应该能听出萧摩诃的弦外之音。陈后主从宫中拿出大量金银财宝，赏赐给陈军将士们。

一月二十日，陈后主命令陈军在白土冈列阵，各路陈军由北而南依次排列：最北的是萧摩诃，其次孔范、樊毅、任忠，最南边是鲁广达之军。陈军南北连绵二十里，首尾进退相互不知。另以领军将军蔡征代替任忠守卫朱雀门。

当时，隋军统帅晋王杨广的计划是，贺若弼、韩擒虎仅仅是先头部队，等到大军全部渡过长江之后，再与陈军决战，因此，贺若弼来到建康近郊以后，并没有立即部署攻城，可是，如今陈军趁隋军主力尚未过江之际，要消灭隋军先头部队了，对此，贺若弼也没有料到。当时，他正率领轻装骑兵登山侦察，突然发现了陈军出城，立刻飞马奔下山来，部署军队准备战斗。隋军贺若弼所部杨牙、韩洪、员明、黄昕、张默言、达奚隆、张辩七总管八千隋军倾巢出动，严阵以待。萧摩诃虽然率领七千精锐陈军，却因他对陈后主与自己的娇妻私通一事耿耿于怀，无所用心，陈军只有鲁广达、田端二人率领本部与隋军死战。贺若弼亲自与鲁广达相抗，陈军殊死搏斗，击退了隋军四次冲锋，贺若弼贴身卫士有二百七十三人在激战中被杀。贺若弼走投无路，纵火躲入烟尘中脱身，而陈军将士打退隋军后，手持人头跑回城内向后主请赏，隋军得以重新振作起来。贺若弼率军又朝孔范发起进攻，孔范的军队与隋军刚一交手就败退下来，孔范之军的溃败立刻引起了连锁反应，陈军其余各军纷纷后撤，骑兵步兵自相残踏，死亡五千人。员明生擒萧摩诃，送到贺若弼帐前，贺若弼喝令拉下去斩首，萧摩诃神色不变，贺若弼遂释放了他。

守卫台城城门的陈军各自逃散，隋将黄昕乘胜追杀到北掖门，焚烧城门，攻入城内。任忠飞马奔回台城，见到后主后汇报了军败的情况，说："陛下好自珍重，臣已经无能为力了！"陈后主拿出两箱黄金交给他，让他出外招募军队，任忠说："陛下需要做的是准备船只，投靠上游各军，臣以死护送陛下。"陈后主信以为真，下令任忠出城准备，并命宫女、宦官们各自整装待发，坐等任忠的消息。可是，陈后主左等右等，一直不见任忠回来。其实，此时的任忠已经率领数名骑兵南下石子冈（一说为南京雨花台），向由新林北上的隋军韩擒虎投降了。领军将军蔡征听说韩擒虎即将到来，所部也自行溃散，在任忠引导下，韩擒虎率领五百精锐骑兵径直来到朱雀门下，守军还要战斗，任忠说："老夫尚且已经投降，你们还想干啥！"于是，守军也一哄而散。城内百官都逃离台城，唯独尚书仆射袁宪留在内殿，尚书令江总等人守在省中。陈后主对袁宪说："一直以来，我对爱卿没有对别人好，今日追悔莫及啊！这不仅仅是我自己无德无能，也说明我们江南的士人已经完全丧失了道义、操守啊！"

# 五三四 统一中国（四）

任忠引导着韩擒虎所部从南掖门冲入台城。

陈后主惊慌失措，想躲藏起来，袁宪严肃地说："隋军进城，肯定会秋毫无犯，事已至此，陛下还能跑到哪去！臣请求陛下衣帽整齐，端坐在金銮殿上，像梁武帝见侯景那样。"此时，陈后主已经六神无主，根本听不进去，他匆匆忙忙从床榻上下来，对袁宪说："刀枪之下，可不能试运气，我自有妙计！"他领着十余名宫女直奔后宫景阳殿，想躲到井下，袁宪苦苦劝谏，他就是不听。后阁舍人夏侯公韵用身体挡在井口上，陈后主跟他争执了半天，才下到井中。不一会儿，隋军就冲了进来，但四处寻找也没有后主的下落，逼问之下，到了当天傍晚，一位宫人才透露出后主的藏身之处，隋军士兵们在井口呼喊，井中无人回应，直到将要往井下扔石头，井下才传来叫声。士兵们垂下绳索，感到非常沉重，等到拉上来一看，才知陈后主与张丽华、孔贵嫔三人捆绑在一起。城破后，沈婺华皇后与往常一样；太子陈深年仅十五岁，他闭上房门，端坐在屋内，太子舍人孔伯鱼侍立在一旁。隋军士兵闯入房内，陈深一动不动，说道："戎马一路，你们辛苦了！"隋军将士对他都很尊敬。

当韩擒虎乘虚先进入宫城，活捉了陈后主，立下了头功之时，贺若弼还在城北乐游苑与陈军鲁广达苦战。鲁广达率领陈军杀死数百名隋军，天色已晚，台城陷落的消息传来，鲁广达卸去铠甲，面向台城跪下叩头，失声痛哭，对大家说："我未能救国于危难之中，罪过很深啊！"陈军将士们无不叹息流泪，遂束手就擒。贺若弼从北掖门进入皇宫后，这才知道韩擒虎已经抓获了陈后主，他将陈叔宝叫来，陈叔宝吓得两股战战，浑身冒汗，向贺若弼倒身跪下，磕了两个响头。贺若弼说："小国之君地位与大国的大臣相当，你向我叩头也符合礼仪。入朝以后，不失当个归命侯，无须惊恐。"不久，贺若弼感到自己在前方苦战，吸引了陈军主力，而韩擒虎不仅没有及时北上增援自己，相反却趁机抢了个头功，他越想越气，与韩擒虎理论起来，话不投机，盛怒之下，他拔出佩刀愤愤而去。贺若弼又想让蔡征替陈后主写个降表，再让陈叔宝坐上骡车到自己的军中投降，但此事未果。此时，建康台城内贺若弼的军队人数占优，他遂将陈后主扣押在德教殿内，命令自己的士兵负责看管。萧摩诃请求贺若弼说："如今我身为俘虏，随时就可能会身首异处，请求能让我见上旧主一面，死而无恨。"贺若弼深感同情，就答应了。萧摩诃见到陈后主后，拜伏在地，号啕大哭，并从自己的旧厨房中拿出食物献给后主，而后拜别而去。后来，隋文帝听说萧摩诃被俘后在贺若弼面前不屈这一节，说道："壮士！这也是一般人难以做到的啊！"

听说隋军先头部队已经攻克了建康，晋王杨广命令高颎先进入城内处理善后事宜。高颎的儿子高德弘时任杨广的记室参军，杨广特意嘱咐高德弘飞马通知高颎要留下张丽华。高颎却说："周武王灭商纣，姜太公蒙上妲己的脸庞，将其斩杀，如今平定陈国，不宜留下张丽华这个祸根！"遂下令将张丽华斩杀于青溪岸边。高德弘回复杨广，杨广气得脸色都变了，说道："古人说过：'无德不报。'我肯定会报答高大人的！"从此，对高颎恨之入骨。

一月二十二日，晋王杨广率军进入建康城。因施文庆不忠于上、曲意蒙蔽君主，沈客卿向百姓征收沉重的赋税，与太市令阳慧朗、刑法监徐析、尚书都令史暨慧均为国家的蠹虫，下令将五人拉出宫门斩首示众，向三吴百姓谢罪。杨广又命高颎与元帅记室参军裴矩整理图书，封存仓库，陈国宫中的各种珍宝，杨广一件都没有私藏，天下人都称颂杨广是一位贤王。杨广认为贺若弼违抗军令，擅自先行与陈军作战，将其打入大牢。隋文帝下诏命令贺若弼乘坐驿马车返回京师，并对晋王杨广下诏说："平定江南，是贺若弼、韩擒虎二人的功劳！"赞扬了二人。

隋开府仪同三司王颁是王僧辩的儿子，与陈霸先有杀父之仇，杨广进入建康的当晚，王颁挖开陈霸先的陵墓，焚烧了他的尸骨，将骨灰合水喝下。事后，他自我捆绑，到晋王杨广那里自首，杨广上报隋文帝，隋文帝下令赦免了他，并下诏拨出五户人家守护陈高祖陈霸先、陈世祖陈蒨、陈高宗陈顼三人的陵墓。

东线战场进展异常迅速，西线却遇到了不小的麻烦。

其实，西线战场最先发动，其目的就是牵制住上游陈军，以利于隋军主力在下游突防。开皇八年（公元 588 年）十二月，秦王杨俊即都督三十名行军总管率领十余万大军从襄阳南下，进抵汉口。南陈朝廷任命散骑常侍周罗睺为都督巴峡缘江诸军事，与郢州刺史荀法尚共同守卫江夏（今湖北省武汉市）。杨俊大军被阻挡在江夏一个月，无法继续向前推进一步。与此同时，行军元帅杨素也率领水军顺流而下，进抵狼头滩（又名流头滩，今湖北省宜昌市西北一百里处），南陈守将戚昕率领一百余艘青龙战舰，数千名将士驻守狼尾滩（今湖北省宜昌市西北九十里处），地势险峻，隋军无法通过。杨素对大家说："成败在此一举。如果我军白天出动，敌人将知道我们的虚实，险滩水流湍急，人力很难控制，我军就失去了人多的优势，不如采取夜袭的好。"于是，杨素亲自率领数千艘战舰，命令士兵们衔枚而下，并派遣开府仪同三司王长袭率领步兵从长江南岸攻击陈军的别营，令大将军刘仁恩率领骑兵从北岸进攻白沙（今湖北省宜昌市东），等到天明，三路隋军推进到狼尾滩，陈将戚昕被隋军击败，陈军全部被俘。隋军安抚他们后，将他们遣散回家。

陈狼头滩及白沙守军失败后，荆州（治所今湖北省公安县）刺史陈慧纪派遣南康内史吕忠肃率军驻扎在岐亭（今湖北省宜昌市西陵峡峡口）抵御，陈军扼守西陵峡，吕忠肃拿出家财，命令士兵们在长江北岸的悬崖峭壁上凿洞，向南岸连接了三条粗大的铁锁链，以阻挡隋军的舰队。杨素、刘仁恩率领隋军浴血奋战，陈军依托险要顽强抗击，共经过大小四十余次战斗，陈军杀死五千多隋军，全部割去鼻子领赏，不久，隋军屡战屡胜，将被俘的陈军全部释放。接着，杨素、刘仁恩又率领隋军登岸，进攻陈军营寨，陈军夜里溃散，吕忠肃只好丢弃营寨仓皇逃去。杨素命令将士从容去掉铁锁链，继续前进。吕忠肃搜集残兵败将，退守荆门的延洲（今湖北省宜都市西北江中荆门山下），杨素派遣一千余名川中擅长水战的山蛮乘坐四艘五牙战舰，用拍杆击碎十余艘陈军战舰，遂大破陈军，俘获两千余名敌人，吕忠肃侥幸逃出一命。南陈信州刺史顾觉驻扎在安蜀城（在荆门城以西），也弃城而逃。陈慧纪驻扎在公安，见大势已去，也焚烧辎重，率领三万水军、战舰一千多艘向东撤退，于是，江夏以西、巴陵以东再无整建制的陈军了。

杨素占领荆门以后，派遣部将庞晖率领一部隋军南下，攻取湘州等地，杨素本人则率领主力浩浩荡荡顺流东进，隋军战舰塞满长江，旌旗招展，铠甲耀日。杨素相貌堂堂，一脸威严，端坐在高大的旗舰之上，陈国百姓远远望见，惊若天神，相顾失色道："清河公就是一尊长江之神啊！"

庞晖率领的隋军来到湘州以后，守城陈军士气低落，不愿继续抵抗，遂约定日期出城投降。湘州刺史岳阳王陈叔慎（后主第十六弟），年仅十八岁，他摆下酒宴款待文武官吏，酒酣耳热之际，他叹息说道："我们君臣之间的情分，就此结束了啊！"长史谢基拜伏在地，流下眼泪，湘州助防遂兴侯陈正理站起身来，说道："主辱臣死，你们大家谁不是陈国的臣子？今天下有难，正是我等效命之时。即使失败，也可显示出我等的节操！今日就是一个良机，谁敢犹豫，就杀了谁！"众人齐声表示同意，遂歃血为盟。之后，他们派出使者出城诈降，约定了开城日期，到了那一天，庞晖率军进入长沙城内后，命令数百名隋军把守城门，自己率领数十人坦然进入州衙。陈叔慎早已埋下伏兵，庞晖进入后，立即被生擒，将隋军全部斩杀示众。陈叔慎坐在射堂之上，招募军队，数天之内就征召了五千人马。衡阳（今湖南省湘潭市）太守樊通、武州（今湖南省常德市）刺史邬居业都答应派军前来支援。不久，隋朝任命的湘州刺史薛胄率领隋军就到了，与行军总管刘仁恩一起朝长沙城发起了猛攻，陈叔慎派陈正理、樊通与隋军交战，战败。薛胄乘胜攻入城内，生擒陈叔慎；刘仁恩也在横桥击败邬居业，将其活捉。陈叔慎、陈正理等十余人被押送到秦王杨俊那里后，全部被杀。

# 五三五 统一中国（五）

南陈水军都督周罗睺与郢州刺史荀法尚率领数万陈军驻扎在鹦鹉洲（今湖北省武汉市汉口区西南长江中）上。

隋军行军总管崔弘度请求发兵进攻，但秦王杨俊笃信佛教，不愿杀生，两军遂僵持下来。陈慧纪撤离公安后，原本打算增援建康，却被隋军杨俊所部阻挡，无法继续前进。当时，晋熙王陈叔文已经被免去湘州刺史一职，行至巴州（今湖南省岳阳市），陈慧纪遂推举他为盟主，而陈叔文已经与巴州刺史毕宝等人向杨俊下书求降，杨俊也派人与陈叔文取得了联系。这时，隋军已经占领了建康，晋王杨广命令陈后主写下亲笔书信劝说上游尚在抵抗的陈军将领们，让樊毅携带书信与周罗睺见面，又派陈慧纪的儿子陈正业去见陈慧纪。周罗睺见到陈后主的书信后，与众将大哭三天，而后放下武器，前往杨俊军中投降；陈慧纪也随之投降了，长江上游也被平定。杨素率领来到汉口，与杨俊会师。王世积在蕲口，听说陈后主被俘后，遂给长江以南的各郡写信劝降，南陈江州司马黄偲弃城而逃，豫章等江西各郡太守都来到王世积的军中投降。

西线战事从去年十二月开始，至本年一月历时一个多月也宣告结束。

隋文帝开皇九年（公元 589 年）一月二十九日，隋文帝下诏派遣使者巡视南陈各地，安抚当地百姓。苏威请求以五百家设立乡正，加强对基层的统治，李德林认为："原来我们废除乡官审理案件，就是因为乡官与当地百姓乡里乡亲的，无法做到公平，现在让乡官管理五百户人家，恐怕危害更大。况且，一些偏远小县一个县连五百户人家都没有，这岂不是让两个县长管理一个乡长吗？"但隋文帝不从，二月二日，他下诏命令："五百家为一个乡，设置一名乡正；一百家为一里，设置一名里正。"

吴州（今江苏省苏州市）刺史萧瓛深得民心，建康陷落后，三吴百姓推举他为主，隋朝右卫大将军宇文述率领行军总管元契、张默言等人前去讨伐，燕荣率领的水军也从海路抵达，也接受宇文述的指挥。南陈永新侯陈君范从晋陵（今江苏省常州市武进区）投奔萧瓛，合兵一处，共同抵御隋军。萧瓛在晋陵城东修筑营寨，抵御隋军，又派部将王褒驻守吴州，他自己则率领水军从义兴（今江苏省宜兴市）进入太湖，打算掩袭隋军的背后。宇文述率领隋军攻破了萧瓛军的晋陵营寨，回师迎击萧瓛，将其击破；又分兵直取吴州，王褒身穿道士袍弃城潜逃。萧瓛率领余众退守包山（太湖内洞庭山），燕荣率领隋军再次将其击破，萧瓛带着身边数名亲信藏匿在百姓家里，被人抓获。宇文述率军挺进到奉公埭（在今浙江省绍兴市附近），东扬州刺史萧岩率众投降。萧岩与萧瓛二人被押送到长安后，隋文帝下令将二人斩首。

岭南（大庾岭）以南地区没有归顺隋朝的郡县，公推高凉郡太夫人冼夫人为主，号称圣母。隋文帝派遣柱国韦洸等人前去安抚，南陈豫章太守徐璒占据南康（今江西省赣州市）不降。晋王杨广命陈叔宝给冼夫人写信，告诉她国家已经灭亡，劝她归顺隋朝，冼夫人与数千名部落头领聚集在一起，痛哭了一整天，然后派孙子冯魂率众北上迎接韦洸等隋朝使者。韦洸斩杀了徐璒，进入广州，将岭南各郡全部劝降。隋文帝册封冼夫人为南康郡夫人。任忠侄儿、衡州司马任瓌劝都督王勇割据岭南，寻访陈氏子孙立为皇帝，王勇不从，率众投降，任瓌弃官而去。

于是，隋朝彻底平定了江南，得到三十个州，一百个郡，四百个县。隋文帝下诏将南陈建康城全部毁掉，改成农田，由百姓耕种，设置蒋州，治所设在石头城。

晋王杨广班师回朝，留下王韶镇守石头城，全权处理江南事宜。三月六日，陈后主以及南陈群臣从建康出发，踏上了北上的路途，这群特殊的俘虏拖家带口，一直连绵五百里之遥。隋文帝命令暂且让长安城内的百姓们腾出私宅，修缮得焕然一新，南陈君臣来到长安后就像回到了自己家一样。史书的这种记载当然不会是实情。对于国破家亡的南陈君臣们而言，一点物质上安慰岂能弥合他们心中的创伤？唐代韦述的《两京新记》记载了一个令人心碎的故事：徐德言是南朝梁陈重臣、大才子徐陵的孙子，娶陈后主的妹妹、美丽的乐昌公主为妻，夫妻二人感情很深。南陈灭亡后，听说隋军满城搜捕南陈大臣，徐德言流着眼泪对公主说：“如今国破家亡，你我夫妻二人肯定难以自保了，凭着你的姿色才艺，必会再进入富贵人家享福。我如果死了，但愿不要忘了我；如果我还活着，你我这一辈子恐怕也无法再见上一面了，但是，尽管前途渺茫，我们还是各带一个凭据吧。”说完，他打碎了一面铜镜，夫妻二人各自怀揣一半。徐德言说：“你如果嫁到富贵人家里，请务必在一月十五日前后的集市上卖这块铜镜，如果我还活着，希望你我借此能再见上一面，知道彼此的生死吧。”乐昌公主被带到长安后，隋文帝将他赏赐给了杨素，杨素如获至宝，对她非常宠爱。徐德言也辗转来到长安，乐昌公主依约命奴仆在一月十五日的长安街市上高价出售那半面铜镜，整个街市的人都认为那个卖铜镜的奴仆是发疯了。徐德言见到那面铜镜后，满口答应照价购买，然后把那位奴仆引到自己家中，哭着告诉了实情的原委，并取出自己的那半片铜镜，与这块铜镜拼合在一起。他又写了一首诗送给妻子：“镜与人俱去，镜归人不归。无复姮娥影，空余明月辉。”乐昌公主看到铜镜和诗歌，悲从中来，泪下如雨，茶饭不思。杨素见她日渐憔悴，询问原因，乐昌公主遂将实情和盘托出，杨素听了也为之动容。感动之余，杨素派人召来徐德言，答应把妻子还给他，乐昌公主随身衣服、被褥也一并让他们夫妻带走。临行前，杨素命乐昌公主写诗道别，乐昌公主推辞不掉，遂写下绝句：“今日何迁次，新官对旧官。笑啼俱不敢，方验作人难。”这就是历史上著名的“破镜重圆”的故事。

徐德言与乐昌公主终于破镜重圆了，但是，覆巢之下，焉有完卵。南陈灭亡后，又有多少个妻离子散的人家能破镜重圆呢？

闰三月十八日，隋文帝亲自来到骊山，慰劳得胜而归的隋军将士们。二十二日，各路隋军整装进入长安城，在太庙举行献上战俘仪式，陈叔宝以及南陈诸王、将相、御用马车、服装、书籍等依次排列，周围由铁骑包围着，跟在晋王杨广、秦王杨俊身后，进入太庙。二十三日，隋文帝驾临广阳门城楼，将陈叔宝以及太子陈深、诸王二十八人，司空司马消难以下至尚书郎一级的南陈官员共计二百多人带入。隋文帝命令纳言宣布诏书，将他们安慰一番，而后又命内史令宣布诏书，斥责他们君臣上下不能团结一心，以致国破家亡。陈叔宝等人趴在地上，吓得大气也不敢出，无言以对。很快，隋文帝又下诏赦免了他们的罪过。

隋文帝并没有封陈叔宝任何官职，但规定他的职位相当于三品官，赏赐给他很多财物，并多次予以召见。每次饮宴，遇到陈叔宝在场，隋文帝特意命人不要演奏江南的音乐，以免他听到后伤心。后来，负责监视陈叔宝的官员上报说：“陈叔宝说：‘也没给我个官位，却每次参加朝会，希望能给我个官当当。’”隋文帝听了，说：“陈叔宝这人全无心肝！”官员又汇报说：“陈叔宝经常喝得烂醉，一天很少有清醒的时候。”隋文帝问：“他喝多少？”回答：“与他的子弟们一天能喝下一石。”隋文帝听了大吃一惊，遂命官员加以限制，但不久，又说：“还是随他的便吧，他如果不这样，还怎么度日！”隋文帝考虑到陈氏皇族人多，担心他们会在京城内为非作歹，遂将他们分散到边境各州，分配一定土地，让他们生活；每逢过年过节，派人赏赐给他们衣物以示安抚。

陈叔宝的一个妹妹被隋文帝纳为嫔，称为宣华夫人，因这一层原因，隋文帝对陈叔宝一家还是很照顾的；隋炀帝即位后，又霸占了宣华夫人，并将陈叔宝的第六女陈婤（张丽华所生）封为贵人，隋炀帝对陈婤非常喜爱（史称“绝爱幸”），正是由于陈婤的缘故，十七年后，到了隋炀帝大业二年（公元 606 年），隋炀帝下诏允许南陈宗室子弟回到长安，根据各自的才能授予不同的官职。

陈国灭亡时，陈叔宝三十七岁。隋文帝仁寿四年（公元 604 年）四月，他陪伴隋文帝东巡来到邙山，隋文帝对他说：“你看了这里的美景，有什么观感？”陈叔宝遂献上一首诗：“日月光天德，山河壮帝居。太平无以报，愿上东封书。”隋文帝听了，不置可否。回来后，陈叔宝又上书称颂隋文帝功高比过汉武帝，建议隋文帝到泰山封禅，隋文帝答复说再缓一缓。陈叔宝接到答复，心里非常高兴，又喝得不省人事。不久，他就染上疾病，死在了洛阳，终年五十二岁。隋朝追赠他为大将军，封长城县公，谥号炀。陈后主是个昏君，但不是一个暴君，虽然隋朝给他一个恶谥，但人们不愿称之为陈炀帝，而习惯称他为陈后主，或者长城公。

陈国灭亡了，建康城也被隋文帝毁灭了，随着建康城的毁灭，一个时代也结束了，很多年后，通过无数文人骚客们的诗词，我们似乎还能够穿越时空回到那个曾经繁华的地方，想到这些曾经风流的人们，回味那段人间的悲欢离合……

烟笼寒水月笼沙，夜泊秦淮近酒家。商女不知亡国恨，隔江犹唱后庭花。（唐·杜牧《泊秦淮》）

玉树歌残王气终，景阳兵合戍楼空。松楸远近千官冢，禾黍高低六代宫。石燕拂云晴亦雨，江豚吹浪夜还风。英雄一去豪华尽，唯有青山似洛中。（唐·许浑《金陵怀古》）

怀乡访古事悠悠，独上江城满月秋。一鸟带烟来别渚，数帆和雨下归舟。萧萧暮吹惊红叶，惨惨寒云压旧楼。故国凄凉谁与问，人心无复更风流。（北宋·王圭《金陵怀古》）

登临送目，正故国晚秋，天气初肃。千里澄江似练，翠峰如簇。征帆去棹残阳里，背西风、酒旗斜矗。彩舟云淡，星河鹭起，画图难足。念往昔、繁华竞逐，叹门外楼头，悲恨相续。千古凭高，对此漫嗟荣辱。六朝旧事随流水，但寒烟衰草凝绿。至今商女，时时犹唱，后庭遗曲。（北宋·王安石《桂枝香·金陵怀古》）

六代繁华，春色去也，更无消息。空怅望山川形胜，已非畴昔。王谢堂前新燕子，乌衣巷口曾相识。听夜深，寂寞打空城，春潮急。思往事，愁如织。怀故国，空陈迹。但荒烟衰草，乱鸦红日。玉树歌残秋露冷，胭脂井坏寒螀泣。到如今，惟有蒋山青，秦淮碧。（元·萨都剌《满江红·金陵怀古》）

江水滔滔去不归，后庭花谢美人非。多情只有台城柳，犹有东风作絮飞。（清·漆璘《金陵怀古》）

# 附录一 南北朝世系表

## 南北朝世系

| | | | | |
|---|---|---|---|---|
| 宋 | 420 — 479 年 | 孝文帝改革、六镇大起义、玄学盛极 | 刘裕 | 建康 |
| 齐 | 479 — 502 年 | | 萧道成 | 建康 |
| 梁 | 502 — 557 年 | | 萧衍 | 建康 |
| 陈 | 557 — 589 年 | | 陈霸先 | 建康 |
| 北魏 | 386 — 534 年 | | 拓跋珪 | 平城 |
| 东魏 | 534 — 550 年 | | 元善见 | 邺 |
| 西魏 | 535 — 557 年 | | 元宝炬 | 长安 |
| 北齐 | 550 — 577 年 | | 高洋 | 邺 |
| 北周 | 557 — 581 年 | | 宇文觉 | 长安 |

## 南朝宋世系

| 年号 | 庙号 | 名字 | 即位时间 | 即位年龄 | 在位年数 | 死时年龄 | 世系 | 备注 |
|---|---|---|---|---|---|---|---|---|
| 永初 | 高祖武皇帝 | 刘裕 | 420 | 58 | 3 | 60 | 祖籍彭城，迁居京口，汉楚元王刘交之二十一世孙 | 桓玄篡晋，刘裕起兵败桓玄，迎晋安帝复位，官侍中、车骑将军、开府仪同三司、扬州刺史、录尚书事。后升相国，封宋公，加九锡。420年废晋建宋 |

| 年号 | 庙号 | 名字 | 即位时间 | 即位年龄 | 在位年数 | 死时年龄 | 世系 | 备注 |
|---|---|---|---|---|---|---|---|---|
| 永初景平 | 少帝 | 刘义符 | 422 | 17 | 3 | 19 | 武帝长子 | 以太子继位，游乐无度，不亲政事。424年五月，被司空徐羡之等废为营阳王，六月被杀 |
| 元嘉 | 太祖文皇帝（中宗景皇帝） | 刘义隆 | 424 | 17 | 30 | 47 | 武帝第三子 | 武帝时封宜都郡王。424年，徐羡之废少帝，八月迎义隆即位 |
| 元嘉孝建、大明 | 世祖孝武皇帝 | 刘骏 | 453 | 24 | 12 | 35 | 文帝第三子 | 文帝欲废太子刘劭，劭起兵杀文帝，嗣立。刘骏遂发兵讨刘劭，杀之，自立为帝 |
| 大明永光、景和 | 前废帝 | 刘子业 | 464 | 16 | 2 | 17 | 孝武帝长子 | 以太子嗣位，465年十一月，湘东王刘彧令帝近侍寿寝之杀帝 |
| 泰始、泰豫 | 太宗明皇帝 | 刘彧 | 465 | 27 | 8 | 34 | 文帝第十一子 | 文帝时封淮阳王，后改封湘东王。465年十一月杀废帝即位 |
| 泰豫元徽 | 后废帝（苍梧王） | 刘昱 | 472 | 10 | 6 | 15 | 明帝长子 | 以太子嗣位，477年七月，萧道成杀之，贬以为苍梧王 |
| 升明 | 顺皇帝 | 刘准 | 477 | 9 | 3 | 11 | 明帝第三子 | 文帝时封安成王。477年后废帝被杀，萧道成迎王入朝即皇帝位。479年，萧道成自立为帝，封顺帝为汝阴王，旋杀之，追谥为顺帝 |

## 南朝齐世系

| 年号 | 庙号 | 名字 | 即位时间 | 即位年龄 | 在位年数 | 死时年龄 | 世系 | 备注 |
|---|---|---|---|---|---|---|---|---|
| 建元 | 太祖高皇帝 | 萧道成 | 479 | 53 | 4 | 56 | 祖籍东海兰陵，东晋初迁晋陵武进县界内侨置兰陵郡。父萧承之为宋汉中太守，后转南泰山太守，右军将军 | 以将门子，屡率兵攻伐。宋明帝时，渐被信用，地位始隆，及平桂阳王刘休范之乱，掌握了刘宋军政大权。477年杀后废帝迎立顺帝，拜司空、录尚书事，后位至相国，封齐王。479年代宋自立，改国号为齐 |
| 建元<br>永明 | 世祖武皇帝 | 萧赜 | 482 | 43 | 12 | 54 | 高帝长子 | 以皇太子嗣位 |
| 永明<br>隆昌 | 郁林王 | 萧昭业 | 493 | 20 | 2 | 21 | 武帝文惠太子萧长懋长子 | 永明十一年，文惠太子死，被立为皇太孙，武帝死，乃嗣位，后为西昌侯萧鸾（高帝侄）所杀，贬号郁林王 |
| 延兴 | 恭王（海陵王） | 萧昭文 | 494 | 15 | 1 | 15 | 武帝文惠太子第二子 | 郁林王被杀，萧鸾立以为帝。即位仅数月（494年七月至十月），又被萧鸾废为海陵王，旋被杀，谥曰恭 |

| 年号 | 庙号 | 名字 | 即位时间 | 即位年龄 | 在位年数 | 死时年龄 | 世系 | 备注 |
|---|---|---|---|---|---|---|---|---|
| 建武、永泰 | 高宗明皇帝 | 萧鸾 | 494 | 43 | 5 | 47 | 高帝萧道成侄，始安贞王萧道生之子 | 494年7月杀郁林王，立恭王。同年十月杀恭王，自立为帝 |
| 永泰永元 | 东昏侯 | 萧宝卷 | 498 | 16 | 4 | 19 | 明帝第二子 | 以皇太子嗣位，淫昏嗜杀，雍州刺史萧衍起兵攻建康，城中禁卫军倒戈，杀萧宝卷，迎萧衍，废帝为东昏侯 |
| 中兴 | 和帝 | 萧宝融 | 501 | 14 | 2 | 15 | 明帝第八子 | 501年三月萧衍反，奉以为帝，即位于江陵。在位二年，禅让于梁，齐亡。旋被杀 |

## 南朝梁世系

| 年号 | 庙号 | 名字 | 即位时间 | 即位年龄 | 在位年数 | 死时年龄 | 世系 | 备注 |
|---|---|---|---|---|---|---|---|---|
| 天监、普通、大通、中大通、大同、中大同、太清 | 高祖武皇帝 | 萧衍 | 502 | 39 | 48 | 86 | 南兰陵人，父萧顺之乃齐高帝之族弟 | 即位前任雍州刺史，镇襄阳。501年起兵攻建康。城中禁卫军杀萧宝卷，迎萧衍。萧衍起兵后，拥立萧宝融为帝。502年初，融逊位于萧衍 |

| 年号 | 庙号 | 名字 | 即位时间 | 即位年龄 | 在位年数 | 死时年龄 | 世系 | 备注 |
|---|---|---|---|---|---|---|---|---|
| 太清<br>大宝 | 高宗明皇帝 | 萧纲 | 549 | 47 | 3 | 49 | 武帝第三子，昭明太子同母弟 | 531年四月昭明太子萧统死，五月，萧纲被立为皇太子。549年侯景攻破台城，梁武帝死。景拥立萧纲即帝位。551年八月，景废帝为晋安王，十月杀之 |
| 承圣 | 世祖元皇帝 | 萧绎 | 552 | 45 | 4 | 47 | 武帝第七子 | 551年八月，侯景废简文帝，立豫章王萧栋为帝。同年十一月废之，自立为帝。552年湘东王萧绎发兵讨侯景，景败死，绎称帝于江陵。554年西魏发兵攻梁，十一月，入江陵，元帝降，旋被杀 |
|  | 敬皇帝 | 萧方智 | 555 | 13 | 3 | 16 | 元帝第九子 | 554年十一月，西魏克江陵，陈霸先、王僧辩迎梁晋安王萧方智至建康，以太宰承制，寻即帝位。557年十月逊位于陈，梁亡 |

## 南朝陈世系

| 年号 | 庙号 | 名字 | 即位时间 | 即位年龄 | 在位年数 | 死时年龄 | 世系 | 备注 |
| --- | --- | --- | --- | --- | --- | --- | --- | --- |
| 永定 | 高祖武皇帝 | 陈霸先 | 557 | 55 | 3 | 57 | 原籍颍川，永嘉时迁居于吴兴长城 | 出身乡吏，后以镇压农民起义之功，累官至西江都督、高要太守。侯景叛乱，霸先起兵讨之，破建康，灭侯景。西魏破江陵，梁元帝被杀，霸先立萧方智为帝。557年十月，代梁而自立，改元永定，国号陈 |
| 永定天嘉、天康 | 世祖文皇帝 | 陈蒨 | 559 | 38 | 8 | 45 | 陈霸先兄道潭之长子 | 武帝时立为临川王，总军政。武帝子陈昌被西魏执俘于长安，故以蒨嗣位 |
| 天康光大 | 临海王（废帝） | 陈伯宗 | 566 | 13 | 3 | 17 | 文帝嫡长子 | 以皇太子嗣位，年幼，以叔父陈顼为司徒、录尚书事、都督中外诸军事。568年，顼废帝为临海王，自立为帝 |

| 年号 | 庙号 | 名字 | 即位时间 | 即位年龄 | 在位年数 | 死时年龄 | 世系 | 备注 |
|---|---|---|---|---|---|---|---|---|
| 太建 | 高宗孝宣皇帝 | 陈顼 | 568 | 39 | 15 | 53 | 始兴昭烈王陈道谭第二子，文帝陈蒨之弟 | 568年十一月废陈伯宗为临海王，寻自立为帝 |
| 太建至德、祯明 | 后主炀帝（赠大将军，封长城县公） | 陈叔宝 | 582 | 30 | 8 | 52 | 宣帝嫡长子 | 以皇太子嗣位，荒淫无度，兴土木，宠女色，尚浮华，隋文帝于开皇九年（589年）正月，遣兵伐陈，入建康，俘至洛阳，追封长城县公，赠大将军。擅诗词，明人辑有《陈后主集》 |

## 北朝北魏世系

| 年号 | 庙号 | 名字 | 即位时间 | 即位年龄 | 在位年数 | 死时年龄 | 世系 | 备注 |
|---|---|---|---|---|---|---|---|---|
| 登国、皇始、天兴、天赐 | 太祖道武皇帝 | 拓跋珪 | 386 | 16 | 24 | 39 | 鲜卑族拓跋部人，祖昭成皇帝 | 魏先世曾建代国，376年为前秦苻坚所灭。386年拓跋珪重建代国，同年改国号为魏，398年建都平城，次年称帝 |

| 年号 | 庙号 | 名字 | 即位时间 | 即位年龄 | 在位年数 | 死时年龄 | 世系 | 备注 |
|---|---|---|---|---|---|---|---|---|
| 永兴、神瑞、泰常 | 太宗明元皇帝 | 拓跋嗣 | 409 | 18 | 15 | 32 | 道武帝长子 | 409年十月，道武帝为其子拓跋绍所杀，嗣杀绍，乃即位 |
| 泰常始光、延和、太延、太平真君、正平 | 世祖太武皇帝 | 拓跋焘 | 423 | 16 | 30 | 45 | 明元帝长子 | 以皇太子嗣位，452年二月为宦官宗爱所杀 |
| 承平 | 南安隐王 | 拓跋余 | 452 | | 1 | | 太武帝少子 | 442年封吴王，后改封南安王。中常侍宗爱杀太武帝，于452年三月矫太后令立南安王，同年十月杀之 |
| 兴安、兴光、太安、和平 | 高宗文成皇帝 | 拓跋濬 | 452 | 13 | 14 | 26 | 太武帝嫡孙，拓跋晃长子 | 宗爱杀南安王，殿中尚书源贺等拥立皇孙濬即位 |
| 和平、天安、皇兴 | 显祖献文皇帝 | 拓跋弘 | 465 | 12 | 7 | 23 | 文成帝长子 | 以皇太子嗣位。471年传位于太子宏，自为太上皇，后为冯太后鸩杀 |
| 延兴、承明、太和 | 高祖孝文皇帝 | 元宏 | 471 | 5 | 29 | 33 | 献文帝长子 | 以皇太子即位，年五岁，由冯太后临朝。490年冯太后死，帝亲政。493年由平城迁都于洛阳 |

| 年号 | 庙号 | 名字 | 即位时间 | 即位年龄 | 在位年数 | 死时年龄 | 世系 | 备注 |
|---|---|---|---|---|---|---|---|---|
| 太和景明、正始、永平、延昌 | 世宗宣武皇帝 | 元恪 | 499 | 176 | 17 | 33 | 孝文帝第二子 | 以皇太子嗣位 |
| 延昌熙平、神龟、正光、孝昌、武泰 | 肃宗孝明皇帝 | 元诩 | 515 | 6 | 14 | 19 | 宣武帝第二子 | 以皇太子嗣位，年幼冲，母胡太后临朝，帝后为胡太后鸩杀 |
| 建义、永安 | 敬宗孝庄皇帝 | 元子攸 | 528 | 22 | 3 | 24 | 彭城王元勰第三子 | 即位前，袭封长乐王。528年胡太后杀孝明帝，立临洮王世子钊为帝。尔朱荣废钊，立攸为帝。攸后为尔朱兆所杀 |
| 建明 | 长广王 | 元晔 | 530 | | 2 | | 拓跋焘长子太子晃之后 | 庄帝初年，封以为长广王。530年九月，庄帝杀尔朱荣。十月，尔朱荣之侄尔朱兆占据晋阳立长广王元晔为帝。十二月，尔朱兆入洛阳，杀孝庄帝。次年二月废元晔 |

| 年号 | 庙号 | 名字 | 即位时间 | 即位年龄 | 在位年数 | 死时年龄 | 世系 | 备注 |
|---|---|---|---|---|---|---|---|---|
| 普泰 | 节闵帝 | 元恭 | 531 | 34 | 2 | 35 | 广陵惠王元羽之子 | 即位前袭爵广陵王。351年尔朱兆、尔朱世隆等废长广王元晔，立恭以为帝。532年四月为高欢所废，寻被鸩杀 |
| 中兴 | 安定帝 | 元朗 | 531 | 19 | 2 | 20 | 太子晃之后 | 531年高欢起兵讨尔朱氏，十月元朗为帝。532年四月，废以为安定郡王，十一月被杀 |
| 太昌、永兴、永熙 | 孝武皇帝 | 元修 | 532 | 23 | 3 | 25 | 孝文帝子广平武穆王元怀第三子 | 即位前封平阳王，532年四月，高欢废元朗，拥立元修为帝。534年，帝愤高欢专权而西入长安，投奔宇文泰。十月，高欢立清河王世子元善见为帝，是为孝静帝，迁都于邺，自是魏分东西，闰十二月，孝武帝为宇文泰所杀，北魏亡 |

## 北朝东魏世系

| 年号 | 庙号 | 名字 | 即位时间 | 即位年龄 | 在位年数 | 死时年龄 | 世系 | 备注 |
|---|---|---|---|---|---|---|---|---|
| 天平、元象、兴和、武定 | 孝静皇帝 | 元善见 | 534 | 11 | 17 | 28 | 孝文帝孙，清河文宣王元亶世子 | 534年，北魏孝武帝愤高欢专权，奔长安。高欢另立元善见为帝，迁都于邺，史称东魏。高欢、高澄、高洋父子相继擅权。550年五月，高洋代魏称帝，封元善见为中山王，次年十二月杀之。东魏亡 |

## 北朝西魏世系

| 年号 | 庙号 | 名字 | 即位时间 | 即位年龄 | 在位年数 | 死时年龄 | 世系 | 备注 |
|---|---|---|---|---|---|---|---|---|
| 大统 | 文皇帝 | 元宝炬 | 535 | 29 | 17 | 45 | 孝文帝孙，京兆王元愉之子 | 534年，北魏孝武帝愤高欢专权而奔关中依宇文泰，次年初，宇文泰鸩杀孝武帝，立元宝炬为帝 |
| | 废帝 | 元钦 | 551 | | 4 | | 文皇帝长子 | 以皇太子嗣位，谋诛宇文泰，反为泰所废 |
| | 恭帝 | 元廓 | 554 | | 4 | | 文帝第四子 | 即位前封齐王，废帝三年正月即皇帝位，去年号，称元年，复姓拓跋氏。557年十二月，宇文泰之侄宇文护，迫恭帝让位于宇文觉（宇文泰嫡子），封恭帝为宋王，寻杀之，西魏亡 |

## 北朝北齐世系

| 年号 | 庙号 | 名字 | 即位时间 | 即位年龄 | 在位年数 | 死时年龄 | 世系 | 备注 |
|---|---|---|---|---|---|---|---|---|
| 天保 | 显祖文宣皇帝 | 高洋 | 550 | 22 | 10 | 31 | 渤海蓨人，汉族。神武帝高欢次子 | 其父高欢（被追尊为神武帝）、其兄高澄，已专擅东魏朝政。550年五月，高洋代魏称帝，国号齐 |
| 乾明 | 废帝济南王 | 高殷 | 559 | 15 | 2 | 17 | 文宣帝长子 | 以皇太子嗣位。560年被大丞相常山王高演（高洋弟）废以为济南王，次年被杀 |
| 皇建 | 肃宗孝昭皇帝 | 高演 | 560 | 26 | 2 | 27 | 高欢第六子，文宣皇帝高洋之母弟 | 560年废高殷，八月即皇帝位于晋阳。次年九月出猎，马惊坠地，寻病死 |
| 大宁、河清 | 世祖武成皇帝 | 高湛 | 561 | 25 | 5 | 32 | 高欢第九子，孝昭皇帝高演之母弟 | 遵孝昭皇帝遗诏，于561年十一月即皇帝位于晋阳。565年禅位于其子高纬，自称太上皇 |

| 年号 | 庙号 | 名字 | 即位时间 | 即位年龄 | 在位年数 | 死时年龄 | 世系 | 备注 |
|---|---|---|---|---|---|---|---|---|
| 天统、武平、隆化 | 后主温公 | 高纬 | 565 | 10 | 12 | 22 | 武成皇帝高湛之长子 | 565年四月，以皇太子受禅即皇帝位。576年传位于太子高恒，自称太上皇。577年北周陷邺，高纬奔青州，为周师所俘，封温公。十月被赐死 |
| 承光 | 幼主 | 高恒 | 577 | 8 | 1 | 8 | 后主高纬长子 | 577年正月以皇太子即皇帝位。是月，北周陷邺，帝出奔被俘，十月被赐死，在位仅一个月 |

## 北朝北周世系

| 年号 | 庙号 | 名字 | 即位时间 | 即位年龄 | 在位年数 | 死时年龄 | 世系 | 备注 |
|---|---|---|---|---|---|---|---|---|
|  | 孝闵皇帝 | 宇文觉 | 557 | 16 | 1 | 16 | 文帝宇文泰第三子 | 556年十二月，宇文护逼西魏恭帝禅位于宇文觉。557年正月，周公宇文觉称天王，代魏 |

| 年号 | 庙号 | 名字 | 即位时间 | 即位年龄 | 在位年数 | 死时年龄 | 世系 | 备注 |
|---|---|---|---|---|---|---|---|---|
| 武成 | 世宗明皇帝 | 宇文毓 | 557 | 24 | 4 | 27 | 文帝宇文泰之庶长子 | 557年九月，宇文护废闵帝宇文觉为略阳公，以宇文毓为天王，559年毓称皇帝。560年四月，宇文护使人置毒于糖饼而杀帝 |
| 武成保定、天和、建德、宣政 | 高祖武皇帝 | 宇文邕 | 560 | 18 | 19 | 36 | 文帝宇文泰第四子 | 560年四月，晋国公宇文护毒死明帝，立鲁国公邕为帝。577年灭北齐，统一北方。578年六月病死 |
| 宣政大成 | 宣皇帝 | 宇文赟 | 578 | 20 | 2 | 22 | 武帝长子 | 以皇太子嗣位。579年传位于太子，自称太上皇，次年病死。生前曾册封五位皇后 |
| 大象、大定 | 静皇帝 | 宇文衍（宇文阐） | 579 | 7 | 3 | 9 | 宣帝长子 | 579年二月，宣帝自称天元皇帝，太子阐即位，以幼冲，以杨坚（宣帝皇后杨氏之父）辅政，晋爵随王。581年二月，杨坚代周称帝，以静帝为介公，周亡。五月，静帝死 |

# 附录二　北魏宗室世系表

| 第一代 | 第二代 | 第三代 | 第四代 | 第五代 | 第六代 | 第七代 | 第八代 | 第九代 | 第十代 | 第十一代 | 第十二代 | 第十三代 | 第十四代 | 第十五代 | 第十六代 |
|---|---|---|---|---|---|---|---|---|---|---|---|---|---|---|---|
| 拓跋力微【1神元】 | 拓跋沙漠汗 | 拓跋猗迤【5桓帝】 | 拓跋贺傉【7惠帝】 | | | | | | | | | | | | |
| | | | …… | …… | …… | 拓跋素延<br>拓跋郁<br>拓跋目辰 | | | | | | | | | |
| | | | 拓跋纥那【8炀帝】 | | | | | | | | | | | | |
| | | 拓跋猗卢【5穆帝】 | 拓跋六修 | | | | | | | | | | | | |
| | | | 拓跋比延 | | | | | | | | | | | | |

| 第一代 | 第二代 | 第三代 | 第四代 | 第五代 | 第六代 | 第七代 | 第八代 | 第九代 | 第十代 | 第十一代 | 第十二代 | 第十三代 | 第十四代 | 第十五代 | 第十六代 |
|---|---|---|---|---|---|---|---|---|---|---|---|---|---|---|---|
| | | 拓跋弗【4思帝】 | 拓跋郁律【6平文帝】 | 拓跋翳槐【9烈帝】 | | | | | | | | | | | |
| | | | | | 拓跋谓 | 拓跋乌真 | 拓跋兴都 | 拓跋提 | | | | | | | |
| | | | | | | | | 元丕 | 元隆 | | | | | | |
| | | | | | | | | | 元乙升 | | | | | | |
| | | | | | | | | | 元超 | | | | | | |
| | | | | | | | | | 元俊 | | | | | | |
| | | | | | | | | | 元邕 | | | | | | |
| | | | | | …… | …… | 拓跋大头 | | | | | | | | |
| | | | | | …… | …… | …… | 拓跋齐 | 拓跋陵 | | | | | | |
| | | | | | | | | | 元兰 | 元志 | | | | | |
| | | | | | …… | …… | …… | …… | 拓跋处真 | | | | | | |
| | | | | 拓跋什翼犍【10昭成】 | 拓跋寔 | 拓跋珪【11道武帝】 | 拓跋嗣【12明元帝】 | 拓跋焘【13太武帝】 | 拓跋晃 | 拓跋濬【14文成帝】 | 拓跋弘【15献文帝】 | 元宏【16孝文帝】 | 废太子元恂 | | |

| 第一代 | 第二代 | 第三代 | 第四代 | 第五代 | 第六代 | 第七代 | 第八代 | 第九代 | 第十代 | 第十一代 | 第十二代 | 第十三代 | 第十四代 | 第十五代 | 第十六代 |
|---|---|---|---|---|---|---|---|---|---|---|---|---|---|---|---|
| | | | | | | | | | | | | | 元恪【17宣武帝】 | 元诩【18孝明帝】 | |
| | | | | | | | | | | | | | 元愉 | 元宝月 | |
| | | | | | | | | | | | | | | 元宝晖 | 元钊（19被胡太后册立的幼主） |
| | | | | | | | | | | | | | | 元宝炬【26西魏文帝】 | 元钦【27西魏废帝】 |
| | | | | | | | | | | | | | | 拓跋廓【28西魏恭帝】 | |
| | | | | | | | | | | | | | 元怿 | 元亶 | 元善见【25东魏孝静帝】 |

| 第一代 | 第二代 | 第三代 | 第四代 | 第五代 | 第六代 | 第七代 | 第八代 | 第九代 | 第十代 | 第十一代 | 第十二代 | 第十三代 | 第十四代 | 第十五代 | 第十六代 |
|---|---|---|---|---|---|---|---|---|---|---|---|---|---|---|---|
| | | | | | | | | | | | | | | | 元宝建 |
| | | | | | | | | | | | | | | | 元徽义 |
| | | | | | | | | | | | | | | | 元徽礼 |
| | | | | | | | | | | | | | | 元邵 | |
| | | | | | | | | | | | | | 元怀 | 元诲 | |
| | | | | | | | | | | | | | | 元悌 | 元赞 |
| | | | | | | | | | | | | | | 元修【24孝武帝】 | |
| | | | | | | | | | | | | | 元悦 | 元颖 | |
| | | | | | | | | | | | | 元禧 | 元通 | | |
| | | | | | | | | | | | | | 元翼 | | |
| | | | | | | | | | | | | | 元显和 | | |
| | | | | | | | | | | | | | 元昌 | | |
| | | | | | | | | | | | | | 元晔 | | |
| | | | | | | | | | | | | | 元树 | | |
| | | | | | | | | | | | | | 元坦 | 元世宝 | |
| | | | | | | | | | | | | | 元袒 | 元善慧 | |
| | | | | | | | | | | | | 元干 | 元谌 | 元炜 | |
| | | | | | | | | | | | | | 元谧 | 元毓 | 元寘（元谳子过继） |

| 第一代 | 第二代 | 第三代 | 第四代 | 第五代 | 第六代 | 第七代 | 第八代 | 第九代 | 第十代 | 第十一代 | 第十二代 | 第十三代 | 第十四代 | 第十五代 | 第十六代 |
|---|---|---|---|---|---|---|---|---|---|---|---|---|---|---|---|
| | | | | | | | | | | | | | 元谭 | | |
| | | | | | | | | | | | | | 元谳 | | |
| | | | | | | | | | | | | | 元譿 | | |
| | | | | | | | | | | | | 元羽 | 元欣 | | |
| | | | | | | | | | | | | | 元永业 | | |
| | | | | | | | | | | | | | 元恭【22节闵帝】 | | |
| | | | | | | | | | | | | 元雍 | 元泰 | 元斌 | |
| | | | | | | | | | | | | | 元端 | 元峻 | |
| | | | | | | | | | | | | | 元叡 | 元徽 | |
| | | | | | | | | | | | | | 元诞 | 无子 | 元子亮（元斌次子过继） |
| | | | | | | | | | | | | | 元勒叉 | | |
| | | | | | | | | | | | | | 元亘 | | |
| | | | | | | | | | | | | | 元伏陀 | | |
| | | | | | | | | | | | | | 元弥陀 | | |
| | | | | | | | | | | | | | 元僧育 | | |

| 第一代 | 第二代 | 第三代 | 第四代 | 第五代 | 第六代 | 第七代 | 第八代 | 第九代 | 第十代 | 第十一代 | 第十二代 | 第十三代 | 第十四代 | 第十五代 | 第十六代 |
|---|---|---|---|---|---|---|---|---|---|---|---|---|---|---|---|
| | | | | | | | | | | | | | 元居罗 | | |
| | | | | | | | | | | | | 元祥 | 元颢 | 元衍 | |
| | | | | | | | | | | | | | 元项 | | |
| | | | | | | | | | | | | 元勰 | 元劭 | 元韶 | |
| | | | | | | | | | | | | | | 元袭 | |
| | | | | | | | | | | | | | 元子直 | 元宽 | |
| | | | | | | | | | | | | | | 元刚 | |
| | | | | | | | | | | | | | | 元质 | |
| | | | | | | | | | | | | | 元子攸【20孝庄帝】 | | |
| | | | | | | | | | | | | | 元子正 | 元钦 | |
| | | | | | | | | | | | 拓跋长乐 | 元诠 | 元鉴 | | |
| | | | | | | | | | | | | | 元斌之 | | |
| | | | | | | | | | | | 拓跋略 | 元谐 | 元灵道 | | |
| | | | | | | | | | | | 拓跋简 | 元祐 | | | |

| 第一代 | 第二代 | 第三代 | 第四代 | 第五代 | 第六代 | 第七代 | 第八代 | 第九代 | 第十代 | 第十一代 | 第十二代 | 第十三代 | 第十四代 | 第十五代 | 第十六代 |
|---|---|---|---|---|---|---|---|---|---|---|---|---|---|---|---|
| | | | | | | | | | | | 拓跋若 | 元琛（拓跋简子过继） | | | |
| | | | | | | | | | | | 拓跋猛 | 元延明 | …… | 元长儒 | |
| | | | | | | | | | | | 拓跋安平 | | | | |
| | | | | | | | | | | 拓跋新成 | 拓跋安寿（元颐） | …… | 元宗胤 | | |
| | | | | | | | | | | | 元衍 | 元畅 | 元敏 | | |
| | | | | | | | | | | | | 元融 | | | |
| | | | | | | | | | | | 元钦 | 元子孝 | 元赟 | | |
| | | | | | | | | | | 拓跋子推 | 元太兴 | 元昂 | 元悰 | | |
| | | | | | | | | | | | | 元仲景 | | | |
| | | | | | | | | | | | | 元暹 | 元冲 | | |
| | | | | | | | | | | | 元遥 | | | | |
| | | | | | | | | | | | 元恒 | | | | |
| | | | | | | | | | | 拓跋小新成 | 元郁 | 元弼 | 元晖业 | | |
| | | | | | | | | | | | | | 元昭业 | | |
| | | | | | | | | | | | 元偃 | 元诞 | 元抚 | | |

| 第一代 | 第二代 | 第三代 | 第四代 | 第五代 | 第六代 | 第七代 | 第八代 | 第九代 | 第十代 | 第十一代 | 第十二代 | 第十三代 | 第十四代 | 第十五代 | 第十六代 |
|---|---|---|---|---|---|---|---|---|---|---|---|---|---|---|---|
| | | | | | | | | | | | 元丽 | 元显和 | | | |
| | | | | | | | | | | 拓跋天赐 | 元逞 | 元庆和 | | | |
| | | | | | | | | | | | 元汎 | | | | |
| | | | | | | | | | | | 元修义 | 元均 | 元则 | 元文都 | |
| | | | | | | | | | | | | | 元矩 | 元无竭 | |
| | | | | | | | | | | | | | 元雅 | | |
| | | | | | | | | | | | | | 元褒 | | |
| | | | | | | | | | | 拓跋万寿 | 拓跋乐平 | 元长命 | 元忠 | | |
| | | | | | | | | | | 拓跋洛侯 | 元匡 | 元献 | 元祖育 | 元勒叉 | |
| | | | | | | | | | | 拓跋云 | 元澄 | 元顺 | 元朗 | | |
| | | | | | | | | | | | | 元淑 | | | |
| | | | | | | | | | | | | 元悲 | | | |
| | | | | | | | | | | | | 元彝 | 元度世 | | |
| | | | | | | | | | | | | 元纪 | | | |
| | | | | | | | | | | | 元嵩 | 元世贤 | | | |
| | | | | | | | | | | | | 元世俊 | 元景远 | | |
| | | | | | | | | | | | | 元世哲 | | | |

| 第一代 | 第二代 | 第三代 | 第四代 | 第五代 | 第六代 | 第七代 | 第八代 | 第九代 | 第十代 | 第十一代 | 第十二代 | 第十三代 | 第十四代 | 第十五代 | 第十六代 |
|---|---|---|---|---|---|---|---|---|---|---|---|---|---|---|---|
| | | | | | | | | | | | 元瞻 | 元远 | | | |
| | | | | | | | | | | 拓跋桢 | 元英 | 元攸 | | | |
| | | | | | | | | | | | | 元熙 | 元景献 | | |
| | | | | | | | | | | | | | 元仲献 | | |
| | | | | | | | | | | | | | 元叔献 | | |
| | | | | | | | | | | | | | 元叔仁 | 元琳 | |
| | | | | | | | | | | | | 元诱 | 元始伯 | | |
| | | | | | | | | | | | | 元略 | 元景式 | | |
| | | | | | | | | | | | | 元纂 | 元子献 | | |
| | | | | | | | | | | | | 元义兴 | 元述 | | |
| | | | | | | | | | | | 元怡 | 元肃 | 元道与 | | |
| | | | | | | | | | | | | 元晔【21长广王】 | | | |
| | | | | | | | | | | 拓跋长寿 | 元多侯 | | | | |
| | | | | | | | | | | | 元鸾 | 元显魏 | | | |
| | | | | | | | | | | | | 元显恭 | 元彦昭 | | |

| 第一代 | 第二代 | 第三代 | 第四代 | 第五代 | 第六代 | 第七代 | 第八代 | 第九代 | 第十代 | 第十一代 | 第十二代 | 第十三代 | 第十四代 | 第十五代 | 第十六代 |
|---|---|---|---|---|---|---|---|---|---|---|---|---|---|---|---|
| | | | | | | | | | | | | 元旭 | | | |
| | | | | | | | | | | | | 元徽 | 元延 | | |
| | | | | | | | | | | 拓跋太洛 | 元彬（拓跋桢次子过继） | 元融 | 元景哲 | | |
| | | | | | | | | | | | | | 元朗【23安定王】 | 元黄头 | |
| | | | | | | | | | | | | 元凝 | 元彦友 | | |
| | | | | | | | | | | | | 元湛 | 元俊 | | |
| | | | | | | | | | | | | 元晏 | | | |
| | | | | | | | | | | 拓跋胡儿 | 元思誉（拓跋天赐次子） | 元景略 | 元霸 | | |
| | | | | | | | | | | | | 元庆略 | 元子政 | | |
| | | | | | | | | | | | | 元洪略 | | | |
| | | | | | | | | | | | | 元子业 | | | |
| | | | | | | | | | | 拓跋休 | 元安 | | | | |

| 第一代 | 第二代 | 第三代 | 第四代 | 第五代 | 第六代 | 第七代 | 第八代 | 第九代 | 第十代 | 第十一代 | 第十二代 | 第十三代 | 第十四代 | 第十五代 | 第十六代 |
|---|---|---|---|---|---|---|---|---|---|---|---|---|---|---|---|
| | | | | | | | | | | | 元燮 | 元超 | 元孝景 | | |
| | | | | | | | | | | | | 元琰 | 元景山 | 元成寿 | |
| | | | | | | | | | | | 元愿平 | 元绪 | 元长春 | | |
| | | | | | | | | | | | 元永平 | | | | |
| | | | | | | | | | | | 元珍平 | 元叔遵 | | | |
| | | | | | | | | | | | 元贵平 | | | | |
| | | | | | | | | | 拓跋伏罗 | | | | | | |
| | | | | | | | | | 拓跋翰 | 拓跋道符 | | | | | |
| | | | | | | | | | 拓跋谭 | 拓跋提 | 元昌 | 元彧 | | | |
| | | | | | | | | | | | | 元孝友 | | | |
| | | | | | | | | | | | 元孚 | 元端 | | | |
| | | | | | | | | | 拓跋建 | 元石侯 | 元遗兴 | | | | |
| | | | | | | | | | | 元嘉 | 元渊 | 元湛 | 元法轮 | | |
| | | | | | | | | | | | | 元谨 | | | |
| | | | | | | | | | 拓跋余 | | | | | | |
| | | | | | | | | 拓跋丕 | 拓跋拔 | | | | | | |

| 第一代 | 第二代 | 第三代 | 第四代 | 第五代 | 第六代 | 第七代 | 第八代 | 第九代 | 第十代 | 第十一代 | 第十二代 | 第十三代 | 第十四代 | 第十五代 | 第十六代 |
|---|---|---|---|---|---|---|---|---|---|---|---|---|---|---|---|
| | | | | | | | | 拓跋弥 | | | | | | | |
| | | | | | | | | 拓跋范 | 拓跋良 | | | | | | |
| | | | | | | | | 拓跋健 | 拓跋仁 | | | | | | |
| | | | | | | | | 拓跋崇 | 拓跋丽 | | | | | | |
| | | | | | | | | 拓跋俊 | | | | | | | |
| | | | | | | | 拓跋绍 | | | | | | | | |
| | | | | | | | 拓跋熙 | 拓跋他 | 拓跋吐万 | 元显 | 元世遵 | 元敬先 | 元宣洪 | | |
| | | | | | | | | | | | 元均 | 元忻之 | | | |
| | | | | | | | | | | | | 元庆鸾 | | | |
| | | | | | | | | | | | | 元庆哲 | | | |
| | | | | | | | | | | | 元禹 | 元长渊 | | | |
| | | | | | | | | | | | 元菩萨 | | | | |
| | | | | | | | | | 拓跋钟葵 | 元法寿 | 元庆始 | | | | |
| | | | | | | | | | | | 元庆遵 | | | | |
| | | | | | | | | | | | 元庆智 | | | | |

| 第一代 | 第二代 | 第三代 | 第四代 | 第五代 | 第六代 | 第七代 | 第八代 | 第九代 | 第十代 | 第十一代 | 第十二代 | 第十三代 | 第十四代 | 第十五代 | 第十六代 |
|---|---|---|---|---|---|---|---|---|---|---|---|---|---|---|---|
| | | | | | | | | | | 元法僧 | 元景隆 | | | | |
| | | | | | | | | | | | 元景仲 | | | | |
| | | | | | | | | | 拓跋笃 | 元浩 | | | | | |
| | | | | | | | | 拓跋浑 | | | | | | | |
| | | | | | | | | 拓跋比陵 | 元琚 | 元延伯 | | | | | |
| | | | | | | | 拓跋曜 | 拓跋提 | 拓跋平原 | 元和 | 元谦 | 元棽 | | | |
| | | | | | | | | | | | 元显 | | | | |
| | | | | | | | | | | 元鉴 | 元伯宗 | | | | |
| | | | | | | | | | | 元融 | | | | | |
| | | | | | | | | | | 元亮 | | | | | |
| | | | | | | | | | | 元馗 | | | | | |
| | | | | | | | 拓跋修 | 拓跋羯儿（拓跋曜子过继） | | | | | | | |
| | | | | | | | 拓跋处文 | | | | | | | | |

| 第一代 | 第二代 | 第三代 | 第四代 | 第五代 | 第六代 | 第七代 | 第八代 | 第九代 | 第十代 | 第十一代 | 第十二代 | 第十三代 | 第十四代 | 第十五代 | 第十六代 |
|---|---|---|---|---|---|---|---|---|---|---|---|---|---|---|---|
| | | | | | | | 拓跋连 | 拓跋浑（拓跋熙子过继） | 拓跋飞龙(霄) | 元篡 | 元伯和 | | | | |
| | | | | | | | | | | 元继 | | | | | |
| | | | | | | | | | | 元罗侯 | 元景遵 | | | | |
| | | | | | | | | | | | 元暐 | | | | |
| | | | | | | | 拓跋黎 | 拓跋吐根 | 无子 | 元继（霄次子过继） | 元叉 | 元亮 | | | |
| | | | | | | | | | | | | 元稚舒 | 元善 | | |
| | | | | | | | | | | | 元罗 | | | | |
| | | | | | | | | | | | 元爽 | 元德隆 | | | |
| | | | | | | | | | | | 元蛮 | | | | |
| | | | | | | | | | | | 元爪 | | | | |
| | | | | | 拓跋寔君 | …… | 拓跋勿期 | 拓跋六状 | | | | | | | |
| | | | | | 拓跋翰 | 拓跋仪 | 拓跋篡 | | | | | | | | |

| 第一代 | 第二代 | 第三代 | 第四代 | 第五代 | 第六代 | 第七代 | 第八代 | 第九代 | 第十代 | 第十一代 | 第十二代 | 第十三代 | 第十四代 | 第十五代 | 第十六代 |
|---|---|---|---|---|---|---|---|---|---|---|---|---|---|---|---|
| | | | | | | | 拓跋良 | | | | | | | | |
| | | | | | | | 拓跋干 | 拓跋祯 | 拓跋瑞 | | | | | | |
| | | | | | | 拓跋烈 | 拓跋裘 | | | | | | | | |
| | | | | | | | 拓跋道子 | 元洛 | 元乞 | 元晏 | | | | | |
| | | | | | | 拓跋觚 | 拓跋夔 | | | | | | | | |
| | | | | | 拓跋阏婆 | | | | | | | | | | |
| | | | | | 拓跋寿鸠 | 拓跋遵 | 拓跋可悉陵 | | | | | | | | |
| | | | | | | | 拓跋陪斤 | 元昭 | 元玄 | | | | | | |
| | | | | | | | | 元绍 | | | | | | | |
| | | | | | | | 拓跋忠 | 元盛 | 元懋 | 元陟 | | | | | |
| | | | | | | | | | 元顺 | 元伟 | | | | | |
| | | | | | | | | 元昺（元寿兴） | 元最 | | | | | | |
| | | | | | | | | 元益生 | 元眦 | 元绰 | | | | | |
| | | | | | | | 拓跋德 | 元悝 | 元嶷 | | | | | | |
| | | | | | | | | 元晖 | 元弼 | | | | | | |

| 第一代 | 第二代 | 第三代 | 第四代 | 第五代 | 第六代 | 第七代 | 第八代 | 第九代 | 第十代 | 第十一代 | 第十二代 | 第十三代 | 第十四代 | 第十五代 | 第十六代 |
|---|---|---|---|---|---|---|---|---|---|---|---|---|---|---|---|
| | | | | | | | | | 元士将 | | | | | | |
| | | | | | | | 元赞 | | | | | | | | |
| | | | | | | | 元淑 | 元季海 | 元亨 | | | | | | |
| | | | | | 拓跋纥根 | 拓跋顗 | 拓跋崘 | 元琛 | | | | | | | |
| | | | | | | 拓跋虔 | 拓跋悦 | | | | | | | | |
| | | | | | | | 拓跋崇 | 拓跋建 | 元琛 | 元翌 | 元晖 | | | | |
| | | | | | | | | …… | 元祚 | | | | | | |
| | | | | | 拓跋地干 | 拓跋顺 | | | | | | | | | |
| | | | | | 拓跋力真 | 拓跋意烈 | 拓跋拔干 | 拓跋受洛 | 元叱奴 | 元洪超 | | | | | |
| | | | | | | 拓跋勃 | 拓跋粟 | | | | | | | | |
| | | | | | | | 拓跋浑 | 拓跋库汗 | 拓跋古辰 | | | | | | |
| | | | | | 拓跋窟咄 | | | | | | | | | | |
| | | | | …… | …… | …… | 拓跋石 | | | | | | | | |
| | | | | …… | …… | 拓跋敦 | 拓跋拔 | | | | | | | | |

| 第一代 | 第二代 | 第三代 | 第四代 | 第五代 | 第六代 | 第七代 | 第八代 | 第九代 | 第十代 | 第十一代 | 第十二代 | 第十三代 | 第十四代 | 第十五代 | 第十六代 |
|---|---|---|---|---|---|---|---|---|---|---|---|---|---|---|---|
| | | | | 拓跋孤 | 拓跋斤 | 拓跋乐真 | 拓跋礼 | 拓跋那 | 拓跋纥 | 元大曹 | 元洪威（堂侄） | | | | |
| | | | | | | | 拓跋陵 | 拓跋瑰 | 元鸷 | 元大器 | | | | | |
| | | | | | …… | 拓跋度 | 拓跋乙斤 | 拓跋平 | 元苌 | 元子华 | | | | | |
| | | | | | | | | | | 元子思 | | | | | |
| | | | | | | | | 拓跋长生 | 元天穆 | 元俨 | | | | | |
| | …… | …… | 上谷公拓跋纥罗 | 拓跋提 | 拓跋悉 | | | | | | | | | | |
| | …… | …… | …… | …… | 拓跋婴文 | | | | | | | | | | |
| | …… | …… | …… | …… | ……拓跋陆 | …… | …… | 拓跋轨 | | | | | | | |
| | 拓跋禄官【5昭帝】 | …… | …… | …… | …… | …… | 拓跋颓 | | | | | | | | |

| 第一代 | 第二代 | 第三代 | 第四代 | 第五代 | 第六代 | 第七代 | 第八代 | 第九代 | 第十代 | 第十一代 | 第十二代 | 第十三代 | 第十四代 | 第十五代 | 第十六代 |
|---|---|---|---|---|---|---|---|---|---|---|---|---|---|---|---|
| | 拓跋悉鹿【2章帝】 | …… | …… | …… | …… | …… | 拓跋寿乐 | | | | | | | | |
| | | …… | …… | …… | …… | …… | 拓跋因 | | | | | | | | |
| | 拓跋绰【3平帝】 | | | | | | | | | | | | | | |
| …… | …… | …… | …… | …… | …… | 拓跋比干 | | | | | | | | | |
| …… | …… | …… | …… | …… | …… | 拓跋吕 | | | | | | | | | |
| …… | …… | …… | …… | …… | 拓跋泥 | 拓跋屈 | 拓跋磨浑 | | | | | | | | |